독일 통합의 비전을 제시한

프리드리히 2세

독일 통합의 비전을 제시한

프리드리히 2세

초판 1쇄 발행 · 2021년 7월 2일
초판 2쇄 발행 · 2022년 10월 17일

지은이 · 김장수
펴낸이 · 한봉숙
펴낸곳 · 푸른사상사

주간 · 맹문재 | 편집 · 지순이 | 교정 · 김수란, 노현정 | 마케팅 · 한정규
등록 · 1999년 7월 8일 제2-2876호
주소 · 경기도 파주시 회동길 337-16
대표전화 · 031) 955-9111~2 | 팩시밀리 · 031) 955-9114
이메일 · prun21c@hanmail.net
홈페이지 · http://www.prun21c.com

ⓒ 김장수, 2021

ISBN 979-11-308-1803-0   93920
값 32,000원

서양근대사총서 **7**

독일 통합의 비전을 제시한

프리드리히 2세

김 장 수

Der eine Version für die
Vereinigung Deutschlands
vorgeschlagene König
Friedrich II

푸른사상
PRUNSASANG

　프로이센의 2대 국왕 프리드리히 빌헬름 1세가 1740년 5월 31일에 사망함에 따라 왕세자 프리드리히가 그의 후계자로 등장했다. 국왕으로 즉위한 프리드리히 2세는 선친이 추진한 개혁정책, 즉 절대왕정 체제 구축에 필요한 정책들을 마무리하고 자신이 구상한 계몽 절대주의 체제도 본격적으로 시행하려고 했다. 프리드리히 2세는 왕위를 계승하기 이전부터 장당(Jandun), 알가로티(Algarotti), 그리고 볼테르(Voltaire)를 통해 계몽사상의 근간 및 그 장점들을 정확히 파악하려고 했다.

　왕세자 시절 프리드리히는 부친이 선호하던 군사훈련, 사냥, 그리고 타박스콜레기움(Tabakskollegium)에 대해 부정적이었는데 이것은 그와 부친 간의 관계를 소원하게 하는 요인으로 작용했다.

　프리드리히 빌헬름 1세의 부인 조피 도로테아(Sophie Dorothea)는 1725년부터 프리드리히를 조지 2세(George II)의 딸인 아멜리아(Amelia)와 결혼시키려 했다. 동시에 그녀는 프리드리히의 누이 빌헬미네(Wilhemine)도 영국 왕위계승자인 프레데릭(Frederick)에게 시집 보내려 했다. 이러한 시점에 프레데릭의 여동생 아멜리아가 하노버(Hannover) 총독으로 지명되었고 만일 그녀와 프리드리히의 결혼이 성사되면 프리드리히와 더불어 하노버에서 지내게 한다는 계획도 잠정적으로 마련되었다. 이렇게 조피 도로테아가 추진한 이중 결혼(Doppelhochzeit)에는 당시 유럽 내에서 가장 강력한 영국과의 인적 결합을 통해 호엔촐레른(Hohenzollern) 가문의 위상을 크게 증대시키겠다는 의도도 있었던 것 같다. 조피 도로테아는 프리드리히와 빌헬미네에게 자신의 계획을 알렸고 그들의 긍정적인 반응도 얻어냈다. 특히 프리드리히는 어머니의 구상에 적극적으로 동조했는데 그것은 결혼을 통해 하노버에서 가정을 꾸릴 수 있다는 것과 부친의 엄격한 규율에서 벗어날 수 있다는 지극히 이기적인 관점에서 비롯된 것 같다.

왕비의 이러한 이중 결혼 계획에 대해 프리드리히 빌헬름 1세 역시 긍정적이었다. 그러나 그를 중심으로 구축된 친오스트리아 세력은 조피 도로테아의 결혼 구상에 부정적이었고 국왕 역시 점차 그러한 관점에 동조하게 되었다.

이후부터 프리드리히 빌헬름 1세는 왕세자와 아멜리아의 결혼에 반대했고 결국 조피 도로테아는 자신이 주도하던 결혼 계획을 포기했다. 이에 프리드리히는 친구인 카테(Katte) 소위에게 부친의 지나친 학대 및 신체적 폭력에서 벗어나기 위해 국외 탈출을 모색하겠다는 의사를 밝혔다. 즉 그는 외삼촌 조지 2세가 통치하던 영국으로 망명한 후 거기서 아멜리아와 결혼하겠다는 구상도 자세히 언급했다. 그러나 프리드리히의 탈출 계획은 실패로 끝났고 그것에 따라 프리드리히와 카테는 체포된 후 전쟁재판소에서 재판을 받았다.

왕자 신분에서 죄수 신분으로 바뀐 프리드리히는 1731년부터 퀴스트린(Küstrin)에 위치한 전쟁 및 국유지 관리국에서 근무해야 했고 그 과정에서 부친이 파견한 관리로부터 엄격한 감시를 받았다. 이때부터 프리드리히는 부친과의 관계에서 변화를 보이기 시작했는데 후세의 학자들은 이것을 지칭하여 '이중생활의 정제된 예술(raffierte Kunst des Doppellebens)'이라고 했다. 실제로 프리드리히는 부친에게 저항하지 않고 비굴할 정도로 부친의 명령이나 지시를 정확히 이행했는데 이러한 자세는 당시 프로이센 병사나 관료의 그것과도 일치했다. 이러한 순종 이면에는 프리드리히 빌헬름 1세로부터 자신이 왕위계승자라는 것을 인정받아야 한다는 절박성과 자신의 문학적, 철학적, 그리고 음악적 소양을 증대시키기 위해서는 부친의 허락이 필요하다는 판단도 내재해 있었다.

1732년 프리드리히가 브라운슈바이크-볼펜뷔텔-베베른 대공국의 엘리자베트-크리스티네(Elisabeth Christine) 대공녀와의 결혼에 동의함으로써 왕세자와 프리드리히 빌헬름 1세 사이의 불편한 관계는 해소되었다. 이 시기 프리드리히는 볼테르와의 서신 교환을 통해 계몽사상의 근간을 보다 체계적으로 확인했다. 서신 교환 과정에서 프리드리히는 볼테르에게 자신의 향후 과제에 대해서도 언급했는데 그것은 프로이센 신민들의 무지 및 편견과 싸우는 것이었다. 그리고 이것을 위해 프리드리히는 프로이센 신민들을 계몽시키고 그들의 품행과 도덕도 교화시키겠다는 견해를 밝혔다. 프리드리히는 볼테르와의 서신 교류를 통해 터득한 계몽사상을 토대로 1740년 『반마키아벨리론(Antimachiavellismus)』이라는 저서를 출간했는데 거기서는 계몽 절대군주의 덕목 등이 자세히 거론되었다. 프리드리히 2세는 이 저서에서 한 국가의 통치자는 자제력을 상실한 명예심, 불성실, 그리고 살인을 지향하기보다 고결한 자세 및 이성을 갖추어야 한다고 했다. 그리고 그의 관점에 따르면 군주는 신민의 복지를 최우선 과제로 설정해야 하며 선, 아량, 그리고 자비를 지향하는 정책도 펼쳐야 한다고 했다. 이것을 통해 군주는 유일한 과제도 부여받게 되는데 그것은 신민의 행복과 안전을 위해 노력해야 한다는 것이다. 그리고 이러한 관점에서 프리드리히는 '군주는 신민의 행복을 실천시키는 제일의 종복이다'라는 입장도 밝혔다. 프리드리히의 이러한 도덕적 요구는 당시 만연된 폭정에 대한 비판으로 연계되었고 이것은 향후 유럽의 군주들이 국가를 어떻게 통치해야 하는지도 밝힌 것이라 하겠다.

국왕으로 등극한 직후 프리드리히 2세는 스스로를 국가의 제 1공복(Erster Diener des Staates)이라고 자칭했다. 이후 그는 법무장관 겸 수석장관(Großkanzler)인 코크체이(Cocceji)에게 사법제도의 개선을 명령했고 그 과정에서 국왕에 의한 즉흥적 판결배제와 3심제도의 도입도 구체화되었다. 여기서 프리드리히 2세는 '법률은 인간의 본성노 고려해야 한다.'라는 원칙을 제시했다. 당시 프리드리히 2세는 부친과 마찬가지로 이민자 및 위그노들과 유대교인들과 같은 종교적 소수자들에 대한 배려 및 관용 정책도 실시했는데 이것은 이들을 통해 적지 않은 경제적 이익을 얻을 수 있다는 확신에서 비롯된 것 같다. 또한 프리드리히 2세는 언론의 제한적 자유에 관해서도 관심을 표명했고 그 과정에서 정치 및 문학을 취급할 프랑스어 신문도 창간되었다. 거의 같은 시기 프리드리히 2세는 농민들의 부담을 크게 경감시키는 정책도 펼치기 시작했는데 그러한 것은 지주 계층에 의해 자행되었던 농토 몰수 및 부역(Frondienst)을 대폭 완화하는 칙령을 발표한 데서 확인할 수 있다.

1740년 10월 20일 오스트리아에서는 마리아 테레지아(Maria Theresia)가 국사조칙(Pragmatische Sanktion)에 따라 위정자로 등장했다. 이렇게 오스트리아 왕위를 계승한 마리아 테레지아는 프리드리히 2세와는 달리 한 국가를 통치하는 데 필요한 제 능력, 즉 정치, 외교, 그리고 재정 분야에서 지식 및 경험을 제대로 갖추지 못한 상태였는데 이것은 남자 상속인에 집착한 카를 6세가 마리아 테레지아를 오랫동안 후계자로 간주하지 않은 데서 비롯된 것 같다.

당시 프리드리히 2세는 프로이센과 국경을 접하고 있던 오스트리아의 슐레지엔 지방을 차지할 경우 프로이센의 국력 역시 크게 신장하리라고 확신했고 그것을 실천하기 위한 방안도 강구했다. 여기서 그는 마리아 테레지아의 즉위를 인정하지 않으려는 주변의 국가들인 프랑스, 바이에른, 그리고 작센과 협력한다면 자신의 구상을 현실화시킬 수도있다고 판단했다. 같은 해 오스트리아 왕위계승전쟁(1740~1763)이 발생했고 그 과정에서 프리드리히 2세는 경제적 가치가 매우 높은 슐레지엔 지방을 차지하게 되었다.

프리드리히 2세는 제3차 오스트리아 왕위계승전쟁(1756~1763), 또는

7년전쟁이 끝난 후 자국의 군대와 신민들을 전쟁터로 보내는 일을 가능한 한 피하려고 했다. 그러나 그는 정확한 정치적 안목과 뛰어난 외교적 수완을 통해 프로이센의 영역을 지속해서 확대해 나갔다. 이 시기 프리드리히 2세는 경제적 활성화 정책도 강력히 추진했는데 그것은 비단, 면, 아마포, 도자기, 유리, 그리고 철광 산업이 활성화된 데서 확인할 수 있다. 또한 대외교역에도 관심이 많아 관방학(Kameralismus)이라 지칭되는 중상주의 정책을 펼쳤는데 그것은 낙후된 국내 산업을 보호하기 위해서였다. 이 정책은 대외교역보다는 국내의 농업 및 산업 활성화에 비중을 두었는데 그 이유는 자본의 후진성에서 벗어나지 못하고 있는 상황에서 산업자본의 부족, 판매 역할을 담당할 해외 식민지의 부재 등으로 경제적 여건이 성립되지 않아 국내에서 부를 구할 수밖에 없었기 때문이다. 따라서 관방학은 본질에 있어 소극적 내지는 방어적이었고 타국을 지배하기보다는 오히려 서유럽 국가들의 압박에서 벗어나려는 의도도 가진 것 같다.

1786년 8월 17일에 생을 마감한 프리드리히 2세는 프로이센의 위정자 신분을 '브란덴부르크 선제후 겸 프로이센에서의 국왕(König in Preußen)'에서 '프로이센 왕국의 국왕(König von Preußen)'으로 격상시켰다. 아울러 그가 프로이센에 남긴 것은 60% 증가한 영토 및 인구, 혹독한 병영 질서로 강군의 위상을 갖춘 20만 명의 상비군, 베를린 정부가 향후 다년간 재정적 어려움을 겪지 않아도 될 튼튼한 국고였다.

프리드리히 2세는 세 차례에 걸쳐 진행된 오스트리아 왕위계승전쟁에서 승리함에 따라 그동안 오스트리아가 주도하던 독일권을 오스트리아와 프로이센의 양강구도로 변형시켰다. 이 구도는 1866년, 즉 형제전쟁(Bruderkrieg)이 발생하기 직전까지 지속되었다. 물론 이 시점에 이르러 오스트리아는 독일권에서 주도권을 장악하던 이전의 위상을 어느 정도 만회했는데 그 과정에서 메테르니히(Metternich)가 적지 않은 역할을 담당했다. 형제전쟁에서 승리한 프로이센은 당시 비스마르크(Bismarck)가 구상한 소독일주의 원칙, 즉 프로이센 주도로 독일권을 통합해야 한다는 관점을 실현하려 했다. 이에 반해 전쟁에서 패한 오스트리아는 독일권에서 강제로 축출되었고 그것에 따라 국가의 체제 역시 오스트리아-헝가리 이중체제로 변형되었다. 이것은 당시 지배민족이었던 독일 민족이 오스트리아 제국에서 소수민족으로 전락함에 따라 나온 일종의 자구책이었다.

국내 서양 사학계, 특히 독일 사학계는 오스트리아보다 독일의 통합 과정에서 주역을 담당한 프로이센에 대해 깊은 관심을 보이고 있다. 그런데 프로이센에 대한 국내의 연구 현황은 예상과는 달리 그리 활발하지 못한 것 같다. 그리고 프로이센의 기원이나 성장이 독일사 서술의 한 장(章)으로 국한되는 경우가 많으며, 그중에서도 특정 인물, 즉 비스마르크에 치우치는 경우도 많다. 물론 프리드리히 2세가 계몽 절대왕정 체제를 확고히 구축한 것과 오스트리아 왕위계승전쟁에서 승리한 이후 취득한 슐레지엔 지방으로 프로이센의 국제적 위상이 크게 증대된 것 등이 간략히 언급되기도 한다. 이렇게 간단히 취급되는 프리드리히 2세는 18세기 유럽 근대사에서 적지 않은 위상을 차지하고 있다. 그런데도 우리나라에서는 이 인물에 관한 연구가 미비한 상태에서 벗어나지 못하고 있는데 그것은 이 인물에 대한 논문들이 생각과는 달리 그리 많지 않은 것과 그의 생애 및 활동을 다룬 저서 역시 거의 출판되지 않은 데서 확인할 수 있다.

프리드리히 2세의 계몽 절대주의 정책과 오스트리아와의 전쟁에서의 승리는 독일권에서의 권력 구도뿐만 아니라 유럽의 질서 체제에도 적지 않은 변화를 가져다주었다. 따라서 우리가 18세기의 유럽사를 객관적으로 이해하기 위해서는 프리드리히 2세를 도외시해서는 안 될 것이다. 이를 위해 필자는 프리드리히 2세에 대한 체계적인 서술이 필요하다는 인식에서 그동안 가지고 있던 자료들과 최근에 구매한 전문서들을 토대로 이 인물의 생애 및 활동을 다룬 단행본을 쓰게 되었다. 이러한 작업을 통해 필자는 그동안 등한시된 프리드리히 2세와 프로이센에 관한 연구가 보다 활성화되기를 기대한다.

이 책에서는 우선 브란덴부르크-프로이센 왕국의 등장과 성장을 다루도록 한다. 그리고 이러한 시기에 적지 않은 역할을 담당한 프리드리히 빌헬름, 프리드리히 1세, 그리고 프리드리히 빌헬름 1세에 대해 살펴보도록 한다. 이어 프리드리히 2세의 성장 과정과 학문적 활동을 다루고자 한다. 특히 성장 과정에서 제기된 부친과의 불화와 그 과정에서 야기된 국외로의 탈출 시도도 비중 있게 다루도록 한다. 또한 왕세자 시절부터 장당, 알가로티, 그리고 볼테르로부터 계몽사상의 영향을 받은 프리드리히 2세가 등극한 이후 추진한 개혁정책들의 내용 및 특징에 대해서도 언급하도록 한다. 아울러 프리드리히 2세가 국가의 위상 및 영토 확장을 위해 펼친 일련의 전쟁, 오스트리아 왕위계승전쟁, 제1차 폴란드왕국 분할, 그리고 바이에른 상속전쟁을 다루도록 한다. 마지막으로 오스트리아 왕위계승전쟁이 끝난 후 프리드리히 2세가 마무리한 개혁정책의 내용과 말년의 그의 생활에 대해서도 거론하도록 한다.

짧은 기간의 탈고에서 비롯된 문장이나 내용상의 오류는 개정판에서 시정하도록 하겠다. 그리고 어려운 여건에도 불구하고 이 책의 출간을 기꺼이 허락하신 푸른사상사의 한봉숙 사장님과 출판사 관계자 여러분께 이 자리를 빌려 감사의 말씀을 드린다.

2021년 6월
김장수

■ 차례

제3장 마리아 테레지아의 왕위계승과 프리드리히 2세의 대응

제4장 오스트리아 왕위계승전쟁

제1장

프로이센의 절대왕정 체제

프로이센의 절대왕정 체제

1. 독일기사단에서 프로이센 대공국으로

십자군원정 시기, 원정에 참여한 제후나 기사들뿐만 아니라 성지순
례자들도 보호하기 위해 브레멘(Bremen)과 뤼베크(Lübeck)의 상인들이
구빈원교단(Spitalbrüderschaft)을 설립했다. 이것을 토대로 1290년 독일
기사단국가(Deutschordenstaat)가 건국되었다. 독일기사단국가는 1466년
토른(Thorn; Toruń)에서 폴란드와 제2차 평화조약을 체결했다.[1] 여기서
는 독일기사단국가가 그동안 소유한 동프로이센(Ostpreßen), 서프로이센
(Westpreußen), 에스토니아(Estonia), 그리고 라트비아(Latvia) 중에서 동프
로이센을 제외한 나머지 지방들을 폴란드로 이양한다는 것이 명시되었
다.[2] 이렇게 독일기사단국가에 홀로 남게 된 동프로이센을 지리적으로

---

1   이후 독일기사단은 베를린 마리엔부르크(Marienburg)에 방어 및 경제 활동에
     필요한 제반 시설을 설치했다. K. Wiegrefe, "Gottesreich an der Ostsee", in S.
     Burgdorff, ed., *Preußen. Die unbekannte Großmacht*(München, 2009), p.39.
2   독일기사단국가는 동프로이센이 폴란드 봉토라는 것도 인정해야만 했다. 이후
     폴란드는 그들이 차지한 서프로이센에 폴란드인들을 대거 이주시켰다. 폴란드
     이주민들은 이 지역을 그들의 고향으로 간주할 정도로 깊은 애착도 보였다. S.

설명한다면, 남에서 북으로, 각각 발트해로 흘러 들어가는 동북쪽의 메멜(Memel)강과 서남쪽의 바익셀(Weichsel)강 사이의 지역을 지칭한다. 메멜강의 하구 도시는 틸지트(Tilsit), 바익셀강 하구 도시는 단치히(Danzig) 이다. 그리고 동프로이센의 수도 쾨니히스베르크(Königsberg)는 동프로이센의 중앙을 관통하여 발트해로 유입되는 프레겔(Pregel)강 하류에 자리 잡고 있다.[3]

1525년 당시 독일기사단국가 총단장 겸 브란덴부르크-안스바흐 (Brandenburg-Ansbach) 변경백인 알브레히트 1세(Albrecht I)가 그의 숙부이자 폴란드 국왕인 지그문트 1세(Zygmunt I, 1506~1548)로부터 동프로이센 영지를 봉토로 받았다.[4] 동시에 대공으로도 봉해짐으로써, 동프로이센은 독일기사단국가에서 세습공국, 즉 프로이센 대공국(Großherzogtum Preußen)으로 명칭이 바뀌게 되었다. 프로이센 대공국의 초대 통치자는 알브레히트 1세였지만, 봉토 주권은 폴란드 국왕이 가지고 있었다. 알브레히트 1세에 이어 등장한 프리드리히(Albrecht Friedrich) 대공이 1618년 후사 없이, 즉 두 딸만 남겨둔 채 사망함에 따라 큰사위인 브란덴부르크 선제후 지기스문트(Johann Sigismund)가 프로이센 대공국을 상속받았다.[5]

Haffner, *Preußen ohne Legende*(Hamburg, 1980), p.58; K. Wiegrefe, "Gottesreich an der Ostsee", p.45.

3   동프로이센 지역은 농업이 활성화되었을 뿐만 아니라 교역 역시 활발했다. 아울러 배타적이고 독자성이 강한 지역 제후들도 다수 있었다. S. Haffner, *Preußen ohne Legende*, p.58; H. Schmidt, "Zerfall und Untergang des alten Reiches(1648~1806)", in M. Vogt, ed., *Deutsche Geschichte. von den Anfängen bis zur Gegenwart*(Frankfurt,2006), p.249.

4   알브레히트 1세는 1525년 크라쿠프(Kraków)에 가서 지그문트 1세에게 충성을 맹세했다. T. Blanning, *Friedrich der Grosse. König von Preußen*(München, 2018), p.115; N. Davies, *Vanished Kingdoms: The History of Half forgotten Europe*(London, 2011), p.351.

5   지기스문트는 1594년 프리드리히 대공의 장녀 안나 폰 프로이센(Anna v.

그런데 지기스문트의 대공 지위는 프로이센 대공국, 즉 동프로이센에서만 사용할 수 있는 칭호였고 신성로마제국 내에서의 칭호는 브란덴부르크 변경백이었다. 지기스문트 이후 등장하는 브란덴부르크 선제후는 자동으로 프로이센 대공도 겸했지만, 프로이센 대공국은 폴란드 왕국의 봉토로서 1656년까지 폴란드 국왕이 봉토 주권을 행사했다.

이렇게 프로이센 대공국을 통치하게 된 브란덴부르크 변경백은 호엔촐레른(Hohenzollern) 가문의 프리드리히 6세(Friedrich VI)가 1415년 신성로마제국 황제 지기스문트(Sigismund, 1410~1438)로부터 브란덴부르크 변경백으로 임명된 이후 등장했다. 슈바벤(Schwaben) 지방의 소영주였던 호엔촐레른 가문은 1192년 거주지를 프랑켄(Franken) 지방으로 옮겼고 그 이후부터 200년 동안 뉘른베르크(Nürnberg) 성주로 활동했다. 성주(Burggraf)라는 직함은 통치권 행사자가 아닌 명목상의 지위에 불과했다.

Preußen)과 결혼했다. 브란덴부르크와 프로이센 대공국 간의 관계를 더욱 확고히 하기 위해서였다. 프리드리히 대공 부인은 자신의 딸이 '아름다움과 무관'하다는 것을 누차에 걸쳐 강조했지만, 지기스문트는 그것에 관심을 보이지 않았다. 지기스문트의 이러한 자세는 다른 가문이 프로이센 대공국 상속권에 관여하는 것을 사전에 차단하려는 의도에서 비롯된 것 같다. 그리고 알브레히트 1세(요아힘 알브레히트)는 부인 헤드비히(Hedwig[Jadwiga] v. Polen)가 사망하자 며느리의 여동생과 결혼했다. 이제 아버지는 아들의 동서가 되었고 여동생은 언니의 시어머니가 되었다. 1608년 지기스문트는 브란덴부르크 선제후로 등장했고 1613년 12월 25일 칼뱅교로 개종했다. 이후 그는 베를린 대성당에서 진행된 칼뱅파 의식에 따른 성찬식에도 참석했다. 흔히 루터교에서 제단을 장식할 때 쓰는 초와 십자가는 치워져 있었다. 성찬식에서는 무릎을 꿇는 의식도 없고, 성찬 전병도 없이, 그저 길쭉한 빵 조각(ein langes Laib Brot)을 잘라서 참석자들에게 나누어줄 뿐이었다. 지기스문트가 루터교를 불신하기 시작한 것은 부친의 궁전에서 확산하던 라인-칼뱅파 신앙의 영향을 받기 시작한 10대부터였다. 그리고 그가 독일 칼뱅파의 본산이었던 팔츠 선제후국의 수도 하이델베르크(Heidelberg)를 방문한 1606년 칼뱅파로 개종한 것으로 추정된다. T. Blanning, *Friedrich der Grosse*, p.115; S. Haffner, *Preußen ohne Legende*, p.59; N. Davies, *Vanished Kingdoms: The History of Half forgotten Europe*, p.351.

이 시기에 뉘른베르크 성주는 주변의 작은 지방인 안스바흐(Ansbach)와 바이로이드(Bayreuth)에 대한 지배권을 확보했고 1398년 신성로마제국 황제 벤체슬라스(Wenceslaus/Wenzel, 1376~1400)는 뉘른베르크 제6대 성주 프리드리히 6세가 요청한 안스바흐 변경백령과 바이로이트 변경백령의 설치도 허가했다.

1415년 프리드리히 6세는 호엔촐레른 가문의 위상을 크게 증대시켰는데 그것은 그가 지기스문트의 조언자 겸 비공식 외교관으로 활동한 데서 비롯되었다. 이후에도 프리드리히 6세는 지기스문트가 신성로마제국 황제로 선출되는 과정에 결정적 기여를 했고 그것에 대한 반대급부로 지기스문트로부터 브란덴부르크 변경백이라는 칭호를 하사받았고 그때부터 프리드리히 1세(Friedrich I)로 지칭되었다.[6]

브란덴부르크 변경백령의 통치자로 브란덴부르크에 도착한 프리드리히 1세는 이 지역이 자신에게 성가신 지역에 불과하다는 판단도 했는데 그것은 이 지역 토착 제후 세력들, 특히 알트마르크(Altmark)와 프리그니츠(Prignitz)의 제후 세력을 주도한 푸트리츠(Caspar Gans v. Putlitz)의 예상치 못한 저항과 그에 따라 끝없이 진행된 전투에서 비롯되었다. 당시 푸트리츠는 프리드리히 1세를 '뉘른베르크의 사소한 물건(Nürnberger Tand)'에 불과하다는 비하적인 발언도 했다. 그러나 프리드리히 1세는 브란덴부르크 변경백령이 가지는 효용성을 파악했고 그것에 따라 이 지역에 대한 통치권도 확고히 하려고 했다. 이후부터 그는 토착 제후들의 저항에 강력히 대응했고 결국 이들을 진압하는 데도 성공했다.

이후 프리드리히 1세는 브란덴부르크 변경백령에 중앙집권체제를 구

---

6   프리드리히 6세는 1417년 브란덴부르크 지방을 획득한 후 지기스문트 황제에게 헝가리 금화 40만 길더를 지불했다. S. Haffner, *Preußen ohne Legende*, p.60; K. Wiegrefe, "Gottesreich an der Ostsee", p.48.

독일 통합의 비전을 제시한 프리드리히 2세

축했고 1415년에 개최된 콘스탄츠 종교회의(Konzil von Konstanz)에서 선제후 지위도 부여받았다. 아울러 브란덴부르크 변경백령을 후손에게 넘겨줄 수 있는 상속권도 받았다. 같은 해 11월 베를린에서 개최된 지방의회에서 브란덴부르크 변경백령의 토착 제후들이 프리드리히 1세에게 충성을 맹세함에 따라 이 지역에서 호엔촐레른 가문의 위상은 확고해졌다. 또한 이로써 프리드리히 1세는 베를린을 비롯한 북독일 일부 지방에 대한 통치권도 완전히 장악했다. 그가 1440년 사망한 후 동생인 프리드리히 2세(Friedrich II)와 그의 후계자들, 즉 호엔촐레른 가문의 인물들은 브란덴부르크 변경백으로 활동했고 그 과정에서 통치 영역의 확대도 꾸준히 추진했다.[7]

2. 프리드리히 빌헬름

1640년 12월 프리드리히 빌헬름(Friedrich Wilhelm v. Brandenburg, 1640~1688)은 20세의 젊은 나이로 브란덴부르크 선제후 겸 프로이센 대공으로 등극했다. 그러나 당시 브란덴부르크-프로이센은 매우 어려운 상황에 놓여 있었다. 첫째, 30년전쟁으로 인해 영토의 상당 부분, 특히 서부 지방들과 마르크(Mark)가 황폐화되었고, 많은 지역 역시 공동화된 상태에 놓여 있었다.[8] 둘째, 브란덴부르크와 라인강 좌안에 있는 국경 도시 클레베(Kleve)가 스웨덴에 점령된 상태였다. 그리고 1641년 7월 프로이센-브란덴부르크와 스웨덴 사이에 체결된 2년간의 휴전에도 불구

---

7   K. Wiegrefe, "Gottesreich an der Ostsee", p.48.
8   당시 브란덴부르크는 베를린과 5개의 마르크('경계'라는 뜻), 즉 베를린 근처의 미텔마르크(Mittelmark)와 쿠르마르크, 서쪽의 알트마르크(Altmark), 북쪽의 우커마르크(Uckermark), 동쪽의 노이마르크(Neumark), 북서쪽의 프리그니츠(Prignitz)로 구성되었다. K. Wiegrefe, "Gottesreich an der Ostsee", p.49.

하고 스웨덴군의 비인간적인 약탈 및 방화 행위는 지속되었다. 당시 황폐해진 쿠르마르크(Kurmark)의 통치를 진담힌 마르크 변경백 에른스트(Ernst)는 쿠르마르크의 참담한 상황을 프리드리히 빌헬름에게 자세히 보고했다. 쿠르마르크 내 모든 지방이 비참하고 궁핍한 상태이고 죄 없는 지방민들이 겪는 고통 역시 매우 크기 때문에 서신에서 이것들에 대해 상세히 표현할 수도 없다는 것이다. 그는 이러한 비참한 상황이 마차가 진흙 구덩이에 너무 깊이 박혀 신의 도움 없이는 빠져나올 수 없는 것과도 같다고 했다.[9] 셋째, 슈바르첸베르크(Adam. v. Schwarzenberg) 백작이 국정의 주도권을 장악하고 있었다. 넷째, 국가의 막대한 부채를 자체적으로 갚을 능력이 없었다.[10]

브란덴부르크-프로이센이 이렇게 어려운 상황에 놓였음에도 불구하고 프리드리히 빌헬름은 절대왕정 체제를 구축하기 시작했는데 그것은 그가 1646년 오라니에-나사우(Oranije-Nassau) 총독 프리드리히 하인리히(Friedrich Heinrich)의 딸인 19세의 루이제 엔리에테(Louise Henriette v. Oranije-Nassau)와 결혼함으로써 가능했다. 실제로 루이제 엔리에테가 베

---

9   서신에서 에른스트는 브란덴부르크의 많은 지역에서 인구의 급감 현상이 나타났고 소작지의 3분의 1은 버려지거나 경작하지 않은 채 방치되었으며, 전쟁의 혼란 속에서 숙련된 제조 기술을 보유한 수많은 공장이 파괴되었고, 마을 주변에서 익어가던 곡식은 침략군의 말발굽에 끊임없이 짓밟혔다고 언급했다. K. Wiegrefe, "Gottesreich an der Ostsee", p.48.

10   프리드리히 빌헬름은 칼뱅파 부모에서 태어난 최초의 브란덴부르크 선제후였으며 프리드리히 빌헬름이라는 이름 조합도 호엔촐레른 가문 역사상 최초로서, 베를린(빌헬름은 부친의 중간 이름)과 칼뱅파 외삼촌인 프리드리히 5세(Friedrich V)의 팔츠 사이에 맺은 동맹을 상징하기 위해 지어진 것이었다. 그리고 이때부터 호엔촐레른 가문은 225년에 걸쳐 프로이센과 독일 제국을 통치했다. T. Blanning, *Friedrich der Grosse*, p.27; K. Wiegrefe, "Gottesreich an der Ostsee", p.52; H. Schmidt, "Zerfall und Untergang des alten Reiches (1648~1806)", p.249.

독일 통합의 비전을 제시한 프리드리히 2세

를린으로 가져온 12만 라이히스탈러(Reichstaler, 1566년부터 1750년까지 통용된 독일의 은화이며 당시의 통화단위)와 6만 라이히스탈러 상당의 귀금속은 왕국의 재정을 일시에 안정시킬 수 있는 거액이었다.[11]

프리드리히 빌헬름은 30년전쟁이 끝난 후 영토 확장을 시도했고 그러한 과정에서 마그데부르크(Magdeburg), 민덴(Minden), 니멘(Niemen), 라인(Rhein) 지방을 획득했다. 그리고 그는 1653년 5월 이미 고인이 된 슈바르첸베르크 백작의 조언에 따라 귀족 계층의 대표들을 베를린으로 소환했는데 이것은 점증되던 스웨덴으로부터의 위협을 막고 브란덴부르크와 동프로이센 방어에 필요한 국방비를 지원받으려는 의도에서였다. 귀족들과의 회동에서 프리드리히 빌헬름은 귀족 계층에게 사회적·경제적 특권을 계속 보장한다고 약속했지만 상비군(Stehendes Herr) 확충에 필요한 재원, 즉 군인세(Heeressteuer)를 이들에게 장기간 부과한다는 입

---

11 프리드리히 빌헬름은 선제후 태자 신분으로 오라니엔 총독궁전에 장기간 체류했고 이 시기에 루이제 엔리에테를 알게 되었다. 결혼 후 루이제 엔리에테는 남편에게 계몽사상을 주입시키거나 또는 남편이 당시의 국제정세를 정확히 파악하는 데도 큰 도움을 주었다. 그뿐만 아니라 그녀는 프로이센-브란덴부르크가 폴란드와 화해하는 데도 적지 않은 영향력을 발휘했는데 그것은 당시 폴란드 왕비였던 곤자가(Luisa Maria Gonzaga)와의 서신 교류에서 확인할 수 있다. 실제로 양국 왕비 간의 서신 교류를 통해 브란덴부르크-프로이센과 폴란드 사이의 관계가 개선되어 브란덴부르크-프로이센이 북방전쟁에서 폴란드와 협력하게 되었고 이것은 폴란드가 프로이센에 대한 브란덴부르크의 주권 행사도 인정하게 하는 요인으로 작용했다. 루이제 엔리에테는 남편으로부터 선사받은 슈프레(Spree)강 건너편 지역, 즉 뵈초(Bötzow: 이후 이 지명은 오라니엔부르크[Oranienburg]로 바뀌었다)에 네덜란드 방식의 낙농업을 도입했고 관상식물 및 감자 재배에도 큰 관심을 보였다. 특히 밀을 비롯한 기존 곡물의 대체작물로 등장한 감자가 예상외로 많은 수확량을 보임에 따라 루이제 엔리에테는 프리드리히 빌헬름에게 감자 재배를 브란덴부르크-프로이센 전역으로 확산시킬 것도 제안했다. 이에 프리드리히 빌헬름 역시 긍정적인 반응을 보여 감자의 재배 면적은 크게 확대되었다. H. Schmidt, "Zerfall und Untergang des alten Reiches(1648~1806)", pp.250~251.

장도 분명히 밝혔다.[12]

1644년부터 시작된 상비군 체제 구축은 1655년 종료되었다. 당시 규모는 31,000명이었고 유지비는 일반 예산의 3배나 될 정도로 과중했다. 게오르크 빌헬름(Georg Wilhelm, 1619~1640)으로부터 4,650명의 병력을 넘겨받은 프리드리히 빌헬름은 강력한 상비군 체제로 국가의 위상을 높일 수 있다고 확신했기 때문에 "동맹 체제는 나쁘지 않다. 그러나 자력으로 문제를 해결하는 것이 더 좋고 안전할 것이다"라고 말했다.[13] 그는 30년전쟁이 진행되는 동안 방어 체제가 제대로 구축되지 않은 브란덴부르크가 전황에 따라 약탈당하고 황폐해지는 것을 실제로 목격했다. 따라서 그는 전쟁이 끝난 후 상비군 체제를 구축하려 했고 그 과정에서 당시 유럽에서 가장 뛰어나고 현대적이라 평가되던 네덜란드의 군제를 도입하려고 했다. 상비군 체제가 유럽에 도입되기 시작한 것은 17세기 초반이기 때문에 프리드리히 빌헬름의 시도는 그리 늦은 것은 아니었다.[14]

---

12 이러한 것들은 브란덴부르크 변경백 지방의회의 협정(Kurmärkischer Land-tags Rezess)에서 확인할 수 있다. 그런데 브란덴부르크 변경백 지방의회는 다시는 개최되지 않았는데 이는 지방 제후들이 그들이 권한이 침해되지 않는 한 향후 중앙정부 정책에 관여하지 않겠다는 약속에서 비롯되었다. H. Schmidt, "Zerfall und Untergang des alten Reiches(1648~1806)", p.251.

13 T. Blanning, *Friedrich der Grosse*, p.27; H. Schmidt, "Zerfall und Untergang des alten Reiches(1648~1806)", p.251. 당시 프리드리히 빌헬름은 상비군의 규모가 확대될수록 대토지 소유자들로부터 더 많은 자금을 갹출할 수 있다고 확신했을 뿐만 아니라 늘어나는 세입으로 더욱 강력한 상비군 체제를 구축할 수도 있다고 판단했다. 더욱이 1654년 신성로마제국 황제의 칙령에는 제국 내 제후들이 수비대 및 요새 유지에 필요한 비용을 세금으로 충당할 수 있다는 것이 명시되었다. 이러한 칙령은 프리드리히 빌헬름이 자신의 정책을 더욱 강력히 추진하게 하는 요인이 되었다. V. Press, *Kriege und Krisen. Deutschland 1600-1715*(München, 1991), p.360; H. Meier-Welcker, *Deutsches Herrwesen im Wandel der Zeit*(Frankfurt, 1956), p.10.

14 상비군 체제가 도입되기 전 전쟁이 발발하면 각 국가는 필요한 병력을 즉시에

1681년 프리드리히 빌헬름은 중앙정부의 권한을 강화하기 위해 지방 제후들의 조세동의권을 박탈했다.[15] 이러한 과정에서 프리드리히 빌헬름은 발데크(George Friedrich v. Waldeck), 슈베린(Otto v. Schwerin), 마인더스(Franz v. Mainders), 그리고 푹스(Paul v. Fuchs) 등으로부터 필요한 조언을 받았다.[16] 그러나 지방 제후들은 이러한 정책에 강력히 반발했다. 특히 쾨니히스베르크 시의회 의장 로트(Hieronymus Roth)와 그의 동료 칼크슈타인(Christian Ludwig L.v. Kalckstein)의 반발은 충성서약마저 거부할 정도였다.[17] 당시 로트는 무뚝뚝했지만 매우 선동적인 발언에 능숙했고 그로 인해 제후들로부터도 큰 신임을 받고 있었다. 그리고 칼크슈타인 역시 제후들에게 적지 않은 영향을 끼치고 있었다. 충성서약을 거부함에 따라 로트와 칼크슈타인은 체포되었다. 이에 앞서 로트는 바르샤바로 가서 폴란드 국왕을 알현했는데 이것은 신분제의회에 대한 폴란드의 지

마련하기 위해 용병들을 고용하는 경우가 많았다. 그리고 전쟁이 끝난 후 용병들로 채워진 군대는 비용 문제로 바로 해산되었다. H. Meier-Welcker, *Deutsches Herrwesen im Wandel der Zeit*, p.11.

15 1653년 개최된 브란덴부르크 변경백 지방의회에서 토지 귀족들은 그들이 그동안 행사했던 사법권 및 경찰권을 계속 인정받는 대신 국왕에게 그들 재산의 일부를 할애하는 데 동의했다. H. Meier-Welcker, *Deutsches Herrwesen im Wandel der Zeit*, p.11.

16 프리드리히 빌헬름은 1660년 능력이 있지만 다소 비현실적인 발데크와 결별한 후 슈베린, 마인더스, 그리고 푹스의 조언을 받으면서 국가를 통치했다. H. Schmidt, "Zerfall und Untergang des alten Reiches(1648~1806)", p.252.

17 1651년 5월부터 쾨니히스베르크에서 개최된 지방의회는 의외로 오랫동안 활동했다. 1652년 지방의회는 일련의 요구사항을 발표했는데 그 과정에서 로트와 칼크슈타인이 핵심적인 역할을 담당했다. 요구사항에서는 폴란드 국왕에 대한 귀족들의 영구상소권, 소수의 해안경비대를 제외한 프로이센 선제후군의 철수, 공직 임명에서 비프로이센계의 배제, 정례적인 지방의회 개원, 지방의회와 선제후 간의 의견대립(Meinungsverschiedenheiten), 즉 분쟁이 발생할 때 폴란드 국왕의 자동 중재 개입 등이 거론되었다. C. Clark, *Preußen. Aufstieg und Niedergang 1600-1947*(München, 2008), p.84.

원 가능성을 타진하기 위해서였다. 체포된 로트는 콧부스(Cottbus)에 있는 파이츠(Peitz) 요새 내 교도소로 이송되었고 자신에게 부여된 권한, 즉 사면권을 행사하지 않음에 따라 평생 파이츠 교도소에서 지내야 했다.[18] 반면 칼크슈타인은 바르샤바로 탈출을 시도했다. 프리드리히 빌헬름은 칼크슈타인이 국법을 심하게 훼손했다는 이유로 브란트(Hans Brandt)를 보내 국경 근처로 그를 유인한 후 체포하게 했다. 이후 칼크슈타인은 국내로 압송되었고 1672년 메멜에서 참수형을 당했다. 이렇게 지방 제후들을 이끌던 대표 인물들이 감금 내지 처형됨에 따라 지방 제후들의 저항은 중단되었고 그들이 행사하던 조세동의권 역시 박탈당했다.

프리드리히 빌헬름 재위 기간 중 스웨덴과 폴란드 사이에 전쟁이 일어났다. 그런데 이 전쟁은 '발트해에서의 주도권 쟁탈'에서 비롯되었다.[19] 여기서 브란덴부르크–프로이센은 1656년 11월 20일 스웨덴의 칼 10세(Karl X Gustav, 1654~1660)와 쾨니히스베르크 북동쪽에 있는 라비아우(Labiau)에서 조약을 체결했고, 1657년 9월 12일에는 폴란드의 얀 2세(Jan II, 1648~1668)와 벨라우(Wehlau)와 브롬베르크(Bromberg) 조약을 체결했다.[20] 이 조약 체결로 브란덴부르크–프로이센은 폴란드로부터 동프

18　로트는 17년간 감금 생활을 했고 1678년 여름 파이츠 요새에서 사망했다. C. Clark, *Preußen*, p.85.

19　북방의 주도권을 장악한 스웨덴에 대항하여 덴마크, 폴란드, 오스트리아, 러시아, 그리고 브란덴부르크–프로이센이 일으킨 이 전쟁은 1655년부터 1660년까지 진행되었다. H. Schmidt, "Zerfall und Untergang des alten Reiches(1648~1806)", p.252.

20　얀 2세는 스웨덴의 바사(Wasa) 가문 출신이었다. 따라서 스웨덴의 왕위계승권도 가질 수 있었지만, 이 상속권은 그의 부친 지그문트 3세(Zygmund III, 1587~1632)가 1592년에 계승한 스웨덴 국왕직을 1599년에 포기함에 따라 사라지게 되었다. 지그문트 3세가 스웨덴 국왕직을 포기한 것은 1598년 스통게브로(Stångebro) 전투에서 경쟁자였던 칼(Karl)에게 패배했기 때문이다. K. Wiegrefe, "Gottesreich an der Ostsee", p.56; H. Schmidt, "Zerfall und Unter-

로이센의 독립 주권을 인정받았다. 1660년 5월 3일 스웨덴, 폴란드, 오스트리아, 그리고 브란덴부르크–프로이센 사이에 올리바(Oliva) 평화조약이 체결되었는데 여기서는 프로이센 대공국 내에서 대선제후의 주권도 인정되었다. 그리고 서프로이센은 폴란드의 영역으로, 포어포메른은 스웨덴의 지배하에 놓인다는 것도 명시되었다.[21]

프리드리히 빌헬름은 1675년 6월 28일 페르벨린(Fehrbellin, 베를린의 북서쪽)에서 스웨덴과 전투를 벌여 승리를 거두었다. 페르벨린 전투에는 프리드리히 빌헬름이 신임하던 기마 장군 데르플링거(Georg Freiherr v. Derfflinger) 남작이 이끄는 5,600명의 브란덴부르크–프로이센군과 4,000명의 기병과 6,000명의 보병으로 구성된 스웨덴군이 참가했다. 당시 힌터포메른(Hinterpommern) 총독이었던 데르플링거는 갑옷에 총으로 무장한 기마부대, 즉 보병으로 운용될 수 있는 용기병 부대를 만든 군사 전문가로서, 브란덴부르크–프로이센군 창설자로 간주되던 인물이었다. 그는 니더외스터라이히에서 태어난 오스트리아인이었지만 부친이 프로테스탄트였기 때문에 30년전쟁 때 오스트리아를 떠났다. 이후 스웨덴을 비롯한 유럽의 여러 나라에서 용병 생활을 하다가 프리드리히 빌헬름의 요청으로 브란덴부르크–프로이센에서 활동하게 되었다. 그런데 데르플링거는 1672년 프리드리히 빌헬름의 명령 이행을 거부한 적도 있다. 그와 브란덴부르크 선제후 사이에 체결된 계약에서 '절대복종'이란 문구가 없었기 때문이다.

페르벨린 전투에서 브란덴부르크–프로이센군은 13문의 대포를 동원했고, 스웨덴군은 이보다 훨씬 많고 성능이 우세한 38문의 대포를 사

gang des alten Reiches(1648~1806)", p.252.

21 T. Blanning, *Friedrich der Grosse*., p.115 ; K. Wiegrefe, "Gottesreich an der Ostsee", p.56.

용했다. 그러나 30년전쟁 이후부터 제압할 수 없는 군대로 간주된 스웨덴군은 이 전투에서 4,000명을 잃었지만, 브란덴부르크-프로이센군의 희생은 500명에 불과했다. 전투에서 승리한 브란덴부르크-프로이센은 1679년 스웨덴으로부터 힌터포메른 지방의 일부, 즉 슈테틴과 뤼겐(Rügen)섬, 그리고 뤼겐섬의 입구라 할 수 있는 슈트랄준트(Stralsund) 등을 얻게 되었다.[22]

이후 프리드리히 빌헬름은 덴마크와 공수동맹을 체결하여 독일 내에서 스웨덴의 영향을 완전히 배제하려 했다. 그 자신이 베스트팔렌(Westfalen) 조약에서 드러난 문제점을 직시했기 때문이다. 그러나 프랑스, 스웨덴, 그리고 브란덴부르크-프로이센이 1679년 6월 29일 프랑스의 생제르맹앙레(Saint German en Laye)에서 체결된 평화조약으로 인해 브란덴부르크-프로이센은 힌터포메른 지방의 점유를 포기해야만 했다. 그런데 이 평화조약은 1679년 2월에 효력이 만료된 님베겐(Nimwegen) 평화조약의 후속 조약으로 간주할 수 있는데 그것은 베스트팔렌 조약의 내용을 준수한다는 것이 조약에서 구체적으로 명시되었기 때문이다.[23] 이

---

22 1648년 오스나브뤼크(Osnabrück) 평화조약에서 스웨덴과 브란덴부르크-프로이센은 30년전쟁에서 스웨덴이 점령한 포메른을 나누어, 오데르(Oder)강 서쪽의 포어포메른은 스웨덴이, 강 동쪽의 힌터포메른은 브란덴부르크-프로이센이 영구히 점유하기로 합의했다. 그 과정에서 스웨덴은 발트해에서 가장 큰 섬인 뤼겐섬과 오데르강 동쪽의 일부 지역까지 차지했다. 이때부터 프리드리히 빌헬름에게 대선제후란 별칭이 붙기 시작했는데 이에 그리 큰 의미를 부여할 필요는 없다. 왜냐하면 17세기 유럽에서 통치자의 위대함을 칭송하기 위해 '대(Große)'를 붙이는 경우가 허다했기 때문이다. 페르벨린에서 스웨덴군을 격파한 이후 프리드리히 빌헬름은 승전을 기념하기 위한 은화도 주조했다. 이후 이 소읍은 프로이센탄생의 요람(Wiege Preußens)으로 간주되었다. T. Blanning, *Friedrich der Grosse*, p.28.

23 K. Wiegrefe, "Gottesreich an der Ostsee", p.56; H. Schmidt, "Zerfall und Untergang des alten Reiches(1648~1806)", p.253. 네덜란드와 에스파냐는 1672년

조약으로 프리드리히 빌헬름은 오데르강 우안의 띠 모양 지역(Landstreif-en)과 힌터포메른 세관에 참가할 수 있는 권한을 부여받았다. 그러나 브레멘(Bremen)과 베르됭(Verdun)은 계속하여 스웨덴의 지배하에 놓이게 되었다.[24] 프리드리히 빌헬름은 프랑스의 지원을 받아 슈테틴과 오데르강 입구 지역을 차지하려고 했지만, 구체적인 성과는 거두지 못했다. 당시 그는 위의 지역들을 얻기 위해서는 프랑스의 지원이 절대적으로 필요하고 그것을 가시화시키기 위해서는 부르봉 가문의 인물이 신성로마제국의 황제로 선출되는 데 협조해야 한다는 것도 잘 알고 있었다.

프리드리히 빌헬름은 브란덴부르크-프로이센의 낙후된 경제를 일으키기 위해 인접 국가로부터 유입되는 기술자들에게 종교적인 관용 정책도 실시했다.[25] 특히 1685년 10월에 발표된 퐁텐블로(Fontainbleau) 칙령

부터 시작된 프랑스와의 전쟁을 끝내기 위해 1678년 8월 님베겐에서 평화조약을 체결했다. 당시 신성로마제국 황제 레오폴트 1세는 이 협상에 참여하지 않았다. 그러나 그는 재정적 어려움, 신병 충원 문제, 그리고 오스트리아 동부 지역에서 발생한 소요로 프랑스의 루이 14세(Louis XIV)와 평화조약을 체결했다.

24 세관 참여로 프로이센은 스웨덴이 힌터포메른에서 징수한 관세 수입의 절반을 차지하게 되었다. K. Wiegrefe, "Gottesreich an der Ostsee", p.57.

25 K. Wiegrefe, "Gottesreich an der Ostsee", p.57; H. Schmidt, "Zerfall und Untergang des alten Reiches(1648~1806)", p.254. 앙리 4세(Henri IV, 1589~1610)는 1598년 4월 13일 낭트 칙령을 발표하여 신교도들에게도 종교의 자유를 부여하고 장기간 지속된 종교적 분쟁을 해소하려고 했다. 일반 조항 95개 조, 특별조항 26개 조, 그리고 2통의 국왕 칙서로 구성된 낭트 칙령의 중요한 내용을 열거하면 다음과 같다.
제1조 : 1585년 3월 초부터 본인이 즉위할 때까지, 나아가 그 이전의 소요로 각지에서 발생한 모든 사건은 기억에서 지워질 것이다.
제6조 : 신민들 사이의 소란 및 분쟁의 동기를 제거하기 위해 본인은 개혁파 신도들이 왕국의 모든 도시에서 어떠한 심문과 박해도 받지 않고 재산상의 불이익 없이 거주할 것을 인정한다. 이들은 적어도 종교에 관해서 그들 신앙에 위배되는 행위를 강요받지 않을 것이며, 본 칙령의 규정에 따르는 한, 자신들이 살고자 하는 거주지로부터 신앙 때문에 쫓겨나지도 않을 것이다.

으로 프랑스를 떠나야만 했던 위그노들(Hugenotten)을 받아들이기 위해 같은 해 11월 8일 포츠담 칙령(Edikt von Potsdam)을 발표했다.[26] 포츠담 칙령은 위그노들에게 적지 않은 특혜를 부여했다. 첫째, 위그노들은 재산을 후손들에게 상속할 수 있다. 둘째, 위그노들은 시민권과 길드와 관련된 제 권한을 보장받는다. 셋째, 농업에 종사하는 위그노들은 토지를 소유할 수 있다. 넷째, 위그노들은 거주지를 얻고자 할 때 국가로부터 보조금도 받는다. 다섯째, 위그노들이 독자적으로 선출한 재판관들은 위그노들 사이의 분쟁을 조정할 권한을 가진다. 여섯째, 브란덴부르크-프로이센 내 모든 지역은 위그노들이 종교행사를 자유롭게 할 수 있게끔 예배당을 제공해야 한다. 일곱째, 프랑스에서 이주한 위그노 귀족들은 왕국 내 귀족들과 동등한 신분을 가진다. 이 칙령 발표로 2만 명에 달하는 위그노들이 베를린 및 그 주변 지역, 즉 마그데부르크, 할버슈타트(Halberstadt), 그리고 우커마르크(Uckermark)에 정착하게 되어 관개시설, 낙농업, 그리고 상공업의 활성화에 기여하기도 했다.[27] 아울러 프리드리

제18조 : 신민들은 그들의 신분이나 직위에 상관없이 개혁파 신도의 자식들을 그들 부모의 뜻과는 달리 강제 또는 유혹으로 로마 가톨릭교회에서 세례받게 해서는 안 된다.

제22조 : 학생들이 교육을 받기 위해 학교에 입학할 때, 종교 때문에 차별대우를 받아서는 안 된다. 그리고 병든 자 및 가난한 자들을 자선병원, 나병원, 그리고 빈민구제소에 수용할 때도 마찬가지이다.

이러한 내용을 담은 낭트 칙령이 1685년 루이 14세에 의해 철회되면서 위그노들은 프랑스를 떠나 인접 국가들에서 새로운 거주지를 찾아야만 했다.

26 H. Schmidt, "Zerfall und Untergang des alten Reiches(1648~1806)", p.254. 퐁텐블로 칙령 발표에 결정적 역할을 한 인물은 루이 14세의 예수회 고해신부 세즈(Pere La Chaise)였다. 그는 지인에게 보내는 편지에서 자신의 고해실에서 루이 14세가 밝힌 며느리와의 동침을 최대한 활용하여 국왕으로부터 칙령에 대한 서명을 받아냈다고 했다.

27 베를린은 위그노들의 정착으로 인구 2만 5천 명의 도시로 성장했다. 전체 인구에서 신교도가 차지하는 비율도 30%를 상회했다. 그러나 낯선 외모와 언어, 이

히 빌헬름은 1671년에 유대인들도 자신의 신민이라는 입장을 밝혔고 이들을 배려하는 정책도 제한적으로 시행했다. 또한 그는 조세제도의 개편을 통해 도시민에게는 간접소비세, 농민에게는 토지세도 부과했다.

3. 프리드리히 1세

브란덴부르크-프로이센의 후계자였던 카를 에밀(Karl Emil, 1655~1674)이 1674년 12월 7일에 사망함에 따라 프리드리히 빌헬름은 프리드리히를 후계자로 선택했다.[28] 이에 따라 프리드리히는 프리드리히 빌헬름이 사망한 1688년 브란덴부르크-프로이센의 지배자, 즉 프리드리히 3세(Kurfürst Friedrich III)로 등극했다. 그는 1690년부터 신성로마제국 황제이자 오스트리아 국왕인 레오폴트 1세(Leopold I, 1658~1705)와 접촉하여 자신의 신분 상승, 즉 국왕 지위를 부여받으려 했고 그 과정에서 적지 않은 뇌물을 레오폴트 1세의 측근에게 주기도 했다.[29] 마침내 프리드

해하기 어려운 신앙생활 때문에 이주민들을 바라보는 베를린 시민들의 시선은 비우호적이었다. 게다가 위그노들의 대량 이주로 주택 및 생필품의 부족 현상이 심화되었고 물가마저 급등했다. 또한 이들은 위그노들 때문에 일부 업종에서 일자리를 잃게 된 것에 대해서도 분노했다. 당시 브란덴부르크-프로이센으로 이주한 위그노들을 신분별로 분류하면, 귀족 5%, 중산층 5%, 상공업에 종사하는 시민계층 8%, 노동자 20%, 농민 15%, 그리고 수공업자 45%였다.

28 당시 선제후의 후계자로 간주된 카를 에밀은 엘리트 교육을 받았을 뿐만 아니라 명석한 두뇌의 소유자였다. 그런데 그가 루르(Ruhr) 지방에서 사망함에 따라 프리드리히 빌헬름이 후계자가 되었다. 1687년에는 프리드리히 빌헬름의 남동생인 루트비히(Ludwig)마저 사망했다. K. Wiegrefe, "Gottesreich an der Ostsee", pp.58~59.

29 1648년 베스트팔렌 조약이 체결된 이후 신성로마제국 황제의 위상은 크게 약화되었다. 이에 따라 왕칭을 사용하려는 제후들도 등장했고 프리드리히 3세의 시도 역시 그러한 분위기에서 비롯된 것 같다. 그렇지만 1700년에 바이에른 국왕, 작센 국왕, 그리고 뷔르템베르크(Würtemberg) 국왕이 등장하기란 거의 불

리히 3세는 1700년 11월 16일 전권을 부여한 바르톨디(Johann Bartholdi)를 빈으로 파견하여 레오폴트 1세와 국기비밀조약을 체결하게 했다.

이 조약에 먼저 명시된 것은 프리드리히 3세의 즉위를 인정하는 대가로 레오폴트 1세의 요구를 무조건 수용한다는 것이다. 즉 프로이센-브란덴부르크는 향후 에스파냐 왕위계승전쟁이 발생하면 오스트리아의 동맹국으로 참여할 것이고 나아가 8,000명의 병력도 지원한다는 것이었다.[30] 또한 레오폴트 1세는 프리드리히 3세에게 군대 임대료 1,400만 탈러를 지급하겠다고 약속했다. 그리고 프리드리히 3세와 그 후손들이 신성로마제국 황제 선출 시 오스트리아가 제시한 후보를 지지한다는 것도 조약에 명시되었다.

이후 프리드리히 3세는 에스파냐 왕위계승전쟁에 참여했고 거기서 레오폴트 1세를 적극적으로 지원했다. 1701년 1월 15일 프로이센 대공국은 왕국으로 승격되었고 프리드리히 3세는 스스로 프리드리히 1세

가능했다. 그리고 당시 신성로마제국 내에서 브란덴부르크 선제후의 위상은 작센 선제후보다 훨씬 낮았기 때문에 왕국으로의 격상 시도는 매우 무의미한 것으로 간주되었다. 작센 선제후 가문은 9세기 후반에 등장했지만, 브란덴부르크 가문은 이보다 약 200년 정도 늦은 11세기 중반부터 가문의 이름이 나타난 신생 가문이었다. 그리고 작센 선제후가 다스린 영역은 브란덴부르크 선제후가 통치하던 영역보다 훨씬 넓었을 뿐만 아니라 경제적으로도 매우 활성화된 지역이었다. 또한 작센 선제후는 신성로마제국의 신교 제후들이 결성한 프로테스탄트동맹(corpus evangelicorum)의 맹주 역할도 담당하고 있었다. 그리고 작센 선제후는 1697년부터 폴란드 국왕도 겸하고 있었는데 당시 폴란드 국왕은 세습직이 아니라 의회의 동의를 받은 후 등극하는 절차상의 취약점을 가지고 있었다. T. Blanning, *Friedrich der Grosse*, p.115; K. Wiegrefe, "Gottesreich an der Ostsee", p.59.

30 K. Wiegrefe, "Gottesreich an der Ostsee", p.60; H. Schmidt, "Zerfall und Untergang des alten Reiches(1648~1806)", p.255. 실제로 프리드리히 1세는 1713년 2월 25일까지, 즉 사망할 때까지 에스파냐 왕위계승전쟁에서 오스트리아의 동맹국으로 참여했다.

(Friedrich I, 1701~1713)라 칭했다. 그러나 국왕 칭호는 동프로이센(in Ost-preußen)에서만 사용이 가능했다. 브란덴부르크에서는 선제후 칭호를 그대로 사용해야만 했다. 실제로 당시 신성로마제국 제후들은 국왕 칭호를 사용할 수 없었다.[31] 이러한 암묵적인 규제로 신성로마제국 영역에서는 대관이 불허되었으므로 프리드리히 1세는 베를린이 아닌 동프로이센의 쾨니히스베르크에서 스스로 대관했다.[32] 1701년 1월 18일 아침 쾨니히스베르크 성내 선제후 알현실에서 거행된 대관식에서 프리드리히 1세는 237개의 보석으로 장식된 묵직한 금관을 스스로 가발 위에 얹었고, 왕비 조피 샤를로테(Sophie Charlotte)에게도 직접 관을 씌워주었다. 이것은 문자 그대로 성직자의 손을 거치지 않고 스스로 왕관을 머리에 썼다는 것을 의미한다.[33]

　프리드리히 1세는 대관식을 위해 3만 필의 말과 1,800대의 마차를 베를린에서 쾨니히스베르크로 이동시켰으며, 무려 600만 탈러를 즉위식 및 부대행사 비용으로 사용했다.[34] 국왕 즉위 이전인 1699년 프리드리히 3세는 르네상스식의 베를린 궁전을 거대한 바로크식의 궁전으로 증축하게 했다. 아울러 부인을 위해 샬로텐부르크(Charlottenburg) 궁전을 신축했으며 쾨니히스베르크 궁전의 증축과 무기고 건설도 시작했다. 이렇게 프리드리히 3세가 막대한 비용을 투입하여 궁전을 증축, 신축한 것은

31　M. Erbe, *Deutsche Geschichte 1713~1790. Dualismus und Aufklärter Absolutismus*(Stuttgartt-Berlin-Köln-Mainz, 1986), pp.141~142. 프로이센의 위정자가 '동프로이센에서의 왕'에서 '프로이센 왕'의 신분으로 바뀌게 된 것은 1772년, 즉 제1차 폴란드 분할 이후부터였다.

32　쾨니히스베르크는 1946년 칼리닌그라드(Kalininrad)로 명칭이 바뀌었다.

33　T. Blanning, *Friedrich der Grosse*, p.39 ; M. Erbe, *Deutsche Geschichte 1713-1790*, p.142.

34　C. Clark, *Preußen*, p.94 ; M. Erbe, *Deutsche Geschichte 1713-1790*, p.143 ; K. Wiegrefe, "Gottesreich an der Ostsee", pp.60~61.

국왕 등극을 위한 사전 준비작업이라 하겠다. 그런데 당시 브란덴부르크-프로이센의 1년 세입은 4백만 탈러에 불과했기 때문에 프리드리히 3세는 막대한 차입을 통해 자금을 마련했다. 그리고 이것은 브란덴부르크-프로이센의 재정을 급격히 악화시키는 요인으로 작용했다. 이렇게 급격히 나빠진 재정적 상황에서 대관식까지 거행하면서 그는 브란덴부르크-프로이센 역사상 가장 큰 비용을 투입하는 무리수도 두었다. 국력을 과시하기 위해 왕실 행사에 지나치게 돈을 많이 썼던 그 시대의 기준으로 보더라도 프로이센의 대관식은 보기 드물 정도로 화려했다. 당시 베를린 정부는 대관식에 드는 비용을 충당하기 위해 왕실세(Kronsteuer)를 신설하여 부과했지만, 징수액은 50만 탈러에 불과했다. 그 왕실세의 5분의 3은 왕비의 관을 만드는 데 사용했고 나머지 20만 탈러로 표면 전체를 다이아몬드로 장식한 왕관을 제작하려고 했다. 그러나 왕관 제작에는 상상을 초월할 정도의 초과 비용이 요구되었고 이것 역시 차입을 통해 충당해야만 했다. 화려한 대관식과 부대행사로 인해 신생 왕국의 신민들은 이전보다 훨씬 많은 세금을 장기간에 걸쳐 내야만 했다.

이렇게 브란덴부르크-프로이센의 신민들이 어려움을 겪는 상황에서 프리드리히 1세 시기 관료들, 특히 그가 총애하던 바르텐베르크(Johann Kasimir Kolbe v. Wartenberg) 백작과 비트겐슈타인(Augustus Graf zu Sayn Wittgenstein) 백작의 부패 역시 날로 심해졌다. 더욱이 1708년부터 1714년까지 지속된 대흑사병(Grosse Pest)으로 인해 수천 명의 신민이 목숨을 잃었고 여기에 1708년 겨울에 닥친 천 년 만의 겨울 혹한과 그것에 따른 기근 현상으로 국가경제는 부도 직전에 놓이게 되었다. 프리드리히 1세는 통치 말기 이러한 경제적 난국을 극복하는 데 총력을 기울였고 어느 정도의 가시적 효과도 거두었다.[35]

---

35 프리드리히 1세가 아들 프리드리히 빌헬름 1세에게 왕위를 넘겨주었을 때 브

프리드리히 1세(당시 프리드리히 3세)는 재위 기간 중 학문 활성화 정책도 펼쳤는데 이것은 부인 조피 샤를로테의 적극적인 지원으로 가능했다. 이 인물은 1692년 할레(Halle)에 있던 기사귀족학교(Ritterakademie)를 대학으로 승격시켜 개교했는데 당시 법학자 겸 철학자로 널리 알려진 토마지우스(Christian Thomasius)가 이 대학의 실제적 운영자, 즉 부총장(Prorektor)으로 선출된 이후부터 그 명성은 독일 전역으로 확산했다.[36] 그런데 당시 신성로마제국 내에서 대학을 합법적으로 운영하기 위해서는 신성로마제국 황제로부터 설립 허가를 받아야 했고 할레 대학 역시 그러한 절차에서 예외는 아니었다. 실제로 할레 대학이 1692년부터 교육기관으로 활동했지만, 합법성이 결여된 상태였다. 이러한 상황에서 프리드리히 3세는 레오폴트 1세로부터 할레 대학의 설립허가증을 받아내려고 시도했고 마침내 1693년 10월 19일 신성로마제국 황제로부터 설립허가증을 발급받은 할레 대학은 같은 해 11월 24일 정식 대학으로 출범했다. '아카데미아 프리데리시아나(Academia Fridericiana)'로 명명된 할레 대학은 이제 졸업생들에게 학위증을 수여하거나 공증인을 임명할 수 있는 권한도 부여받았다. 또한 이 대학은 당시 유럽 내 다른 대학들과 마찬가지로 사생아들을 인정하고 이들에게 후견인도 임명할 수 있는 권

란덴부르크-프로이센의 경제적 난국은 완전히 치유되지 못했고 이것은 프리드리히 빌헬름 1세가 초긴축정책을 펼치게 하는 요인으로 작용했다. E. -B. Körber, *Die Zeit der Aufklärung. Eine Geschichte des 18. Jahrhunderts*(Stuttgart, 2006), p.168; S. Martus, Aufklärung, p.134; H. Schmidt, "Zerfall und Untergang des alten Reiches(1648~1806)", p.256; W. Schmidt, *Ein vergessener Rebell. Leben und Wirken des Christian Thomasius*(München, 1995), pp.122~123; W. Schrader, *Geschichte der Friedrichs-Universität zu Halle. Erster Teil*(Berlin, 1894), pp.43~47; K. Wiegrefe, "Gottesreich an der Ostsee", p.63.

36 토마지우스는 이성의 자연적 빛과 신의 계시를 엄격히 구별하려 했고 권위에 기초한 모든 신앙 형식과 교회의 불관용도 강력히 비판했다.

리를 행사할 수 있었을 뿐만 아니라 시인에게 영관(靈觀)마저 줄 수 있는 자격도 가지게 되었다. 그리고 자치적으로 대학을 운영하는 데 필요한 제 권한, 예를 들면 부총장 선출권도 부여받았다. 할레 대학의 초대 총장(Rektor)으로 임명된 인물은 당시 6세에 불과한 왕세자 프리드리히 빌헬름이었다. 따라서 할레 대학의 실제적 운영권은 부총장이 가지게 되었다.

할레 대학의 공식적 출범 이후 1696년 베를린에 예술원(Akademe der Künste)도 설립되었다. 그리고 다음 해인 1697년 학문 결사 단체를 위한 장학재단도 같은 도시에 등장했는데 이것은 같은 해 발족한 학술원(Akademie der Wissenschaften)의 전신 역할을 수행했다. 학술원 설립은 라이프니츠(Gottfried Wilhelm Leibniz)의 주도로 진행되었는데 그는 토마지우스의 부친 야코브 토마지우스(Jacob Thomasius)의 제자였다.[37]

---

37 라이프니츠는 1646년 라이프치히(Leipzig)에서 법률가이자 철학 교수인 프리드리히 라이프뉘츠(Friedrich Leibnutz)의 아들로 태어났다. 즉 라이프니츠의 원래 이름은 라이프뉘츠였는데 나중에 스스로 라이프니츠로 개명했다. 학교에 들어가기 전부터 그는 독학으로 라틴어를 비롯하여 스콜라 철학에 대해 폭넓은 지식을 갖추었다. 그리고 열두 살부터 논리학 문제에 관심을 보였고 그 과정에서 모든 문자가 알파벳으로 구성된 것처럼 인간의 사고를 구성하는 사유의 알파벳 개발도 시도했다. 열네 살의 어린 나이로 라이프치히대학에 입학한 라이프니츠는 주로 철학을 공부했으며, 여기서 베이컨(Francis Bacon), 케플러(Johannes Kepler), 갈릴레이(Galileo Galilei), 그리고 데카르트(René Descartes)의 저서들도 접했다. 1667년 뉘른베르크 근처에 있는 알트도르프(Altdorf)대학에서 박사학위를 취득했다. 박사학위를 취득한 이후 라이프니츠는 알트도르프 대학의 교수직 제안을 거절하고 뉘른베르크에서 정신과 말, 그리고 기호로서의 로고스가 사물의 종합으로 판단해야 한다는 룰루스(Raimundus Lullus)의 황금십자단 기술을 읽히기 위해 황금십자단의 사무관으로 활동했다. 1676년부터 라이프니츠는 약 40년간 하노버 궁정의 고문관과 사서로 근무했고 여기서 그는 팔츠의 엘리자베트의 자매이자 아우구스트 공작의 부인인 조피 및 그의 딸이자 후에 프리드리히 1세의 왕비가 된 샤를로테와도 깊은 우정을 맺게 되었다. 특히 샤를로테와의 대화는 라이프니츠의 저서인 『변신론 : 신의 선 인간의 자유,

4. 프리드리히 빌헬름 1세

1713년 2월 25일에 서거한 프리드리히 1세에 이어 프로이센의 위정자로 등장한 프리드리히 빌헬름 1세(Friedrich Wilhelm I, 1713~1740)는 즉위한 직후부터 절대왕정 체제구축에 필요한 일련의 개혁을 신속히 실시했고 그 과정에서 시민계층도 대거 기용했다. 또한 프리드리히 빌헬름 1세는 부친의 총애를 받고 그가 등극한 이후부터 그의 정책에 비판적이었던 비트겐슈타인 백작과 바르텐베르크 백작을 파면했는데 이것은 왕실협의회에서 자신의 반대 세력을 완전히 제거한 것으로도 볼 수 있다.[38]

1713년 3월 27일 왕실 직영지를 관리하는 국유지관리총국(Oberdomanendirektorium)과 왕실재산관리국(Hofkammer)이 일반재정총국(Generalfinanzdirektorium)으로 통합되었다. 이제 국가재정의 통제권은 일반재정총국과 국가관리위원회(Generalkommissariat)가 장악하게 되었다. 일반재정총국은 왕실 직영지의 임대소득을 전담했고, 국가관리위원회는 각종 소비세 및 지방민들이 내는 군세를 담당했다. 하지만 이러한 두 기관의 발족은 새로운 긴장도 유발했는데 그것은 다양한 분야에서 겹치는 양 기관의 권한 및 거기서 발생하는 극심한 경쟁 관계에서 비롯되었다. 일반재정총국과 그 하위기관인 지방사무소는 국가관리위원회의 강제 징수로 임차인들의 소작료 납부가 방해받고 있음을 지적하고 그것에 대해 불만도 자주 토로했다. 반대로 일반재정총국이 임대소득을 늘리기 위해 임차인들에게 양조장이나 제조업 같은 소규모 지방사업을 권장할 때 국가관리위원회는 그러한 사업이 도시 납세자들의 경쟁력만 낮춘다는 이

악의 기원에 관하여(*Essais de Theodicee: sur la bonte de Dieu, la liberte de l'homme et l'origine du mal*)』를 집필하는 토대가 되기도 했다.

38 H. Schmidt, "Zerfall und Untergang des alten Reiches(1648~1806)", p.256.

유로 반대한 것을 언급했다. 1723년 오랜 숙고를 거듭한 끝에 프리드리히 빌헬름 1세는 경쟁직인 두 기관을 전권행사를 하는 단일 기관으로 통합시키는 것이 유일한 해결책이라는 결론을 내렸다. 같은 해 그는 기존의 일반재정총국과 국가관리위원회를 결합해 일반재정전쟁왕령지관리총국(Generalfinanz-Ober-Finanz-Kriegs-und Domänendirektorium, 약칭 일반총국[Generaldirektorium])을 출범시켰는데 이것은 영토 및 전문 분야를 혼합시킨 것으로 볼 수 있다. 또한 일반총국의 등장으로 일반재정총국과 국가관리위원회의 권한 행사 과정에서 야기된 혼란 역시 사라지게 되었다.[39]

프리드리히 빌헬름 1세는 일반총국의 하부 조직으로 5개의 행정부서(Départment)도 설치했다. 제1행정부서는 프로이센, 포메른, 그리고 노이마르크(Neumark)에 대한 행정권을 부여받았고 왕국 내 개간 및 배수 관련 사안에 대한 권한도 담당했다. 제2행정부서는 민덴, 라벤스베르크(Ravensberg), 테클렌부르크(Tecklenburg), 그리고 링겐(Lingen)에 대한 행정권을 행사했다.[40] 동시에 이 행정부서는 감사원(Rechenkammer) 및 식량 보급 업무를 주관했다. 제3행정부서는 쿠르마르크, 마그데부르크, 그리고 할버슈타트에 대한 행정권을 부여받았다. 또한 이 행정부서는 군대의 행군, 군량 조달, 숙영을 총괄하고 도량형 제정권도 행사했다. 제4행정부는 클레베, 마르크, 겔데른(Geldern), 뫼르스(Moers), 그리고 뇌샤텔(Neuchâtel)에 대한 행정권을 가졌으며 오라니엔 지방 상속권도 담당했다. 그뿐만 아니라 이 부서는 우편 및 소금 전매권, 그리고 동전 주조권도 가졌다. 제5행정부서는 왕국 내 사법제도를 총괄했다. 장관 및 약간

---

39 M. Erbe, *Deutsche Geschichte*, p.150; H. Schmidt, "Zerfall und Untergang des alten Reiches(1648~1806)", p.255. 일반총국과 연계된 행정부서들은 1806년 나폴레옹에 의해 해체될 때까지 존속되었다.

40 제2행정부서가 담당한 지방은 네덜란드 근처에 있던 프로이센의 영토였다.

의 실무진으로 구성된 각 행정부서는 매일 회의를 개최했는데 여기서는 주로 과제 이행 방법 및 이행 상황 등이 구체적으로 점검되었다.

일반총국은 베를린 왕궁에서 매주 4번 회의를 개최했고 회의실에 프리드리히 빌헬름 1세의 좌석이 마련되었음에도 그는 거의 참석하지 않았다. 합의제 형태로 운영된 회의에서는 국가의 주요한 안건들이 상정된 후 그것들에 대해 논의했다. 그런데 당시 운영되던 합의제 방식은 몇 가지 이점도 있었는데 그것은 의사결정 과정의 개방을 통해 이전 정권의 실세 장관들이 지향하던 그들 세력의 확대 시도를 저지시키고 지방이나 개인의 이해관계 그리고 편견 사이의 상호 견제도 가능하게 했다는 것이다. 그러나 히이에 올려진 안건들이 통과되기 위해서는 국욍의 동의가 원칙적으로 필요했다.[41]

프리드리히 빌헬름 1세 시기 프로이센 인구는 1713년 160만 명에서 1740년 225만 명으로 늘었다. 이 시기 상비군의 규모도 40,000명에서 83,000명으로 확대되었는데 이것은 인구 증가율 40%를 3배 이상 초과할 정도였다. 프리드리히 빌헬름 1세가 사망하기 직전, 즉 1740년 초에 프로이센의 상비군은 83,000명이었는데 이것은 프랑스가 에스파냐 왕위계승전쟁(1701~1713) 당시 보유한 40만 명과 비교할 때 그리 큰 규모는 아니었다. 그러나 당시 프로이센 인구가 225만 명이었다는 것을 고려한다면 전체 인구에서 상비군이 차지하는 비율은 매우 높다고 할 수 있다. 실제로 프리드리히 빌헬름 1세는 프로이센 전체 인구의 3.8%를 상비군에 편입시켰는데 이 수치는 프랑스, 오스트리아, 그리고 러시아

---

41 조직의 모든 직급을 층층이 가로지르는 은밀한 감독 및 보고 체계로 부정 행위는 즉시 왕에게 통지되었다. 중대한 범죄는 해고에서 벌금, 배상에 이르는 처벌을 받았고 현장에서 본보기로 처형되기도 했다. M. Erbe, *Deutsche Geschichte 1713~1790*, p.150; H. Schmidt, "Zerfall und Untergang des alten Reiches(1648~1806)", p.257.

등이 전시에 동원한 2%에 비해 훨씬 높았다. 당시 프로이센 인구는 유럽 국가 중에서 13위에 불과했지만, 상비군 규모는 4위였다.

안할트-데사우(Leopold v. Anhalt-Dessau)가 출범시킨 주철 포탄 장전용 밀대(Ladestock)를 갖춘 보병(Infanterie)은 매우 빠른 사격 속도와 탁월한 방향 전환 능력으로 당시 유럽 국가들의 보병보다 전술적 측면에서 절대적 우위를 차지하고 있었다. 이렇게 큰 규모의 상비군 체제를 운영하기 위해서는 막대한 비용도 필요했다. 실제로 1739년의 총세입 690만 탈러 중에서 500만 탈러가 상비군 운영 체제에 사용되었는데 이것이 전체 예산에서 차지하는 비율은 무려 72.5%나 되었다. 이렇게 상비군 체제 운영에 혼신을 기울인 프리드리히 빌헬름 1세는 병사왕(Soldatenkönig)이라는 칭호도 부여받았다.[42]

프리드리히 빌헬름 1세는 국가재정을 튼튼히 하고 국가채무 역시 급감시킨다는 원칙을 지향했다. 프리드리히 빌헬름 1세가 이러한 원칙을 지향한 이유는 그 자신이 유럽 열강의 군사 및 재정적 지원으로 국가를 운영할 경우 제기될 제 문제점을 직시했기 때문이다.[43] 따라서 그는 외부의 간섭 없이 독자적으로 국가를 운영하기 위해서는 상비군 체제가 절대적으로 필요하다는 것을 인지했고 여기에 막대한 비용이 요구된다는 것도 파악했다.[44] 따라서 그는 조세제도를 근본적으로 개혁하려고 했

---

42 프리드리히 빌헬름 1세의 상비군 83,000명은 7개 연대로 세분되었다. 그리고 프리드리히 빌헬름 1세는 1725년부터 공식 석상이나 비공식 석상에서 항상 프리드리히 1세가 하사한 연대장 군복을 착용했다. T. Blanning, *Friedrich der Grosse*, p.47; M. Erbe, *Deutsche Geschichte 1713-1790*, p.143; H. Schmidt, "Zerfall und Untergang des alten Reiches(1648~1806)", p.257.

43 왕위에 오른 직후 프리드리히 빌헬름 1세는 부친이 넘겨준 금은보석들을 매매하여 국정 운영 자금을 확보하려고 했다. 특히 그는 금 장식품들을 녹여 금화를 주조하기도 했다. M. Erbe, *Deutsche Geschichte 1713-1790*, p.144.

44 프리드리히 빌헬름 1세에 이어 등장한 프리드리히 2세 역시 상비군 체제의 장

다. 그는 "부친이 선호한 화려한 궁전이나 많은 보석과 장신구 대신 튼튼하고 강력한 상비군을 보유하는 데 온갖 노력을 기울일 것이다"라고 언급하기도 했다.

프리드리히 빌헬름 1세

이후부터 그는 근검절약 정책을 통해 재정적 어려움에서 벗어나고자 했다. 그것을 위해 불필요한 관리들을 대량 해고했고 유임된 관리들의 임금 역시 대폭 삭감했을 뿐만 아니라 157,000탈러에 달하던 왕실 예산도 10,000탈러로 축소했다. 이 과정에서 궁전에 근무하던 고용인의 67%가 사전 통고 없이 해고됐는데 여기에는 초콜릿 제조 장인, 2명의 카스트라토, 첼리스트, 작곡가, 그리고 파이프 오르간 제작자가 포함되었다. 그리고 해고되지 않은 고용인들도 봉급이 75%까지 삭감되는 것을 받아들여야 했다. 나아가 프리드리히 빌헬름 1세는 고가의 포도주, 의전 마차(Karossen), 말, 가마(Sanfte), 금은 식기, 그리고 가구들을 팔거나 경매시장에 내놓았다.[45] 또한 자신과

점을 잘 알고 있었기 때문에 그 수를 20만 명으로 늘렸는데 이것은 부친의 상비군보다 무려 3배 정도 늘린 것이라 하겠다. 그러나 상비군 운영 비용(1,230만 탈러)이 전체 국가 예산(1,960만 탈러)에서 차지하는 비율은 62.9%로 다소 하향되었다. M. Erbe, *Deutsche Geschichte 1713~1790*, p.143 ; H. Schmidt, "Zerfall und Untergang des alten Reiches(1648~1806)", p.58 ; G. Schmoller, *Preußische Verfassungs-, Verwaltungs- und Finanzgeschichte*(Berlin, 1921), p.112.

45 C. Clark, *Preußen*, p.106. 프리드리히 빌헬름 1세는 왕실동물원의 사자를 폴란드 국왕에게 선물했다. 사자 사육에 적지 않은 비용이 든다는 판단에서 비롯된

왕비 및 자녀들의 하루 예산 규모까지 제시했다. 그에 따르면 하루 예산은 93딜러에 불과했지만, 이 액수도 쓸데없이 낭비해서는 안 된다고 했다. 또한 자신이 포츠담 또는 부스터하우젠(Wusterhausen)에 머물고 왕비가 베를린에 머물 때는 70탈러 또는 72탈러를 초과해서는 안 되고 왕비가 자신 곁에 있으면 55탈러로 축소되어야 한다고 했다.[46] 그러나 프리드리히 빌헬름 1세는 매일 곳간의 곡물을 타작할 정도로 많이 먹는 고기의 양은 줄이지 않았다. 당시 그의 키는 1미터 50센티미터에 불과했지만, 체중은 125킬로그램을 초과할 정도로 비만했다. 따라서 스스로 말을 타지 못하고 4명의 건장한 왕실근위병의 도움을 받아야만 했다.

이렇게 긴축 정책을 실시하면서 학문 증대 내지는 활성화 정책에 대해서도 도외시하는 자세를 보였다. 그 일례로 국립 왕실도서관의 도서 구매비는 1년에 4탈러로 제한되었고 도서관 사서 역시 임금이 지급되지 않는 명예직으로 전환되었다. 이러한 긴축정책으로 프로이센의 국가 세입은 410만 탈러(1713)에서 690만 탈러(1730)로 증가했다.[47]

프리드리히 빌헬름 1세는 프로이센 신민들에게 그들의 의무를 충실히 이행할 것을 요구했고, 1713년 모든 남성에게 병역 의무를 부과하는 칸톤 제도(Kantonsystem)도 도입했다. 이는 같은 해에 발생한 대중적 소요에서 비롯되었다. 직인, 대학생, 일부 농민 계층의 아들들, 그리고 젊은 상인들이 당시 정부가 시행하던 강제징집 제도에 대한 불만에서 소요를

것 같다.

46 부스터하우젠에는 프리드리히 빌헬름 1세의 사냥 막사(Jagdhaus)가 있었다. T. Blanning, *Friedrich der Grosse*, p.40.

47 G. Bönisch, "Der Soldatenkönig", in S. Burgdorff ed., *Preußen. Die unbekannte Großmacht*(München, 2009), p.69; M. Erbe, *Deutsche Geschichte 1713~1790*, pp.143~144; G. Schmoller, *Preußische Verfassungs-, Verwaltungs-und Finanzgeschichte*, p.112.

일으킨 것이다. 강제징집 제도는 국가의 재정적 상황을 악화시켰을 뿐만 아니라 능력 있는 젊은이들이 무리를 지어 국외로 탈출하게 하는 요인으로도 작용했다. 프리드리히 빌헬름 1세는 집권 초기부터 동원 가능한 병력을 늘리려고 했다. 처음에 이런 목표는 주로 강제징집을 통해 이루어졌다. 이를 위해 병사 모집 권한은 민간 당국에서 각 지역의 연대장으로 이관되었다. 사실상 아무런 제한도 받지 않던 모병관(Rekrutierung-soffiziere)들은 증오 및 공포의 대상이 되었다. 이들은 마을이나 소도시에서 키가 큰 농부나 신체가 튼튼한 기능직인(도제와 장인 사이)을 찾아다녔다. 그런데 강제징집은 종종 유혈사태를 불렀다. 심한 경우 징병 대상자들이 모병관에게 살해되기도 했다. 이에 따라 공포 분위기가 왕국 내에서 급격히 확산했고 결국 프리드리히 빌헬름 1세는 강제징집 제도를 철폐했다. 이후 프리드리히 빌헬름 1세는 농민 및 지방의 하층민들에 대한 복역 의무를 철회하고 그것을 대신하여 프로이센의 모든 남성을 지역 연대, 즉 칸톤에 편입시킨 것이다.[48] 그런데 지역연대는 보병의 경우

---

48 T. Blanning, *Friedrich der Grosse*, p.30 ; H. Harnisch, "Preußisches Kantonsystem und ländliche Gesellschaft", in B. Kroener/R. Pröve, eds., *Krieg und Frieden. Militär und Gesellschaft in der Frühen Neuzeit*(Paderborn, 1996), pp.168~169 ; H. Schmidt, "Zerfall und Untergang des alten Reiches(1648~1806)", p.258 ; M. Winter, *Untertanengeist durch Militärpflicht? Das preußische Kantonsystem in brandenburgischen Städten im 18.Jahrhundert*(Bilefeld, 2005), pp.11~12. 프리드리히 빌헬름 1세는 즉위하기 이전부터 군대 개혁에 관심을 표방했는데 이것은 그가 1707년, 왕세자의 신분으로 작전참모회의(Kriegsrat)에 참석하여 제안한 일련의 지침에서 확인할 수 있다. 프리드리히 빌헬름 1세는 보병이 휴대한 총기의 구경이 일정해야 모든 상황에서 표준화된 사격을 할 수 있다는 관점을 피력했다. 그리고 그는 모든 부대는 동일하게 설계된 총검을 사용해야 하고 각 연대의 병사들은 연대장의 결정에 따라 같은 유형의 단도를 차야 한다는 주장도 펼쳤다. 또한 동일하게 설계된 탄약통 주머니를 휴대하고 손잡이 역시 같아야 한다고 했다. 군지휘관으로 임명된 후 그가 단행한 초기 개혁 중에서 중요한 것은 자신의 연대에 새롭고 좀 더 정밀한 열병 훈련

5,000가구, 기병의 경우는 1,800가구를 기준 단위로 설정된 후 다시 각 연대는 다시 7개에서 10개 정도의 마을을 토대로 하여 구성된 중대로 세분되었다. 이렇게 세분된 각 중대는 매년 각 마을에서 3~4명의 신병을 징집했다.[49]

프로이센의 남성들은 만 10세가 되었을 때, 즉 견진성사가 끝난 후 지역 목사에 의해 징병 대상자 명부에 기재되고 매년 해당 부서에 가서 징병 대상자 명부에 서명해야만 했다. 이렇게 명부에 올려진 16세부터 24세까지의 프로이센 남성들은 매년 초 실시되는 징병 검사에 참여했다. 징병 검사자의 나이가 24세를 초과하거나 키가 1.73미터 미만일 경우에는 수비연대(Garnisonregiment)에 배치되거나 병역 의무로부터 면제되었다. 칸톤 제도에서 병역 의무 기간은 평생으로 명시되었지만 실제로는 20년을 초과하지 않았다. 평화 시기 각 연대에 소속된 프로이센 남성은 2년간의 군사훈련 후 매년 2개월간 복무해야 했다. 그리고 매년 소속 연대로부터 9~10개월간 휴가를 받아 생업에 종사했다.[50]

칸톤 제도의 도입에도 불구하고 프로이센 신민 중에서 적지 않은 사

체제를 도입했다는 것이다. 이를 통해 그는 험난한 지형에서 대규모 부대의 기동력을 강화하고 지속적이면서도 최대한 효과적으로 적군에 대한 화력 공격도 집중할 수 있게끔 했다. C. Clark, *Preußen*, p.125.

49 스웨덴에서 운용되던 로타(Rota) 제도는 칸톤 제도와 유사한 제도라 하겠다. 로타는 10여 개의 농장으로 구성된 행정단위인데 각 로타에서 한 명의 병사를 선발한 후 상비군에 편입시켜 훈련을 받게 했고 이것을 토대로 스웨덴은 강력한 군대를 보유했다.

50 T. Blanning, *Friedrich der Grosse*, p.31 ; G. Bönisch, "Der Soldatenkönig", p.74 ; M. Erbe, *Deutsche Geschichte 1713-1790*, p.155 ; H. Harnisch, "Preußisches Kantonsystem und ländliche Gesellschaft", pp.171~173 ; H. Schmidt, "Zerfall und Untergang des alten Reiches(1648~1806)", p.259 ; M. Winter, *Unter-tanengeist durch Militärpflicht*, pp.14~16.

람들, 즉 성직자, 귀족, 재세례파 교도(Mennoniten)[51], 국가경제에 기여하는 교역 및 영업 활동자, 수공업자, 자영농, 선원, 그리고 도시민 들은 병역 의무로부터 면제되었다. 그러나 이렇게 병역 의무에서 면제된 사

---

51 G. Bönisch, "Der Soldatenkönig", p.75 ; M. Erbe, *Deutsche Geschichte 1713-1790*, p.157 ; H. Harnisch, "Preußisches Kantonsystem und ländliche Gesellschaft", p.173 ; H. Schmidt, "Zerfall und Untergang des alten Reiches(1648~1806)", p.259 ; M. Winter, *Untertanengeist durch Militärpflicht?*, p.17. 재세례파는 원래 츠빙글리(Zwingli)파에 속했지만 1525년에 결별했다. 처음 몇 년 동안 재세례파는 스위스와 네덜란드에 많은 추종자를 확보했다. 극도로 소박한 신앙심과 평화주의 그리고 엄격한 성서적 도덕 규범들이 진지한 신자들에게 감명을 주었기 때문이다. 재세례파라는 명칭은 신앙과 지식에 근거한 세례를 주장하면서 이미 세례를 받은 사람들에게 다시 세례를 베푼다고 해서 붙여진 이름이다. 재세례파는 의식이 없는 유아기에 받은 세례는 아무런 의미도 없으므로 다시 세례를 받아야 한다고 했고, 자신들과는 다른 교리를 가르치는 집단에서 받은 세례 역시 무효로 간주했기 때문에 재세례를 시행하고자 했다. 초대교회에서 키프리아누스(Cyprianus)는 이단이나 분파로부터 받은 세례는 무효이기 때문에 재세례를 베풀 것을 주장했다.

아우구스티누스는 누가 세례를 베풀든 성부, 성자, 성령의 이름으로 베풀면 타당성이 있으나 정통 교회에 들어와야 비로소 그 효과가 있다고 했다. 즉 이단 세례의 유효성을 부정했지만, 타당성만은 인정한 것이다. 이후 재세례에 대한 기존 교회의 입장은 매우 부정적이었다. 그리고 재세례파는 곧 정부로부터 박해를 받기 시작했으며, 정부의 탄압은 재세례파가 정부를 비판하는 계기가 되었다. 점차 재세례파는 시민공동체와 신앙공동체를 엄격히 구분하려고 했다. 여기서 이들은 참된 신앙인들이 정부의 관리가 되거나, 군대에 가거나, 세금을 내서는 안 된다고 했다. 그러나 재세례파의 일부는 이 사악한 세계에서 세속 정부의 역할을 어느 정도 인정했을 뿐만 아니라 납세도 수용하려고 했다. 또한 재세례파의 일부는 삼위일체설을 비판하고 그리스도의 신성을 부정하고 그리스도를 단순히 모범적 인간이나 신적 능력이 충만한 인간으로 보려고도 했다. 그리고 교회를 거룩한 자들의 공동체로 여겨 거기서 사람들이 신앙고백을 하고 세례를 받고 교회의 일원이 되는데 이들 중의 일부가 거룩하지 못한 삶을 통해 공동체를 훼손시키면 징계 과정을 거쳐 공동체를 정화해야 한다는 견해도 제시되었다.

람들은 국가를 위해 적지 않은 세금도 내야 하는 의무를 졌다.[52]

칸톤 제도가 운영되면서 한 연대나 중대에서 사망자가 발생할 때 지원자로 충당하지만, 지원자가 없으면 해당 연대나 중대는 필요한 인원을 강제로 징집했다. 이에 따라 많은 칸톤은 과도한 요구에 시달리거나 인구 감소 현상도 겪어야 했다. 그리고 만일 연대나 중대에서 탈영병이 발생하면 탈영병의 고향에서 보충병이 충당되어야 하는데 이럴 경우 원칙적으로 탈영병의 친척 중에서 징집한다. 그렇지 못할 경우 해당 마을 주민이 징집되는데 이것은 주민들 간의 충돌을 유발하는 요인이 되기도 했다. 탈영병은 모든 재산을 몰수당하고 살던 집마저 소각되는 것을 감수해야만 했다. 또한 탈영병의 친척들 역시 연좌법에 따라 재산을 빼앗기고 그들의 집에서 탈영병이 거주한 사실이 밝혀지면 강제 퇴거해야만 했다. 그러나 프랑스와는 달리 탈영병이 즉각 처형되는 경우가 많지 않았는데 이것은 당시 프리드리히 빌헬름 1세의 절약 정신에서 비롯된 것 같다. 그의 관점에 따르면 잘 훈련된 병사를 처형하면 그를 대신할 병사를 길러내는 데 적지 않은 시간과 큰 비용이 필요하므로 처형대신 초주검이 될 정도로 매질을 한 후 다시 복무케 하는 것이 훨씬 경제적이라는 것이다. 그리고 현역병이 복무 규정을 위반할 경우 국법 위반으로 간주하여 중죄가 부과되었다. 뿐만 아니라 현역병이 소속 연대로부터 휴가를 받아 고향에서 생업에 종사할 때도 복무 규정을 반드시 준수해야만 했다. 예를 들어 현역병이 교회에 갈 때 군복을 착용하지 않으면 탈영으로 간주되어 엄한 처벌을 받았다.[53]

---

52 T. Blanning, *Friedrich der Grosse*, p.31 ; M. Winter, Untertanengeist durch Militärpflicht? *Das preußische Kantonsystem in brandenburgischen Städten im 18. Jahrhundert*, pp.16~17.

53 T. Blanning, *Friedrich der Grosse*, p.32 ; M. Winter, *Untertanengeist durch Militärpflicht?*, p.17.

칸톤 제도의 전면적 도입에 앞서 프리드리히 빌헬름 1세는 1722년 베를린에 귀족 자제들을 위한 정원 300명의 군사사관학교(Militarakademie)도 설립했다. 이는 사회적 기강 확립과 상비군 체제의 효율적 운영이라는 목적을 위해서였다. 군사사관학교 발족에 앞서 프리드리히 빌헬름 1세는 프로이센 내 모든 귀족에게 그들의 아들들(12세~18세) 명단을 제출하라고 명령했고 거기서 군사사관학교에 입학할 인물을 선발했다. 영국의 기숙학교와 달리 프로이센의 군사사관학교에서 편안한 생활을 기대하기는 어려웠다. 그러나 군사사관학교의 학생들은 프리드리히 빌헬름 1세가 학부모들에게 약속한 수준 높은 교육을 받았다. 읽고 쓰기뿐만 아니라 수학, 프랑스어, 지리, 역사, 펜싱, 무도, 그리고 승마도 배웠다. 재학 기간 내내 시설이 뛰어난 기숙사에서 머물렀고 또한 좋은 음식도 제공받았다. 재학 중 군사사관학교 학생들은 독실한 기독교도로 배양되었다. 그리고 졸업 후 프로이센 장교로 활동할 수 있도록 보장받았다. 점차 이 군사사관학교에 대한 융커 계층의 관심은 증대되었다. 특히 경제적으로 어려웠던 융커 계층의 자녀들은 군사사관학교 입학을 인생 목표로 설정하기도 했다. 또한 부유한 융커 계층에서도 장남을 제외한 자녀들은 봉급이 그리 많지 않음에도 불구하고 군사사관학교 입학을 선호했다. 이에 따라 군사사관학교를 졸업한 후 3,000명 이상이 장교로 임관했고 점차 이들은 상비군 체제의 효율적 운영의 한 축으로 자리 잡기 시작했다.[54]

군사사관학교가 설립되고 칸톤 제도가 도입됨에 따라 귀족과 농민 관계, 장교와 병사 관계를 핵으로 하는 전 사회의 군사화 체제가 구축되었

---

54 G. Schmoller, "Die Entstehung des preußischen Heeres von 1640 bis 1740", O. Busch/W. Neugebauer, eds., *Moderne Preußische Geschichte*(Berlin,1980), Bd.,II, pp.762~763; O. Busch, *Militärsystem und Sozialleben im alten Preußen*(Berlin, 1962), p.80.

다.[55] 이러한 질서 체제하에서 강조된 것은 '복종'이었고 여기서 '프로이센 정신(Geist von Preußen)'도 생겨났다. 명령에 복종하고, 부지런하고 검소하며 규율을 엄격히 지키는 '프로이센 정신'은 향후 독일인들의 성격 형성에도 그대로 반영되었다.

칸톤 제도가 구축된 이후 반정부적 자세를 견지한 브란덴부르크, 포메른, 그리고 동프로이센의 토지 귀족들은 점차 국왕의 충실한 신하가 되었을 뿐만 아니라 국왕의 깃발 아래서 수행하는 의무 자체를 명예스럽게 여기기도 했다.[56]

재위 기간 중 프리드리히 빌헬름 1세는 적극적인 외교정책을 펼치지 않았지만, 즉위 초, 즉 1715년에 대북방전쟁(Großer Nordischer Krieg)에 참여했는데 그의 상대는 스웨덴의 칼 12세(Karl XII, 1697~1718)였다. 프리드리히 빌헬름 1세가 전쟁에 참여한 것은 1713년부터 러시아의 묵인하

---

55 M. Erbe, *Deutsche Geschichte 1713~1790*, p.155. 프리드리히 빌헬름 1세는 군수산업을 육성했으며, 귀족들에게 세금을 부과하는 제도도 도입했다. 그리고 모든 관직 후보자들에게 임용 전 자신의 '신병모금금고(Rekurtenkasse)'에 정해진 액수를 기부하도록 강요하는 무리수를 두기도 했다. O. Busch, *Militärsystem und Sozialleben im alten Preußen*, p.81.

56 융커는 원래 '젊은 주인' 또는 '도련님'이란 뜻으로, 아직 주인의 지위에 오르지 못한 귀족의 아들을 가리켰으나 16세기 이후 엘베(Elbe)강 동쪽의 동프로이센 귀족들의 속칭으로 사용되었다. 당시 융커는 자신의 토지를 경작하는 농민들 위에 군림할 수 있는 특권을 가지고 있었다. 예를 들어 융커는 소작인들이 사전 허가 없이 농장에서 벗어나는 것 자체를 금지했으며 소작인들이 농사를 포기하고 도시나 다른 지방으로 거처를 옮기면 다시 데려올 수 있는 권한도 가지고 있었다. 당시 프리드리히 빌헬름 1세는 융커 계층의 자녀들은 장남을 제외하고 모두 왕실이 운영하는 교육기관에서 교육을 받아야 한다고 했다. 이것은 이들 계층의 자녀들이 왕국에 충성하고 국왕에게 헌신하는 것을 그들의 가장 큰 명예로 각인시키려는 의도에서 비롯된 것 같다. 그리고 융커라는 명칭은 제2차 세계대전이 종료된 이후 사라졌다. O. Busch, *Militärsystem und Sozialleben im alten Preußen*, p.82.

에 차지하고 있던 슈테틴을 포함한 포어포메른 지방을 스웨덴에 빼앗기지 않으려는 의도에서 비롯되었다. 1720년 1월에 체결된 스톡홀름 조약에서 프로이센은 단지 우제돔(Usedom)과 볼린(Wollin)섬을 포함한 오데르 강 어귀에 대한 영유권만 가지게 되었고 이것은 북해에서 러시아가 주도권을 장악하게 하는 요인으로도 작용했다.[57] 그리고 프로이센이 대양으로의 진출을 추진하지 않게 됨에 따라 영유권이 가지는 의미마저 사라지게 되었다.[58]

1731년 잘츠부르크 대교구에 속하는 핀츠가우(Pinzgau)와 폰가우(Pongau) 지역에 2만 명 이상의 신교도들이 거주하고 있다는 사실이 알려짐에 따라, 잘츠부르크 대교구 정부는 크게 동요했고 잘츠부르크 대교구와 배후의 알프스 지방을 가르는 깊은 문화적 틈새도 나타났다. 농민들을 이단으로부터 격리하려는 선교 원정이 실패로 끝남에 따라 잘츠부르크 대주교 피르미안(Leopold Anton Graf v. Firmian)은 그들을 강제로 추방하기로 했다. 부유한 대주교 행정당국과 문맹에 가깝지만 용감한 신교 농민들 사이의 갈등은 제국의회 내 신교 세력의 상상력에 날개를 달아준 격이 되어 농민들의 주장을 옹호하는 팸플릿 및 전단 등이 대거 등장했다. 이에 대해 잘츠부르크 대교구는 분노했고 실제적인 대응책도 마련했다. 이후 양측은 사건과 관련된 문서 중에서 그들에게 유리한 것들만 골라 발표했고 잘츠부르크 사건은 독일 신교 지역에서 이목을 끄는 재판(cause célèbre)이 되었다.

이러한 갈등의 잠재적 의미를 간파한 인물 중 한 명이 프리드리히 빌헬름 1세였다. 그는 프로이센 대공국 동쪽 변방에 있는 프로이센-리투

57　M. Erbe, *Deutsche Geschichte 1713~1790*, p.157. 우제돔은 메클렌부르크-포어포메른(Mecklenburg-Vorpommern)주에 위치한 도시로, 우제돔섬(38.54km²)에 있다.

58　M. Erbe, *Deutsche Geschichte 1713~1790*, p.157.

아니아 습지 개발을 위해 농민들이 매우 필요하다는 사실을 인지하고 있었는데 그것은 프로이센-리투아니아가 1709~1710년에 확산한 기근 및 흑사병의 후유증에서 벗어나지 못한 데서 비롯된 것 같다. 그뿐만 아니라 그는 브란덴부르크-프로이센을 신교 권리를 보증하는 국가로도 부각하려 했다. 이것은 신성로마제국 내 국가 간 종파 분쟁에서 중립적 자세로 문제 해결을 주도하던 합스부르크 위정자에게 일격을 가하는 행위로도 볼 수 있다. 이러한 목표를 달성하기 위해 프리드리히 빌헬름 1세는 잘츠부르크 대교구 내 신교도들에게 자신의 영토에서 정착할 것을 제안했다.

그러나 프리드리히 빌헬름 1세의 계획은 처음부터 실패한 것으로 간주되었다. 왜냐하면 잘츠부르크 대주교는 신교 농민들을 프로이센으로 보낼 생각을 전혀 하지 않았기 때문이다. 또한 그는 알프스 지역이 동요할 때 군대를 보내 진압할 의도도 가지고 있었다. 따라서 바이에른과 신성로마제국 황제에게 이미 군대 파견을 요청한 상태였다. 하지만 신성로마제국의 헌법 체계는 프리드리히 빌헬름 1세의 의도에 긍정적 요인으로 작용했다. 당시 신성로마제국 황제 카를 6세는 자신의 사후 마리아 테레지아에게 오스트리아 왕국의 왕위를 계승시키고자 했고 그것에 대한 제국의회의 지지도 절대적으로 필요했다. 이러한 상황에서 프리드리히 빌헬름 1세와 카를 6세 사이에 상호 이익이 되는 합의가 체결되었다. 합의에서 프리드리히 빌헬름 1세는 국사조칙을 인정했고 그것에 대한 반대급부로 카를 6세는 잘츠부르크 대주교를 압박해 신교도 농민들을 프로이센으로 이주하는 데 동의하게 했다.[59]

1732년 4월부터 7월 사이에 평균적으로 800명으로 구성된 26개의 피난 집단은 거주지를 떠나 프랑켄과 작센 지방을 거쳐 동프로이센, 즉

---

59 T. Blanning, *Friedrich der Grosse*, p.33 ; C. Clark, *Preußen*, pp.174~176.

프로이센-리투아니아 평지에 도착했다.[60] 이들은 이동 과정에서 신교도들이 많이 살던 도시나 마을도 통과했는데 이때 이들은 그곳 주민들로부터 음식, 옷, 어린아이 선물을 받는 등 따뜻한 대접을 받았다.[61]

잘츠부르크 신교도들의 프로이센 정착은 당시 프리드리히 빌헬름 1세가 추진하던 경제적 활성화에도 큰 도움을 주었다. 실제로 당시 잘츠부르크에서 추방된 신교도들의 상당수는 상업 및 수공업에 종사하던 계층이었다.[62] 또한 당시 프리드리히 빌헬름 1세는 '사람이 국가의 가장 큰 재산이다(Menschen ist größstes Vermögen des Staates)'라는 확신을 했기 때문에 30년전쟁 이후 크게 줄어든 인구 문제를 신교도의 적극적 이주를 통해 해결하려고 했다.

---

60   T. Blanning, *Friedrich der Grosse*, p.33; C. Clark, *Preußen*, p.176.

61   당시 북쪽 이주지를 향해 흔들림 없이 터벅터벅 걷는 잘츠부르크인들을 지켜보던 사람들은 이들이 마치 이집트에서 시나이반도로 빠져나가던 이스라엘인들과 같다고 했다. 이후 많은 책과 유인물들이 출간되었고 거기서는 강제 추방이 묘사되었으며 외지로 이주하려는 잘츠부르크인들의 깊은 믿음 역시 드러났다. 아울러 핍박받는 사람들에게 약속의 땅이 된 프로이센의 신앙심 깊은 왕, 즉 프리드리히 빌헬름 1세가 찬양의 대상이 되기도 했다. 실제로 이러한 내용을 담은 300종이 넘는 도서가 1732년과 1733년에만 독일권 내 67개 도시에서 출간되었다. C. Clark, *Preußen*, pp.176~177.

62   그러나 이렇게 프로이센으로 이주한 신교도들은 영국이나 네덜란드로 이주한 계층보다 경제적으로 취약한 계층이었다. T. Blanning, *Friedrich der Grosse*, p.33.

제2장

젊은 시절의 프리드리히 2세

젊은 시절의 프리드리히 2세

1. 프리드리히 2세의 어린 시절

1740년 5월 30일 프리드리히 빌헬름 1세가 서거한 후 프로이센의 위정자로 등극한 프리드리히 2세는 부친과는 달리 어렸을 때부터 프랑스 문학과 음악, 특히 플루트 연주 및 작곡에 깊은 관심을 보였다. 이는 어머니 조피 도로테아(Sophie Dorothea v. Braunschweig Lüneburg-Celle)의 영향을 많이 받았기 때문이다.[1] 조피 도로테아는 영국 국왕 조지 1세(George I, 1714~1727)의 딸이자 조지 2세(George II, 1727~1760)의 여동생으로, 1706년 프리드리히 빌헬름 1세와 결혼하여 7명의 아들과 7명의 딸을 출산했다.[2]

프리드리히 빌헬름 1세의 아들들 중, 1707년에 태어난 장남 프리드리히 루트비히(Friedrich Ludwig)는 1708년에 사망했고, 1710년에 태어난

---

[1]   C. Clark, *Preußen. Aufstieg und Niedergang 1600-1947*(München, 2008), p.222.

[2]   T. Blanning, *Friedrich der Grosse*, p.43. 1706년 프리드리히 빌헬름 1세와 결혼한 조피 도로테아는 1730년 페르디난트(Ferdinand)를 출산한 이후 더는 자녀를 가지지 않으려고 했다.

제2장 젊은 시절의 프리드리히 2세

프리드리히 빌헬름 1세의 아들들

차남 프리드리히 빌헬름(Friedrich Wilhelm) 역시 다음 해에 생을 마감했기 때문에 1712년 1월 24일 삼남으로 태어난 프리드리히는 태어나면서부터 프로이센 왕국의 후계자로 간주되었다. 본인의 실수 및 거기서 파생된 후유증으로 인해 첫째 및 둘째 아들을 잃었지만[3] 프리드리히 빌헬름 1세는 그것에 대한 반성을 전혀 하지 않았다. 다만 그는 프리드리히가 왕위계승을 못할 때 그를 이을 남동생, 보충상속자(Ersatzthornfolger)를 원했고 마침내 1722년 건강한 프리드리히 빌헬름을 얻었다. 이어 1726년에 하인리히(Heinrich), 1730년에 아우구스트 페르디난트(August Ferdinand)도 태어났다.[4]

프리드리히 빌헬름 1세는 하노버 가문의 대공녀 조피 샤를로테의 아들이었고 사촌 자매인 조피 도로테아와 결혼했다. 이렇게 통치 가문 간

---

3   프리드리히 빌헬름 1세는 장남 프리드리히 루트비히가 태어난 지 며칠 후 치러진 세례식에서 그에게 굳이 왕관을 씌워줘야 한다면서 주위의 적극적인 만류에도 불구하고 강제로 아들의 머리에 왕관을 씌우려고 꾹 눌러 끼우다가 머리에 상처가 났고 이로 인해 발생한 감염증으로 프리드리히 루트비히는 목숨을 잃었다. 장녀 빌헬미네에 이어 차남 프리드리히 빌헬름이 태어나자 프리드리히 빌헬름 1세는 어린 시절부터 강하게 키워야 한다는 생각에 따라 두 살밖에 안 된 프리드리히 빌헬름을 군대 사열식에 데려갔다. 여기서 그는 미래의 군주는 어릴 적부터 대포 소리에 익숙해져야 한다고 주장하면서 아이 옆에서 대포를 쏜 결과 프리드리히 빌헬름은 경기를 일으키고 사망했다. E. Frie, *Friedrich II*(Reinbek bei Hamburg), p.27

4   T. Blanning, *Friedrich der Grosse*, p.43; E.B. Körber, *Die Zeit der Aufklärung*, p.46.

의 근친결혼(Inzucht)은 당시 유럽에서 보편화된 상태였다. 근친결혼은 종종 '정신적 불안정(Mentale Instabilität)'이라는 유전병과 심장발작을 유발했는데 영국의 조지 3세(George III, 1760~1820), 프로이센의 프리드리히 빌헬름 4세(Friedrich Wilhelm IV, 1840~1861), 바이에른의 루트비히 2세(Ludwig II)와 그의 동생 오토(Otto)가 그 대표적인 예라 하겠다. 당시 프리드리히 빌헬름 1세는 튜더(Tudor) 가문에서 스튜어트(Stuart) 가문의 제임스 1세(James I, 1603~1625)와 1613년 팔츠 선제후 프리드리히와 결혼한 제임스 1세의 딸인 엘리자베트(Elisabeth)로 전달된 가문의 유전병이 하노버 가문에서도 확인된 것에 깊이 우려했다. 자신 역시 이러한 유전병에서 벗어날 수 없다는 것을 인지했기 때문에 그는 가능한 한 많은 아들들을 낳아야 한다고 생각했다.[5]

프리드리히 1세는 손자가 태어난 것을 매우 기뻐했지만, 프리드리히 빌헬름 1세는 왕실의 직계 장손으로 태어나 왕위를 계승할 권한을 가진 프리드리히가 국가를 효율적으로 통치하기 위해서는 많은 능력을 갖추어야 한다고 판단했다. 즉 프리드리히가 국왕으로서 군사, 행정, 그리고 재정 부문에서 충분한 지식과 경험을 갖출 때만 왕위를 넘겨주겠다고 마음먹었다.

종교적 박해를 피해 프랑스로부터 프로이센으로 이주한 위그노인 루쿨르(Marthe de Roucoulle)가 프리드리히의 어린 시절에 큰 영향을 끼쳤다.[6] 1659년 알로(Alneaux) 영주 뒤발(Jean Duval)의 장녀로 태어난 루쿨르

---

5   프리드리히와 결혼한 엘리자베트는 65세까지 생존했다. T. Blanning, *Frie-drich der Grosse*, pp.44~45. 프리드리히 빌헬름 1세는 1707년, 1718년, 1734년, 그리고 1740년 모두 4차례에 걸쳐 심장발작을 일으켰다. 특히 1740년에 발생한 심장발작은 프리드리히 빌헬름 1세의 사인이 되었다.

6   T. Blanning, *Friedrich der Grosse*, p.52; E. Frie, *Friedrich II*, p.27. 당시 루이 14세의 종교적 박해로 프랑스를 떠난 위그노들은 약 20만 명 정도였는데 이들 중

는 프랑스 육군 중령 몽바이(Esaie Dumas de Montbail)와 결혼했다. 위그노였던 루쿨르 가족은 루이 14세의 종교적 박해를 피하려고 영국으로 망명했지만, 그곳에서 몽바이가 사망함에 따라 루쿨르는 두 딸과 함께 영국을 떠나 프로이센으로 이주했다.[7] 이것은 포츠담 칙령으로 위그노들에 대한 종교적 관용 및 사회적 신분 보장이 프로이센에서 허용된 데서비롯된 것 같다. 이후 그녀는 베를린 왕궁에서 궁녀로 일하던 시누이 몽마르탕(Marguerite Francoise Amproux du Matz de Montmartin)의 추천으로 1692년부터 프리드리히 빌헬름의 가정교사(Governante)로 일하게 되었고 그녀의 장녀 역시 궁녀로 입궁했다. 당시 프리드리히 1세는 왕세자에게 위정자로 활동하는 데 필요한 프랑스어를 가르치려고 했다.[8]

베를린에 정착한 이후 루쿨르는 이 도시의 위그노들과 자주 접촉했고 그 과정에서 플레(Jacques de Pelet) 대위를 알게 되어 결혼까지 했다. 왕세자 프리드리히 빌헬름이 1706년 조피 도로테아와 결혼함에 따라 그의후견인이었던 루쿨르는 같은 해 궁내부 가정교사(Oberhofmeisterin)로 승진했다. 프리드리히 빌헬름이 왕위를 계승한 이후 루쿨르는 그의 자녀들 교육도 전담하게 되었다.

루쿨르는 1714년 5월 2일 국가 직할청(Staatskanzlei) 비밀비서관인 툴

에서 약 10% 정도가 프로이센에서 새 정착지를 찾고자 했다.

7   루이 14세는 1685년 퐁텐블로 칙령(Edit de Fontainebleau)을 공포했는데 이것은 앙리 4세가 1598년에 발표한 낭트 칙령을 철회하는 것이었다. 이에 따라 모든 위그노 교회당의 파괴, 개신교 신앙 생활의 금지, 그리고 개신교 성직자들의 강제 추방이 뒤따랐다. 이제 프랑스에서 위그노는 불법으로 간주되었고 루이 14세는 '하나의 신앙, 하나의 법, 그리고 오직 하나뿐인 국왕'이라는 프랑수아 1세 (François, 1515~1547)의 정치적 관점을 확실하게 실현했다.

8   K.F. Reiche, *Friedrich der Große und seine Zeit*(Leipzig, 1840), p.516. 어려서부터 프랑스어를 모국어로 배웠기 때문에 프리드리히 빌헬름 1세는 프랑스어를 완벽하게 구사했다. 그는 국왕으로 즉위한 이후 장관들이나 외교관들과 대화할 경우에도 주로 프랑스어를 사용했다.

레마이어(Wilhelm Heinrich Thulemayer)가 작성한 '왕실의 왕자와 공주의 가정교사(gouvernante aupres du prince et les princesses royales)' 임명장을 프리드리히 빌헬름 1세로부터 직접 받았다. 이때 프리드리히의 나이는 겨우 2세에 불과했다. 루쿨르는 수석 가정교사 카메케(Sophie v. Kameke)의 감독 아래 프리드리히 왕세자, 빌헬미네(Wilhemine)와 프리데리케 루이제(Friederike Luise) 공주와 밀착 생활을 하면서 독일어 대신 프랑스어로 대화를 나누었다.[9] 이러한 이유로 프리드리히는 국왕으로 즉위한 이후 주변 인물들과 독일어로 대화하는 데 큰 어려움을 겪기도 했다. 독일어로 문서를 작성하는 데에도 측근의 도움이 절대적으로 필요했다.[10]

카메케가 루쿨르에게 전달한 국왕의 훈령에는 '루쿨르는 항상 왕세자 및 공주들과 같이 있어야 하며 그들의 활동을 예의주시하고 그들의 행동에 문제가 발생하면 즉시 그것을 시정하는 데 필요한 방안을 마련해야 하며, 왕세자 및 공주들이 그들에게 위해적 영향을 줄 수 있는 인물들과 접촉하는 것 역시 사전에 차단해야 한다'는 것이 명시되었다. 이후 루쿨르는 왕세자와 공주들이 접촉할 인물들을 선별해야 했고 이들이 부모에게 공경하는 자세를 갖도록 교육했으며 이것이 자신의 최우선 과제라는 것도 인지했다. 아울러 그녀는 왕실의 자녀들이 왕국 내 다른 신민들과 마찬가지로 국왕에 대한 존경심과 충성심을 가지게끔 하는 데도

---

9   당시 빌헬미네는 다섯 살이었고 프리데리케 루이제는 한 살이었다. C. Petersilka, *Die Zweisprachigkeit Friedrichs des Großen. Ein linguistisches Porträt*(Tübingen, 2005), p.56. 프리드리히 2세는 후에 이 시기가 자신의 인생에서 가장 행복했던 때라 했다.

10   오스트리아의 위정자 마리아 테레지아 역시 프리드리히 2세와 마찬가지로 독일어에 취약했는데 이것은 독일어를 제대로 배우지 못했기 때문인 듯하다. 독일권의 많은 제후가 성장 과정에서 독일어보다 프랑스어를 배우게 된 것은 프랑스어가 당시 유럽에서 국제어로 통용되었기 때문이다.

어린 시절의 프리드리히와 누이 빌헬미네

신경을 썼다.[11]

프리드리히 빌헬름 1세는 프리드리히에게 매우 세분된 하루 일과표에 따라 생활할 것을 요구했다. 오전 5시 전에 일어나 기도문을 읽고 나서 아침 식사를 하고 손을 깨끗이 씻어야만 했다. 특히 아침 식사는 7분 안에 끝내야 했다. 아침 식사 후 부친을 알현하고, 궁중에 머무르는 것보다 궁 밖에 나가 말을 타야만 했다.

이 시기 프리드리히는 종종 북을 두드리면서 놀았다. 이에 대해 빌헬미네 공주가 "그렇게 시끄러운 물건은 그만 가지고 놀고, 꽃을 가지고 노는 것이 어떻겠니?"라고 묻자 프리드리히는 "여자처럼 꽃 같은 것을 가지고 노는 것보다 북 치는 것이 훨씬 마음에 드는데"라고 대응했다. 이를 전해 들은 프리드리히 빌헬름 1세는 즉시 궁정 화가에게 '북을 치는 왕자 초상화'를 그릴 것을 명령했다.

루쿨르는 조피 도로테아 왕비와 마찬가지로 프리드리히 빌헬름 1세의 경직된 교육방식에 대해 부정적이었기 때문에 왕실 자녀들이 음악 및 문화에도 관심을 가지게끔 유도했다. 루쿨르가 주도한 왕세자 교육은 1716년에 끝났는데 그것은 장당(Jacques Égide Duhan de Jandun)이 프리드리히의 교육을 전담하게 되었기 때문이다. 그러나 프리드리히에 대한

11   U.A. Oster, *Sein Leben war das traurigste der Welt. Friedrich II. und der Kampf mit seinem Vater*(München, 2011), p.23.

루쿨르의 가정교사 역할은 1719년까지 지속되었다.[12]

프리드리히는 네 살이 된 1716년부터 장당에게서 교육을 받기 시작했다. 그리고 프리드리히가 여섯 살이 되었을 때 프리드리히 빌헬름 1세는 그를 왕세자사관생도대 소속의 중대(130명으로 구성)에 배속시키고 그 중대의 지휘권을 부여했다. 이후 프리드리히는 막사에서 보내는 시간이 많아졌고 어린 나이에도 불구하고 부친의 강요로 사격 연습도 해야만 했다. 1719년부터 핀켄슈타인(Feldmarschall Christoph Wilhelm Finck v. Finckenstein) 원수와 칼크슈타인(Albrecht Konrad v. Kalckstein) 대령도 프리드리히의 가정교사진에 합류했다. 핀켄슈타인 원수와 칼크슈타인 대령에게 프리드리히 빌헬름 1세가 제시한 교육목표는 절약적 행정가, 경건한 기독교인, 그리고 뛰어나고 능력 있는 장군으로 아들을 변형시켜야 한다는 것이었다.[13] 빌헬미네 공주는 회고록에서 이들에 대해 평가했는데 그것에 따르면 핀켄슈타인 원수는 존경할 만하지만 매우 편협한 성격을 가졌고 칼크슈타인은 교활한 위선자에 불과하다는 것이다.[14]

---

12 T. Blanning, *Friedrich der Grosse*, p.52; .E. Frie, *Friedrich II.*, p.28; R. Koser, *Friedrich der Große als Kronprinz*(Stuttgart, 1886), p.3. 위그노였던 장당은 낭트 칙령이 철회되자 부모와 같이 베를린으로 이주했다. 1715년 프리드리히 빌헬름 1세가 슈트랄준트를 포위했을 때 용감성을 발휘하여 그의 주목을 끌었고 이후부터 그의 측근으로 활동했다. 그러나 프리드리히 빌헬름 1세는 프리드리히가 프랑스 계몽사상의 영향을 깊게 받은 것과 국외로의 탈출을 모색한 것 모두가 장당에서 비롯되었다고 판단한 후부터 그를 멀리하기 시작했다.
한편 프리드리히 2세와 루쿨르와의 관계는 1741년 10월 5일 그녀가 사망할 때까지 지속되었다. 프리드리히가 1737년 11월 23일 라인스베르크성에서 루쿨르에게 보낸 서신에서 그는 루쿨르를 어머니(Mutter)라 칭했는데 이것을 통해 그와 그녀 사이의 돈독한 관계도 추측할 수 있다.

13 T. Blanning, *Friedrich der Grosse*, p.5; E. Frie, *Friedrich II*, p.29; R. Koser, *Friedrich der Große als Kronprinz*, pp.3~4.

14 T. Blanning, *Friedrich der Grosse*, p.52; E. Frie, *Friedrich II*, p.29; I. Weber-Kellermann, *Wilhelmine von Bayreuth. Eine preußische Königstochter*(Frank-

1721년 프리드리히 빌헬름 1세는 이전보다 더욱 세분화된 프리드리히의 하루 일과표를 작성했다. 이것은 자신이 왕세자였던 1695년에 받던 교육과정에서 비롯되었다. 가정교사들에게 전달된 하루 일과표에서 라틴어와 고고학 수업은 배제되었다. 그리고 프리드리히 빌헬름 1세는 장당을 별도로 불러 독일 역사, 정치경제학, 군사전략, 수학, 독일어, 그리고 프랑스어만을 가르칠 것을 지시하면서 16세기 이전의 독일 역사를 왕세자에게 가르치지 말라고도 명령했다.[15]

프리드리히 빌헬름 1세가 제시한 월요일부터 토요일까지의 하루 일과표는 다음과 같다. 아침 5시 30분 프리드리히는 기상나팔 소리에 따라 일어난 후 큰 소리로 기도문을 외어야 한다. 이어 가능한 한 빨리 세수를 하고, 옷을 입고, 그리고 머리 손질도 해야 한다. 15분 후 왕세자의 침실에 하인들과 장당이 들어오면 이들은 같이 무릎을 꿇고 기도한다. 그리고 나서 장당은 성경의 한 구절을 읽고, 왕세자를 비롯한 하인들과 더불어 서너 곡의 찬송가를 같이 부른다. 하인들이 물러난 후 장당은 당일의 성경 구절을 읽고 그것에 대한 보충 설명을 하면서 교리문답서 문구도 반복적으로 언급한다. 아침 식사 후 오전 7시부터 9시까지 2시간 동안 역사 수업이 진행되고 이 수업 역시 장당이 담당한다. 이어 9시부

---

furt, 1990), p.63.

15 E. Frie, *Friedrich II*, p.30. 쿠라스(Hilmar Curas)는 프리드리히에게 기초교육, 즉 읽기와 쓰기 수업을 담당했다. 프리드리히 빌헬름 1세는 가정교사들의 교육과정을 감시했고 하루 일정에 따라 교육을 제대로 했는지도 철저히 조사했으며 위반사항이 적발되면 가차 없이 처벌했다. 프리드리히 빌헬름 1세는 프리드리히가 사냥 및 군사훈련에 관해 관심을 가지게끔 유도했고 성경 구절도 완벽히 외울 것을 요구했다. 프리드리히는 누이 빌헬미네와 더불어 종종 위선적 행동 내지는 거짓말로 부친을 간접적으로 조롱하곤 했는데 이러한 행동이 밝혀지면 두 사람은 심한 처벌을 받았다. T. Blanning, *Friedrich der Grosse*, p.53; J.D. E. Preuss, *Friedrich der Große, Eine Lebensgeschichte Bd. I* (Berlin, 1832), pp.23~24.

터 10시 45분까지 놀테니우스(Noltenius)의 성경 강독 수업이 이어진다. 그리고 프리드리히는 비누로 다시 세수한 후 오전 11시 프리드리히 빌헬름 1세를 알현한다. 이후 점심 식사 및 약간의 휴식 시간을 가지고 나서 오후 2시부터 한 시간 동안 장당으로부터 정치지리학 수업을 듣고 오후 3시부터 다시 한 시간 동안 도덕 수업을 듣는다. 오후 4시부터 오후 5시까지

어린 시절의 프리드리히 2세

장당의 지도로 독일어로 편지 쓰는 연습을 해야 했는데 이 과정에서 문체 향상을 위한 지도도 받는다. 오후 5시 다시 비누로 손을 닦은 후 프리드리히 빌헬름 1세에게 가서 그와 더불어 승마를 해야 한다. 오후 6시 이후, 즉 저녁 식사를 끝난 후에는 신으로부터 금지된 것을 제외한 모든 것을 자유롭게 할 수 있다. 일요일에는 7시까지 침대에 머무를 수 있지만, 부친과 더불어 (아주 지루한) 예배에 참석해야만 했다.[16]

이러한 공식적인 수업뿐만 아니라 장당은 프리드리히에게 문학 및 라틴어 수업도 수시로 했다. 아울러 프랑스 역사, 특히 루이 14세 시기를 집중적으로 가르쳤고 이것은 향후 프리드리히가 계몽절대왕정 체제를 정립하는 데 적지 않은 도움을 주었다. 또한 장당은 왕세자를 위해

---

16 T. Blanning, *Friedrich der Grosse*, p.53.

비밀도서관을 마련해주는 등의 성의도 보였다.[17] 당시 비밀 도서관에는 정확히 3,775권의 장서가 있있는데 이 중 상당수는 프랑스로부터 유입된 도서들이었다. 이 책들은 베를린 왕궁의 바로 건너편에서 영업하던 암브로지우스 하우데(Ambrosius Haude) 서점의 비밀 책장에 숨겨져 있었다. 프리드리히는 비밀 도서관에서 많은 책을 읽었다. 그는 정치서뿐만 아니라 당시 이탈리아 및 프랑스 작가들이 쓴 계몽주의적 문학작품들

---

17 T. Blanning, *Friedrich der Grosse*, p.55; D. Lent, "Duhan de Jandun. Jacques Egide" in H-R. Jarck ed., B*raunschweigisches Biographisches Lexikon: 8. bis 18. Jahrhunde*rt(Braunschweig, 2006), p.177; T. Schieder, *Friedrich der Große. Ein Königtum der Wiedersprüche*(Frankfurt, 1996), p.30. 프리드리히 빌헬름 1세는 장당이 왕세자에게 비밀리에 라틴어를 가르치고 있다는 소식을 접하자 두 사람을 불러 채찍으로 때렸다. 발길질을 하고, 따귀도 때렸다. 심지어 머리채를 잡아 흔들기까지 했다. 그리고 프리드리히의 국외 탈출 계획이 실패로 끝난 후 그를 가르쳤던 스승들 역시 프리드리히를 만나서는 안 된다는 명령을 받았고 장당은 변방인 메멜 지방으로 추방되는 처벌을 받았다. 그러다가 1732년 프리드리히 빌헬름 1세는 장당을 조건부로 사면했다. 이에 따라 장당은 블랑켄부르크(Blankenburg)의 루트비히 루돌프(Ludwig Rudolf v. Braunschweig-Wolfen-büttel) 대공의 도서관 사서로 근무하게 되었다. 그러나 이에 앞서 프리드리히 빌헬름 1세는 프리드리히로부터 장당을 만나지 않겠다는 약속도 받아냈다. 당시 브라운슈바이크-볼펜뷔텔의 회계장부에 따르면 장당은 1740년까지 매년 400탈러의 박봉을 받았다.
1740년 5월 31일 프리드리히 2세는 국왕으로 즉위했다. 그로부터 3일 후 프리드리히 2세는 장당에게 베를린 귀환을 명령했고 그가 베를린으로 돌아온 지 얼마 안된 6월 초 외무성의 추밀고문관(Geheimrat im Amt für Auswärtiges)으로 임명했다. 제1차 오스트리아 왕위계승전쟁이 발발한 후 원정지에서 프리드리히 2세는 자주 장당에게 서신을 보내는 등 친밀한 관계를 유지하려고 했다. 그리고 프리드리히 2세는 1744년 1월 장당을 학술원 명예회원으로 임명했는데 이것은 그가 스승의 학문적 탁월성을 인정했기 때문이다. 장당에 대한 프리드리히 2세의 신뢰는 그가 1745년 12월 25일 드레스덴 평화조약을 체결하고 12월 28일 베를린으로 돌아온 후 임종 직전의 장당이 머무르던 곳을 가장 먼저 방문한 데서 확인할 수 있다. W. Hartkopf, *Die Berliner Akademie der Wissenschaften. Ihre Mitglieder und Preisträger 1700-1990*(Berlin, 1992), p.80.

도 선호했다.[18] 이때부터 시작된 프리드리히 2세의 왕성한 독서열은 노령으로 책을 읽지 못할 때까지 지속되었다. 당시 프리드리히는 페넬롱(Francois de Salignac de la Mothe Fénelon), 데카르트(René Descartes), 몰리에르(Jean Baptiste Poquelin Moliere), 벨(Pierre Bayle), 부알로(Nicolas Boileau), 보쉬에(Jacques-Benigne Bossuet), 코르네유(Corneille), 라신(Jean Racine), 볼테르, 로크(John Locke), 볼프(Christian Wolff), 라이프니츠, 키케로(Marcus Tullus Cicero), 카이사르(Julius Caesar), 루키아노스(Lucian), 호라티우스(Flaccus Quintus Horatius), 루소(Jean Jacques Rousseau), 몽테스키외(Charles-Louis Joseph de Secondat, Baron de Brede et de Montesquieu), 세네카(Lucius Annaeus Seneca), 타키투스(Publius Cornelius Tacitus), 리비우스(Titus Livius), 플루타르코스(Plutarch), 네포스(Cornelius Nepos) 등을 비롯한 수백 명의 저서를 읽었다. 주로 신간을 읽었지만, 자신에게 아주 중요한 글들은 반복하여 정독하는 자세도 보였다.[19] 그러다가 인생의 말년에 이르러 책을 제대로 읽지 못하게 된 프리드리히 2세는 사람들에게 낭독하게 했다. 특히 그는

---

18 T. Blanning, *Friedrich der Grosse*, p.55 ; E. Paunel, *Die Staatsbibliothek zu Berlin. Ihre Geschichte und Organisation während der ersten zwei Jahrhunderten seit ihrer Eröffnung*(Berlin, 1965), p.46 ; T. Schieder, *Friedrich der Große*, p.30.
장당이 마련한 비밀 도서관에서 프리드리히가 프랑스 및 라틴 작가들의 저서를 읽는다는 소식을 접한 프리드리히 빌헬름 1세는 즉시 비밀 도서관의 책들을 헐값으로 매각했다. 프리드리히 2세는 즉위 후 상수시 궁전에 개인 도서관을 설치했는데 여기에는 모두 2,238권의 장서가 있었다. 그 대부분은 프랑스에서 유입되었다. 당시 프리드리히 2세는 프랑스에서 간행된 신간들을 구매하기 위해 파리에 비공식 외교관을 상주시키는 열성도 보였다.

19 그러나 독일 문학은 그에게는 문화적 약점이었다. 독일어에 대한 프리드리히 2세의 부정적 시각은 이후에도 변하지 않았다. 일례로 68세의 프리드리히 2세가 독일어를 '천재적 작가가 자신의 능력을 발휘하여 미학적 효과를 제시하려고 하지만 물리적으로 불가능한 반야만인적 통용어'로 비하한 것을 제시할 수 있다. C. Clark, *Preußen*, p.221.

세네카의『페드라(Phaedra)』와 라신의『브리타니쿠스(Britannicus)』(1669년 12월 3일 파리 부르고뉴 호텔에서 초연) 등과 같은 비극 작품을 수십 번 읽었기 때문에 이들 작품의 모든 구절을 명확히 외우고 있었다.[20]

이 시기 프리드리히는 도서 구매에 적지 않은 돈을 썼으므로 사적으로 사용할 돈이 거의 없었다. 심지어 그는 1727년 겨울 베를린의 한 금융업자로부터 700탈러를 빌렸는데 이것은 바로 프리드리히 빌헬름 1세에게 알려졌지만, 그는 별다른 반응을 보이지 않았다.[21] 프리드리히에 대한 장당의 밀착 교육은 1727년 프리드리히의 견진성사 때까지 진행되었고 같은 해 장당은 법률고문관으로 임명되었다.

장당을 통해 계몽사상의 영향을 받기 시작한 프리드리히는 부친이 선호하던 군사훈련, 사냥, 그리고 타박스콜레기움(Tabakskollegium)에 부정적이었는데 이로 인해 부자간의 관계가 소원해졌다.[22] 특히 프리드리히는 일요일을 제외하고 거의 매일 개최된 타박스콜레기움에 대해 악평

---

20 T. Blanning, *Friedrich der Grosse*, p.55. 세네카의『페드라』는 아테네 왕 테세우스의 아내 페드라가 의붓아들 히폴리토스에게 연정을 품게 되면서 일어나는 비극을 다룬 작품이다. 라신의「브리타니쿠스」는 고대 로마 제국을 배경으로 네로 황제와 배다른 형제인 브리타니쿠스가 한 여인을 두고 벌이는 삼각관계를 다룬 작품이다.

21 T. Blanning, *Friedrich der Grosse*, p.55; E. Lavisse, *Die Jugend Friedrichs des Großen*(Berlin, 1925) p.72; J.D.E. Preuss, *Friedrich der Große*, p.21.

22 프리드리히 빌헬름 1세가 전투에서 적국 병사를 죽이는 것 다음으로 선호했던 것은 야생동물을 노획하여 전시하는 것이었다. 1717년부터 1724년까지 베를린과 포츠담의 산림을 헤매면서 그가 사냥한 꿩은 무려 25,066마리나 되었다. 장녀 빌헬미네의 회고록에 따르면 프리드리히 빌헬름 1세는 종종 왕위를 내려놓고 사냥을 하면서 1년에 10,000탈러의 연금을 받는 대농장주로 살고 싶다는 의사를 수차례 밝히기도 했다. T. Blanning, *Friedrich der Grosse*, pp.47~49; R. Dietrich, *Die politi-schen Testamente der Hohenzollern*(Köln,1986), p.243; E. Frie, *Friedrich II*, p.27; P.-M. Hahn, *Friedrich II. von Preußen*(Stuttgart, 2013), p.21; R. Koser, *Friedrich der Große als Kronprinz*, p.26.

을 했다. 아무런 의미도 없는 이 집회에 참여하는 것 자체가 지겹고, 시간 낭비에 불과하다는 것이다. 실제로 프리드리히 빌헬름 1세, 프리드리히, 아우구스트 빌헬름, 하인리히, 아우구스트 페르디난트, 정부의 고위 관료들, 군 장성들, 문필가들, 그리고 각국의 외교관들이 참석한 타박스콜레기움은 단순한 사교적 모임에 불과했다.[23] 물론 간헐적으로 국왕의 신임을 받던 인물이 특정한 주제에 대한 특강을 한 후 때에 따라 그것에 대한 보충 설명도 했다. 그리고 일부 특강자는 베를린, 드레스덴, 라이프치히, 함부르크, 그리고 빈에서 간행되던 신문들과 프랑스 및 네덜란드에서 입수한 신문들에서 확인되는 언론의 동향, 특히 각국의 내정 및 외교정책과 그것들의 장단점을 개괄적으로 보고하지만 이러한 것들이 실제로 정책에 반영되는 경우는 거의 없었다.[24] 오후 5시부터 시작하여 자정까지 지속되던 타박스콜레기움에서 참석자들은 음식과 맥주를 제공받았고 도자기 담뱃대로 담배를 피웠다. 그리고 특강이 없는 경우 탁자 끝에 앉은 두 사람은 참석자들을 위해 공허한 헛소리, 즉 음담패설을 하여 분위기를 띄워야 했고 거기서 참석자들이 좋은 반응을 보이면 이들은 프리드리히 빌헬름 1세로부터 특별수당을 받았다. 또한 참석자들 역시 타박스콜레기움에서 야한 발언을 해야 하는 암묵적 강요도 받곤 했다.[25]

---

23 아우구스트 빌헬름, 하인리히, 그리고 아우구스트 페르디난트 왕자는 미성년이었기 때문에 흡연에서 면제되었다. 그리고 왕세자 프리드리히는 결혼하고 라인스베르크로 거주지를 옮긴 후부터 타박스콜레기움에 참석하지 않아도 되었다. T. Blanning, *Friedrich der Grosse*, p.49 ; R. Ergang, *The Potsdam Führer:Frederick WilliamI. Father of Prussian Militarism*(New York, 1941), p.28.

24 당시 프리드리히 빌헬름 1세는 언론의 자유를 허용하지 않았기 때문에 베를린에서 정치적 사안들을 다룬 일간지는 간행되지 않았다. T. Blanning, *Friedrich der Grosse*, p.49.

25 프리드리히 빌헬름 1세는 흡연이 집중력에 아주 큰 도움을 준다고 언급할 정

1724년부터 프리드리히 빌헬름 1세는 왕세자에 대해 강한 의구심을 가지기 시작했나. 프리드리히가 자신이 선호하는 군사훈련과 사냥에 부정적이고 주변 인물들이 그러한 관점 구축에 적지 않은 영향을 끼쳤다는 것이다. 당시 프리드리히 빌헬름 1세는 자신의 행동을 신랄하게 비판하는 이들이 왕궁에 많다는 것을 인지하고 있었다. 또한 프리드리히가 그를 교양을 갖추지 못한 군주라 폄하하고 있다는 사실도 알고 있었다. 실제로 프리드리히 빌헬름 1세는 지금까지 교양 있는 생활을 하지 않았고 자신의 학문적 능력에 대해서도 회의적이었다. 물론 프리드리히 빌헬름 1세는 프리드리히와 마찬가지로 어려서부터 프랑스어를 배웠다. 그러나 라틴 문학 및 독일어 문법에 별로 관심이 없었기 때문에 독일어 철자법에 대해서도 자신이 없었다. 그가 1722년 2월 17일에 작성한 문서에서 그러한 것을 쉽게 확인할 수 있다. 이전 페이지에서 포츠담이라 쓴 것을 다음 페이지에서 보츠담(Bostdam)이라고 쓴 것이다.[26]

점차 프리드리히 빌헬름 1세는 프리드리히가 자신이 원하던 대로 행동하지 않으면 가차 없이 구타하기에 이르렀다. 발길질도 하고 따귀도 때렸고 그 빈도 역시 증가했다. 프리드리히는 성장하면서 부친의 요구에 강하게 반발하는 경우가 많아졌고 이에 대한 프리드리히 빌헬름 1세의 반응 역시 점점 극단적으로 강화되었다. 당시 프리드리히 빌헬름 1세는 아들은 반드시 자신에게 무조건 복종해야 한다는 관점을 가지고 있었다. 프리드리히 빌헬름 1세는 프리드리히를 거칠게 때린 후 그에게 "만일 부친이 나에게 그렇게 대했다면 아마도 나는 자살을 시도했을 것

도로 흡연에 대해 매우 긍정적이었다. 그가 제시한 타박스콜레기움의 규칙 중에는 국왕이 입장해도 참석자들은 일어나지 않아도, 즉 경의를 표시하지 않아도 된다는 것도 있었다. T. Blanning, *Friedrich der Grosse*, p.49; R. Ergang, *The Potsdam Führer*, p.29.

26 T. Blanning, *Friedrich der Grosse*, p.49.

독일 통합의 비전을 제시한 프리드리히 2세

이다"라고 말하기도 했다. 이러한 비아냥은 어떠한 학대를 받더라도 프리드리히가 절대로 자살하지 않으리라는 확신에서 비롯된 것 같다. 그런데도 프리드리히 빌헬름 1세는 자신의 나쁜 성격을 부인하지 않았는데 이것은 측근에게 언급한 것에서 확인할 수 있다. 그에 따르면 프리드리히 빌헬름 1세는 자신을 못된 사람이라고 했다. 온화한 성격의 소유자로 하루를 보내면 그다음 날은 반드시 다시 나쁜 성격의 소유자로 돌변한다는 것이다. 따라서 그는 이러한 성격상의 문제점을 고쳐야 한다는 것을 알고 있지만 고칠 수 없다고 토로했다.[27]

2. 국외로의 탈출 시도

1728년 2월 프리드리히는 프리드리히 빌헬름 1세와 같이 드레스덴에서 개최된 카니발 축제에 참여했다. 원래는 프리드리히를 데려가지 않

---

27 G. Bönisch "Der Soldatenkönig", p.78; R. Ergang, *The Potsdam Führer*, p.30. 다년간 베를린 주재 영국 대사로 활동하던 스트랫퍼드(Earl of Strafford)는 프리드리히 1세와 그의 아들 프리드리히 빌헬름 1세를 비교 평가했다. 그에 따르면 프리드리히 1세는 마음씨가 착하고 상냥하고, 고상하고, 자비로웠지만 프리드리히 빌헬름 1세는 잔인할 정도로 무뚝뚝하고 엄청나게 의심이 많았으며, 극심한 우울증에서 비롯된 분노를 심하게 표출했고, 공격적이기도 했다는 것이다. 프리드리히 빌헬름 1세는 몹시 총명한 두뇌를 가졌음에도 불구하고 모국어인 독일어 읽기와 쓰기를 익히는 데 매우 힘들어했는데 이것은 아마도 독서장애(Legasthenie)에서 비롯된 것 같다. 당시 그는 가시적 효용성이 바로 나타나지 않는 문화 및 지식 분야에 매우 회의적인 자세를 보였다. 프리드리히 빌헬름 1세는 귀에 거슬리는 모욕적인 언사도 종종 입에 담았는데 그러한 것들은 정부 문서의 여백에 쓴 메모에서도 확인된다. 예를 들어 1731년 11월 10일 코펜하겐 주재 브란덴부르크-프로이센 외교관이 임금 인상을 요구한 문서의 여백에 프리드리히 빌헬름 1세는 '못된 놈이 특별수당을 더 요구하는구나. 따라서 이놈은 고생을 더 해봐야 할 것이다'라고 써놓았다. C. Clark, *Preußen*, p.105.

으려고 했는데 작센 선제후 프리드리히 아우구스트 1세(Friedrich August I)의 제의에 따라 아들도 여행에 동행시켰다.

이 도시에서 프리드리히는 세 가지의 첫 경험을 하게 된다. 첫 번째는 드레스덴 궁정극장에서 하세(Johann Adolf Hasse)의 오페라 〈클레오피데(Cleofide)〉[28]를 관람한 것이다. 이것은 그가 처음으로 관람한 오페라였다. 두 번째로, 그는 플루트 연주 대가인 크반츠(Johann Joachim Quantz)의 연주를 듣고 감동했다. 세 번째는, 작센 선제후가 인도한 방에서 거의 옷을 걸치지 않은 한 젊은 여인이 안락의자에 앉아 있는 것을 본 것이다. 이후 이성에 대한 관심이 크게 증대되었다. 이 여인은 프리드리히 아우구스트 1세의 서녀인 오르젤스카(Anna Carolina Orzelska)였다.

이후부터 프리드리히는 오르젤스카에게 깊은 연민의 정을 가지게 되었다.[29] 프리드리히의 마음을 사로잡은 오르젤스카는 1707년 11월 프리드리히 아우구스트 1세와 리옹(Lyon)의 포도주 생산자의 딸인 레너드-뒤발(Henritte Renard-Duval) 사이에서 태어났다. 오르젤스카가 태어난 직후 레너드-뒤발은 파리의 상인 드랑(Francois Drian)과 결혼했기 때문에 오르젤스카는 파리에서 성장했다. 1723년 오르젤스카의 이복오빠인 루토프스키(Friedrich August Rutowski)가 파리에 나타났고 얼마 후 그는 그녀를 드레스덴으로 데려갔다. 이 도시에서 루토프스키는 오르젤스카를 드

---

28 이탈리아 시인이며 대본 작가인 메타스타시오(Pietro Metastasio)의 대본을 토대로 작곡한 3막의 오페라 세리아(Opera seria).

29 T. Blanning, *Friedrich der Grosse*, p.56. 프리드리히의 누이인 빌헬미네는 드레스덴 궁전에서 오르젤스카가 펼치던 행보를 전해 듣고 그대로 주변 사람들에게 유포했다. 그녀의 언급에 따르면 오르젤스카 백작부인은 프리드리히 아우구스트 1세 및 그녀의 이복오빠의 숨겨진 애인이라는 것이다. 그러나 오르젤스카의 근친상간적 행위가 진실인지 또는 왕궁에서 떠돌던 악의 있는 풍문인지는 지금까지도 확인되지 않고 있다. I. Weber-Kellermann, *Wilhelmine von Bayreuth*, p.107.

독일 통합의 비전을 제시한 프리드리히 2세

레스덴 궁전에서 개최된 펜싱 대회에 데려갔는데 이 대회에서 프리드리히 아우구스트 1세는 변형된 군복을 입은 오르젤스카의 미모 및 총명에 감탄했다. 1724년 9월 19일 프리드리히 아우구스트 1세는 오르젤스카가 자신의 딸임을 인정하고 그녀에게 백작부인 칭호를 하사하고 바르샤바의 청궁전에서 거주하는 것도 허락했다. 같은 해 10월 8일 아들로 인정받은 루토프스키 역시 프리드리히 아우구스트 1세로부터 폴란드 최고 훈장인 백독수리 훈장을 받고 작센군 대령으로 임명되었다.

오르젤스카에 대한 프리드리히의 연민은 점차 사랑으로 바뀌게 되었고 베를린으로 돌아온 이후에도 짝사랑으로 인해 체중이 감소했고 실신하는 경우도 많아졌다. 이러한 상태는 그녀가 같은 해 프리드리히 아우구스트 1세와 같이 베를린을 방문할 때까지 지속되었다. 프리드리히는 베를린에서 오르젤스카를 다시 만났지만, 그녀는 이미 결혼했을 뿐만 아니라 임신까지 한 상태였다. 아들의 짝사랑이 이렇게 허망하게 끝난 것을 인지한 프리드리히 빌헬름 1세는 프리드리히를 가능한 한 빨리 결혼시키려 했다.[30]

프리드리히 빌헬름 1세는 1725년부터 시작된 조지 2세와의 결혼 협상을 보다 구체화하려고 했다. 이 결혼 협상은 갑자기 중단되었다가 재개되는 등 원만히 진행되지 못했다. 당시 유럽의 왕실 사이에서 결혼 및 결혼 청약은 권력정치적 도구로 인식되었는데 그것은 당사국들의 국가 위상, 명예, 그리고 미래가 연계되었기 때문이다. 왕비 조피 도로테아는 위엄 있고, 아름답고, 상냥하지만 동시에 야심을 가졌을 뿐만 아니라 음

---

30 T. Blanning, *Friedrich der Grosse*, p.56; I. Weber-Kellermann, *Wilhelmine von Bayreuth*, pp.107~108. 프리드리히의 열애 대상이었던 오르젤스카는 같은 해 8월 10일 프리드리히 아우구스트 1세의 요구에 따라 드레스덴에서 슐레스비히-홀슈타인-존더부르크-베크 공국의 프리드리히(Karl Ludwig Friedrich v. Schleswig-Holstein-Sonderburg-Beck) 대공과 결혼했다.

모와 술수에도 능하고 가문적 관점에서 볼 때 신분 의식 역시 매우 강했다. 당시 그녀는 프리드리히를 조지 2세의 차녀인 아멜리아(Amelia)와 결혼시키려 했다. 동시에 빌헬미네를 영국 왕세자(Prince of Wales)인 프레데릭(Frederick)에게 시집 보내려 했다.[31] 이러한 시점에 프레데릭 왕세자의 여동생인 아멜리아가 하노버 총독으로 임명되었다. 이에 따라 그녀와 프리드리히의 결혼이 성사되면 부부가 함께 하노버에서 지낸다는 계획도 잠정적으로 마련되었다.[32]

조피 도로테아가 추진한 이중 결혼에는 당시 유럽 내에서 가장 강력한 영국과의 혼맥을 통해 호엔촐레른 가문의 위상을 크게 증대시키겠다는 의도도 있었던 것 같다. 조피 도로테아는 프리드리히와 빌헬미네에

---

31 아멜리아는 1711년에 태어났기 때문에 프리드리히보다 한 살이 많았다. 그리고 빌헬미네의 신랑 후보였던 프레데릭은 1707년에 태어났다. 그런데 프레데릭과 조지 2세 사이의 관계는 프리드리히 빌헬름 1세와 프리드리히처럼 원만하지 못했다. 부자간의 불화로 인해 국왕에 대한 반대 세력도 부상하기 시작했다. 프레데릭의 누르스름한 피부, 곱슬머리, 그리고 매부리코 때문에 조지 2세는 태어났을 때부터 그를 무척이나 싫어했다. 프레데릭이 성장함에 따라 그에 대한 조지 2세의 부정적 관점은 더욱 심화되어 그는 자기 아들을 고집쟁이이며 거짓말쟁이라고 비하하곤 했다. 아울러 조지 2세는 프레데릭이 최악의 하층민이고 비인간적 성향을 지녔기 때문에 그가 이 세상에서 빨리 사라졌으면 좋겠다고까지 말했다. 프레데릭의 할아버지 조지 1세는 손자가 처한 어려운 상황을 고려하여 그를 도와줄 배필이 필요하다고 생각했다. 따라서 그는 자신의 딸인 조피 도로테아에게 프레데릭과 빌헬미네의 결혼을 제안했고 조피 도로테아도 동의했다. 그뿐만 아니라 조피 도로테아는 부친에게 왕세자 프리드리히와 아멜리아의 결혼까지도 제안했다.

그러나 프리드리히 빌헬름 1세의 반대로 조피 도로테아가 추진한 이중 결혼 계획은 결국 중단되었다. 1736년 프레데릭은 작센-고타의 대공녀인 아우구스타(Augusta)와 결혼했지만, 1751년 조지 2세보다 먼저 생을 마감했다. T. Blanning, *Friedrich der Grosse*, p.59; M. Erbe, *Deutsche Geschichte 1713~1790*, p.158; E. Frie, *Friedrich II*, p.31.

32 T. Blanning, *Friedrich der Grosse*, p.60; C. Clark, *Preußen*, p.134.

게 자신의 계획을 알렸고 자녀들의 반응도 긍정적이었다. 특히 프리드리히는 적극적으로 동조했는데 그것은 결혼하여 하노버에서 가정을 꾸리면 부친의 학대 및 엄격한 통제에서 벗어날 수 있다는 지극히 이기적인 생각에서 비롯된 것 같다.[33]

왕비의 이중 결혼 계획에 프리드리히 빌헬름 1세 역시 처음에는 긍정적이었다. 그러나 당시 국왕을 중심으로 형성된 친오스트리아 세력은 조피 도로테아의 결혼 계획을 부정적으로 바라보았고 국왕 역시 점차 반대 흐름에 영향을 받기 시작했다.[34] 당시 친오스트리아 세력을 주도하던 그룸브코(Friedrich Wilhelm v. Grumbkow) 장군은 니더라인(Niederrhein) 지방에 있는 베르크 대공국의 상속권을 인정받기 위해서는 오스트리아 국왕 겸 신성로마제국 황제인 카를 6세의 지지가 절대적으로 필요하다면서 왕비가 구상한 영국 왕실과의 이중 결혼 계획은 프로이센 외교정책에 위해적 요인으로 작용할 수 있다고 주장했다. 실제로 카를 6세 역시 프로이센과 영국 왕실의 결혼 시도에 부정적인 시각을 표방했고 그것을 저지하기 위해 베를린 주재 오스트리아 대사인 제켄도르프(Christoph Ludwig v. Seckendorff)에게 비밀 훈령을 내렸다. 제켄도르프가 그룸브코를 만나 조피 도로테아가 구상한 영국 왕실과의 이중 결혼에서 비

---

33 T. Blanning, *Friedrich der Grosse*, p.60 ; C. Clark, *Preußen*, p.136 ; M. Erbe, *Deutsche Geschichte 1713~1790*, p.158 ; E. Frie, *Friedrich II*, p.31. 빌헬미네 역시 어머니가 계획하던 자신과 프레데릭의 결혼에 동의했다. 이후 그녀는 프레데릭과의 서신 교환에 적극성을 보였을 뿐만 아니라 영국의 왕위계승자로부터 약혼반지까지 받기도 했다.

34 프리드리히 빌헬름 1세는 프리드리히 1세 때 구축된 파벌들과 그들 사이에 빚어진 대립에 대해 부정적인 시각을 가지고 있었다. 그러나 그는 자신이 통치하던 시기에 구축된 파벌들에 대해서는 아무런 조처도 취하지 않았다. T. Blanning, *Friedrich der Grosse*, p.60 ; C. Clark, *Preußen*, p.134 ; E. Frie, *Friedrich II.*, p.31 ; A.C. Thompson, *George II. King and Elector*(New Haven-London, 2011), pp.82~83.

롯될 수 있는 부작용, 즉 오스트리아와의 관계가 크게 악화할 수 있다는 점을 부각해야 한다는 내용이었다.[35]

그룹브코는 프로이센 외교정책에서 핵심적 역할을 담당하는 인물로서 국왕으로부터 절대적 신임을 받고 있었다. 또한 그는 비밀리에 빈 정부로부터 거액의 뇌물도 받은 상태였다. 시간이 지날수록 프리드리히 빌헬름 1세는 그룹브코의 관점에 동의하게 되었는데 그것은 자신의 외교정책에서 오스트리아가 차지하는 위상이 매우 높다는 판단에서 비롯된 것 같다. 또한 매우 화려한 생활에 익숙한 아멜리아가 결혼 후 이러한 생활을 지속할 때 이것은 분명히 프로이센의 재정적 상황을 크게 악화시키는 요인이 될 뿐만 아니라 자신이 지향하던 상비군 체제 구축에도 큰 영향을 끼칠 것이라고 우려한 것도 반대의 이유가 되었다.[36]

이렇게 국왕이 부정적이었음에도 조피 도로테아와 프리드리히는 결혼 구상을 현실화하기 위해 영국 왕실에서 파견한 인물들과 접촉했고 이것은 프리드리히 빌헬름 1세의 심기를 매우 불편하게 했다. 당시 프리드리히는 자신이 아멜리아를 진심으로 사랑했기 때문에 영국 왕실이 파견한 인물들과 만났다고 했다. 그러나 프로이센의 왕세자는 아멜리아의 초상화를 보지도 못했다.[37] 프리드리히 빌헬름 1세는 프리드리히가 아멜리아와의 결혼에 매우 집착하고 있다는 것을 인지한 후 그에 대해 "이 세상에서 아직 만나지도 못한 여성과의 결혼을 집착하는 것은 장난에 불과하다"라는 경멸적인 언급까지 했다.[38]

35 T. Blanning, *Friedrich der Grosse*, p.60; C. Clark, *Preußen*, pp.134~135; E. Frie, *Friedrich II.*, p.32; R. Koser, *Friedrich der Große als Kronprinz*, p.17; A.C. Thompson, George II. *King and Elector*, p.82.

36 T. Blanning, *Friedrich der Grosse*, p.60; E. Frie, *Friedrich II.*, p.32.

37 T. Blanning, *Friedrich der Grosse*, p.60; E. Frie, *Friedrich II.*, p.32.

38 T. Blanning, *Friedrich der Grosse*, p.60.

프리드리히 빌헬름 1세의 반대가 기정사실화됨에 따라 조피 도로테아 역시 자신의 구상을 일시적으로 유보해야만 했다. 이후 하노버 공국은 프리드리히 빌헬름 1세의 음해적 공개 발언, 즉 하노버 공국이 프리드리히와 아멜리아의 결혼에 깊숙이 개입했다는 것에 대해 반발했고 이것으로 인해 1729년 여름 양국 사이에 소규모 군사적 충돌까지 발생했다. 이에 따라 프리드리히 빌헬름 1세는 44,000명의 병력에 대한 총동원령도 내렸지만, 하노버 공국으로 진격하지는 않았다.[39]

아들의 일방적 행동에 대한 프리드리히 빌헬름 1세의 불쾌감은 시간이 지날수록 심해졌고 그것은 1729년 7월 이후의 식탁 좌석 배정에서 확인되었다. 항상 프리드리히 빌헬름 1세 곁에서 식사하던 프리드리히는 국왕의 좌석에서 멀리 떨어진 식탁 맨 끝으로 자리를 옮겨야 했는데 음식이 떨어져 식사를 제대로 못 하는 경우도 많았다.[40]

같은 해 12월 10일 프리드리히 빌헬름 1세와 프리드리히 사이에 불편한 대화가 진행되었다. 여기서 프리드리히 빌헬름 1세는 영국의 지원을 받는 왕실 내 혐오스러운 파벌에 대해 악의적인 발언을 했고 이에 대해 프리드리히는 "저는 영국인들을 존중합니다. 그리고 저는 영국에서 프로이센의 왕세자를 좋아하는 사람들이 많다는 것도 잘 알고 있습니다."라고 답변했다. 프리드리히 빌헬름 1세는 즉시 아들의 멱살을 잡고 지휘봉으로 때리기 시작했다. 이후에도 이러한 학대는 지속되었고 심할 때는 프리드리히에게 자신의 발에 키스할 것도 요구했다.[41]

1730년 5월 작센 리자(Riesa) 근처의 차이타인(Zeithain)에서 개최된 행

---

39 T. Blanning, *Friedrich der Grosse*, p.60; R. Koser, *Friedrich der Große als Kronprinz*, p.17.

40 조피 도로테아는 프리드리히를 위해 별도의 음식을 마련하여 그의 방으로 몰래 보냈다. T. Blanning, *Friedrich der Grosse*, p.60.

41 T. Blanning, *Friedrich der Grosse*, pp.60~61.

사 중 프리드리히는 친구인 카테(Hans Hermann v. Katte) 소위에게 부친의 지나친 학대 및 폭력에서 벗어나기 위해 프랑스를 거쳐 외삼촌 조지 2세가 통치하는 영국으로 망명하여 거기서 아멜리아와 결혼하겠다는 의지를 밝혔다.[42]

그러나 프리드리히 빌헬름 1세는 브륄(Heinrich v. Brühl)로부터 아들의 탈출 계획을 보고받았고 그것에 따라 그는 밀고자인 브륄과 같이 궁전 집회에 참여했다. 거기서 그는 프리드리히의 탈출 계획을 거론하고는 아들의 머리채를 끌고 연병장으로 가서 많은 사람이 보는 앞에서 심한 구타를 가했다.[43] 공개 태형 이후 프리드리히와 브륄 사이의 관계는 매우 나빠졌고 이것은 브륄이 사망할 때까지 지속되었다. 또한 공개 태형을 지켜보고 수수방관했던 프리드리히 아우구스트 1세 때문에 1740년 이후부터 프로이센과 작센 사이의 관계 역시 원만하지 못했다.

작센에서의 탈출 시도가 실패로 끝난 후 베를린으로 귀환한 프리드리히는 평상시와 같은 생활을 했다.[44] 즉 오전 내내 몸에 꼭 끼는 제복과 긴 장화를 신고 머리를 뒤로 벗어 넘겨 가발과 묶은 상태로 연병장에서 훈련을 받았다. 점심 식사 후에는 궁전 내 개인 공간으로 이동했는데 거기에는 플루트 교사인 크반츠가 기다리고 있었다. 프리드리히는 1728년부터 비밀리에 플루트 연주의 대가이며 작곡가였던 크반츠로부터 수업을 받았

---

42 T. Blanning, *Friedrich der Grosse*, p.61 ; E. Frie, *Friedrich II*, p.24. 프리드리히는 부친이 나이가 들면 현재보다 성격이 다소 유연해지지 않겠냐는 희망도 품었다. 그런데 당시 프리드리히 빌헬름 1세의 나이는 42세에 불과했고 할아버지인 프리드리히 1세도 55세까지 살았기 때문에 프리드리히는 가까운 시일 내에 부친이 자연사하리라는 것을 기대할 수도 없었다. C. Clark, *Preußen*, p.135.

43 원래 브륄은 왕세자 프리드리히의 측근 인물이었다. R.Koser, *Friedrich der Große als Kronprinz*, pp.29~31.

44 이 당시 프리드리히는 부친을 살해하겠다는 생각을 종종 했지만, 실제로 이행하려고 하지는 않았다. T. Blanning, *Friedrich der Grosse*, p.61.

는데 이것은 그가 같은 해 시바리스(Sybaris) 궁전으로 알려진 작센 선제후 궁전, 즉 드레스덴 궁전에서 크반츠의 연주를 듣고 크게 감명한 데서 비롯된 것 같다.[45] 이후 프리드리히는 그로부터 플루트를 배우겠다는 생각을 하게 되었다. 아들의 생각을 전해 들은 조피 도로테아는 사비로 아들이 원하던 플루트 교습을 받게 했다. 이에 따라 크반츠는 베를린에 와서 프리드리히에게 플루트를 가르치게 되었는데 이 교습은 프리드리히 빌헬름 1세에게 알려지지 않은 상태에서 비밀리 진행되었다. 당시 프리드리히 빌헬름 1세는 악기 연주와 같은 고급 문화는 여성적이고 나약한 느낌이 난다는 입장이었고, 프리드리히가 그것을 배워서는 안 된다고 경고하기도 했다.

교습에 앞서 프리드리히는 싫어하던 군복을 벗고 금란(Goldbrokat)으로 장식된 비단 아침 가운을 입은 후 실기 연습에 들어갔다. 그러나 이러한 편안한 분위기는 절친한 친구인 카테가 나타나면 급변하게 되는데 이것은 얼마 후 프리드리히 빌헬름 1세가 등장한다는 것을 알리는 행동이기 때문이다. 실제로 카테가 연습실에 온 지 얼마 안 되어 프리드리히 빌헬름 1세는 프리드리히가 남자답지 못한 짓을 하고 있다는 의심을 품고 마치 전쟁터로 나아가는 듯한 거동으로 계단을 올라오곤 했다. 카테가 연습실에 들어오면 크반츠는 즉시 플루트와 악보 등을 작은 방에 감추었다. 얼마 후 거칠게 숨을 헐떡이는 프리드리히 빌헬름 1세가 방에 나타났다.

---

45 시바리스는 고대 그리스인들이 식민 활동을 전개하면서 이탈리아 남부에 세운 식민도시로서, 이곳 주민들은 쾌락과 향락만을 추구했다. 고대 그리스인들은 기원전 750년경부터 식민 활동을 전개했는데 이것은 암흑시대 이후 나타난 인구 증가에 따른 식량 부족 현상, 상공업 활성화에 따른 시장 개척의 필요성, 귀족정 체제에서 비롯된 정치적·사회적 불안, 그리고 모험심에서 비롯되었다. 드레스덴 궁전의 주인, 즉 프리드리히 아우구스트 1세와 그의 측근 및 궁전 거주인들이 지나치게 쾌락 및 향락을 추구한 데서 시바리스라는 부정적 별명을 받은 것 같다. T. Blanning, *Friedrich der Grosse*, p.56.

그는 아들이 크반츠로부터 플루트를 배우고 있었다는 것을 즉시 알아챘는데 그것은 프리드리히가 머리 매듭을 풀지 못하고 있었기 때문이다. 그리고 프리드리히 빌헬름 1세는 숨어 있어 있던 카테와 크반츠를 발견하지 못하는 경우가 많았지만, 이들의 '상스러운' 옷들을 쉽게 찾아내곤 했다. 화가 난 그는 이러한 옷들을 바로 소각할 것을 명령했다.[46]

플루트는 목관악기로서 진동으로 떨림을 주어 소리를 내며 리드를 이용하지 않고 연주하는 악기이며 주로 회양목으로 만들어졌다. 그런데 크반츠는 기존의 플루트에 키를 하나 더 추가했고, 사람의 입 모양에 맞게 취구를 원통형에서 타원형으로 바꾸면서 섬세하고 반음이 가능하게끔 여섯 개의 피리 손 구멍(sechs Grifflöchern)을 추가했는데 이를 독일 플루트(Querflöte)라 한다. 국왕으로 즉위한 이후 프리드리히 2세는 크반츠에게 매년 2,000탈러에 달하는 거액의 연봉을 1773년까지 지급했는데 이것은 당시 베를린 정부의 최고위 관리들이 받던 연봉과 같은 수준이었다. 그리고 이 액수는 1740년부터 왕실 쳄발로 연주자로 활동하던 카를 필리프 엠마누엘 바흐(Carl Philipp Emmanuel Bach)의 연봉인 300탈러보다 7배나 많았다. 이렇게 카를 필리프 엠마누엘 바흐가 박봉을 받았음에도 불구하고 오늘날 음악사에서 그가 차지하는 위상은 분명히 크반츠보다 훨씬 높은 것은 사실이다.[47]

---

46 T. Blanning, *Friedrich der Grosse*, p.10.
47 T. Blanning, *Friedrich der Grosse*, p.60. 요한 제바스티안 바흐(Johann Sebastian Bach)의 둘째 아들인 카를 필리프 엠마누엘 바흐는 1746년 프리드리히 2세의 실내악 연주자로 임명되었다. 이후 그는 매일 저녁 상수시 궁전에서 개최되던 연주회에 쳄발로 연주자로 참여했다. 즉위 후 프리드리히 2세는 선왕의 절약 정책으로 베를린에서 사라진 카스트라토와 프랑스 발레 무용수들을 다시 초청하기 시작했다. 카스트라토는 변성기 이후 음역이 내려가는 것을 막고 여성의 음역을 내기 위해 거세된 가수를 지칭한다. 프리드리히 2세는 이탈리아 최상급 가수인 카레스티니(Giovanni Carestini), 우베리(Antonio Uberi), 살림베니(Fe-

프리드리히는 1730년 8월 2일 부친과 만하임(Mannheim)으로 여행을 떠났다. 이에 앞서 부자는 프리데리케 공주와 안스바흐 변경백(Markgraf v. Ansbach)의 결혼식에 참석하기 위해 아우크스부르크(Augsburg)를 방문했다. 부친과의 여행 중 프리드리히는 다시금 프랑스를 거쳐 영국으로 도주하고자 했다. 여기서 프리드리히는 영국 왕실의 도움을 받으려 했지만, 영국 왕실은 프로이센 왕세자의 요청에 정확한 답변을 주지 않았다. 당시 영국 왕실은 다혈질의 프리드리히 빌헬름 1세의 반대에도 불구하고 왕세자에게 숙소 제공 및 결혼을 허용하면 외교적·군사적 충돌이 야기될 수 있다고 우려했고 그 과정에서 하노버 공국의 안위도 걱정해야만 했다.[48] 그런데도 프리드리히는 8월 4일 저녁 부친과 머물던 슈타인스푸르트(Steinsfurt)에서 그의 시종인 카이트(Peter v. Keith)와 같이 숙소를 몰래 떠나 주변의 한 농가 곡물 창고에서 밤을 보낸 후 다음 날 새벽 프랑스를 거쳐 영국으로 탈출하려 했지만, 이번에도 성공하지 못했다.

그런데 프로이센에서 왕세자의 탈출 시도는 이번이 처음은 아니었다. 대선제후로 알려진 프리드리히 빌헬름은 16세 때 네덜란드로 탈출했고 좋아하는 여인과의 결혼이 허용될 때까지 귀환하지 않겠다고 우겼다. 당시 게오르크 빌헬름과 그의 신임을 받던 슈바르첸베르크(Adam Schwarzenberg) 백작은 프리드리히 빌헬름을 오스트리아 공주와 결혼시키려 했다. 아울러 프리드리히 빌헬름은 슈바르첸베르크가 자신을 암

lice Salimbeni), 베데쉬(Paolo Bedesch), 몰테니(Benedetta Molteni), 아스트루아(Giovanna Astrua) 등을 베를린으로 초청했고 이들에게 적지 않은 출연료도 지급했다. 그 일례로 우베리는 매년 2,000탈러, 살림베니와 카레스티니는 매년 4,000탈러, 그리고 아스트루아는 이보다 많은 매년 6,000탈러를 받았다. 프리드리히 빌헬름 1세의 지나친 근검절약 정책으로 모은 튼튼한 국고 덕분에 이러한 거액을 지급할 수 있었던 것이다. T. Blanning, *Friedrich der Grosse*, p.182.
48 T. Blanning, *Friedrich der Grosse*, p.61.

살하려는 계획도 구상하고 있다고 두려워했다. 아들의 네덜란드 탈출로 인해 게오르크 빌헬름은 결국 자신의 계획을 포기했다. 프리드리히 빌헬름은 1638년 쾨니히스베르크로 돌아왔지만 손상된 부자 관계는 전혀 회복되지 않았다. 게오르크 빌헬름은 아들을 완전히 이방인으로 취급했으며 국사에도 참여시키지 않았다. 대선제후는 후계자를 위한 「정치적 유산」에서 '선친이 자신을 그렇게 쌀쌀히 대하지 않았다면 집권 초기에 그토록 힘들지는 않았을 것'이라고 했다.

프리드리히 빌헬름이 권좌를 계승한 후 그의 아들 프리드리히 역시 신부를 스스로 선택할 수 있는 권리를 부여받기 위해 국외로 탈출했다. 1687년 프리드리히는 다시 한번 베를린을 떠났는데 이번에는 계모 도로테아(Dorothea v. Holstein-Sonderburg-Glücksburg)의 암살 음모에서 벗어나기 위해서였다. 당시 프리드리히는 도로테아가 자신이 낳은 장남한테 선제후 자리를 물려주기 위해 음모를 꾸몄고 그 목적으로 동생이 독살당했으며 그다음 희생자가 바로 자신이 될 거라고 믿었다. 이것으로 인해 프리드리히의 단순한 의심은 본격적인 피해 망상으로 확대되었다.[49]

이 당시 그는 잦은 위통으로 고생했는데, 혹시 먹었을지 모를 독약이 퍼지는 것을 막기 위해 수상쩍은 가루약과 물약을 과다 복용했기 때문이다. 갖가지 소문과 그 반대 소문으로 궁정이 들끓을 때 프리드리히는 처가가 있던 하노버로 도피했다. 그리고 프리드리히는 '동생의 독살이 명백히 드러났기 때문에 베를린은 안전하지 못하다'라고 말하면서 돌아가기를 거부했다. 이에 프리드리히 빌헬름은 격노했고 프리드리히의 선제후 승계권도 박탈한다는 칙령까지 발표했다. 그러다가 레오폴트 1세(Leopold I, 1658~1705)와 윌리엄 3세(William III, 1689~1702)의 중재로 부자는 겨우 화해할 수 있었지만, 이것은 부친이 죽기 불과 수개월 전이었

---

49 프리드리히 동생의 사인은 성홍열(Scharlach)이었다.

다. 그러나 이러한 상황에서 선제후 후계자인 프리드리히가 정상적으로 국사에 관여한다는 것은 거의 불가능했다.

프리드리히 빌헬름이 서거한 후 프리드리히 3세는 레오폴트 1세의 도움을 받아 부친이 작성한 유서를 파기했다. 그런데 당시 유서에서는 프리드리히 빌헬름이 자신의 아들들에게 통치권을 나눠준다는 것이 명시되었다. 이후 프리드리히 3세는 자신이 유일한 권력 계승자임을 밝히고 그의 이복형제들에게는 통치권 대신 왕족 연금을 지급하기로 했다.

대선제후 프리드리히 빌헬름이나 프리드리히 1세와는 달리 프리드리히 빌헬름 1세는 국외 탈출을 시도하지 않았다. 그러나 그 역시 선조들과 마찬가지로 부친에게 공격적이고 저항하는 자세를 취했다. 그는 교육을 담당한 가정교사에게 저항했다. 당시 프리드리히 빌헬름은 문법과 라틴어 수업을 혐오했다. 왕세자의 어머니 조피 샤를로테가 주도하던 섬세한 궁중문화에 왕세자는 전혀 관심을 보이지 않았고 이것은 어머니의 심기를 불편하게 하는 요인이 되기도 했다. 실제로 조피 샤를로테는 라이프니츠를 비롯한 일련의 계몽사상가들과 교류하고 있었기 때문에 지적인 측면에서 프리드리히 1세보다 훨씬 우위를 차지하고 있었다. 따라서 조피 샤를로테는 프리드리히 빌헬름의 지적 수준을 증대시키기 위해 계몽사상가들과의 접촉을 장려했지만, 왕세자는 그것보다 군사훈련 및 사냥을 선호했다. 이것은 호엔촐레른 가문 왕세자들이 그동안 보였던 공격적이고 반항적인 태도에서 비롯되었다고 볼 수 있다.[50]

슈타인스푸르트에서의 프리드리히의 탈출 시도는 매우 엉성했는데 그것은 탈출에 이용하려고 했던 말들조차 정해진 시간에 나타나지 않은 데서 확인할 수 있다. 프리드리히 빌헬름 1세는 프리드리히를 체포하

---

50 T. Blanning, *Friedrich der Grosse*, p.62; C. Clark, *Preußen*, pp.130~132; E. Frie, *Friedrich II.*, pp.33~34.

여 즉시 프로이센 영토인 베젤(Wesel)로 이동시켰다. 당시 그는 프로이센에 대한 영국 왕실의 음모 및 자신을 암살하려는 영국 정부의 의도 때문에 프리드리히가 영국으로 가려 했다고 판단했다. 따라서 그는 왕세자를 퀴스트린(Küstrin)으로 호송하는 임무를 맡은 부덴브로크(Buddenbrock) 장군에게 특별 명령을 내려 호송 과정에서 헤센(Hessen)과 하노버 영토를 거치지 말라고 했다. 또한 프리드리히 빌헬름 1세는 1730년 9월 조피 도로테아에게 영국 왕실과의 이중 결혼을 불허한다는 입장을 밝혔고 그 것에 따라 결혼 협상은 완전히 중단되었다.[51]

당시 프리드리히의 탈출 계획에 관여하고 지원하려 했던 카테는 1704년 2월 28일 육군 원수 한스 하인리히 폰 카테(Hans Heinrich v. Katte)의 아들로 태어났다. 이후 1717년부터 1721년까지 할레 교육대학 예과에서 공부하면서 몇 학기 동안 쾨니히스베르크와 위트레흐트 대학에서 수학했다. 카테는 1729년 수학 및 기술 강의에서 프리드리히를 처음 만났고 그 이후부터 두 사람은 자주 접촉할 정도로 긴밀해졌다. 당시 프리드리히는 카테의 처세술에 깊은 감명을 받았다. 그뿐만 아니라 이들은 취미도 비슷했는데 이것은 이들이 플루트 연주를 같이하거나 문학에 대해 심층적 대화를 자주 나눈 것에서 확인할 수 있다.[52]

쾨페니크(Köpenick)성으로 압송된 프리드리히는 그곳에 설치된 전쟁재판소(Kriegsgericht)에서 재판을 받았다.[53] 이에 앞서 프리드리히 빌헬름

51   T. Blanning, *Friedrich der Grosse*, p.62 ; G. Bönisch "Der Soldatenkönig", p.78 ;
      E. Frie, *Friedrich II.*, pp.34~35 ; E.B. Körber, *Die Zeit der Aufklärung*, p.46.

52   C. Clark, *Preußen*, p.135 ; G. Bönisch "Der Soldatenkönig", p.78.

53   프리드리히는 지하감옥에 투옥된 후 죄수복을 입어야 했으며 감시인은 프리
      드리히의 어떠한 질문에도 답변하지 않았다. 그리고 성서를 읽는 데 필요한 작
      은 양초 사용은 저녁 7시까지만 허용되었다. G. Bönisch "Der Soldatenkönig",
      p.78 ; C. Clark, Preußen.p.136 ; E. Frie, *Friedrich II.*, p.36 ; J. Kunisch, *Friedrich der Große. Der König und seine Zeit*(München, 2004), pp.34~36.

1세는 9월 16일 조사위원회를 구성하게 했고 그룹브코가 위원장으로 선임되었다. 이후 밀리우스(Christian Otto Mylius) 고급부관이 주도한 조사위원회는 프리드리히에게 일련번호가 매겨진 모두 185항목의 질문서를 전달하여 성실한 답변을 요구했다. 특히 질문서의 179번째 항목은 '왕세자는 자신의 행위로 어떠한 처벌을 받을까?'라는 것이었고 프리드리히는 '국왕의 은총과 의지에 무조건 따르겠다'라고 답변했다. 그리고 다음 항목에서 '자신의 품위, 즉 왕세자의 품위를 훼손하고 도주 시도를 할 때 이것은 분명히 중대한 범죄라고 볼 수 있는가?'라는 지적에 대해 프리드리히는 자신의 관점에 따르면 '그렇지 않다'라고 했다. 이어 183번째 항목에서 '왕세자 프리드리히는 국가 위정자가 되는 것을 포기했는가?'에 대한 답변이 요구되었고 그 다음 항목에서는 '국외 탈출 시도가 목숨마저 포기해야 하는 행위도 될 수 있는데 그것에 대한 입장을 정확히 밝히라'는 것이 거론되었다.[54] 185번째 항목에서는 탈출 시도로 계승권이 박탈된 상황에서 목숨을 건지기 위해 신성로마제국 내에서의 계승권도 포기한다는 것을 공식적으로 밝혀야 하는데 이것에 대한 분명한 입장을 밝힐 것, 즉 신성로마제국 전체가 공인하는 방식으로 계승권을 포기하고 왕좌의 자리에서 내려가겠는가에 대한 답변을 요구했다. 184번째 항목과 그다음 항목에 대해 프리드리히는 국왕의 의지와 선처를 따르겠다는 답변을 했다. 특히 185번째 질문에 대한 답변에서 프리드리히는 '자

---

54 프리드리히는 조사위원회의 심문을 받으면서 누이 빌헬미네에게 서신도 보냈고 거기서 그는 "부친에 대한 자신의 증오심보다 더 나쁜 것은 이 세상에 아무것도 없을 것이다"라고 했다. T. Blanning, *Friedrich der Grosse*, p.63; G. Bönisch "Der Soldatenkönig", p.78; C. Clark, Preußen, p.136; E. Frie, *Friedrich II.*, p.35; P. Gaxotte, *Frederick the Great*(London, 1941), p.60; J. Kunisch, *Friedrich der Große*, p.38; T. Schieder, *Friedrich der Große. Ein Königtum der Widersprüche*(Frankfurt, 1983), pp.37~38.

신의 목숨이 그리 소중하지 않지만, 국왕께서 그 정도로 가혹하게 자신을 취급하지는 않으실 것이다'라고 했다.

질문서에 대한 프리드리히의 답변을 통해 확인할 수 있는 것은 탈출 시도 때문에 자신의 품위, 왕세자로서의 위상이 손상되지 않았다는 것과 탈출 시도에서 비롯된 통치권 상실에 관한 질문을 교묘히 회피했다는 것이다. 그러면서 프리드리히는 왕위계승권 박탈 여부 및 처벌에 대해서는 국왕의 은총과 의지에 전적으로 위임하겠다고도 했다. 밀리우스는 프리드리히의 답변을 적은 질문서를 프리드리히 빌헬름 1세에게 바로 전달했다. 프리드리히 빌헬름 1세는 아들의 답변에서 진실성과 책임성이 빠진 것을 확인하고는 질문서를 찢어버렸다. 이후 진행된 심문 과정에서 프리드리히는 회개하는 기색을 전혀 보이지 않았고 무관심한 태도로 대응했다. 자신의 행동을 반성하지 않았고 사형선고를 내린다 해도 별로 동요하지 않는 자세였다. 그러나 자신의 탈출 계획으로 피해를 봐야 하는 주변 사람들에게 미안함을 표했고 이것은 아마도 그의 최대 약점이라고 하겠다.

카테 역시 프리드리히의 탈출 계획을 알면서도 당국에 바로 고발하지 않은 죄로 베를린에서 체포되었다. 전쟁재판소에서 진행된 카테에 대한 재판 과정에서 재판관들의 의견이 일치되지 않았기 때문에 관례에 따라 주심 재판관은 최종 입장을 밝히면서 사형 대신 종신 징역형을 선고했다. 그리고 프리드리히에 대한 판결은 전쟁재판소의 권한이 아니기 때문에 일단 유보되었다. 그러나 프리드리히 빌헬름 1세는 카테에 대한 선고가 부적절하다고 생각했기 때문에 그에 대한 판결도 다시 할 것을 요구했다. 이에 따라 1730년 10월 28일 카테는 사형 선고를 받았다. 이후 카테는 프리드리히와 마찬가지로 퀴페니크 성내 감옥에 투옥되었다.[55]

---

55 T. Blanning, *Friedrich der Grosse*, p.63 ; G.Bönisch "Der Soldatenkönig", p.79.

전쟁재판소의 판결을 전해 들은 프리드리히 빌헬름 1세는 처형 방식도 제안했는데 그것은 불에 달군 집게로 팔다리를 뜯어낸 후 교수형에 처해야 한다는 것이었다. 전쟁재판소가 이것에 부정적인 태도를 밝힘에 따라 프리드리히 빌헬름 1세는 1730년 11월 1일 '지존의 정부칙령'을 통해 카테에 대한 교수형을 일방적으로 발표했다. 이후 프리드리히 빌헬름 1세는 주변의 만류 및 권유로 잔인한 교수형 대신 참수형으로 한발 물러섰지만, 아들이 보는 앞에서 카테를 처형해야 한다고 강조했다. 여기서 프리드리히 빌헬름 1세는 한스 하인리히 폰 카테 가문이 '국가를 위해 봉사한 것'을 고려했음을 밝혔다.

당시 프리드리히 빌헬름 1세는 반역이나 탈영의 경우 신분에 상관없이 같은 처벌, 즉 사형 선고를 받아야 한다는 관점을 가지고 있었다. 따라서 그는 카테의 행동이 탈영의 범주에 포함되기 때문에 카테는 처형되어야 한다고 주장한 것이다.[56] 프리드리히 빌헬름 1세는 카테가 프리

E. Frie, *Friedrich II.*, pp.37~38; J. Kunisch, *Friedrich der Große*, p.38. 프리드리히의 탈출을 도왔던 시종 카이트는 네덜란드를 거쳐 영국으로 도망갔다. 따라서 그에 대한 재판은 출두 없이 진행되었고 판결에 따라 상징적, 즉 그를 형상화한 물체에 대한 교수형도 진행되었다. 독일인물사서(Deutsches Biograpisches Archiv)에 실린 카이트의 사망일은 그가 실제로 사망한 날이 아닌 상징적 교수형에 처한 날이다.

56 E. Frie, *Friedrich II*, p.38. 프리드리히 빌헬름 1세는 9월 초 카테의 부친에게 서신을 보내서 카테와 자신의 아들이 아주 못된 인물들이라는 것을 강조했고 부모 관점에서 이들을 어떻게 처리해야 할지 매우 난감하다고 했다. 이 편지를 보낸 시점까지 프리드리히 빌헬름 1세는 아들의 탈출 사건과 그것에 연루된 인물들에 대한 처리를 결정하지 못한 상태였다.

이로부터 2개월이 지난 1730년 11월 3일 프리드리히 빌헬름 1세는 카테의 부친이 요청한 아들의 사면을 불허한다는 답장을 보냈다. 여기서 그는 사법부의 판결에 따라 죄인은 처형되어야 한다고 했다. 이어 그는 개인적으로 카테를 용서하고, 살려주려는 생각도 했지만, 이것이 향후 국가의 안위를 저해하는 요소로 작용할 수 있음을 지적했다. 카테의 부친에 이어 외할아버지인 바르텐스레

드리히를 부추겼다고 믿었지만 카테는 프리드리히에게 영국으로의 탈출 계획을 다시 한번 생각하라고 요청했다. 그러나 프리드리히는 카테의 조언을 무시한 채 자신의 계획을 시행했다.[57] 프리드리히 빌헬름 1세는 프리드리히와 카테가 동성애 관계라고 확신하고 있었는데 이것 역시 카테 처형의 중요한 요인으로 작용한 것 같다. 실제로 프리드리히 빌헬름 1세는 동성애자는 반드시 화형에 처해야 한다는 태도를 보였고 그것에 따라 1730년 10월 17일 남색 혐의를 받던 레프쉬(Andreas Lepsch)를 공개 화형에 처했다.[58]

사형 선고가 내려졌음에도 불구하고 카테는 프리드리히 빌헬름 1세

벤(v. Wartensleben) 역시 프리드리히 빌헬름 1세에게 사면 요청을 했지만 거절당했다. C. Clark, *Preußen*, p.137 : E. Frie, *Friedrich II*, p.38 ; J. Kloosterhuis, "Katte, Ordre und Kriegsartikel. Aktenanalytische und militär-historische Aspekte einer facheusen Geschichte", *in Forschungen zur brandenburgischen und Preußischen Geschichte N.F.15*(2005), p.206.

57 이에 앞서 카테는 자신이 속한 연대(Königliches Eliteregiment Gens d'armes)가 신병 모집을 한다는 소식을 들었다. 그는 신병 모집 행사 요원으로 참석하려고 했지만, 허가증이 발부되지 않았다. 사실 카테는 신병 모집 행사에 참여한다는 핑계로 프리드리히와 같이 프랑스로 탈출하려고 했다. 그러나 허가증이 발부되지 않았으므로 카테는 탈출 계획을 중단해야 한다고 판단했는데 그것은 프리드리히 빌헬름 1세가 아들의 탈출 계획을 사전에 인지했을 가능성에서 비롯된 것 같다. 실제로 당시 프리드리히 빌헬름 1세는 첫 번째 탈출 모색이 실패로 끝났음에도 불구하고 프리드리히가 계속하여 탈출을 계획하고 있다는 것을 인지했기 때문에 그러한 시도를 차단하기 위해 그와 그의 측근 인물들을 철저히 감시하고 있었다. C. Clark, *Preußen*, p.137 ; J. Kloosterhuis, "Katte, Ordre und Kriegsartikel. Aktenanalytische und militärhistorische Aspekte einer facheusen Geschichte". p.206.

58 T. Blanning, *Friedrich der Grosse*, p.64 ; W. Burgdorf, *Friedrich der Große. Ein biografisches Porträt*(Freiburg-Basel-Wien, 2011), p.83 ; C. Clark, *Preußen*. p.137 ; M. Erbe, *Deutsche Geschichte 1713~1790*, p.158 ; E. Frie, *Friedrich II.*, p.38.

가 자신을 사면할 것이라고 믿었다. 따라서 그는 프리드리히 빌헬름 1세에게 서신을 보내 자신의 행동이 매우 불합리했음을 자인했고 향후 충실한 신하로 살아가겠다고 호소했다. 편지 끝부분에 관용을 베풀어줄 것도 요청했다. 그러나 프리드리히 빌헬름 1세는 카테에게 답장을 보내지 않았다. 카테의 처형이 확정되었다는 소식을 들은 프리드리히는 부친에게 서신을 보내 그는 카테를 살려주면 왕위계승권도 포기하겠다고 했다. 그리고 이것으로 충분하지 못하면 카테 대신 자신이 죽겠다고 호소했다. 그러나 프리드리히 빌헬름 1세는 아들의 요청을 받아들이지 않았다.[59]

1730년 11월 3일 대대장인 사크(v. Schack) 소령의 호송단이 카테를 퀴스트린으로 압송했다.[60] 이동 중 카테는 사크에게 부친에게 작별 편지를 써도 괜찮은지 질의했다. 사크는 그것을 허락했고 약간의 시간을 주었다. 얼마 후 사크가 다시 카테에게 가보니 그는 매우 불안한 상태였고 편지를 어떻게 시작해야 하는지를 모르겠다고 말했다. 이에 사크는 카테에게 다음과 같은 문장을 쓰라고 권유했다. "이 편지가 아버님께 커다란 슬픔을 가져다주리라는 것을 저는 잘 알고 있습니다. 이제 저는 진실한 부친의 정을 느끼면서 아버님 곁을 떠나게 될 것 같습니다."[61]

퀴스트린에 도착한 카테는 처형되기 전날인 11월 6일 성직자와 친했던 몇몇 동료들과 더불어 기도하고, 성가를 불렀다. 당시 카테를 감시했던 한 인물이 그에 대해 자세히 묘사했다. 그것에 따르면 새벽 3시경 카테의 안색은 피와 살이 고통스러운 싸움을 하는 색으로 바뀌었다. 이후

59 T. Blanning, *Friedrich der Grosse*, p.64; W.Burgdorf, *Friedrich der Große. Ein biografisches Porträt*, p.83.

60 이에 앞서 프리드리히도 쾨페니크에서 퀴스트린으로 이송되었다. C. Clark, *Preußen*, p.137.

61 C. Clark, *Preußen*, p.137.

카테의 처형

카테는 2시간 정도 잠을 잤고 아침 7시 호송대가 그를 감옥의 독방에서 처형장으로 이동시켰다. 카테는 그동안 마련된 마당의 모래 더미 위에 올라섰다. 당시 프리드리히는 두 교도관의 강요로 독방의 창살에 얼굴을 붙이고 마당을 내다봐야만 했다. 이때 주변을 둘러보던 카테는 창살에 얼굴을 붙인 프리드리히를 보고는 프랑스어로 정중하고 예의 바르게 작별 인사를 했다.[62] 그리고 가발과 웃옷과 목도리를 벗고 모래 위에 무릎을 꿇고 앉았다. 그의 목은 단칼에 베어졌지만, 프리드리히는 카테의 마지막 순간을 보지 못했다. 과도한 흥분으로 혼절했기 때문이다.[63]

참수형을 당한 카테의 시신은 처형 장소에 오후 2시까지 방치되었다. 프리드리히 빌헬름 1세의 특별 명령 때문이었다. 카테의 처형을 실제로 목격한 이후 프리드리히는 서너 차례에 걸쳐 혼절했고 밤에는 악몽에서 벗어나지 못했다. 프리드리히는 카테의 시신을 다른 곳으로 옮겨달라고

---

62 T. Blanning, *Friedrich der Grosse*, p.64; E. Frie, *Friedrich II*, p.38. 카테는 참수형을 당하기 직전 "하느님, 저의 가련한 영혼을 구원해주시기를 바랍니다. 제가 참수당하는 순간 저의 인생은 새롭게 시작될 것입니다."라는 기도를 했다. C. Clark, *Preußen*, p.138.

63 T. Blanning, *Friedrich der Grosse*, p.64; C. Clark, *Preußen*, p.138. 카테가 처형된 이후 프리드리히는 자신 때문이라는 죄책감에 시달리게 되었고 그래서 국왕으로 즉위한 이후 가장 먼저 카테의 묘지를 방문하여 사과했다.

요청했고 프리드리히 빌헬름 1세는 결국 요청을 받아들였다.[64]

카테를 처벌한 이후 프리드리히 빌헬름 1세는 1730년 10월 28일의 전쟁재판소 판결에 따라 프리드리히 역시 처형해야 한다고 주장했다. 안할트–데사우의 레오폴트 대공은 찬성했지만, 신성로마제국의 카를 6세와 그의 측근 오이겐(Eugen) 대공은 반대했다. 특히 카를 6세의 반대 의견은 프리드리히 빌헬름 1세의 결정에 결정적 역할을 했고 그것에 따라 11월 9일 프리드리히의 형량은 사형에서 장기간 구금형으로 경감되었다.[65]

---

64 프리드리히 빌헬름 1세는 카테를 처형한 후 종군목사 뮐러(Johann Ernst Müller)에게 프리드리히가 가능한 한 빨리 충격에서 벗어나 진지하고 근본적으로 향후 자신의 행보를 숙고하게끔 하는 데 필요한 방안을 마련할 것을 명령했다. G. Bönisch "Der Soldatenkönig", p.79; C. Clark, *Preußen*, p.139; E. Frie, *Friedrich II.*, p.39; J. Kunisch, *Friedrich der Große*, pp.34~36.

65 카를 6세는 프리드리히 빌헬름 1세에게 보낸 서신에서 신성로마제국 내에서 왕족을 처형하려면 사전에 제국의회의 동의를 반드시 받아야 한다는 것을 명시했다. 이후 카를 6세는 제켄도르프에게 프로이센 왕세자의 동향을 정례적으로 보고할 것을 명령했고 그 과정에서 언급된 프리드리히의 개인적 부채 문제를 해결해주기도 했다. 아울러 그는 자주 프리드리히에게 선물도 보냈다. 이렇게 카를 6세가 프리드리히에게 관심을 표명한 것은 이것이 향후 오스트리아와 프로이센 간의 친선 관계 유지에 도움이 될 수 있다는 판단에서 비롯된 것 같다. 그런데 당시 프리드리히는 카를 6세의 도움으로 자신이 처형되지 않은 사실을 인정하면서도 오스트리아 위정자의 이러한 우호적 접근에 대해서는 부정적이었다. 왜냐하면 프리드리히는 자신과 영국 공주 아멜리아와의 결혼이 성사되지 않은 것과 자신이 엘리자베트–크리스티네와 결혼하게 된 것 모두가 빈 정부의 깊숙한 개입에서 비롯되었다는 사실을 직시했기 때문이다.

당시 영국 주재 프로이센 영사는 1730년 11월 24일 카테 처형에 대한 영국 정부와 사회의 부정적 반응을 자세히 보고했다. 이 보고서를 접한 프리드리히 빌헬름 1세는 자신의 권위에 도전하는 인물들, 특히 귀족 계층에 대한 처벌을 앞으로 더욱 강화하겠다는 견해를 밝혔다. 실제로 지금까지 프리드리히 빌헬름 1세는 수천 명에 달하는 귀족들을 왕권 도전이라는 죄명으로 처형했다. 그러나 프리드리히 빌헬름 1세는 카테를 처형하고 자기 아들마저 처형해야 한다

프리드리히의 누이 빌헬미네 역시 동생의 탈출 계획을 사전에 인지한 인물로 간주하여 재판에 회부되었고 기기서 1년간의 격리형을 선고받았다. 1709년에 태어난 빌헬미네는 1757년 그녀가 사망할 때까지 남동생 프리드리히와 매우 긴밀한 관계를 유지했다. 프리드리히의 탈출 계획이 실패로 끝난 후 빌헬미네는 자신 역시 아버지의 분노에서 벗어날 수 없다는 것을 인지하고 있었다. 베를린으로 돌아온 프리드리히 빌헬름 1세는 왕비와 자녀들을 바로 소집했다. 빌헬미네의 회고록은 당시의 상황을 비교적 자세히 언급했다. 그것에 따르면 우선 빌헬미네가 프리드리히 빌헬름 1세에게 다가가 손에 키스했지만, 부친은 그녀를 쳐다보지도 않았다. 당시 국왕의 안색은 흙빛이었고, 두 눈에는 살기가 번득였고, 입에서는 거품이 나올 정도로 화가 많이 난 상태였다. 이후 프리드리히 빌헬름 1세가 빌헬미네를 불렀고 그녀에게 동생 탈출을 도운 배신자라고 외쳤다. 동시에 그는 주먹으로 빌헬미네의 얼굴에 일격을 가했고 그것으로 인해 그녀의 관자놀이가 크게 부어올랐다. 그리고 나서 프리드리히 빌헬름 1세는 딸의 머리를 널빤지 모서리로 가격했는데 당시 궁녀 존즈펠트(v. Sonsfeld)와 빌헬미네의 미용사가 국왕의 행동을 저지하지 않았다면 최악의 상황도 초래될 수 있었을 것이다. 머리에서 피가 흐르던 빌헬미네는 바닥으로 넘어지면서 기절했지만 프리드리히 빌헬름 1세는 계속하여 그녀를 때리려고 했다. 이에 현장에 있었던 왕비와 왕자들, 그리고 공주들은 부친의 행동을 막으려고 했다. 얼마 후 의식을 되찾은 빌헬미네는 자신을 아버지의 구타로부터 방어해준 사람들을 비난했다. 그

는 상황에서 이상한 행동을 했다. 지나치게 술을 많이 마시거나 왕궁의 여러 곳을 목적 없이 헤매면서 큰 목소리로 떠들곤 한 것이다. A. Berney, *Friedrich der Große. Entwicklungsgeschichte eines Staatsmannes*(Tübingen, 1934), p.288; T. Blanning, *Friedrich der Grosse*, p.65; E. Frie, *Friedrich II.*, p.38; S. Haffner, *Preußen ohne Legende*, p.129.

녀는 부친의 구타가 계속되는 상황에서 죽는 것이 오히려 천번 만번 현명하고, 자신에게도 오히려 행복하다고 했다. 당시 프리드리히 빌헬름 1세가 딸을 구타하면서 낸 소리는 왕궁 밖에서도 들릴 정도로 매우 컸다. 딸에 대한 질책 및 구타가 끝난 후 프리드리히 빌헬름 1세는 왕비를 비롯한 왕실 가족들에게도 비난하는 발언을 했다.[66]

포츠담 음악대학 학장 딸인 16세의 리터(Elisabeth Dorothea Ritter)도 체포되었다. 그녀는 프리드리히와 종종 연주를 같이 하곤 했다. 당시 포츠담에서는 프리드리히와 리터가 깊은 관계를 맺고 있다는 소문이 돌았고 이 소문을 접한 프리드리히 빌헬름 1세는 즉시 주치의에게 리터가 처녀인지를 확인하게 했다. 주치의 주관으로 진행된 신체검사에서 리터가 처녀라는 것이 밝혀졌음에도 불구하고 프리드리히 빌헬름 1세는 프리드리히와 리터가 만나는 것을 계속 감시하게 했다.[67] 육군소위 인거스레벤(Johann Ludwig v. Ingersleben)도 프리드리히 빌헬름 1세의 불타는 복수심에서 벗어나지 못했는데 그것은 그가 프리드리히가 리터를 만나는 장소

---

66 T. Blanning, *Friedrich der Grosse*, pp.62~63; P-M. Hahn, *Friedrich II. von Preußen* (Stuttgart, 2013), p.35. 빌헬미네가 브란덴부르크−바이로이트 변경백(Markgraf von Brandenburg−Bayreuth) 프리드리히 빌헬름과 결혼한 이후에도 그녀와 프리드리히의 관계는 매우 긴밀했다. 실제로 빌헤미네는 프리드리히와 더불어 음악, 계몽 시대의 문학작품, 정치적 사안들에 대해 활발한 논의를 자주 했을 뿐만 아니라 전쟁에 대해서도 밀도 있는 의견을 나누었다. 특히 1740년 이후부터 그들은 국가 통치와 관련된 주제를 활발하게 논의했고 서로 간에 필요한 조언도 했다. 바이로이트 변경백의 부인으로서 빌헬미네는 건축, 음악, 그리고 학문 등의 제 분야를 활성화하는 정책도 시행했다. 동생인 프리드리히와 마찬가지로 음악에 재능이 있었던 그녀는 피아노 및 플루트 협주곡을 작곡하여 직접 연주하기도 했다. 또한 계몽사상에 긍정적이었던 빌헬미네는 볼테르를 바이로이트로 장기간 초빙하여 그와 더불어 당시의 계몽사상과 그것의 실천 방안들에 관해 이야기를 나누는 적극성도 보였다. E. Frie, *Friedrich II.*, p.30.

67 E. Frie, *Friedrich II.*, pp.42~43.

에 서너 번 같이 갔기 때문이다.

리터는 부모의 집 앞에서 체포되어 마르크트 광장(Marktplatz)으로 옮겨졌고 그 후 포츠담의 여러 장소로 이동하면서 형리에게 채찍질을 당하는 형벌을 받았다. 그리고 나서 그녀는 슈판다우(Spandau) 교도소에서 평생 머무르는 종신형을 선고받았다.[68] 이에 반해 인거스레벤은 체포된 후 어떠한 처벌을 받았는지 확인되지 않았다.

프리드리히의 탈출 시도에 도움을 준 인물들에 대한 가혹한 처벌을 통해 프리드리히 빌헬름 1세는 몇 가지 부수적인 효과도 기대했다. 우선 그는 왕세자라도 국왕에 대해 불복종하면 처형될 수 있다는 것을 신민들에게 인지시켰고 그것은 자신에게 저항하는 귀족 계층에 대한 일종의 강력한 경고로도 볼 수 있다. 이어 그는 자신이 프로이센 외교정책의 최종결정자라는 것도 부각하려 했다.[69]

왕세자 신분에서 죄수 신분으로 바뀐 프리드리히는 1730년 11월 9일부터 퀴스트린의 전쟁 및 국유지관리국에서 근무해야 했다.[70] 이후 프리드리히 빌헬름 1세는 아들에게 31개 항목에 달하는 규칙 사안을 전달했다. 그에 따르면 프리드리히는 항상 독일어로 크게 대화해야 하고 그동안 배운 프랑스 및 영국의 불합리한 사상들을 머릿속에서 지워야 했다. 왕 이외의 누구에게도 서신을 보낼 수 없었다. 또한 반드시 다른 사람들

---

68 T. Blanning, *Friedrich der Grosse*, p.63. 그러나 리터는 1733년 프리드리히 빌헬름 1세의 사면으로 교도소에서 풀려났다. C. Clark, *Preußen*, p.137; E. Frie, *Friedrich II.*, p.43.

69 E. Frie, *Friedrich II.*, p.38.

70 베를린으로부터 약 100km 정도 떨어진 퀴스트린은 힌터포메른 지방에 있는 도시이다. 무능력자(unvermögend)란 죄명을 받은 프리드리히는 온종일 감시를 받았고 도시를 벗어나는 것도 허용되지 않았다. 그러다가 그에 대한 감시 및 통제가 다소 완화됨에 따라 몇 달 후부터 시내에서 산책도 할 수 있게 되었다. C. Clark, *Preußen*, p.139; E.B. Körber, *Die Zeit der Aufklärung*, p.46.

과 같이 있어야 하며 음악을 듣거나 악기 연주를 해서도 안 되었다.[71]

이 시기 프리드리히 빌헬름 1세는 프리드리히에게 가끔 서신을 보내 아들의 영국 탈출에 대해 언급하기도 했다. 만일 프리드리히의 탈출 계획이 성공했다면 자신은 즉시 왕비를 비롯한 공주 모두를 햇빛과 달빛을 전혀 볼 수 없는 어두운 지하 장소에 감금했을 것이고, 프로이센군을 이끌고 하노버 공국으로 진격하면서 점령하는 지역 모두를 초토화했을 것이라고 했다.[72]

1732년 8월 30일 그룸브코는 베를린 주재 오스트리아 대사였던 제켄 도르프에게 보낸 서신에서 프리드리히 빌헬름 1세로부터 전해 들은 이야기를 언급했다. 국왕과의 대화 과정에서 그룸브코는 프리드리히가 브레히(v. Wreech) 부인인 엘레오노레-루이제(Eleonore-Luise)를 임신시켰고 그녀의 남편 역시 태중의 아이가 자신의 아이가 아니라고 주장한다는 것을 전해 들었다. 그룸브코는 프리드리히 빌헬름 1세가 아들의 불륜 행위, 즉 유부녀를 건드린 것보다 아들의 생식 능력이 입증되었다는 것에 방점을 두면서 매우 기뻐했다는 것을 부각했다. 그런데 그룸브코의 편지를 받은 제켄도르프는 그리 놀라지 않았는데 그것은 6개월 전 오이겐 대공으로부터 프리드리히의 애정 행각을 전해 들었기 때문이다. 당시 오이겐 대공은 엘레오노레-루이제에 대한 프리드리히의 격정적인 열애는 그녀가 다른 생각을 할 수 없게 했다고 말했다. 그리고 오이겐 대공은 프리드리히가 선정적 분위기에서 자신의 야망을 실천시키는 데 필요한 육체적 성장 역시 제대로 이루어지지 않은 것을 제켄도르프에게 전달하기도 했다.[73]

---

71 T. Blanning, *Friedrich der Grosse*, p.65 ; E. Frie, *Friedrich II.*, p.38.

72 T. Blanning, *Friedrich der Grosse*, p.65.

73 T. Blanning, *Friedrich der Grosse*, p.79 ; E. Frie, *Friedrich II.*, p.43. 실제로 엘레오노레-루이제는 프리드리히의 아이를 임신하지 않았다. 그러나 엘레오노레-

프리드리히 2세와 긴밀한 관계를 유지했던 볼테르는 자신의 회고록에서 퀴스트린에서의 프리드리히 생활을 자세히 언급했다. 그것에 따르면 프리드리히는 처음 6개월 동안 시종 없이 생활해야 했으며 그 이후에는 프레데르스도르프(Michael Gabriel Fredersdorf)라는 사병이 그의 시중을 들었다.[74] 프리드리히의 개인적 비서 역할을 담당하게 된 프레데르스도르프는 젊고 미남이었을 뿐만 아니라 프리드리히가 즐기던 플루트 연주에도 뛰어난 솜씨를 발휘했다. 당시 프리드리히는 부친이 전달한 규칙 사안에 따라 악기 연주를 할 수 없었기 때문에 이들은 비밀리에 같이 플루트를 연주했고 이것은 프리드리히의 마음을 달래주었다. 시간이 지날수록 프레데르스도르프에 대한 프리드리히의 믿음은 더욱 확고해졌고 이것은 퀴스트린을 떠나 라인스베르크(Rheinsberg)성으로 가면서 그의 병역 의무를 면제시켜 처음에는 개인 시종, 나중에는 시종으로 임명한 데서 확인할 수 있다. 이때부터 프레데르스도르프는 프리드리히의 명령만 받고 그것을 충실히 이행했다.[75] 1739년 라인스베르크에 머물던 빌펠트(Bielfeld) 남작은 프레데르스도르프와 대면하고는 그에 대해 자세히 묘사했다. 빌펠트 남작의 묘사에 따르면 큰 키에 건강한 외모를 가진 프레

루이제와의 관계를 통해 프리드리히가 원래부터 동성애자가 아닌 이성을 사랑하던 인물이었다는 것이 밝혀졌다. 그런데 청년기의 프리드리히는 부친의 엄격한 제재 및 감시로 예의 바른 여자들보다는 매춘부를 통해 성적 욕구를 충족시키려 했다.

[74] T. Blanning, *Friedrich der Grosse*, p.87. 프레데르스도르프는 1708년 가르츠(Garz an der Oder)에서 도시음악가의 아들로 태어났다. 이후 그는 머스킷 총으로 무장한 슈베린 보병연대(Musketierregiment in Schwerin zu Fuß)에서 음악병으로 병역 의무를 수행했는데 당시 그는 퀴스트린에서 근무했다. 이때 프리드리히는 그의 직속 사령관인 슈베린(v. Schwerin)의 소개로 프레데르스도르프를 알게 되었다.

[75] 지극히 검소하고 장식이 전혀 없었던 이 성은 베를린에서 북쪽으로 100km 정도 떨어진 지역에 있었다. E. Frie, *Friedrich II*, p.49.

데르스도르프는 영리하고, 교활하고, 예의 바르고, 세심하고, 민첩하고, 그리고 빠른 상황 적응 능력도 갖췄다. 따라서 이 인물은 앞으로 프리드리히가 왕위를 계승할 때 큰 역할도 하리라는 것이 빌펠트 남작의 분석이었다.[76]

프리드리히는 국왕으로 등극한 후 프레데르스도르프를 비밀왕실금고 관리관 및 사유재산 회계 책임자로 임명했다.[77] 또한 책임이 막중한 과제들도 부여했는데 이것은 비밀 왕실금고 관리관이나 사유재산 회계 책임자가 실행할 사안들이 아니었다. 실제로 프레데르스도르프는 담배통, 예술품, 그리고 악기 구매를 전담했을 뿐만 아니라 군사 원정에 필요한 프리드리히의 개인적 물품 준비, 국왕 직속의 성들과 정원 관리, 궁정에서 개최되는 연회 및 행사에 참석할 인물들에게 초청장을 발송하는 것도 담당했다.[78]

프레데르스도르프가 이러한 권한들을 행사함에 따라 당시 왕실을 출입하던 사람들은 그를 프리드리히 2세의 제1장관이라 칭하기도 했다.

---

76 T. Blanning, *Friedrich der Grosse*, p.86.

77 T. Blanning, *Friedrich der Grosse*, p.86. 프레데르스도르프는 1758년까지 비밀 왕실 금고 관리관직을 수행했다. 1740년 6월 26일 프리드리히 2세는 프레데르스도르프가 라인스베르크에 있던 체르늘코(Zernlkow) 영지를 사들이려고 했을 때 걸림돌이 되었던 사회적 관습, 즉 시민계층은 귀족들의 영지를 구매할 수 없다는 관습에 대한 예외 조처를 허용했다. 이후 프레데르스도르프는 사들인 체르늘코 영지 주변의 토지를 계속 매입하여 계획하던 양잠 시설을 세웠다. 이후 그는 네덜란드-가이아나에 대규모 농장을 건설하고 발트해 연안의 항구들을 정기적으로 출입하는 해운회사도 출범시켰다. 그뿐만 아니라 이슬람 세계에서 유입된 연금술에 관심을 표명했고 그것을 위해 연구실도 세웠지만, 이것에 대한 프리드리히 2세의 반응은 회의적이었다. I. Mittenzwei, *Friedrich II. von Preußen*(Köln, 1980), pp.103~104; J. Richter, *Briefe Friedrichs des Großen an seinen vormaligen Kammerdiener Fredersdorf*(Mörs, 1979), p.20.

78 T. Blanning, *Friedrich der Grosse*, p.86; J. Richter, *Briefe Friedrichs des Großen an seinen vormaligen Kammerdiener Fredersdorf*, p.21.

왕비 엘리자베트-크리스티네(Elisabeth-Christine) 역시 프레데르스도르프의 영향력을 전해 들었기 때문에 1748년 살로텐부르그 궁전 증축 행사에 자신도 참석하기 위해 그에게 편지를 보내서 매우 공손하게 참석 가능성에 대해 질의했다. 편지에서 엘리자베트-크리스티네는 5명의 수행원만 데리고 행사에 참여하겠다는 의사를 밝혔는데 당시 행사에는 모두 45명이 참석한다는 것이 명시된 상태였다. 그러나 프레데르스도르프를 통해 왕궁 행사에 참여하겠다는 엘리자베트-크리스티네의 의도는 결국 프리드리히 2세의 거부로 좌절되었다.

1753년 프레데르스도르프는 부유한 상속녀와 결혼했는데 이를 통해 그는 브란덴부르크 문으로부터 그리 멀리 떨어지지 않은 곳에 대저택을 소유하게 되었다. 이것에 대해 프리드리히 2세는 별 반응을 보이지 않았다.[79]

그러나 프레데르스도르프가 결혼했음에도 불구하고 그와 프리드리히 2세 사이의 관계는 변하지 않았다. 그것은 프리드리히 2세가 그를 종종 궁전으로 불러 함께 국사를 논의한 데서 확인할 수 있다. 아울러 두 사람 사이의 빈번한 서신 교환도 이전처럼 이루어졌는데 당시의 주된 주제는 프레데르스도르프의 건강 상태였다. 서신에서 프리드리히 2세는 마치 그가 프레데르스도르프 남편인 듯 다정한 태도를 보였다. 프레데르스도르프에 대한 프리드리히 2세의 특별한 배려는 1754년 4월 프레데르스도르프의 건강이 회복된 것을 축하하기 위해 그와 더불어 헝가리 포도주 두 병을 마신 것에서 다시 확인할 수 있다.[80] 1757년 프레데르스도르프는 프리드리히 2세에게 사직서를 제출했다. 이것은 건강 이상이 장기간 지속되었기 때문인 듯하다. 프리드리히 2세와 동성 이상의 관계

---

79   T. Blanning, *Friedrich der Grosse*, p.90.

80   T. Blanning, *Friedrich der Grosse*, p.90.

를 유지했던 이 인물은 아름답던 여인이 자신이 이제는 아름답지 못하다는 것을 느낀 후 어떠한 행동을 취해야 하는지도 잘 알고 있었다.[81]

실제로 프리드리히 2세는 상수시(Sanssouci) 궁전의 자신 침실 곁에 그를 위한 침실도 마련했는데 이것을 통해 프레데르스도르프가 프리드리히 2세의 동성 연인이라는 억측도 제기되었다.[82]

3. 알가로티와의 만남

절친한 친구인 카테가 처형됨에 따라 프리드리히는 부친과의 관계에서 변화를 보이기 시작했는데 후세의 학자들은 이것을 '이중생활의 정제된 예술(raffierte Kunst des Doppellebens)'이라고 했다. 이때부터 프리드리히는 부친에게 저항하지 않았고 비굴할 정도로 부친의 명령이나 지시를 정확히 이행했는데 이러한 자세는 일반 병사나 관료의 그것과도 일치했다. 이러한 순종의 폐쇄적 이면에는 프리드리히 빌헬름 1세로부터 자신이 왕위계승자라는 것을 인정받아야 한다는 절박함과 자신의 문학적, 철학적, 그리고 음악적 소양을 증대시키기 위해서는 부친으로부터 허락이 있어야 한다는 판단도 내재해 있었다. 퀴스트린에서의 생활은 프리드리히가 부친의 요구에 따른 결혼, 즉 브라운슈바이크-볼펜뷔텔-베베른(Braunschweig-Wolfenbüttel-Bevern) 대공국의 엘리자베트-크리스티네 대공녀와의 결혼에 동의함에 따라 끝나게 되었다.

1732년 프리드리히와 부친 간의 불편한 관계가 해소됨에 따라 프리

---

81 T. Blanning, *Friedrich der Grosse*, p.90.
82 1789년 상수시 궁전의 정원 감독관이었던 만거(Heinrich Ludwig Manger)는 프레데르스도르프가 프리드리히 2세로부터 가장 총애를 받던 인물이라고 회고했고 이것을 통해 프레데르스도르프가 프리드리히의 연인이라는 소문도 나오게 된 것 같다. T. Blanning, *Friedrich der Grosse*, p.90.

드리히는 같은 해 노이루핀(Neuruppin)에 신설된 연대, 즉 골츠(Goltz) 보병연대의 지휘자로 임명되었다. 이때부터 프리드리히는 향후 자신이 프로이센의 위정자로 등극하면 펼칠 정책들에 대해서도 생각하기 시작했다. 그리고 그는 1731년 2월 귀족 출신의 젊은 비서관인 나츠메르(Karl Gneomar Duvislav v. Natzmer)에게 보낸 서신에서 자신이 구상한 두 가지 정책을 구체적으로 언급했다. 첫 번째로 유럽 평화를 견지하기 위해 주변 국가들과의 친선 관계 유지에 관심을 기울이겠다고 했다. 이어 거론한 두 번째 정책에서 프리드리히는 프로이센의 국가 영역을 점진적으로 확대하겠다고 했다. 그러면서 그는 분산된 영토의 집중화를 지향하고 과거에 프로이센의 영토였던 지방 모두를 반드시 되찾겠다는 의지도 밝혔다.[83] 여기서 프리드리히는 베스트프로이센(Westpreußen), 스웨덴이 차지하고 있던 포어포메른과 메클렌부르크(Mecklenburg)를 프로이센에 반드시 편입시켜야 한다고 주장했다.[84] 프로이센의 위정자로 등극한 지 5개월이 지난 1740년 10월 28일 프리드리히 2세는 당시 베를린에 체류하던 알가로티(Francesco Algarotti)에게 서신을 보내 그동안 자신의 머릿속

---

83 소위 '나츠메르 편지(Natzmer Brief)'로 지칭되는 편지에서 프리드리히는 당시 프로이센의 영토 일부, 즉 콧부스(Kottbus), 자르크라이즈(Saarkreis), 호엔슈타인(Hohenstein), 마르크(Mark), 클레베(Kleve), 뫼르스(Mors), 린겐, 민덴(Minden), 테클렌부르크(Tecklenburg), 라펜스베르크(Ravensberg), 오스트프리슬란트(Ostfriesland)가 왕국으로부터 떨어져 있는 상태를 지적하고 이것으로 인해 정부정책의 효율화 역시 제대로 작동하지 않고 있다는 것을 지적했다. R. Dietrich ed., *Politische Testament der Hohenzollern*(München, 1981), p.154; J.Kunisch *Friedrich der Große und seine Zeit*(München, 2009), p.104; S. Martus, *Aufklärung. Das Deutsche 18.Jahrhundert* (Reinbek bei Hamburg, 2018), p.476.

84 당시 베스트프로이센은 폴란드의 영토였다. 그런데 프로이센은 1772년 8월 5일에 체결된 제1차 폴란드 영토 분할 협정에 따라 쾨니히스베르크-베를린(Königsberg-Berlin) 지역을 차지했고 그것에 따라 베스트프로이센 역시 프로이센 영역에 포함되었다.

에서 정리한 영토 확장 정책을 본격적으로 시행하겠다고 밝혔다.

프리드리히 2세로부터 존경을 받고 그의 동성 연인으로 간주되던 알가로티는 1712년 12월 11일 베네치아의 부유한 상인 로코 알가로티(Roco Algarotti)와 그의 부인 마리아(Maria) 사이에서 태어났다. 알가로티는 볼로냐대학에서 6년간 공부한 후 학문적 식견을 증대시키기 위해 유럽 여행에 나섰다.[85] 1735

알가로티

년 프랑스에서 볼테르와 만난 그는 볼테르가 지향한 계몽사상의 근간을 파악했고 그것에 동의했다. 프랑스를 떠나 런던에 도착했을 때 알가로티는 볼테르의 추천장도 지니고 있었다.[86]

런던에서 그는 자신의 학문적 명성으로 '로열 소사이어티(Royal Society)'의 정식 회원이 되었다. 이미 볼로냐대학에서 뉴턴에 관한 연구로 명성을 얻은 알가로티는 1737년 나폴리에서 『여성 세계를 위한 뉴턴(*Il Newtonianismo per le dame ovvero Dialoghi sopra La Luce EI Corori*)』이라는 저서를 간행했는데 이것은 뉴턴의 이론을 간결히 정리하여 여성들의 이해도를 높이면 자연과학에 대한 그들의 관심 역시 증대할 것이라는 판단에서 비롯되었다.[87]

85　T. Blanning, *Friedrich der Grosse*, p.91.

86　T. Blanning, *Friedrich der Grosse*, p.91.

87　U.P. Jauch, "Eros zwischen Herr und Knecht: Friedrich und Algarotti im Land der Lust", in B.Sösemann, ed., *Friedrich der Große in Europa:gefeiert und umstritten*(Stuttgart, 2012), p.61; S. Martus, *Aufklärung*, p.487. 과학혁명이 최고조에

1739년 알가로티는 볼티모어(Peers Lord Baltimore)경이 이끌던 특별사절단의 일원으로 상트페테르부르크를 방문했다. 이 사절단은 러시아 황녀의 조카딸인 엘리자베트 카타리나 크리스티네 폰 메클렌부르크-슈베린(Elisabeth Katharina Christine v. Mecklenburg-Schwerin)과 안톤 울리히 폰 브라운슈바이크-볼펜뷔텔(Anton Ulrich v. Braunschweig-Wolfenbüttel)의 결혼을 축하하기 위해 결성되었다.[88] 알가로티는 러시아 여행을 일기스케치 형태로 기록했는데 이것은 1760년 『러시아 여행(*Viaggi die Russia*)』이라는 제목으로 출간되었다. 상트페테르부르크에서 런던으로 돌아가는 길에 알가로티는 1739년 여름 프리드리히 빌헬름 1세의 초청으로 벌링턴(Burlington)경과 같이 베를린을 방문했다. 같은 해 9월 알가로티는 라인스베르크성에 가서 프리드리히 왕세자와 만났고 이때부터 이들은 서로를 친구로 생각할 정도로 긴밀해졌다.[89] 이것은 프리드리히가 알가로티로부터 예술의 다양성을 배워야 한다고 생각한 데서 비롯된 것 같다.[90]

도달하는 데 기여한 뉴턴은 사물의 운동법칙을 정연하게 밝히고 우주가 작동하는 방법에 대해 이치에 맞는 통일된 전망도 제시했다. 그는 우주의 모든 물체는 지구상에 있는지 하늘에 있는지 간에 동일한 기본 원칙을 따른다고 주장했다. 즉 수학적으로 표현될 수 있는 일련의 힘과 한 가지 유형으로 행성이 타원 궤도를 도는 이유와 사과가 나무에서 떨어지는 이유(그리고 속도)를 설명한 것이다.

88 T. Blanning, *Friedrich der Grosse*, p.91; U.P. Jauch, "Eros zwischen Herr und Knecht : Friedrich und Algarotti im Land der Lust", p.61.

89 T. Blanning, *Friedrich der Grosse*, p.91. 알가로티는 라인스베르크성에 8일 동안 머물렀고 체류 기간 중 볼테르에게 서신을 보내 프리드리히의 첫인상에 대해 언급했다. 그에 따르면 프리드리히는 매우 매혹적인 왕세자이고 또한 그와의 대화를 통해 얻은 것 역시 매우 많았다는 것이다. U.P. Jauch, "Eros zwischen Herr und Knecht : Friedrich und Algarotti im Land der Lust", p.63; N. Schmitz, *Der italienische Freund. Francesco Algarotti und Friedrich der Große*(Hannover, 2012), p.121.

90 프리드리히 2세는 자신의 동성애적 성향에도 불구하고 남색에 대한 사형제도는 폐지하려 하지 않았다. U.P. Jauch, "Eros zwischen Herr und Knecht : Fried-

알가로티는 그리스 및 로마 문명에 관심이 깊었고 이 분야에서 매우 높은 식견도 갖추었다. 또한 육체적, 정신적 성장에 필요한 문학, 철학, 예술, 건축에 대해서도 해박한 지식을 겸비했다. 실제로 그는 예술, 문학 및 철학의 교사로 간주될 정도로 그 명성이 널리 알려졌다. 이에 반해 군인왕의 아들이었던 프리드리히는 라틴 및 그리스 문화에 대해서는 거의 문외한이었다. 당시 문화의 중요성을 인정한 이탈리아, 영국, 그리고 프랑스 왕실에서 반드시 배워야 할 예술 및 건축을 프리드리히는 배우지 못했던 것이다.

1740년 5월 30일 프로이센 국왕으로 즉위한 프리드리히 2세는 다음 달 2일 런던에 머물고 있던 알가로티에게 서신을 보내 베를린에서 활동할 것을 요청했다. 이에 따라 알가로티는 6월 28일 베를린에 왔고 그때부터 프로이센 군주와 그사이의 관계는 매우 긴밀해졌고 그들의 동성애적 사랑 역시 본격화되었다.[91]

프리드리히 2세는 알가로티와 더불어 7월 7일 쾨니히스베르크로 떠났는데 이것은 그가 이 도시에서 프로이센 왕위 선서식을 해야 했기 때문이다. 그런데 프리드리히 2세는 왕위 선서식에 왕비인 엘리자베트-크리스티네 대신 알가로티를 참석시켰는데 이것은 당시 프리드리히 2세와 왕비 사이의 불편한 관계를 확인시켜주는 일례라 하겠다. 베를린으로 돌아온 후 프리드리히 2세는 알가로티에게 백작 칭호를 부여했다.[92] 그리고 프리드리히 2세는 1740년 8월 알가로티와 같이 누이 빌헬미네

rich und Algarotti im Land der Lust", p.63; S. Martus, *Aufklärung*, p.487.

91 프리드리히는 라인스베르크성에서 알가로티를 처음 본 순간부터 동성애적 사랑을 느끼기 시작했다. T. Blanning, *Friedrich der Grosse*, p.94; N. Schmitz, *Der italienische Freund. Francesco Algarotti und Friedrich der Große*, p.121.

92 T. Blanning, *Friedrich der Grosse*, p.94; N. Schmitz, *Der italienische Freund. Francesco Algarotti und Friedrich der Große*, p.121.

가 있던 바이로이트를 방문했는데 이 도시는 니더라인에 위치한 브란덴부르크-프로이센의 소유지였다. 프리드리히 2세는 아우구스트 빌헬름 왕자 및 알가로티와 함께 귀환길에 신분을 숨기고 프랑스 국경 근처의 켈(Kehl)을 방문했다가 슈트라스부르크까지 갔다. 그러나 프리드리히 2세의 호송대가 프로이센군에서 활동한 인물에 의해 정체가 드러남에 따라 바로 선편을 이용하여 니더라인의 베젤(Wesel) 근처에 있는 모이란트(Moyland)성으로 이동했다.[93] 알가로티는 1741년, 즉 제1차 오스트리아 왕위계승전쟁이 진행되던 시점에 프리드리히 2세의 명에 따라 피에몬테-사르데냐(Piemonte Sardegna)의 수도인 토리노(Torino)에 가서 그곳 국왕을 알현했다. 여기서 그는 피에몬테-사르데냐 국왕에게 오스트리아의 이탈리아 영토 공격을 요청했지만 거절당했다.[94]

1743년부터 1747년까지 알가로티는 작센 공국에서 활동하다가 1747년 3월 중순 베를린으로 귀환했다. 작센 공국에서 알가로티는 프리드리히 아우구스트 2세의 요청에 따라 해박한 전문 지식을 토대로『드레스덴 왕실 예술품들에 대한 회고문을 보충한 도감(Progetto per ridurre a compimento il Regio Museo di Dresda)』출판을 주도했다.[95]

베를린으로 돌아온 알가로티와 독대하고 나서 프리드리히 2세는 그를 자신의 시종장으로 임명했을 했을 뿐만 아니라 고액의 연금 지급도 약속했다. 같은 해 4월 23일 프리드리히 2세는 알가로티에게 '공훈훈장(Orde pour le Mérite)'을 수여했는데 이 훈장은 1740년부터 국가를 위해 공헌한 장군들에게 수여된 일종의 무공훈장이었다. 볼테르 역시 같은 훈장을 프리드리히 2세로부터 받았다. 1747년 알가로티는 '프로이

93 S. Martus, *Aufklärung*, p.487. 통치 기간 중 프랑스에 대해 선호적 자세를 보였던 프리드리히는 프랑스를 공식적으로 방문한 적이 없었다.

94 T. Blanning, *Friedrich der Grosse*, p.97.

95 T. Blanning, *Friedrich der Grosse*, p.97.

센 학술원 국외회원(Auswärtiges Mitglied der preußischen Akademie der Wissen-schaft)'으로 임명되었다. 이후부터 1753년까지 알가로티는 프리드리히 2세가 개최하는 점심 만찬의 중요한 회식자로 간주되었고 이 시기에 그들의 동성애적 사랑은 더욱 심화되었다.

당시 프리드리히 2세는 알가로티의 도움을 받아 포츠담을 유럽 예술 세계의 중심지로 부각시키려는 구상도 하고 있었다. 그러나 알가로티는 1753년 건강상의 이유로 이탈리아로 돌아가게 되었고 이로 인해 포츠담을 유럽 예술 세계의 중심지로 만들겠다는 프리드리히 2세의 구상은 중단되었다.[96] 이탈리아에 돌아간 이후에도 알가로티는 프리드리히 2세와의 접촉을 지속했다. 알가로티는 이탈리아에서 출간된 신간들을 그에게 보냈을 뿐만 아니라 그의 건강한 식단을 위해 브로콜리와 멜론 씨앗을 보내 재배하게 했고 신선한 캐비아도 정례적으로 보냈다. 1764년 알가로티는 피사(Pisa)에서 생을 마감했는데 병명은 결핵이었다.

절친한 친구이자 인생의 반려자가 사망했다는 소식을 접한 프리드리히 2세는 알가로티의 모든 저서를 독일어로 번역할 것을 지시했다. 그리고 그는 피사의 캄포산토 모누멘탈레(Camposanto Monumentale)에 매장된 알가로티의 무덤 앞에 비석을 세우게 했고 거기에 다음과 같은 문장 "알가로티, 오비디우스를 본받으려고 노력했고, 뉴턴의 제자였다. 프리드리히 대왕(Algarotto Ovidii Aemulo, Newtoni Discipulo Friericus Magnus)"도 각인하게 했다.[97]

---

96   T. Blanning, *Friedrich der Grosse*, p.98.

97   U.P. Jauch, "Eros zwischen Herr und Knecht：Friedrich und Algarotti im Land der Lust", p.68.

4. 엘리자베트-크리스티네와의 결혼

노이루핀에서 연대의 책임자로 근무하던 프리드리히는 부친으로부터 결혼과 관련된 명령을 받았다. 당시 프리드리히는 결혼이 개인적 문제가 아니라는 것을 인지하고 있었다. 아들에게 내린 결혼 명령에서 프리드리히 빌헬름 1세는 신붓감으로 단지 한 명만 언급했다. 이는 프리드리히가 기대한 것은 아니었다.[98] 1732년 2월 초 프리드리히 빌헬름 1세가 아들에게 보낸 편지에서 언급한 신부는 브라운슈바이크-볼펜뷔텔-베베른 대공국의 엘리자베트-크리스티네 대공녀였다. 엘리자베트 크리스티네는 브라운슈바이크-볼펜뷔텔-베베른 대공 페르디난트 알브레히트 2세(Ferdinand Albrecht II)와 그녀의 부인인 안토이네테 아말리에(Antoinette Amalie v. Braunschweig-Wolfenbüttel) 사이에서 태어났다.[99]

편지에서 프리드리히 빌헬름 1세는 엘리자베트-크리스티네가 '외모는 평범하지만 매우 독실한 기독교 신자'라고 했다. 그리고 프리드리히가 그녀를 아내로 맞이한다면 독립된 가정을 꾸릴 수 있는 권한뿐만 아니라 거주할 수 있는 성까지도 제공하겠다고 약속했다. 부친의 편지를 서너 번 읽은 프리드리히는 부친이 자신의 신부를 이미 결정했다는 사실을 간파했지만 그것에 반대할 수도 없었다.[100]

---

[98] 이에 앞서 프리드리히 빌헬름 1세는 1731년 11월 빌헬미네에게 호엔촐레른 가문의 바이로이트 변경백과 결혼하라고 지시했는데 이것은 이전에 진행된 결혼 협상의 상대였던 영국 왕위계승자와 비교할 때 크게 격이 낮아진 것으로 볼 수 있다. T. Blanning, *Friedrich der Grosse*, pp.66~67 ; E. Frie, *Friedrich II*, p.40.

[99] 브라운슈바이크-볼펜뷔텔 가문이 1735년에 단절됨에 따라 이 가문의 통치 지역은 브라운슈바이크-베베른 가문에게 이양되었다.

[100] E. Frie, *Friedrich II*, p.40. 당시 프리드리히는 부친이 요구한 엘리자베트-크리스티네보다 작센-아이제나흐(Sachsen-Eisenach)의 대공녀나 메클렌부르크 대공녀와 결혼하고 싶다는 견해를 밝히기도 했다. T. Blanning, *Friedrich der*

프리드리히는 부친에게 답장을 보내 결혼 전에 신부를 한번 보게 해 달라고 요청했는데 이것은 당시 프리드리히 빌헬름 1세로부터 신임을 받던 그룸브코를 자신의 측근으로 끌어들여야 한다는 절박성에서 비롯된 것 같다. 당시 프리드리히는 그룸브코의 도움을 받는다면 국왕에 대한 자신의 행보가 다소나마 여유로워질 수 있으리라고 판단했고 그것을 위해서 그룸브코와의 관계 개선을 위한 시간 역시 필요하다고 생각했다. 실제로 프리드리히는 엘리자베트-크리스티네와의 결혼에 동의한 후 그룸브코와의 관계 개선을 위해 노력했다. 이를 위해 프리드리히는 여러 번에 걸쳐 자신의 솔직한 견해를 밝힌 서신을 국왕의 최측근에게 보내는 모험을 감행했고 거기서 긍정적인 반응도 얻어냈다.

1732년 2월 19일 그룸브코에게 보낸 서신에서 프리드리히는 속내를 가감 없이 언급했는데 이것은 그동안 그가 그룸브코와의 관계 개선을 위해 기울인 노력이 어느 정도 효과를 거둔 데서 비롯된 것 같다. 편지에서 프리드리히는 자신이 앞으로 평생 불행하게 살 것 같다고 했다. 이렇게 불행 속에서 사는 것이 자신의 운명이라고도 했다. 그리고 이러한 운명에서 벗어날 수 있는 유일한 방법이 바로 자살이라고 했다. 편지에서 프리드리히는 자신의 처지가 에스파냐의 돈 카를로스(Don Carlos)의 그것과 같다는 소회를 밝히기도 했다.[101] 그리고 편지 끝부분에서 아

Grosse, p.79.

101 돈 카를로스는 펠리페 2세(Felipe II. de Habsburgo, 1556~1598)의 아들로 태어났다. 어머니인 마리아 마누엘라(Maria Manuel de Portugal)는 그가 태어난 지 나흘 만에 죽었기 때문에 어린 돈 카를로스는 어머니의 따뜻한 정도 느끼지 못한 채 성장했다. 부친 펠리페 2세는 평생 네 번 결혼했는데 18세 연하였던 세 번째 부인인 프랑스 공주 엘리자베트(Élisabeth de Valois), 즉 앙리 2세(Henri II, 1547~1559)의 막내딸은 본래 돈 카를로스와 혼담이 오갔던 상대였다. 돈 카를로스는 동갑내기 의붓어머니에게 호감을 느꼈고 펠리페 2세는 이를 의심을 했으나 둘 사이에 부정한 관계가 있었다는 증거는 없었다. 1564년 19세의

량이 넓은 신은 자신이 자살하더라도 자신의 영혼을 분명히 구제할 것이라고 했는데 그것은 신께서 자신의 비참한 생활을 동정하시기 때문이라는 것이다. 여기서 프리드리히는 자신과 같은 젊은 청년의 피가 70대의 노인의 그것처럼 활력을 잃으면 그것은 인생의 의미를 상실한 것으로 보아야 한다고 주장하기도 했다. 그룹브코는 프리드리히로부터 편지를 받은 후 그 내용을 프리드리히 빌헬름 1세에게 보고하지 않았다.[102]

조피 도로테아는 프리드리히 빌헬름 1세가 결정한 프리드리히의 신부에 대해 부정적인 시각을 표출하는 데 주저하지 않았다. 실제로 그녀는 엘리자베트-크리스티네를 본 적이 없지만, 장녀인 빌헬미네와 엘리자베트-크리스티네를 비교하며, 엘리자베트-크리스티네는 매우 어리석고, 교육 역시 전혀 받지 않았기 때문에 자신의 영리한 아들이 이러한 풋내기와 어떻게 결혼생활을 해야 할지 두렵다고 했다.

프리드리히의 여동생들도 엘리자베트-크리스티네를 부정적으로 평가했다.[103] 이들 중 한 명이 식탁에서 자신이 2월 8일 아침 미래 올케인

카를로스는 국가자문회의 일원으로 조금씩 국정에 관여하기 시작했지만 펠리페 2세는 아들의 국정 능력에 대해 매우 회의적이었다. 이후부터 펠리페 2세와 돈 카를로스의 관계는 점차 나빠졌고 카를로스는 아버지로부터 위해를 당할지도 모른다는 두려움 때문에 방문을 안에서 잠글 수 있는 자물쇠도 만들었다. 또 베개 밑에 칼과 소총 등 무기를 숨겨두기도 했다. 그것으로도 모자라 돈 카를로스는 에스파냐를 떠나 네덜란드로 탈출할 계획도 세웠지만, 이 계획은 바로 펠리페 2세에게 알려졌다. 1568년 1월 18일 펠리페 2세는 돈 카를로스가 소지한 무기들을 빼앗고 그의 방 창문에 못질을 한 후 감금했다. 구금된 돈 카를로스는 자신의 다이아몬드 반지를 삼켜 목숨을 끊으려고 했지만 실패했다. 당시 펠리페 2세는 왕세자의 천성적 결함 및 자질 때문에 그를 잡아 가뒀다고 밝혔다. 같은 해 7월 24일 돈 카를로스는 자신의 방에서 소화장애 및 그 후유증으로 목숨을 잃게 되었다.

102 T. Blanning, *Friedrich der Grosse*, p.79 ; E. Frie, *Friedrich II.*, pp.40~41. E. Frie, *Friedrich II*, p.41.

103 T.Banning, *Friedrich der Grosse*, p.64 ; K. Feuerstein-Passer, *Ich bleibe zurück*

엘리자베트-크리스티네를 방문했을 때의 상황을 주변 사람들이 들을 수 있게끔 큰 소리로 언급했다. 여동생의 묘사에 따르면 바로 조금 전 침대에서 일어난 엘리자베트-크리스티네가 미래의 올케와 아침 인사를 하면서 약간의 대화를 나누었는데 거기서 프리드리히의 여동생은 그녀의 입에서 심한 악취가 난다는 것을 알게 되었고 그것은 10개 또는 12개의 누수관에서 동시에 나오는 냄새의 강도와도 같았다고 했다.[104]

엘리자베트-크리스티네

엘리자베트-크리스티네와 약혼하기 전 프리드리히는 프리드리히 빌헬름 1세의 요구에 따라 그녀를 만나기 위해 브라운슈바이크로 떠나려고 했지만, 그 시점에 그는 급성 임질에 걸렸다. 그런데 이 병은 드레스덴에서 만난 한 여인으로부터 얻은 것 같다. 다급해진 그는 당시 사촌인 브란덴부르크-슈베드트 변경백(Markgraf v. Brandenburg-Schwedt)에게 자

wie eine Gefangene, Elisabeth-Christine und Friedrich der Grosse(Regensburg, 2011), p.18.

104 엘리자베트-크리스티네를 혹평한 공주의 이름은 밝혀지지 않았는데 이것은 그 공주를 보호하려는 왕실의 배려에서 비롯된 것 같다. 그렇지만 나이로 보아 이러한 발언을 할 수 있었던 공주들은 프리데리케(1714년생), 필리피네 샤를로테(Philippine Charlotte, 1716년생), 그리고 조피 도로테아(1719년생)로 압축시킬 수 있다. 당사자인 엘리자베트-크리스티네 역시 누가 그러한 혹평을 했는지를 알고 있었지만, 실명을 거론하려고 하지 않았다. 이때 엘리자베트-크리스티네는 약혼식에 참석하기 위해 2월 5일부터 베를린 왕궁에 머무르고 있었다. T. Blanning, *Friedrich der Grosse*, p.64; K. Feuerstein-Prasser, *Ich bleibe zurück wie eine Gefangene*, pp.18~19.

신의 신체적 상황을 설명하고 그의 제안에 따라 비뇨기과 전문의인 말호(v. Malchow)의 치료를 받기로 했다. 며칠 간의 집중 치료 후 프리드리히는 성병에서 회복했다는 믿음을 가지고 브라운슈바이크로 떠났다.[105] 부친의 강요로 만난 엘리자베트-크리스티네는 예상과는 달리 매력적이고 아름다웠다. 이후 두 사람은 적지 않은 시간을 같이 보낼 정도로 친해졌다. 그러나 행복은 임질의 재발로 끝나버렸고 이 질병은 프리드리히의 목숨까지 위협하게 되었다. 따라서 생식기가 약간 기형적으로 변형되는 외과적 절단 시술이 요구되었고 그것에 따라 프리드리히는 수술을 받았다. 담당 의사는 프리드리히에게 생식기 일부가 절단되었지만, 이것이 향후 성생활에 전혀 영향을 주지 않는다고 했다.

그러나 이러한 수술로 인해 프리드리히의 성격은 완전히 바뀌어서 편

---

105 프리드리히가 미래의 신부를 만나는 동안 프리드리히 빌헬름 1세는 의외의 봉변을 당했다. 브라운슈바이크 궁전의 좁은 계단에서 자신이 베를린 궁전에서 그동안 관심을 보인 여성과 우연히 마주친 것이다. 왕비 조피 도로테아의 궁녀였던 이 여성, 즉 판네비츠(v. Pannewitz)는 적지 않은 기간 동안 프리드리히 빌헬름 1세로부터 비교양적이고 상스러운 접근 시도에 시달렸다. 궁전의 좁은 계단에서 흠모하던 여성을 마주친 프리드리히 빌헬름 1세는 바로 그녀의 가슴을 재빨리 움켜쥐었다가 그녀에게 따귀를 얻어맞았다. 바로 프리드리히 빌헬름 1세의 코와 입에서는 피가 났고 이것은 그가 다시금 '미덕의 길(auf den Pfad der Tugend)'로 가게 하는 요인으로 작용했다. 이후 그는 판네비츠 부인을 '악녀(die böse Hexe)'라 지칭했지만, 프리드리히 빌헬름 1세의 악의적 대응에 대해 판네비츠는 아무런 반응도 보이지 않았다. 그리고 실제로 프리드리히 빌헬름 1세는 그녀에 대한 어떠한 법적 조처도 내리지 못했다. 브라운슈바이크에서 남편이 저지른 비도덕적 행실을 전해 들은 조피 도로테아는 이혼까지 심각하게 고려했는데 이것은 그녀의 딸인 루이제 울리케(Luise Ulrike)의 회고록에서 밝혀졌다. 회고록에서는 아들의 국외 탈출 사건으로 열세 상황에 놓여 있었던 조피 도로테아가 판네비츠 사건을 계기로 프리드리히 빌헬름 1세에 대한 제어권을 다시금 확보하게 되었다는 것도 언급되었다. T. Blanning, *Friedrich der Grosse*, p.50.

협하고, 소심하고, 교활하고, 그리고 악의적으로 변형되었다.[106] 비록 성적 능력이 훼손되지 않았음에도 불구하고 프리드리히는 자신의 생식기 일부가 절단된 것에 심한 열등감을 가지게 되었고 이것은 향후 이성보다는 동성에 관심을 가지게 하는 요인으로도 작용했다.[107] 아울러 프리드리히는 자신의 관점 및 의지와 전혀 다른 행동을 했다. 그동안 사랑한 엘리자베트-크리스티네를 멀리했고, 자신의 결혼이 부친 강요로 이루었기 때문에 이 결혼을 받아들일 수 없다는 뜻을 강조하는 등 내심과는 전혀 다른 행동을 취했다.

1733년 2월 10일 프리드리히와 엘리자베트-크리스티네 사이의 약혼식이 거행되었다. 이때 프리드리히는 눈물을 흘렸는데 이것은 기쁨에서 나온 눈물은 아니었다. 당시 결혼성사에 깊이 관여한 베를린 주재 오스트리아 대사 제켄도르프 역시 프리드리히가 기쁨의 눈물을 흘리는 것이 아니라는 것을 알아챘고 두 사람의 결혼생활이 앞으로 순탄하지 못하리라는 것도 예측했다. 실제로 프리드리히는 약혼식 직후 열린 연회에서 엘리자베트-크리스티네와 이야기를 나누지 않고 약혼식에 참석한 아름다운 여인들과 대화를 했다. 그런데 프리드리히는 약혼식에 앞서 여동생에게 엘리자베트-크리스티네의 장단점을 자세히 적은 편지를 보냈다. 여기서 프리드리히는 미래 신부의 장점으로 아름다운 얼굴, 금발, 아름다운 혈색, 그리고 마른 체형을 제시했다. 그리고 단점으로 움푹 들

---

106 T. Blanning, *Friedrich der Grosse*, p.76.

107 T. Blanning, *Friedrich der Grosse*, p.76. 외과의 엔겔(Gottlieb Engel)은 프리드리히 2세의 시신을 안치하기 전에 마지막으로 점검했다. 이 과정에서 그는 프리드리히 2세의 생식기가 당시 건강한 성인 남자의 그것과 별 차이가 없다는 결론을 내렸다. 엔겔은 이러한 정보를 1790년 4월 2일 친구 뷔싱(Anton Friedrich Büsching)에게 전달했고 그는 자신의 저서에서 이를 자세히 언급했다. A.F. Büsching, *Zuverlässige Beytrage zu der Regierungsgeschichte Königs Friedrich II*(Hamburg, 1790), pp.20~22.

어간 눈, 못생긴 입, 고르지 못한 치아, 불쾌한 웃음소리, 오리와 같은 걸음걸이 등을 언급했다. 이울러 그는 미래 신부가 교육을 제대로 받지 않았다는 것과 대화 중에 신경질적인 반응을 보이는 것도 단점으로 거론했다. 프리드리히가 기대하지 않았음에도 불구하고 엘리자베트-크리스티네는 호의적이고, 친절하고, 예의 바르고, 겸손한 성격을 가진 여성이었다. 그런데도 그가 엘리자베트-크리스티네를 자신의 신부로 인정하지 않으려 한 것은 자신이 아닌 부친이 일방적으로 결정했기 때문이라는 것을 편지에서 명시했다. 그러나 프리드리히는 자신이 성병에 걸려 생식기 일부를 절단한 것에 대해서는 언급하지 않았다.[108]

같은 해 6월 12일 프리드리히는 잘츠달룸(Salzdahlum)성에서 엘리자베트-크리스티네와 결혼했다.[109] 이렇게 프리드리히의 아내가 된 엘리자베트-크리스티네는 신성로마제국 황제 카를 6세의 조카딸이기도 했다. 1735년 프리드리히 빌헬름 1세는 며느리가 된 엘리자베트-크리스티네에게 생일 축하 선물을 보내면서 몇 줄의 인사말도 첨가했는데 거기서

---

108 T. Blanning, *Friedrich der Grosse*, p.67.

109 T. Blanning, *Friedrich der Grosse*, p.67 ; E. Frie, *Friedrich II.*, p.42 ; H. Schmidt, "Zerfall und Untergang des alten Reiches(1648~1806)", p.259. 1733년 초 프리드리히는 그룸브코에게 보낸 서신에서 그는 엘리자베트-크리스티네로부터 고가의 코담배통을 선물받았지만, 이 상자가 부서진 상태로 전달되었음을 언급했다. 이러한 부주의가 그녀의 성격과도 연계된다고 했는데 이것은 엘리자베트-크리스티네에 대한 프리드리히의 부정적 태도에서 비롯된 것이라고 하겠다. 미래 신부에 대한 프리드리히의 부정적 관점은 누이인 빌헬미네에게 보내는 서신에 다시금 명시되었다. 편지에서 프리드리히는 엘리자베트-크리스티네와의 결혼이 자신에게 심한 고통을 가져다주고 있는데 이것은 마치 선페스트(Beulenpest)에 걸린 환자의 고통과 같다고 했다. 남동생과 마찬가지로 강제로 결혼한 빌헬미네 역시 결혼에 대해 부정적인 시각을 가지고 있었기 때문에 프리드리히의 관점에 전적으로 동의한다는 답장을 보냈다. T. Blanning, *Friedrich der Grosse*, p.80.

그는 며느리의 생일을 진심으로 축하하며 가까운 시일 내에 건강한 남자아이를 낳기를 기원한다고도 했다.[110]

1736년 8월 21일 프리드리히는 엘리자베트-크리스티네와 같이 부친이 약속대로 선물한 루핀 근처의 라인스베르크성으로 거주지를 옮겼다.[111] 여기서 프리드리히는 1740년 부친이 사망할 때까지 머물렀고 철학 및 역사와 관련된 저서들을 많이 읽었다. 아울러 그는 크노벨스도르프(Georg Wenzeslaus v. Knobelsdorff), 요르단(Charles Etinne Jordan), 푸케(Heinrich August de la Motte Fouqué), 그리고 줌(Friedrich v. Suhm) 등의 문필가나 예술가들과 정례적인 접촉을 하면서 문학에 관한 관심도 증대시켰다. 1738년에는 〈플루트 소나타 h단조 122번(Flötensonate h-moll Nr.122)〉를 작곡하기도 했다. 아울러 소규모 악단을 결성하여 자신이 작곡한 작품이나 다른 작곡가들의 작품을 매일 저녁 연주했는데 여기서 그는 플

---

110 T. Blanning, *Friedrich der Grosse*, p.74; P.-M. Hahn, *Friedrich II. von Preußen*, p.43; K. Feuerstein Prasser, *Ich bleibe zürück wie eine Gefangene*, p.39.

111 프리드리히 빌헬름 1세는 1734년 이 작은 성에 대한 대대적인 수리도 명령했다. E. Frie, *Friedrich II*, p.144. 베를린 주재 오스트리아 대사의 조카인 크리스토프 루트비히 폰 제켄도르프(Christop Ludwig v. Seckendorff)는 1734년부터 1737년까지 베를린에 체류했다. 그는 일기에 젊은 프리드리히 왕세자 부부의 신혼 생활에 대해 자세히 언급했다. 크리스토프 루트비히 폰 제켄도르프는 프리드리히 왕세자의 측근은 아니지만, 왕세자 및 프리드리히 빌헬름 1세와 자주 만났다. 그리고 프리드리히 왕세자의 최측근인 슐렌부르크(Schulenburg) 백작과 바르텐스레벤(Friedrich v. Wartensleben) 백작으로부터 전해 들은 것들을 요약해서 일기에 기재했다. 일기에서는 프리드리히 왕세자와 엘리자베트-크리스티네가 다른 신혼 부부들과 마찬가지로 자주 부부관계를 했다는 것이 명시되었다. 이러한 언급은 프리드리히 왕세자가 생식기 일부를 절단한 후 부부 관계를 멀리했다는 주장과는 대치된다고 하겠다. 그러나 크리스토프 루트비히 폰 제켄도르프가 향후 공개되지 않을 일기에서 과장 또는 조작을 시도하지는 않았을 것이고 이것은 그의 언급의 신빙성도 짐작하게 한다. T. Blanning, *Friedrich der Grosse*, pp.80~81.

루트 연주자로 참여했다.[112]

리인스베르크 시기 프리드리히와 엘리자베트-크리스티네 사이는 그리 나쁘지 않았다. 실제로 프리드리히는 부인을 정중하고 친절히 대했지만, 이것은 프리드리히 빌헬름 1세가 사망하기 직전까지만 유효했다. 실제로 프리드리히가 왕위를 계승한 이후부터 그와 엘리자베트-크리스티네 사이의 관계는 급변하기 시작했다. 1740년 5월 31일 프리드리히 2세는 엘리자베트-크리스티네에게 거친 지침을 담은 편지를 보냈다. 편지에서 프리드리히 2세는 그녀가 어디를 가야 하고, 무엇을 해야 하는지를 정확히 명시했는데 이것은 엘리자베트-크리스티네가 프로이센 왕비라는 칭호와 더불어 마음속에 가졌던 기대와는 너무나도 괴리가 있었다.[113]

당시 엘리자베트-크리스티네가 프리드리히 2세의 이러한 돌발적 행동이 그가 앓았던 성병에서 비롯되었다는 것을 알고 있었는지는 확인할 수 없다. 다만 그녀가 주변 인물들에게 서신을 보내면서 이 부분에 대해 전혀 언급하지 않은 것을 통해 생식기 절단 수술에 대해 전혀 모르고 있었다는 것을 추측할 수 있다.

이후부터 엘리자베트-크리스티네는 공식적인 사교 활동에서 배제되기 시작했고 점차 자신이 일종의 회색지대로 옮겨지고 있다는 것도 인지했다. 부부 사이의 관계가 급변하게 된 요인은 프리드리히 2세가 왕비를 스스로 선택하지 않았다는 일종의 반감에서 찾을 수 있지만 보다 근본적 요인은 그의 신체적 변화와 거기서 비롯된 성격상의 변화에서 찾아야 할 것이다. 물론 엘리자베트-크리스티네는 왕비로서의 형식적 권

112 T. Blanning, *Friedrich der Grosse*, p.74; E.-B. Körber, *Die Zeit der Aufklärung*, p.46; E. Frie, *Friedrich II*, p.50. 프리드리히 2세는 플루트 소나타, 플루트 협주곡, 그리고 교향곡을 비롯하여 모두 100여 편의 작품을 남긴 전문 음악가였다.

113 T. Blanning, *Friedrich der Grosse*, p.83.

독일 통합의 비전을 제시한 프리드리히 2세

한 및 상징을 잃지 않았다. 얼마 후 엘리자베트-크리스티네는 베를린 북쪽에 있는 검소한 궁전인 쇤하우젠(Schönhausen)으로 거처를 옮겼다.[114]

1740년 6월 28일 엘리자베트-크리스티네는 오빠인 카를(Karl) 대공에게 서신을 보내, "남편을 비롯한 왕실 가족들은 자신이 무엇에 시달리고 있는지 모를 뿐만 아니라 그것에 대해서 관심도 가지지 않습니다. 이러한 여동생의 고통은 오직 신만이 알고 있는 것 같습니다."라고 했다.[115]

1744년 5월 그녀는 사촌인 페르디난트(Ferdinand)에게도 편지를 보냈는데 거기서 자신의 불편한 생활을 더 자세히 언급했다. 프리드리히 2세를 비롯한 왕실 가족들이 즐겁게 보내는 동안 자신은 작고 낡은 궁전에서 매일 죄인처럼 홀로 지낸다는 것이다. 이러한 고독하고 무료한 생활을 극복하기 위해 그녀는 아침부터 저녁까지 책을 읽거나, 가사노동을 하거나, 무명의 연주자들을 간헐적으로 불러 음악도 듣는다고 했다. 페르디난트로부터 서신을 받는 날은 온종일 기뻤고 서신에 대한 답장을 쓰는 순간 기분 역시 매우 좋아진다고 했다.[116]

엘리자베트-크리스티네는 넉넉하지 못한 예산 배정으로 쇤하우젠 궁전에서 긴축 생활을 해야만 했고 프리드리히 2세와의 접촉도 허용되지 않았다.[117] 그런데 프리드리히 2세는 당시 부부관계가 원만하지 못

---

114 당시 유럽의 대다수 군주는 왕비와 같은 궁전에서 지냈지만, 이들의 상당수는 같은 방을 쓰지는 않았다. 그런데 프리드리히 2세는 엘리자베트-크리스티네와 같은 궁전에서 지내지 않았을 뿐만 아니라 그녀를 작은 별궁으로 보내기까지 했다. E.-B. Körber, *Die Zeit der Aufkläung*, p.15.

115 T. Blanning, *Friedrich der Grosse*, pp.84~85 ; K. Feuerstein-Prasser, *Ich bleibe zurück wie eine Gefangene*, p.53.

116 T. Blanning, *Friedrich der Grosse*, p.85 ; K. Feuerstein-Prasser, *Ich bleibe zurück wie eine Gefangene*, p.62.

117 실제로 프리드리히 2세는 쇤하우젠 궁전을 방문하지 않았다. T. Blanning, *Friedrich der Grosse*, p.86. ; K. Feuerstein-Prasser, *Ich bleibe zurück wie eine Gefangene*, p.62.

할 때 사용하던 방법을 활용하지 않았다. 즉 그는 엘리자베트-크리스티네와 이혼하지 않았고 그녀를 왕국에서 추방하지도 않았다. 더욱이 그는 정부(Mätresse)를 얻지도 않았다. 그러면서도 프리드리히 2세는 엘리자베트 크리스티네에게 일종의 '가사 상태'를 요구했던 것이다.[118] 이후부터 엘리자베트-크리스티네는 상수시 궁전에서 환영받지 못하는 인물(Persona non grata)로 간주되었다.[119]

'근심이 없다'라는 뜻을 가진 상수시 궁전은 프리드리히 2세 때 건축된 신궁인데 1744년 8월 10일 내린 그의 명령에서 건축이 가시화되기 시작했다. 프리드리히 2세가 상수시 궁전을 건축할 수 있었던 것은 부친으로부터 거액의 재산을 물려받았기 때문이다.[120] 이러한 명령에 앞서

---

[118] 그런데도 프리드리히 2세는 가끔 그녀에게 안부 편지를 보냈고 긴축 생활을 하면서도 부채에서 벗어나지 못한 부인을 위해 금전적 지원을 했다. T. Blanning, *Friedrich der Grosse*, p.86.

[119] 페르소나 논 그라테는 '외교적 기피 인물'을 의미하는 외교 용어이다. 엘리자베트-크리스티네가 상수시 궁전을 1757년 8월에 방문했는데 이것은 그녀가 포츠담을 통해 베를린으로 진격하던 오스트리아군을 피해 마그데부르크로 피난하는 과정에서 비롯되었다. T. Blanning, *Friedrich der Grosse*, p.86.

[120] 이 당시 프리드리히 2세는 오페라하우스를 신축했을 뿐만 아니라 옷, 그림, 책, 도자기, 코담배통, 그리고 예술품 등을 대량으로 구매하여 친구들, 특히 남자친구들에게 선사했다. 그는 코담배통 수집에 큰 관심을 보였기 때문에 재위 기간 중 무려 130개에 달하는 코담배통을 모았는데 그 가치는 130만 탈러나 되었다. 코담배는 담뱃잎을 미세하게 갈아 코로 흡입하거나 잇몸이나 코밑에 발라 향을 흡입한다. 코담배는 피우는 담배보다 역사가 길다. 유럽에 담배가 보급되었을 때 귀족계층의 인물들은 코담배를 선호했다. 그런데 코담배는 간접흡연의 우려가 적고 폐암 발발의 위험성도 적지만 구강암 발발 위험은 상대적으로 높았다. 프리드리히 2세가 수집에 관심을 보인 코담배통은 귀금속이나 준보석으로 만들어졌고 그 일부는 예술품으로 간주하기도 했다. 국왕으로 즉위한 직후부터 프리드리히 2세는 부친이 구축한 스파르타-프로이센을 아테네-프로이센으로 변형시키려 했다. T. Blanning, *Friedrich der Grosse*, p.205; E. Frie, *Friedrich II.*, p.57.

그는 1744년 여름 자신 소유의 라인스베르크성을 동생인 하인리히 왕자에게 선물했다. 상수시 궁전은 우아하고, 수준 높은 건물로 당시 신성로마제국 내 다른 궁전들과 비교할 때 절대적 우위를 차지했다. 시종을 비롯한 근무자들과 손님들을 위한 10여 개의 침실, 대리석 홀, 대식당, 소식당, 음악실, 집무실과 그것에 딸린 창문 없는 작은 침실, 도서관, 화랑, 부엌, 마구간, 부속 건물 등으로 구성된 이 궁전의 규모는 그리 크지 않았지만, 매력 및 창의성에서 타의 추종을 불허했는데 그것은 건축 과정에서 지금까지 적용한 적이 없던 방법들이 활용되었기 때문이다.[121]

포츠담 외곽에 녹색 초원과 얕은 구릉을 갖추고 도시 및 엘베(Elbe)강의 지류인 하펠(Havel)강이 내려다보이는 지역에 궁전을 건설하겠다는 프리드리히 2세의 의지에 따라 건축 장소가 모색되었다. 마침내 프리드리히 2세는 부친의 채소밭과 작은 여름 별장이 있는 지역에 신궁전을 건설하겠다는 계획을 밝혔고 그 자신이 상수시 궁전의 테라스 설계도를 직접 작성했다. 이후 구릉의 언덕 계단에 6단계의 계단식 테라스 건설이 시작되었고 거기에 무화과, 살구, 버찌, 석류, 서양자두, 포도를 비롯한 과일나무들을 심기로 했다. 과일나무들은 이미 지난해 프랑스에 주문한 상태였다.[122] 1745년 4월 14일 궁전 건설을 알리는 초석이 세워졌고 그 이후

121　T. Blanning, *Friedrich der Grosse*, p.205; E. Frie, *Friedrich II.*, pp.58~59; H-J. Giersberg, Schloss Sanssouci. *Die Sommerresidenz Friedrichs des Großen*(Berlin, 2005), p.34.

122　당시 프리드리히 2세는 온실 재배를 통해 필요한 채소와 특별한 과일, 즉 열대 과일들을 확보하려고 했다. 그러나 매일 개최되던 점심 만찬으로 인해 종종 채소와 과일의 부족 현상이 나타나곤 했다. 베를린 및 포츠담의 채소원과 과수원을 운영하던 농민들은 이를 감지하고 왕실이 필요로 하는 채소 및 과일을 재배하여 막대한 수익을 올리기도 했다. 실제로 왕실 회계 장부는 늦은 겨울이나 초봄에 버찌 한 개에 1탈러를 지급했다. 1761년 프리드리히 2세는 말레이시아에서 수입한 피상나무(Pisang, 바나나) 재배를 위해 특별 온실을 만들어 전담인을 배치하기도 했다. T. Blanning, *Friedrich der Grosse*, p.205; E. Frie, *Friedrich II.*,

상수시 궁전

부터 건축가 크노벨스도르프(Knobelsdorff)와 그 협력자들에 의해 건축이 본격화되었다. 건축 과정에서 궁전 형태에 대한 논의, 특히 습기 제거를 위한 지하실 설치로 초기 설계도에서 약간 변형되었다.[123]

　상수시 궁전은 로코코 양식을 선택했다. 로코코(rokoko)라는 단어는 로카이유(rocaille)라는 프랑스어에서 비롯되었다. 로카이유는 조약돌이나 조개 등으로 만든 장식물 혹은 인조암을 지칭한다. 따라서 로코코 양식은 조약돌이나 조개껍데기를 세공하여 가구나 건축물 등을 장식하는 것이라 하겠다. 이 양식은 18세기 초 파리에서 시작된 후 프랑스 전역과 독일 및 오스트리아로 퍼진 실내양식, 장식예술, 회화, 건축, 조각 양식으로 활용되었다. 들쭉날쭉한 가장자리, 금테를 두른 연한 색상의 장식 판자, 유리, 꽃다발, 사랑의 신의 조각, 윤곽이 들쭉날쭉한 곡선의 가구에서 보듯이 매력, 우아함, 그리고 복잡한 무늬를 장식에 도입한 것이 이 양식의 특징이라고 하겠다. 상수시 궁전은 건축 개시 5년 후인 1750

　　p.58; H-J. Giersberg, *Schloss Sanssouci*, p.34.
123　T. Blanning, *Friedrich der Grosse*, p.205; H-J. Giersberg, *Schloss Sanssouci*, p.41.

년에 완공되었다. 이때부터 프리드리히 2세는 베를린 궁전보다는 별궁인 상수시 궁전에서 머무르는 경우가 많았다.[124]

프리드리히 2세는 베를린 고위 관료들과 그들의 부인을 상수시 궁전에서 매주 정례적으로 개최하던 일요일 점심 만찬에 초대했지만, 엘리자베트-크리스티네는 초청 대상에서 항상 배제했다. 상수시 궁전에서의 점심 만찬은 일요일뿐만 아니라 평일에도 개최되었는데 이 만찬은 적게는 7코스, 많게는 12코스나 되었다. 일반적으로 만찬에는 12명 정도가 참석했는데 이들은 자신의 접시에 놓인 음식 모두를 먹어서도 안 되고 당시 음식들이 놓여 있던 식탁에 가서 음식들을 직접 담거나 시식하는 것 역시 결례로 간주했다. 프리드리히 2세와 그가 초대한 손님들은 어떤 음식을 먹었을까 궁금해지는데 당시의 자료들은 그것에 대한 해답을 제시하고 있다. 여기서는 1780년 10월 23일에 개최된 7코스로 구성된 점심 만찬을 살펴보도록 한다. 당시 프리드리히 2세는 68세였지만 등극한 이후 거의 매일 개최한 점심 만찬을 중단하려는 생각은 전혀 없었다. 그러나 프리드리히 2세의 점심 만찬은 그의 노화가 급격히 나타나기 시작한 1785년에 중단되었고 다음 해인 1786년 완전히 사라졌다.[125]

1780년 10월 23일에 개최될 7코스(각 코스의 음식을 담당하는 조리사의 실명이 게재)의 점심 만찬 메뉴는 하루 전에 작성하여 프리드리히 2세에게 제출하여 허가를 받아야 했는데 그 과정에서 프리드리히 2세에 의해 메뉴 일부가 변경되었다. 왕실 조리전담팀이 제출한 점심 만찬 메뉴를

---

124 T. Blanning, *Friedrich der Grosse*, p.205; E. Frie, *Friedrich II.*, p.59; J.Kunisch, "Henri de Catt, Vorleser und Gesprächspartner Friedrichs des Großen. Versuch einer Typologie", in H.Eckhart ed., *Zeitwende? Preußen um 1800*(Stuttgart, 1999), p.253.
125 1786년 이후에도 점심 만찬은 프리드리히 2세의 명령에 따라 간헐적으로 개최되곤 했다.

살펴보면 첫 번째 코스에 게 수프(*Soupe d'écrevisse*), 두 번째 코스에 당의를 입힌 사고, 애기꿩이법, 그리고 양상추(*Des ailes des perdraux glacez à l'oseil et laituës*), 세 번째 코스에 소스가 뿌려진 영국풍의 어린양 소시지(*Tendron de mouton à l'Anglaise. Sauce verte*), 네 번째 코스에 골경단과 구운 꿩고기(*Marktsknedeln & gebratene Fasanen*), 다섯 번째 코스에 산토끼꽃과 완두콩이 곁들여진 갈비 고기(*Cardon en petit pois avec cotelettes*), 여섯 번째 코스에 농어구이 조각과 백포도주 위에 크림을 넣은 과자(*Filets von Zander und Locken à la Palfie au blanc*), 일곱 번째 코스에 파르마산 치즈가 뿌려진 빈풍의 지빠귀와 구운 종달새 고기(*Gratins des Grives à la Viennoise au parmesan, avec garniture gebratene Lerchen*)가 제공된다고 했다. 이러한 점심 메뉴판을 본 후 프리드리히 2세는 메뉴 수정을 했는데 그에 따르면 7코스를 4코스로 축소하고 첫 번째 코스에 염소 수염 수프(*Soupe aux Salssiie*), 두 번째 코스에 산토끼꽃과 완두콩이 곁들여진 당의를 입힌 자고(*Ailes de perdos Glacées au Cardons et petit pois*), 세 번째 코스에 종달새 고기만두(*Petit patéz à la Romain des allouettes*), 네 번째 코스에 영국풍의 송아지 고기 커틀릿(*Des clops de Vau à l'anglaise*)을 제공해야 한다는 것이다. 그리고 그는 제공된 음식의 빠른 소화를 위해 백포도주를 무제한 제공할 것도 지시했다. 왕실 조리전담팀이 제출한 메뉴판과 그것을 수정한 프리드리히 2세의 메뉴판은 일부를 제외하고 프랑스어로 작성되었는데 이것은 당시 왕실 및 귀족 사회에서 프랑스어가 매우 선호되었다는 것을 다시금 확인하는 계기가 되었다.[126]

상수시 궁전에서 개최되던 행사에서 배제된 엘리자베트-크리스티네는 베를린 궁전에 남아 있던 예식에는 참여할 수 있었다. 그러나 그녀의

126 T. Blanning, *Friedrich der Grosse*, pp.540~541 ; E.-B. Körber, *Die Zeit der Aufklärung*, p.15.

활동 반경은 점차 쉰하우젠 궁전
으로 축소되었다. 1747년 엘리자
베트-크리스티네는 절친한 친구
에게 보낸 편지에서 "아무것도 할
수 없는 이 세상에서 사라지는 것
을 신이 허락할 때까지 나는 그냥
조용히 기다리고 있겠다"라고 했
는데 당시 그녀의 나이는 31세에
불과했다.[127]

프리드리히 2세

1748년 여름 샬로텐부르크 궁
전 증축을 기념하기 위해 프리드
리히 2세는 왕실 가족 모두를 초대해 파티를 열려고 했다. 이때 그는 엘
리자베트-크리스티네를 부르지 않았는데 이것은 어머니가 요구가 아니
었다. 태후는 엘리자베트-크리스티네를 초청해도 된다고 했지만, 프리
드리히 2세가 자의로 그녀를 배제한 것이다. 프리드리히 2세는 동생인
프리드리히 아우구스트에게 보내는 서신에서 "까다롭고, 점잖만 빼는
인물을 쉰하우젠 궁전에서 샬로텐부르크 궁전으로 오게 하면 파티의 분
위기 역시 크게 영향을 받을 것이다"라고 했다.[128]

1741년부터 1762년까지 프리드리히 2세는 단 2회 엘리자베트-크리
스티네 생일 축하 행사에 참여했다. 그리고 그는 1765년 11월 8일 엘리
자베트-크리스티네의 50회 생일 파티에 참석하지 않았을 뿐만 아니라
다음 날 포츠담에서 개최된 같은 이름의 왕세자빈 엘리자베트-크리스

---

127 엘리자베트-크리스티네는 82세인 1797년까지 생존했다. T. Blanning, *Fried-
     rich der Grosse*, p.541.

128 T. Blanning, *Friedrich der Grosse*, p.85; K. Feuerstein-Prasser, *Ich bleibe zurück
     wie eine Gefangene*, pp.67~68.

제2장 젊은 시절의 프리드리히 2세

티네를 위한 사치스러운 행사에도 왕비를 초대하지 않았다.[129] 1782년 프리드리히 2세는 엘리자베트-크리스디네와의 결혼 50주년을 그대로 넘겼으며 동판화가가 이러한 것을 기념하기 위해 얇은 판을 제조하여 왕비에게 보이려 했지만, 경찰의 신속한 개입으로 성사되지 못했다.[130] 현재까지 회자되고 있는 엘리자베트-크리스티네에 대한 프리드리히 2세의 인사는 "그동안 마담께서 살찐 것 같습니다"였다.[131] 이 발언은 그가 7년전쟁을 끝내고 베를린에 돌아왔을 때 한 것이고 이어진 연회에서 프리드리히 2세는 부인 곁에 앉지 않고 제수인 빌헬미네와 여동생 아말리아 사이에 앉았다.[132]

당시의 상황을 고려할 때 프리드리히와 엘리자베트-크리스티네 사이에 자녀 출산은 불가능했다. 부부간의 냉랭한 사이 때문이라는 견해와 더불어 앞서 언급한 프리드리히의 성병으로 출산이 불가능하게 되었다는 주장도 일부 역사가들로부터 제기되었다.[133] 그러나 생식기 일부를 절단하는 외과적 수술이 진행되었음에도 성생활에 전혀 문제가 발생하지 않는다는 집도의의 견해에 따르면 성병 때문에 자녀 출산이 불가능하게 되었다는 일부 학자들의 주장 역시 신빙성이 떨어진다고 하겠다.[134]

---

129 T. Blanning, *Friedrich der Grosse*, p.86; K. Feuerstein-Prasser, *Ich bleibe zurück wie eine Gefangene*, p.68.

130 T. Blanning, *Friedrich der Grosse*, p.86; E. Giloi, Monarchy, *Myth and Material Culture in Germany*(Cambridge, 2011), p.23.

131 T. Blanning, *Friedrich der Grosse*, p.86.

132 T. Blanning, *Friedrich der Grosse*, p.86.

133 프리드리히는 평생 엘리자베트-크리스티네에게 부인 대신 왕비라는 공식적 명칭을 주로 사용했다. T. Blanning, *Friedrich der Grosse*, p.86.

134 1741년 프리드리히 왕세자는 최측근 6명을 언급했는데 여기에는 바르텐스레벤 백작도 포함되었다. 이렇게 절대적 신임을 받던 바르텐스레벤 백작은 왕세자의 또 다른 측근인 만토이펠(Manteuffel) 백작에게서 들은 이야기를 자신의 회고록에서 언급했다. 그것에 따르면 프리드리히 왕세자는 엘리자베트-크리

일부 다른 학자들은 프리드리히가 동생 하인리히와 마찬가지로 동성
애자였기 때문에 후계자에 관심이 없었다는 견해를 제시하고 있다. 그
러나 프리드리히는 청년기 이성에게 관심이 많았다. 실제로 오르젤스카
와 아멜리아를 사랑하기도 했다. 그러나 성병으로 인해 생식기 일부가
절단된 이후부터는 이성보다는 동성에 관심을 보였고 그러한 성향은 시
간이 갈수록 심해졌다. 그리고 국왕으로 즉위한 이후부터 그의 동성애
적 성향은 더욱 강해졌고 이러한 것은 런던에서 가명으로 출간된『비밀
기억(*mémoire secrèete*)』에도 자세히 묘사되었다.[135] 이 책에 따르면 프리드
리히 2세의 궁전에는 매우 많은 어린 남창(Lustknaben)들이 있었고 적당
한 간격을 두고 프리드리히 2세가 궁신, 마구간지기, 그리고 어린 남창
들과 유사 성행위를 했다는 것이다.

  프리드리히 2세에 대해 긍정적이었던 볼테르도 후에 자신의 회고록
에서 프리드리히 2세의 성적 행위에 대해 언급했다. 그에 따르면 프리드
리히 2세에게는 나쁜 습관이 있었는데 그것은 아침 접견 후 약 15분 동

스티네와 부부관계를 맺지만, 이것은 열망이라기보다는 의무에서 비롯된다고
했다. 만토이펠 백작이 후계자를 반드시 얻어야 한다고 조언하자 그렇게 대답
한 것이다. 만토이펠 백작은 격정 또는 열망을 가져야만 후계자를 얻는 것이 아
니라고 했고 이것에 대해 프리드리히 왕세자는 아무런 답변도 하지 않았다. 이
러한 대화를 통해 프리드리히 왕세자는 후계자를 생산할 능력을 충분히 갖췄지
만 그것을 이행하지 않은 것을 확인할 수 있다. 그리고 프리드리히 왕세자는 국
왕으로 즉위한 이후부터 엘리자베트-크리스티네와 부부관계를 전혀 하지 않았
다. T. Blanning, *Friedrich der Grosse*, p.81.

135 펠니츠(Karl Ludwig v. Pöllnitz)가 1734년에 출간한『호색의 작센(*La Saxe
Galante; Das galante Sachsen*)』에서도 프리드리히 2세의 동성애 편력이 거론되
었다.『호색의 작센』은 당시 유럽 군주들의 애정 편력을 다루면서 이들이 호색
에 물들어가는 경로 및 그 과정에서 보인 연정적이고 매력적인 자세를 자세히
언급했기 때문에 당시 유럽 전역에서 매우 많이 팔렸다. S. Martus, *Aufklärung*,
p.588.

안 제복을 입은 하인이나 젊은 사관생도들과 매우 악의 있고 농도 짙은 성적 농담, 즉 언어석 쾌락 시간을 가졌다는 것이다. 또한 프리드리히 2세는 궁정에서 측근들과 대화하며 동성애와 관련된 농담도 자주 했다. 왕은 저녁 특식 시간에 분위기 고조를 위해 낭송한 「팔라디온(Le Palladion)」에서 '왼쪽에서 하는 섹스(den Weg zur Linken)'에 대한 쾌감을 언급했고 그가 총애하던 포츠담 시민인 다르제(Claude E. Darget)가 예수회파 교도들에게 당한 끔찍한 성적 학대를 자세히 묘사하는 것도 허용했다.[136]

프리드리히 2세는 자신이 후계자 없이 세상을 떠난다는 것을 잘 알고 있었기 때문에 점차 일종의 승화이론(Sublimationsthese)을 통해 자신의 이미지를 변형시키려 했다. 여기서 그는 자신을 국부(Landesvater)로 자칭하면서 국가통치를 위해 사적인 모든 것들을 희생한다는 점을 부각했다. 실제로 프리드리히 2세는 국가의 권력 구도가 탄탄할 경우 왕위계승이나 왕위계승전쟁은 더는 국가의 존망이 걸린 사안이 아니라고 생각하고 있었다.[137]

5. 볼테르와의 만남

프리드리히와 볼테르 사이의 서신 교환은 1736년부터 시작되었다. 이 시기 프리드리히는 볼테르를 비롯한 일련의 사상가들이 전파한 계몽사상에 동의하는 자세를 보였다.

계몽사상이 등장한 제 요인과 당시 이 사상이 지향하던 목표를 살펴보도록 한다. 당시 대다수의 유럽 국가들이 도입한 절대왕정 체제는 자체적으로 극복할 수 없는 문제점을 가지고 있었는데 그것은 사회구성원

---

136 C. Clark, *Preußen*, pp.225~226.
137 S. Martus, *Aufklärung*, p.588.

모두의 관점을 정책에 효율적으로
반영시킬 수 없다는 것이었다. 이
에 따라 절대 왕정 체제의 문제점
을 해소해야 한다는 사회적 분위
기가 조성되기 시작했고 거기서
인간의 이성을 강조하는 계몽사상
도 등장하게 되었다. 퇴행을 부정
하고 진보만을 지향한 계몽사상은
절대왕정 체제의 후반기라 할 수
있는 17세기, 18세기 서유럽 지성
사에 큰 영향을 끼쳤다.

볼테르

계몽사상은 이성에 따라 세계가 창조되었고 그 규율 역시 인식할 수
있다는 기본적 입장을 표방했다. 이제 문화의 모든 영역에서 이성이 강
조되었고 자연법 역시 기존의 국가 질서에 도전하게 되었다. 이 당시 사
람들은 자연법을 신이 초기에 만든 것으로 간주했다. 아울러 이들은 낙
천적 진보를 믿게 되었고 점차 신, 국가, 그리고 사회의 새로운 상을 구
축하기 시작했다. 여기서 돌바크(Paul-Henri Dietrich d'Holbach)를 제외한
대다수 계몽사상가는 이신론적 입장을 지향했다.[138] 이들은 사랑과 은총
을 베풀거나, 기적을 행하는 종래의 인격적인 신 대신에 기계와도 같은
우주의 창조자인 동시에, 이 우주 기계를 영속적으로 법칙에 맞게 움직
이도록 한 첫 동작자로서의 신을 설정했다. 따라서 이들은 이성과 계시
를 조화시키려던 뉴턴(Isaac Newton)마저 비판의 대상으로 간주했는데 이

---

138 대다수 계몽사상가와는 달리 돌바크는 무신론적 유물론을 지향했다. 이신론
(Decism)과 유신론(Theism)은 어원적으로 같은 의미이다. 이신론은 라틴어
'deus'에서 나온 말이고, 유신론은 그리스어 'theos'에서 나온 말로, 두 단어는 모
두 신이라는 뜻을 가진다.

것은 신이 이성의 원천이고 그것 역시 증명할 수 있다는 이들의 기본적 입장에서 비롯된 것 같다. 또한 계몽사상가들은 신이 이성 법칙에 따라 세계를 창조했기 때문에 그가 자연법을 변경하는 것처럼 극히 일부만이 변경될 수 있다는 주장도 제기했다.

당시 계몽사상가들은 인간의 선을 강조했을 뿐만 아니라 법적이나 능력 면에서도 모두가 같다고 주장했다. 아울러 이들은 이성에 대한 무시가 수백 년간 지속되었기 때문에 인류가 지금까지 미성년적인 상태에서 벗어나지 못하고 있다는 관점도 피력했다. 또한 이들은 만일 인간을 이성적으로 대우하면 이들은 자유롭게 될 뿐만 아니라 그들이 가진 능력을 충분히 발휘할 수 있다는 입장도 밝혔다.

계몽사상가들은 원시시대의 사람들이 자유 및 평등권을 지키기 위해 국가협약을 체결했기 때문에 국가는 자유로운 개인의 목적적인 창조물이라고 했다. 따라서 이들은 중세에 제기된 국가생성론, 즉 신에 의한 국가창조론을 거부했다. 또한 이들은 통치 협약을 해제시킬 수 있을 뿐만 아니라 그것을 지키기 위해 저항권도 행사할 수 있다는 관점을 가지고 있었다. 아울러 이들은 국민주권과 권력분립론에 대해서도 거론했다. 여기서 이들은 국민이 국가를 창조했기 때문에 이들이 주권을 반드시 가져야 한다고 했다. 그리고 이들은 국민이 직접적 또는 간접적으로 그들의 권한도 행사해야 한다는 견해를 제시했다.

프리드리히의 향후 정치적 행보에 큰 영향을 준 볼테르의 원래 이름은 프랑수아 마리 아루에(Francois-Marie Arouet)였다. 그는 정통 기독교가 인류 최대의 적이라고 혹평했을 뿐만 아니라 전제정부에 대한 모욕적인 발언도 했다.[139] 이에 따라 그는 프랑스를 떠나 1726년부터 3년간 영국

139 볼테르 역시 이신론자였는데 영국이나 독일의 이신론자들과는 달리 기독교 교리를 적극적이고 신랄하게 비판했다. 그는 분별력을 가진 사람들과 선량한 사람들은 기독교가 공포에 사로잡히게끔 지속해서 공격해야 한다고 했다. 당시

의 런던에 머물러야 했다. 이 시기 그는 기계론적 자연과학에 근거한 뉴턴의 우주 체계와 로크(John Locke)의 철학을 배웠다. 당시 로크의 후예들은 학문적 이성과 종교 사이의 관계를 논의하는 과정에서 이신론을 발전시켰다.

볼테르는 영국이 이론 및 실천적 측면에서 훨씬 더 계몽된 사회라는 것을 파악하고 『철학 서간 또는 영국에 관한 편지(Lettres philosophiques ou Lettres sur les anglais)』를 출간하여 프랑스인들에게 그들의 후진성을 알리려고 했다. 그에 따르면 프랑스의 당면 과제는 새로운 철학 체계를 발전시키는 것이 아니라 영국이 성취한 계몽의 수준을 파악한 후 이를 널리 알리는 것이었다.[140]

1729년 프랑스로 돌아온 볼테르는 지적·종교적·정치적 자유를 위한 투쟁에 몰두하면서 계몽사상의 선구자 역할도 담당했다. 그는 누구보다도 계몽적 이념 확산에 크게 이바지했다. 1734년 『철학 서간 또는 영국에 관한 편지』가 프랑스에서 출간되었지만, 이 저서는 바로 반국가적이고 반종교적이라는 이유로 압수된 후 공개적으로 소각되었다. 다시 감옥에 갇힐 위기에 처한 볼테르는 로렌의 시레이(Cire)에 위치한 샤틀레(Châtelet) 후작부인의 성으로 도피하여 그곳에서 자연과학과 역사 연구

이신론자와 마찬가지로 볼테르는 신을 '최고 존재', '신적인 시계공', '신적인 우주 창조자', '자연의 신', 그리고 '빛의 아버지'로 간주했다.

140 당시 볼테르는 영국인의 열린 마음과 경험주의, 예컨대 영국의 과학자에 대한 존경과 연구를 위한 지원을 칭송했다. 그는 영국 귀족정의 상대적 취약성을 영국이 정치적으로 건전하다는 것을 보여주는 징표로 간주했다. 볼테르는 영국인이 프랑스인과는 달리 상업과 그 분야에 종사하는 사람들을 존경한다고 했다. 그리고 그는 영국의 세금 체계가 합리적이며 프랑스처럼 재정 파탄을 유발하는 특권층에 대한 면세도 없다는 것을 지적했다. 볼테르는 영국 하원은 중산 계층을 대표하고, 프랑스의 절대주의와는 달리 영국 정부에 대해 균형을 이루고 있으며 전횡적인 권력을 견제하는 기능도 가졌다고 했다.

에 몰두했다. 이후 '성스러운 에밀리아(Emillie)'라고 불리던 샤틀리에 후작부인과 더불이 15년간 영감을 나누 는 행복한 관계를 유지했다.

볼테르는 역사, 소설, 희곡, 수필, 팸플릿 등 90여 권의 저술과 많은 서신을 통해 구질서 체제의 문제점들을 폭로했을 뿐만 아니라 종교적 관용, 과학 정신, 그리고 합리주의 정신을 전파하고 언론 및 신체의 자유 사상 보급에도 노력했다. 당시 볼테르는 국가가 지배자 개인의 영광과 야욕을 위해서가 아니라 신민의 필요와 희망을 충족시키는 하나의 도구로서 존재해야 한다고 피력했다. 비록 다른 계몽사상가들처럼 자연권을 주장했지만, 계몽군주제를 이상적인 정부 형태로 간주하는 보수성도 보였다.

볼테르와 서신 교환을 하면서 프리드리히는 자신의 향후 과제를 언급했는데 그것은 프로이센 신민의 무지 및 편견과 싸우는 것이었다. 이를 위해 프리드리히는 프로이센 신민을 계몽시키고 그들의 품행 및 도덕을 교화시켜야 한다고 언급했다. 이에 대해 볼테르는 '프리드리히가 향후 독일 내 모든 군주들에게 모범이 되는 임무를 수행할 것이고 독일인들 역시 경탄할 것이다'라고 평가했다. 프리드리히는 볼테르와의 서신 교류를 통해 터득한 계몽사상을 토대로 1740년 『반마키아벨리론(Antimachiavellismus)』이라는 저서도 출간했다.[141]

출간에 앞서 프리드리히는 볼테르에게 서신을 보내 자신이 마키아벨리론을 연구했으며 그 결과물을 출간하겠다는 의도를 밝혔다. 실제로 프리드리히는 1739년 5월부터 집필을 시작했고 같은 해 11월에는 초고를 마무리했다. 다음 해 2월 1일 프리드리히는 초고를 정리한 후 4월 26일 볼테르에게 보내어 수정 및 보완을 요청했다. 마침내 1740년 2개의 판본이 출판되었다.

---

141 F. Frie, *Friedrich II.*, p.53; S. Martus, *Aufklärung.*, p.466.

첫 번째 판본은 네덜란드의 덴하흐(Den Haag)에서 반 두렌(Johann van Duren)에 의해 출간되었는데 당시 제목은 『마키아벨리론에 대한 왕자의 비평적 연구(Examen du Prince de Machiavel, avec des notes historiques et politiques)』였다. 그런데 프리드리히는 프로이센 국왕으로 즉위한 이후 첫 번째 판본에서 정치적으로 부적절하거나 쟁점을 유발할 수 있는 문구들을 출판 전에 삭제하려고 했지만 실패했다. 같은 해 두 번째 판본인 『반마키아벨리론 또는 마키아벨리론에 대한 왕자의 비평적 수필(Anti-Machiavel ou Essay critique sur le Prince de Machiavel)』이 첫 번째 판본과 같이 덴하흐에서 출간되었는데 이 판본에서 볼테르는 프리드리히의 정치적 관점을 부분적으로 수정하고 일부 문구들은 삭제했다.[142]

여기서 프리드리히가 당시 유럽에서 '소문을 널리 퍼뜨리는 수다쟁이(Kolporteur von Klatsch und Tratsch)'로 알려진 볼테르에게 원고를 보냈고 거기서 무기명으로 저서를 출간하겠다는 의도를 밝힌 것은 분명히 의도적이라고 볼 수 있는데 그것은 자신이 원고에서 거론한 다소 과격한 구절들에 대한 변호를 볼테르가 해주기를 바란 데서 비롯된 것 같다. 실제로 프리드리히는 당시 모세(Moses)를 사기꾼 또는 지극히 평범한 지도자(ziemlich mittelmäßiger Anführer)로 묘사하는 등 당시 종교계에서 수용할 수 없는 것들을 초고에서 거론했다.[143]

프리드리히는 두 번째 판본에서 인류의 보편적 도덕을 지향하는 변호자의 관점에서 마키아벨리 관점을 정면으로 비판했을 뿐만 아니라 올바른 통치자의 상도 제시했다. 그리고 그는 한 국가의 통치자는 자제력을

---

142 T. Blanning, *Friedrich der Grosse*, p.104; F. Frie, *Friedrich II.*, p.53; J.Kunisch, "Das Lob der Monarchie. Aspekte der Staats—und Herrschaftsauffassung", in B. Sösemann, ed., *Friedrich der Große in Europa:gefeiert und umstritten*(Stuttgart, 2012), p.28; S. Martus, *Aufklärung*, p.466.

143 T. Blanning, *Friedrich der Grosse*, p.104; S. Martus, *Aufklärung*, p.466.

상실한 명예심, 불성실, 그리고 살인을 추구하기보다 고결한 자세 및 덕성을 갖추어야 한다고 했다. 그에 따르면 군주는 신민의 복지를 최우선 과제로 설정해야 하며 선, 아량, 그리고 자비를 지향하는 정책을 펼쳐야 한다. 이것을 통해 군주는 유일한 과제를 부여받게 되는데 그것은 자신이 지배하는 신민의 행복을 위해 꾸준히 노력해야 한다는 것이다. 그리고 이러한 관점에서 프리드리히는 '군주는 신민의 행복을 실천시키는 제일의 종복이다'라는 견해도 밝혔던 것이다.

프리드리히의 이러한 도덕적 요구는 당시 보편화된 폭정에 대한 비판으로 연계되었고 이것은 향후 유럽의 군주들이 국가를 어떻게 통치해야 하는지도 언급한 것이라 하겠다.[144] 프리드리히가 거론한 반마키아벨리

---

144 1513년 마키아벨리(Niccolo di Bernardo dei Machiavelli)가 자신의 저서인 『군주론』에서 언급한 사상에서 마키아벨리즘이라는 용어가 비롯되었다. 이 사상의 엄밀한 의미는 국가의 이익을 위해 어떠한 방법, 즉 도덕성을 무시한 방법을 활용해도 된다는 것이다. 그러나 모든 사상이 그렇듯 그것이 발의자의 의도로만 국한되는 것은 아니다. 영국에서는 1560년대 말 종교를 경멸하고 정치적 이익만을 추구하는 행위나 행위자를 'Machiavel' 또는 'Machiavellian'으로 지칭했고, 1592년에는 '위선'이라는 의미로 사용되기도 했다. 당시 볼테르는 프리드리히 2세의 저서를 수정하면서 그것에 대해 비평했다. "만일 마키아벨리가 프리드리히 2세를 자신의 제자로 간주한다면 그는 먼저 프로이센 위정자에게 마키아벨리즘에 반대하는 글을 쓰라고 조언해야 할 것이다"라고 언급한 것이다. 프리드리히 2세는 역사와 관련된 저서들도 다수 저술했는데 대표작으로는 『내시대의 역사(Geschichte meiner Zeit)』(1746), 『브란덴부르크 가문사의 회고록(Denkwürdigkeiten zur Geschichte des Hauses Brandenburg)』(1748.2)과 『7년전쟁사(Die Geschichte des Siebenjährigen Krieges)』(1764)를 들 수 있다. 이 저서들 대다수는 그의 사후 출간되었다. 그런데 프리드리히 2세의 저서들은 매력적이고 설득력이 강해서 그와 그의 선임자들에 대한 후대 인식 역시 이것들을 통해 형성된 것 같다. 대선제후와 프리드리히 빌헬름 1세의 「정치적 유산」에서 감지되는 역사 변화에 대한 날카로운 인식은 프리드리히 2세의 내면에 자의식으로 정착되었다. 프리드리히 빌헬름 1세가 1722년 2월의 「정치적 유산」에서 아들과 그의 후계자들이 "예수 그리스도를 통한 신의 도움"으로 "세상 끝까지" 번창하

적 정부는 새로운 사상적 배경을 갖춘 지배자에 의해 주도된다. 그리고 이 지배자는 마치 한 선박의 항해장이 기상 상태를 정확히 살피면서 항해하는 것처럼 자신을 현실적 상황 및 거기서 파생되거나 파생될 수 있는 분쟁에 정확히 연계시키는 능력도 갖춰야 한다는 것이다. 즉 한 국가의 군주는 경험적 여건, 올바른 인성, 그리고 신민의 심성을 고려한 정책을 펼쳐야 한다는 것이 프리드리히의 관점이었다.

프리드리히는 두 번째 판본에서 전쟁을 매우 비중 있게 다루었다. 그는 전쟁의 비참함을 강조했고 이것이 종종 위정자가 제어할 수 없는 참담한 폐해도 가져다준다고 했다. 따라서 가능한 한 전쟁을 하지 않아야 하지만, 전쟁을 완전히 피할 수 없다고도 했는데 이것은 자신이 밝히려던 '정의의 전쟁(Der gerechte Krieg)'을 옹호하는 과정에서 나왔다. 그런데 '정의의 전쟁'은 예상된 공격을 사전에 막기 위한 방어 전쟁의 성격이 강한데 이 전쟁은 동맹 체제를 구축한 국가들에 대한 계약상의 의무를 수행하는 과정에서 비롯되는 경우가 많다는 것이다. 일반적으로 동맹 체제 구축은 군주의 관심과 신민의 이익을 보호·증대시키기 위해 결성되는데 이를 위해 군주는 동맹국의 일원으로 전쟁에 참여할 수도 있다는 것이 프리드리히 2세의 관점이었다. 프리드리히는 자신의 저서에서 전쟁을 완전히 피할 수 없다고 했는데 이것은 당시 그가 인간의 기본적 속성인 권력욕, 소유욕, 그리고 평화 추구욕이 불변하지 않는 한 전쟁을 피할 수 없다는 것을 인지하고 그러한 주장을 펼치지는 않은 것 같다.[145]

기를 바라는 경건한 소망으로 끝을 맺은 데 비해, 프리드리히 2세는 1752년의 「정치적 유산」의 첫 구절에서 모든 역사적 업적의 우발적이고 무상한 성격을 언급했다. 이것은 아마도 신의 섭리가 존재하지 않는다는 프리드리히 2세의 확신에서 비롯된 것 같다. F. Frie, *Friedrich II.*, p.7.

145 T. Blanning, *Friedrich der Grosse*, p.105; F. Frie, *Friedrich II.*, p.53; J.Kunisch, "Das Lob der Monarchie. Aspekte der Staats-und Herrschaftsauffassung", p.28;

1740년 5월 31일 볼테르는 프리드리히가 프로이센 국왕으로 즉위했다는 소식을 듣고 크게 환호했다. 이것은 "이날은 나의 생애에서 가장 기쁜 날이다. 정말로 나는 한 철학자가 국가를 지배한다는 것은 예상하지도 못했다. 그런데도 불구하고 나를 비롯한 여러 인물은 이러한 날이 오기를 기다렸다."라는 그의 문장에서 확인할 수 있다. 그러나 볼테르의 기쁨은 프리드리히 2세가 몇 달 후 슐레지엔 지방을 점령한 후 사라졌다. 볼테르는 위정자(프리드리히 2세를 지칭)가 자신의 마음에 들고 꼭 차지하고 싶은 지방이 있으면 그는 철학적 외투를 과감히 벗어 던지고 즉시 칼을 쥔다고 했고 이를 지칭하여 국왕철학자(Roiphilosophe)라 했다.[146]

실망에도 불구하고 볼테르는 1749년부터 프리드리히 2세의 초청을 받아들여 상수시 궁전에서 머물렀다. 당시 프리드리히 2세는 볼테르를 궁정시종관으로 임명하여 황금열쇠를 하사했고 매년 적지 않은 연봉도 지급했다. 3년 동안 상수시 궁전에 머물렀던 볼테르는 프리드리히 2세와 자주 접촉했을 뿐만 아니라 570통에 달하는 서신도 교환했다.[147]

볼테르를 통해 프리드리히 2세는 많은 재기(Esprit)를 전수받았지만 동시에 그는 프랑스 철학자로부터 야비한 태도도 배웠다. 1732년 슐렌부르크(Ludwig Schulenburg) 백작은 루핀(Ruppin)에서 프리드리히가 종종 사람들로부터 조롱거리를 찾아내고 그것에 대한 비하적인 발언도 했다고

U. Muhlack, "Geschichte und Geschichtsschreibung bei Voltaire und Friedrich dem Großen", in N. Hammerstein/G. Walther eds., *Ausgewählter Aufsätze zu Humanismus und Historismus, Absolutismus und Aufklärung*(Berlin, 2006), pp.178~179.

146 프리드리히 2세는 1740년 9월 11일 베젤 근처의 모이란트 성에서 볼테르를 처음으로 만났는데 그 자리에는 알가로티도 있었다. S. Martus, *Aufklärung*, p.487.

147 T. Blanning, *Friedrich der Grosse*, p.167; R. Koser, *Friedrich der Große als Kronprinz*, p.246.

했는데 이것은 향후 프리드리히에게 적지 않은 어려움도 가져다주었다. 지나치게 양성적 태도를 보였던 프리드리히 2세의 측근 렌도르프(Alfred Lehndorff) 백작도 일기에서 프리드리히 2세의 음흉하고 비열한 행동 몇 가지를 삽화적 형태로 기술했다. 여기서는 1756년 1월 29일 프로이센 왕세자인 프리드리히 빌헬름의 생일을 축하하는 만찬이 개최된 궁전에서 펼쳐진 일화를 소개하겠다. 만찬 식탁에서 프리드리히 2세는 식탁의 머리 부분에 앉아 있던 미혼 여성인 브란트(v. Brand)를 보고 당장 식탁에서 떠날 것을 명령했다. 이어 그는 만찬에 참석한 사람들을 상대로 "아름다운 여인들은 이성을 쉽게 낚을 수 있지만 못생긴 여인들은 이성을 낚기보다 궁전을 배회할 따름이다. 그리고 남자들은 사방 10마일 거리에서 추한 여성들의 냄새를 감지할 수 있으므로 이러한 부류의 여성들은 평생 이성을 만나지 못할 것이다"라고 말했다.[148] 이러한 돌발적이고 음란한 발언을 들은 참석자들, 특히 여성들은 크게 경악했고 만찬이 끝나자마자 가능한 한 빨리 만찬장을 떠나려고 했다. 그 과정에서 헤센-다름슈타트(Hessen-Darmstadt)의 공주는 자신의 가마가 아닌 당시 만찬장에 있던 구식 가마를 타고 빨리 떠나려는 소동까지 일으켰다.

1753년 6월 20일 베를린의 프랑크푸르트가(Frankfurter Straße)에서 왁자지껄한 소동이 일어났는데 여기서 매우 마른 프랑스인, 즉 볼테르가 프로이센 관리를 피해 달아나려고 했다. 소동이 일어나기 전에 관리들은 볼테르의 짐가방을 샅샅이 뒤졌고 그가 달아나려 한다면 사살해도 좋다는 명령까지 받은 상태였다. 볼테르가 탄 마차는 건초를 실은 마차들에 막혀 움직이지 못했고, 성문에서는 신분마저 발각되어 군인들에게 끌려가 알몸 수색까지 당하는 수모도 겪었다. 여기서 볼테르는 코담배

---

148 당시 영국에서 사용되던 1마일은 1,609m이었지만 프로이센의 1마일은 무려 7,402m나 되었다.

없이는 살 수 없다고 항변했지만, 그의 코담배 상자는 압류되었다. 이후 그는 허름한 한 여인숙에 연금되었다. 이렇게 볼테르가 비밀리에 프로이센을 떠나려 한 것은 그와 프리드리히 2세 사이의 불화에서 비롯되었다. 당시 볼테르는 프리드리히 2세가 직접 쓴 시와 다른 글들이 담긴 책을 가지고 있었고 프리드리히 2세는 그것들의 국외 반출을 용납하지 않았다. 왜냐하면 절대군주가 쓴 글로는 지나치게 급진적이어서 당시 유럽 왕실로부터 의심받을 만한 내용이 너무 많았기 때문이다.[149]

6. 프로이센 국왕이 되다

1) 프리드리히 빌헬름 1세의 서거

프리드리히 빌헬름 1세는 말년에 접어들면서부터 프리드리히를 신뢰하게 되었다. 당시 그는 호엔촐레른 가문의 유전병이었던 통풍 또는 족부통풍 발작으로 제대로 걷지 못하고 휠체어에 의존하는 상황이었다.

프리드리히 빌헬름 1세는 1740년 5월 31일 포츠담의 도시성 (Stadtschloß)에서 수종으로 사망했다.[150] 당시 전쟁장관이었던 툴레마이어 (Heinrich v. Thulemeier)는 프리드리히 빌헬름 1세가 사망하기 전날의 상황을 자세히 기록했는데 이것을 토대로 프리드리히 빌헬름 1세와 프리

---

149 프리드리히 2세와 볼테르 사이의 관계는 1757년부터 서신 교류를 통해 재개되었고 이것은 볼테르가 사망할 때까지, 즉 1778년까지 지속되었다. E. Frie, *Friedrich II*, p.12.
150 세포 간 조직 내나 체강 내에 대량의 조직액이 비정상적으로 저류되는 수종은 혈액 중의 수분이 대량으로 조직 내로 이동했을 때, 혈관 및 림프관 내를 흐르는 조직액의 관류가 장애 받을 때, 그리고 조직의 수분 흡착력이 증가할 때 발생한다. 당시 프리드리히 빌헬름 1세는 수종으로 인해 종종 호흡곤란에 빠지는 경우도 많았다. G. Bönisch "Der Soldatenkönig", p.79.

드리히의 감동적 장면도 확인할 수 있다. 이날 프리드리히 빌헬름 1세는 툴레마이어에게 "신은 나에게 그리 많은 은총을 내리지 않았지만 그래도 용감하고 능력 있는 아들을 선사했다"라고 말했다. 툴레마이어 곁에 있던 프리드리히가 부친의 말을 듣고는 그에게 다가가 손을 붙잡으면서 눈물을 흘렸다. 이에 프리드리히 빌헬름 1세는 아들을 끌어안았다. 이어 그는 측근들에게 프리드리히가 왕국을 잘 다스릴 것이라는 예견도 했다.

5월 31일 날 프리드리히 빌헬름 1세는 프리드리히를 다시 불러 마지막으로 그를 꼭 껴안으면서 "아, 이제 나는 편히 눈을 감을 수 있을 것 같다. 합당한 아들과 후계자를 가졌기 때문이다."라고 했다. 또한 그는 아들에게 항상 프로이센의 국력 또는 국제적 위상 격하를 모색하는 오스트리아 및 그 동맹국들을 절대로 믿지 말라는 조언도 했다.

실제로 프리드리히 빌헬름 1세는 유럽의 강대국들이 교활하게 자신을 속이는 것을 수차례에 걸쳐 경험했다. 오스트리아 및 프랑스를 비롯한 유럽의 주요 국가들이 프로이센이 정치적으로 민감한 니더라인 지방으로의 진출을 막으려 한다는 것도 알고 있었다. 프리드리히 빌헬름 1세는 구 비텔스바흐-호엔촐레른 가문의 노이부르크(Neuburg) 방계인 팔츠 선제후 단절 이후 드러날 윌리히-베르크(Jülich-Berg)에 대한 영토 분쟁에서 베르크 대공국(Herzogtum Berg)을 차지하려고 했다. 1725년 9월 헤렌하우젠(Herrenhausen)에 모인 에스파냐, 오스트리아, 프랑스, 영국의 협상 대표들은 프로이센과 더불어 윌리히-베르크 영토 문제를 해결하겠다는 입장이었다. 그러나 이후 협상 과정에서 별 진전이 없게 됨에 따라 프리드리히 빌헬름 1세는 1726년 10월 베를린 근처의 부스터하우젠에서 카를 6세와 독대했고 여기서 그는 국사조칙(Pragmatische Sanktion)을 인정한다고 언급했고 그것에 대한 반대급부로 카를 6세는 비텔스바흐(Wittelsbach) 가문이 베르크 대공국 점유를 포기하게 한다는 것도 약속했다. 따라서 비텔스바흐 가문의 베르크 대공국 포기가 부스터하우젠 조약 이행의 전제조건으로 주목받았다.

당시 프리드리히 빌헬름 1세는 뒤셀도르프(Düsseldorf)를 통치하던 팔츠-줄츠바흐(Pfalz-Sulzbach) 가문이 베르크 대공국에 강한 야망을 보였음에도 불구하고 빈 정부가 자신과 체결한 조약을 충실히 이행하리라고 믿었다.[151] 이에 따라 프리드리히 빌헬름 1세는 1728년 12월 베를린에서 체결한 오스트리아와의 협약에서 카를 6세의 외교정책을 지지하며 오스트리아 왕위계승자인 마리아 테레지아의 남편이 신성로마제국의 황제로 등극하는 데에 찬성표를 던지겠다고 했다. 이후 베를린과 런던 사이의 관계가 악화되었는데 그것은 영국에 대한 베를린 정부의 태도 변화뿐만 아니라 하노버 공국이 메클렌부르크-슈베린 대공국을 일시적으로 점유하는 것마저 프리드리히 빌헬름 1세가 허용하지 않은 데서 비롯되었다. 그런데 하노버 공국은 1717년부터 메클렌부르크-슈베린 대공국에 군대를 주둔시키고 있었는데 이것은 대공국의 통치자인 카를 레오폴트(Karl Leopold) 대공에 대한 귀족들의 반발과 이들의 청원에서 비롯된 황제의 제국집행권을 하노버 공국이 수행하고 있었기 때문이다.[152]

프리드리히 빌헬름 1세는 1736년 오스만튀르크와의 전쟁에서 적지 않은 타격을 받은 카를 6세에게 베르크 대공국을 프로이센에 넘겨주면 120만 탈러를 지급하겠다는 새로운 제안을 했지만, 신성로마제국 황제는 이를 거절했다. 1738년 2월 프리드리히 빌헬름 1세는 파리, 런던, 덴하흐, 그리고 빈으로부터 서신을 받았는데 거기서는 베르크 대공국을 팔츠-줄츠바흐 계통의 비텔스바흐 가문에게 일시적으로 이양하고 그 과정에서 프로이센의 관심도 배려하겠다는 것이 거론되었다. 이것

151 M. Erbe, *Deutsche Geschichte 1713~1790*, p.155.
152 M. Erbe, *Deutsche Geschichte 1713~1790*, p.155.

은 당시 유럽의 강국들이 베르크 대공국을 프로이센에 넘겨주는 데 반대한 것으로 볼 수 있을 것이다. 이후 프리드리히 빌헬름 1세는 프랑스 외무장관인 플뢰리(Andre-Hercule de Fleury) 추기경과의 접촉을 모색했고 1739년 4월에는 파리 정부와 비밀협정도 체결했다. 비밀협정에서는 프로이센이 베르크 대공국을 자국에 편입시키는 것을 프랑스가 허용한다는 것이 언급되었다. 그러나 프랑스는 불과 3개월 전에 빈과 체결한 협정에서 프로이센이 베르크 대공국을 차지해서는 안 된다는 것에 동의했었다. 프랑스의 이중적 태도는 그동안 외교정책에서 일관적으로 추구된 일종의 책략 전술에서 비롯된 것이었다. 그러나 프로이센은 프랑스의 책략 전술을 제대로 파악하지 못하고 희생양이 되었고 유럽 외교무대에서 조롱의 대상이 되기도 했다. 이후 프리드리히 빌헬름 1세 역시 자신의 외교정책을 '얼뜬(tölpelhafte) 외교정책'이었다고 자평했다.[153]

프리드리히 빌헬름 1세의 임종 예배에서 목사는 관례에 따라 국왕에게 "사람은 벌거숭이로 태어나서 벌거숭이로 세상을 떠난다"고 설교했다. 그러자 침대에 누워 있던 프리드리히 빌헬름 1세는 갑자기 몸을 일으키더니 숨을 헐떡이며 "내 어찌 벌거숭이로 세상을 떠날 수 있단 말인가! 어서 가서 내 제복을 가져와라"라고 시종에게 명령했다. 그러나 시종이 국왕의 제복을 가져왔을 때 프리드리히 빌헬름 1세는 이미 숨을 거둔 상태였다. 프리드리히 빌헬름 1세는 프리드리히에게 자신의 장례식을 간단히 거행하라고 요구했고 실제로 그의 시신이 안치된 주석관은 아무런 치장도 없었다.[154]

---

153 M. Erbe, *Deutsche Geschichte 1713~1790*, p.158.

154 프리드리히 빌헬름 1세는 근검과 절약을 통해 축적한 870만 탈러의 거액을 아들에게 통치자금으로 남겼고 프리드리히 2세는 이것을 오스트리아 왕위계승전쟁에 효율적으로 활용했다. C. Clark, *Preußen*, p.228.

2) 프리드리히 2세의 개혁정책

1740년 5월 31일, 프리드리히 2세는 부친과 마찬가지로 매우 간소하게 대관식을 치렀다. 이는 할아버지 프리드리히 1세가 즉위식 때 1,800대의 마차와 3만여 필의 말을 동원한 것과 크게 대비된다고 하겠다.

즉위한 직후 프리드리히 2세는 자신을 '신민의 일인자(le premier domestique des peuples)'라 지칭하려고 했으나 당시 볼테르는 동의하지 않았다. 볼테르는 프리드리히 2세에게 '신민의 일인자' 대신에 '관료 중의 일인자(premier magistrate)'로 변경할 것을 수차례에 걸쳐 요청했고 국왕은 결국 그것을 수용했다. 이에 따라 프리드리히 2세는 스스로를 '국가의 제1공복(premier serviteur de l'Etat= erster Diener des Staates)'이라고 칭했는데 이것은 최고위 관료의 자세로 국가를 통치하겠다는 의지의 표현이었다.[155] 여기서 프리드리히 2세는 자신이 국가의 공복임을 강조하면 왕국 내 신민 역시 국가를 위해 봉사하는 자세를 가지게 될 것이라는 확신도 가지고 있었다. 따라서 그는 신민들에게 '자발적이고 대가 없는 행동도 취할 것'을 요구했다.[156]

1740년 6월 3일, 즉 국왕으로 즉위한 지 사흘 만에 프리드리히 2세는 일부 측근 인사들의 반대에도 불구하고 칙령을 발표했는데 거기서는 국가 모반 또는 많은 사람을 희생시킨 중대 살인사건을 제외한 모든 재판

---

155 1732년부터 출간된 체들러(Johann Heinrich Zedler)의 『모든 학문 및 예술을 위한 체틀러 대세계백과(Großes vollständiges Universallexicon aller Wissenschaften und Künste)』에 프리드리히 2세의 등극과 인물평이 게재되었다. 거기서는 우선 프리드리히 2세가 29세의 나이로 프로이센 국왕 및 브란덴부르크 선제후로 등극했다는 것이 언급되었다. 이어 그의 외모에 대해 거론했는데 기품, 상냥함, 그리고 진지함이 돋보이는 얼굴을 가졌고 그것으로 인해 모두가 그에게 두려움 대신 호감을 느끼게 되었다는 것이다. S. Martus, Aufklärung, p.463.

156 E.-B. Körber, Die Zeit der Aufkläung, p.15.

과정에서 고문이 포함된 심문 절차를 완전히 폐지한다는 것이 언급되었다. 아울러 명확하고, 확실한 범죄들에 대해서도 고문을 활용하지 않는다는 것이 칙령에서 명시되었다.[157]

당시 법학자로 활동하던 토마지우스(Christian Thomasius)는 고문과 마녀사냥을 야만적 행위로 간주하여 그것들을 철폐해야 한다고 주장했고 계몽절대주의를 지향하던 프리드리히 2세 역시 그러한 관점에 전적으로 동의했다.

독일 계몽주의의 대부로 알려진 토마지우스는 1655년 1월 1일 라이프니츠의 스승인 철학자 야코브 토마지우스의 아들로 태어났다. 1669년 라이프치히대학 철학부에 입학한 토마지우스는 1672년 1월 25일 석사학위를 취득했다. 이어 1679년 프랑크푸르트 안 데 오데르(Frankfurt an der Oder)에 위치한 비아드리나(Viadrina)대학에서 박사학위를 받았고 그 후 이 대학의 법학부에서 단기간 강의도 했다. 같은 해 토마지우스는 고향 라이프치히로 돌아온 후 변호사로 활동하면서 그로티우스(Hugo Grotius)와 푸펜도르프(Samuel v. Pufendorf)의 자연법에 대해 강의했다.[158] 토마지우스는 홉스(Thomas Hobbes)의 관점과 마찬가지로 쾌락, 탐욕, 그리고 야심적 충동에 따라 인간의 의지가 움직인다고 했다. 또한 그는 대다수

---

157 T. Blanning, *Friedrich der Grosse*, p.474; M. Erbe, *Deutsche Geschichte 1713~ 1790*, p.159; S. Martus, *Aufklärung*, p.463; C. Clark, *Preußen*, p.300.

158 작센의 법학자 푸펜도르프는 국가 필요성에 대한 근거로 폭력과 무질서로 둘러싸인 암흑세계를 제시했다. 그는 저서인 『만국론 요법(*Elementorum iurisprudentiae universalis libri duo*)』에서 인간의 사회생활을 유지하기 위해서는 자연법만으로 충분하지 않다는 견해를 피력했다. 이어 통치권이 확립되지 않으면 사람들은 폭력으로 안녕을 추구할 것이며 모든 곳에서 위해를 가하는 자와 그것에 반발하는 자 사이의 대립이 발생할 수 있다고 했다. 따라서 그는 상호간 가할 수 있는 위해에 맞서 협동과 지원으로 사람들의 안정을 보장하는 것을 국가의 가장 중요한 목표로 설정했다. C. Clark, *Preußen*, p.60.

사람이 그들 의지로부터 벗어날 수 없고 희망과 공포가 동반되는 이성에 머무르는 경우도 많다고 했다. 그리고 무분별한 개별적 행복 추구는 결국 파멸과 접하게 되는데 자연적 상태가 아닌 정치적 공동체, 즉 국가의 구축을 통해 그러한 것을 제어하고 나아가 질서 체계도 정립할 수 있다는 것이 토마지우스의 관점이었다. 이러한 토마지우스의 관점은 '사람들이 신의 창조를 모방해 만든 인조인간'이 바로 국가라고 한 홉스의 주장과도 맥을 같이한다고 볼 수 있다.

토마지우스의 국가는 개인적 격정을 억제하고 공동의 이익을 지향하면서 평화, 안전, 그리고 복지를 추구했는데 이 역시 홉스가 언급한 '국가란 하나의 인격체로서, 모든 구성원이 그 안에서 상호 간의 계약을 통해 공동 행동을 하며, 그들의 평화와 안위를 위해 모두 힘과 수단을 쓸 수도 있다'라는 것과도 일치한다고 볼 수 있다. 따라서 토마지우스의 국가에서는 사회 협약(*pactum uniois*)과 복종 협약(*pactum subiectionis*)이 모든 것의 기초가 되기 때문에 국가의 권력분립은 지향되지 않았고 국가의 안녕만을 추구하는 제한적 계몽주의가 선호되었다.[159]

토마지우스의 관점에 동조한 프리드리히 2세는 "20명의 범법자를 석방하는 것이 한 명의 무고자를 희생시키는 것보다 훨씬 현명한 행위"라는 언급도 했는데 이것은 고문에 대한 자신의 부정적 시각을 다시 한번 표출한 것이라 하겠다.[160]

---

159 M. Kühnel, *Das politische Denken von Christian Thomasius:Staat, Gesellschaft, Bürger*(Berlin, 2001), pp.27~29.

160 당시 유럽에서는 피해자의 자백을 받아내기 위해서는 고문을 사용해야 한다는 관점에 이의를 제기하는 경우가 거의 없었다. 1745년에 출간된『모든 학문 및 예술을 위한 체틀러 대세계 백과』은 고문을 수사 기술의 일환으로 옹호했으며 1768년에 공포된 오스트리아의 대법전인『테레지아 법전(Theresiana)』에도 고문 관행이 존속될 정도였다.

1754년 추가로 발표된 칙령을 통해 프리드리히 2세는 고문 금지를 보다 체계화했다. 그는 고문이 잔인할 뿐만 아니라 피의자가 추가 고문으로 허위로 자백할 위험도 남아 있으므로 진실을 밝힐 수단이 될 수 없다고 했다. 프리드리히 2세의 이러한 조치로 많은 재판관과 법률 관리들은 이제 다루기 힘든 범죄자들로부터 자백을 받아낼 수단이 사라진 것에 불만을 토로했다. 지금까지 구질서 체제의 법체계하에서 자백은 증거의 제왕으로 간주되었다. 그러나 이제 재판관들은 증거 확보를 바탕으로 한 새로운 증거주의 원칙에 따라 증거는 많아도 자백이 없는 사건을 해결해야만 했다. 이렇게 고문에 대해 부정적이었던 프리드리히 2세는 자신의 재위 기간 중 가능한 한 고문 제도를 활용하지 않으려고 했다. 그러나 그는 단 한 번 그러한 원칙에서 벗어난 적이 있었다.

프리드리히 2세는 사형을 집행할 중죄의 발생 건수를 줄였으며 수레바퀴형(Strafe durch das Rad)의 절차를 약간 변형하여 커다란 변화를 이끌어내기도 했다. 단두대에 묶인 사형수의 뼈를 마차의 수레바퀴로 으스러트리는 이 잔인한 처형법은 근대 초기에 행해지던 공개처형의 특징을 보여주는 것으로, 내세 출발을 준비하는 의미에서 악인을 응징하는 데 초점을 맞춘 종교적 의식과도 연계된 수법이었다. 프리드리히 2세는 향후 이런 방식으로 사형수를 처형할 때 군중이 없는 장소에서 죄수를 교살한 후 수레바퀴형을 집행하라고 명령했다. 그의 의도는 대중에게 사형의 충격 효과는 주되 사형수에게는 불필요한 고통을 주지 말라는 것이었다. 고문의 경우에서처럼 여기서도 실사구시의 합리적 판단과 잔인한 행위에 대한 계몽주의적 혐오가 드러났다.

프리드리히 2세는 법무장관 겸 수석장관으로 활동하던 코크체이(Samuel v. Cocceji)에게 사법제도의 개선을 명령했고 그 과정에서 국왕에 의한 즉흥적 판결 배제와 3심제도의 도입도 구체화되었다.

1723년부터 베를린 고등법원장으로 활동하던 코크체이는 1738년 프리드리히 빌헬름 1세에 의해 법무장관으로 임명되었다. 이에 앞서 프리드리히 빌헬름 1세는 1714년 할레대학교 법학부에『프로이센 일반법전 (Ein allgemeines Gesetzbuch für die preußischen Lande)』의 편찬을 명령했다. 또한 코크체이는 프리드리히 2세 때 완성된 법령집인『프리드리히 법대전 (Corpus Juris Fridericiani)』간행에도 주저자로 참여했다.[161] 당시 코크체이는 법률 보호는 통치자의 제1책무라는 입장을 펼쳤을 뿐만 아니라 법률 적용에서 '공정성, 신속성, 그리고 저비용도 보장되어야 한다'라고 했다. 또한 이 인물은 법률은 왕국 내 모든 곳에서 동일하게 적용해야 한다는 관점도 가지고 있었다. 아울러 코크체이는 지금까지 시행된 구두 판결보다 법전에 근거한 문서 판결을 지향해야 한다고 주장했고 판결문 역시 일정 기간 보존해야 한다는 견해를 제시했다.[162]

프리드리히 2세로부터 사법 개혁의 과제를 받은 코크체이는 법무장관의 권한을 발휘하여 방만한 사법 관료 조직도 개선하려고 했다. 그리고 그는 조직에 속한 인물들이 개혁을 주도해야 한다고 했다. 그런데 당시 재판을 담당하던 재판관들은 생계의 대부분을 재판 과정에서 부과되는 수수료에 의존하고 있었고 이것은 재판 과정을 지연시키거나 재판 당사자들로부터 뇌물을 받게 하는 요인으로도 작용했다. 이에 따라 코크체이는 재판의 공정성과 신속성을 확보하기 위해서는 재판관들에게 적절한 대우를 보장해야 한다고 프리드리히 2세에게 제안했고 거기서 그 재원을 지방의 귀족들에게 전가하는 데도 합의했다. 이후 코크체이는 여러 지방을 다니면서 부패하고, 무능력한 재판관들을 파면하고 나머지 재판관들에게 밀린 일들을 조속히 처리할 것을 요구했고 그에 따

---

161 『프리드리히 법대전』은 1749년에 출간되었다. M. Erbe, *Deutsche Geschichte 1713-1790*, p.168.

162 T. Blanning, *Friedrich der Grosse*, p.474; M. Erbe, *Deutsche Geschichte 1713~1790*, p.168; I. Mittenzwei, *Friedrich II. von Preußen*(Köln, 1980) pp.86~88.

른 보상도 약속했다.[163]

프리드리히 2세는 부친과 마찬가지로 이민자 및 종교적 소수자들, 즉 위그노들과 유대교인들에게 종교적 관용을 베풀었다. 1740년 6월 22일 그는 '프로이센의 모든 신민은 그들 방식대로 축복받으면 된다'라고 했다. 이러한 관용적 관점은 같은 해 친구에게 보낸 서신에서도 확인되었다. 여기서 그는 종교를 개인적 문제로 간주했고 모든 종교 역시 같은 대우를 받아야 한다고 했다. "모든 종교는 같고 좋은 것이다. 만일 (오스만)튀르크인들과 이교도들이 우리와 동거를 원하면 나는 그들이 필요로 하는 이슬람 사원이나 교회의 건축도 허가할 것이다."

프리드리히 2세는 1750년 8월 8일 브레슬라우(Breslau) 대주교의 동의를 얻어 종교적 관용 칙령도 발표했다. 이 칙령에는 신교도와 구교도가 결혼하면 그 자녀 중에서 아들들은 부친의 종교를 반드시 따라야 하지만, 딸들은 어머니의 종교도 선택할 수 있다는 것이 명시되었다.

카테가 처형된 이후부터 프리드리히 2세는 그다지 기독교를 선호하는 태도를 보이지 않았다. 그런데도 부친과 마찬가지로 신교도 유입에 긍정적이었는데 이는 그들을 통해 경제적 활성화를 모색하기 위해서였다. 같은 맥락에서 프리드리히 2세는 유대인들에 대해서도 관용적이었던 것 같다. 그는 불안정한 법적 지위 때문에 국가의 보호가 필요한 유대인들을 경제적 측면에서 활용하고자 했다. 이에 따라 프리드리히 2세는 경제적으로 여유 있는 유대인들에게 경제적 가치가 없는 국립 섬유 공장을 매각하거나 해외 교역에서 막대한 손실을 유발할 수 있는 도자기 수출을 전담시켰다. 이것은 유대인들의 탁월한 경제적 수완을 활용

163 T. Blanning, *Friedrich der Grosse*, p.474; P. Baumgart, "Zur Geschichte der kurmärkischen Stände im 17. und 18. Jahrhundert", in D. Gerdhard ed., *Ständische Vertretungen in Europa im 17. und 18. Jahrhundert*(Göttingen, 1969), p.159; M. Erbe, *Deutsche Geschichte 1713~1790*, pp.168~169.

하여 국가의 부를 증대시키려는 의도에서 비롯된 것 같다.

이렇게 유대인들의 경제적 능력을 효율적으로 활용하면서도, 프리드리히 2세는 부친과 마찬가지로 유대인들을 통제하고 그들의 수도 엄격하게 제한해야 한다는 생각을 하고 있었다.[164] 따라서 그는 1750년 18세기 유럽에서 제정된 유대인과 관련된 제 법령 중에서 가장 엄격한 '프로이센 왕국 내 유대인들에 대한 일반적 특권 및 규정법개정안'을 공포했다. 이 법안에 따라 프로이센 내 유대인들은 여섯 계층으로 세분되었다. 제1계층에 해당하는 유대인의 수는 극히 소수였고 이들은 주로 궁중 및 재정 분야에서 활동하고 기독교도들과 마찬가지로 교역 활동도 자유롭게 할 수 있는 권리를 부여받았다. 주택 및 토지를 자유롭게 구매할 수도 있었다. 그리고 특별한 경우에는 세습시민권도 획득할 수 있었다. 이에 반해 제2계층의 유대인, 즉 정식 보호 유대인(Die ordentlichen Schutzjuden)들은 거주지를 자유로이 선택할 수 없었고 사회적 신분도 자녀 한 명에게만 넘겨줄 수 있었다. 제3계층의 유대인, 즉 비공식 보호 유대인(Die außerordentlichen Schutjuden)들은 주로 안경사, 판화가, 화가, 그리고 의사로 활동하는데 이들의 활동이 사회적으로 유용하다고 인정될 때만 조건부 거주가 허용되었다. 제4계층에는 랍비, 합창대 지휘자, 그리고 합법적 도축자 등 지역사회의 종업원들이 해당되는데 이들의 상속권은 허용되지 않았다. 제5계층에는 제1계층부터 제3계층까지에 속하는 유

---

164 프리드리히 빌헬름 1세 시절 소수의 유대인은 막대한 부를 축적하고 법적 특권을 누렸지만, 대다수 유대인은 번거로운 제약을 받고 있었다. 1730년 프리드리히 빌헬름 1세가 발표한 '왕국 내 모든 유대인을 위한 일반특권(Generalprivilegium für alle Juden der Monarchie)'이란 칙령에는 유대인들이 상업 활동을 할 수 있지만, 수공업조합이 통제하는 수공업에 영향을 주거나 시내에서 물품을 판매하는 것을 금지한다는 것이 명시되었다. 또한 유대인들의 주택 구매도 불허했다. C. Clark, *Preußen*, p.305.

대인들의 보호하에 있는 유대인들이나 제2계층과 제3계층의 유대인들의 자녀 중에서 상속권을 부여받지 못한 인물들이 포함된다. 수적으로 가장 적은 제6계층의 구성원은 유대인 사업장 또는 집안에서 일하는 개인 고용인인데 고용 계약이 없으면 거주 허가도 나지 않았다. 개정된 일반적 특권 및 규정 법안에 따라 500여 명의 가난한 유대인들, 즉 제6계층에 포함된 유대인들은 아무런 보상도 받지 못하고 즉시 왕국을 떠나야 했는데 당시 이들에게 적용된 법안은 제대로 틀도 갖추지 않은 미완의 상태였다. 프리드리히 2세가 미완의 법령으로 경제적으로 국가에 도움이 안 되는 유대인들을 강제로 추방한 것은 유대인들이 프로이센 전체 인구에서 차지하는 비율을 인위적으로 축소하겠다는 의지에서 비롯된 것 같다.[165]

프리드리히 2세는 언론의 제한적 자유에도 관심을 보였고 그 과정에서 베를린의 서적 판매상 하우데(Ambrosius Haude)가 간행하려던『국가 및 지식정보를 위한 베를린 신문(*Die Berlinischen Nachrichten von Staats-und gelehrte Sachen*)』의 발행을 허가했다. 그리고 포르마이(Jean Henri Samuel Formey) 교수에게 정치 및 문학을 취급할 프랑스어 신문 창간도 주문했다.[166] 아울러 포데빌스(Heinrich Graf v. Podewils) 장관에게 신문의 비정치적 부분들에 대한 검열 폐지도 지시했는데 이것은 프로이센 국왕으로

---

165 C. Clark, *Preußen*, pp.305~306; E. Frie, *Friedrich II*, p.91; S. Marcus, *Aufklärung*, p.848; C. Scuttle, *Die judicious Aufklärung. Philosophize, Religion, Escherichia*(München, 2002), p.176.

166 프리드리히 빌헬름 1세는 1713년 국왕으로 즉위한 후 일종의 어용신문으로 간주된『베를린 특권신문(Berlinische Privligierte Zeitung)』을 제외한 모든 일간지의 간행을 중단시켰는데 이것은 프리드리히 2세의 언론 정책과 근본적으로 견해를 달리한다고 하겠다. 그렇지만 즉위 초에 시행된 프리드리히 2세의 언론 관용 정책 역시 1743년부터 바뀌게 되었다. T. Blanning, *Friedrich der Grosse*, p.474; S. Martus, *Aufklärung*, p.473.

즉위한 첫주, 즉 6월 5일에 발표한 법령에서 확인할 수 있다. 그러나 프리드리히 2세는 정치 분야에 대한 검열은 지속되어야 한다는 태도를 고수했다.

언론에 대한 관용적 자세는 1740년 말부터 바뀌게 되었다. 1743년과 1749년에 검열 강화 법령을 발표하여 언론에 대한 관용적 입장을 포기했다. 언론들이 그의 사생활과 연계된 보도를 하면서 동성애자임을 인위적으로 부각하는 등의 자극적 보도에 치중한 데서 비롯된 것 같다. 이러한 상황에서 밀리우스(Christlob Mylius)는 베를린 최초의 대중지인 『예언자』를 1749년부터 간행했는데 여기에는 정치적 사안들 대신에 대중의 관심을 유발할 수 있는 비생산적이고 무미건조한 기사들만이 게재되었다. 당시의 지식인들은 베를린에서 간행되던 신문들보다는 외국서 간행되던 신문들을 통해 프로이센 및 유럽의 정세를 파악했다.[167]

프리드리히 2세는 프로이센 신민들이 서신으로 또는 직접적으로 민원을 제기할 수 있는 청원권도 부여하려고 했다. 이것은 신분에 대한 자만심을 가진 관료들의 횡포를 차단해야 한다는 판단에서 비롯된 것 같다. 또한 부친이 출범시킨 일반총국을 확대하는 동시에 전문화 및 효율화도 지향했는데 그 과정에서 세분된 전문부처와 지방청을 신설했다.

이러한 중앙 행정부 개혁은 그가 즉위한 1740년부터 시작되었다. 새로운 행정부서도 신설했는데 이 부서는 왕국의 우편, 교역, 그리고 매뉴팩처(공장제 수공업)를 전담했다. 그리고 1746년 제2행정부서와 제3행정부서에서 취급하던 군대의 보급 행정 사안들을 빼내어 새롭게 출범시킨 레알행정부서(Realdépartment)로 이관시켰다. 또한 1748년 그동안 일반총국이 담당한 사법권을 별도 부서, 즉 대수상청(Großkanzleramt)을 신설하여 담당하게 했다. 같은 해 일반총국과는 별도로 국왕으로부터 직접 명령을 받는

---

167 S. Martus, *Aufklärung*, pp.473~474.

산림청 및 건설청도 신설했다.[168]

당시 프로이센에서는 토지귀족, 즉 융커들의 권력이 막강했지만 실제로 이들이 국왕의 종복으로서 충성하고 있었는지에 대해서는 의문이 제기되곤 했다. 따라서 이 문제에 대한 균형추로서 프리드리히 2세는 관리들의 충성을 확인하고, 보장받을 수 있는 조치들도 취했다. 선천과 마찬가지로 프리드리히 2세 역시 국가에 봉사하면서 뛰어날 능력을 발휘한 평민들에게 귀족 작위를 부여했다. 아울러 평민들의 경제적 상황을 호전시키기 위해 기본급 제도도 도입했다. 또한 지방 귀족들이 출신 지역에서 관료로 활동하는 것을 용납하지 않았는데 이것은 지방분권화의 잠재적 기반이 구축될 것을 우려했기 때문이다. 따라서 귀족들은 고향에서 멀리 떨어진 지방에서 군주에게 봉사해야만 했다. 그리고 이것은 그동안 적지 않은 부작용을 유발한 '토착인의 권리(Jus Indignatus)'를 분쇄하는 효과도 발휘했다.

프리드리히 2세는 농민들의 부담을 크게 경감시키는 정책도 실시했다. 이는 지주 계층에 의해 자행되었던 농토 몰수 및 부역을 대폭 규제하는 칙령을 발표한 데서 확인할 수 있다.[169] 아울러 그는 농촌의 관개 사

---

168 M. Erbe, *Deutsche Geschichte 1713~1790*, p.164.

169 브란덴부르크에서 부역 봉사는 일주일에 2~4일로 제한되었지만, 노이마르크에서는 겨울에 4일, 여름에 6일 동안 부역 봉사를 해야만 했다. 그리고 부역은 같은 대농장 내에서도 차이가 있었다. 프리그니츠(Prignitz)의 슈타베노(Stavenow) 대농장에 소속된 카르슈테트(Karstädt) 마을의 소작인들은 매주 월요일, 수요일, 그리고 금요일 아침 6시에 집합하여 말수레에 타거나 도보로 작업 장소로 이동하는데 부역이 없으면 다시 집으로 돌아간다. 이에 반해 같은 농장에 포함된 메제코(Mesekow)의 어촌마을 소작인들은 부역이 없으면 대체부역, 즉 요청이 있을 때마다 노역에 투입되곤 했다. 그리고 당시 부역은 봉건적 의무가 아닌 임대차계약에서 거론된 것을 이행하는 것으로 인식되었다. 또한 강제노역은 농민들이 계획한 생활을 하지 못할 정도로 큰 부담을 주지는 않은 것 같다. C. Clark, *Preußen*, pp.198~199.

업 및 토지개량 사업도 적극적으로 추진하려고 했다. 또한 그는 양잠을 위한 뽕나무 경작도 장려했는데 그것은 비단 원료를 수입해야 하는 현실적 상황, 즉 예속적 상황에서 벗어나려는 의지에서 비롯되었다.[170]

3) 국왕의 하루 일과

프리드리히 2세는 매우 부지런한 군주였다. 이것은 당시 친위연대 장교가 작성한 프리드리히 2세의 하루 일정 보고서에서 확인할 수 있다. 그것에 따르면 프리드리히 2세는 오후 11시에 잠자리에 든 후 다음 날 아침 4시, 겨울에는 5시에 일어났다. 수면시간이 평균적으로 5시간에서 6시간을 넘지 않았다는 이야기다. 아침 일찍 기상하여 플루트 연주로 하루를 시작하는데 연주는 아침 식사를 하기 전까지 계속되었다. 아침 식사를 하면서는 커피를 매우 즐겨 마셨는데 당시 그가 마셨던 커피는 샴페인으로 끓여서 겨자로 맛을 낸 것이다.[171] 아침 식사를 끝낸 후 윗면이 경사진 책상에 놓여 있는 서류들을 검토하기 시작했다. 먼저 각국에 파견된 외교관들이 보낸 보고서들을 읽고 행간에 숨겨진 의미들도 확인했다. 그러고 나서 담당 부서의 비서에게 보고서에 대한 답장을 쓰게 했다. 이어서 국내 문제를 다룬 서류들을 읽으면서 서류 가장자리 여백에 지시 사항들도 간략히 기재했다. 그동안 또 다른 비서는 별로 중요하지 않은 서류들과 개인적 청원을 요약 정리하여 프리드리히 2세에게 보고

---

170 M. Erbe, *Deutsche Geschichte 1713~1790*, p.164. 당시 비단은 고가로 매매되었고 진보된 문명과 과학적 지식의 결합에서 비롯된 우아함을 갖춘 의류로 인식되었다. 따라서 경제적 여력을 갖춘 계층은 비단으로 만든 옷을 걸치려고 했다. C. Clark, *Preußen*, p.212.

171 오전 업무를 보면서도 프리드리히 2세는 커피를 계속 마셨다. 아침 식사 때부터 오전 업무를 종료할 때까지 그가 마신 커피는 평균적으로 7~8잔 정도였다. 오후에도 그는 한 포트 이상의 커피를 마셨다.

했다. 이후 업무를 보좌하던 비서들은 물러났고 이들은 바로 필요한 편지들을 작성하거나 훈령을 준비했으며 이러한 것들은 국왕의 서명 및 검토를 위해 다시 당일 프리드리히 2세의 책상에 놓여졌다.

이러한 형태를 지칭하여 내각정부(Kabinettsregierung)라 할 수 있지만, 당시 영국에서 자리 잡은 내각정부(cabinet government)와는 명백히 대칭된다고 하겠다. 프리드리히 2세의 정부는 내각정부보다 뒷방정부(Hinterzimmerregierung)라 지칭하는 것이 타당하겠다.

프리드리히 2세는 1740년대 후반부터 포츠담의 상수시 궁전에 머무르는 경우가 많았는데 그때부터 그는 장관들과 더불어 주요한 국정 사안들을 논하기보다는 독자적으로 검토하고 최종 결정도 직접 내렸다. 이 과정에서 내각 비서(Kabinettssekretär)는 국왕이 국정 사안들을 정확히 파악할 수 있게끔 보조하고 결정하는 데 조언을 했다. 국왕의 재가를 받은 사안들이 해당 부서에 전달되기에 앞서 프리드리히 2세는 장관들과 고위 관리들이 참여하는 평의회를 개최하여 자신이 결정한 정책들에 관해 설명했다. 여기서 프리드리히 2세는 회의 참석자들의 관점을 청취했지만, 그것을 정책에 반영하지는 않았다. 반면 자신이 구상한 문화정책을 추진하기 전에 볼테르의 자문을 구했을 뿐만 아니라 그것을 적극적으로 정책에 반영하려고도 했다.

프리드리히 2세는 부친과 마찬가지로 국외에 파견된 외교관들과 지방의 고위 관료들과 활발한 서신 교류를 했는데 이것은 그 자신이 국가 통치에 관련된 중요한 정보 모두를 독차지하려는 소위 정보 독점권 장악에서 비롯된 것 같다. 실제로 프리드리히 2세는 점차 주변 인물들, 즉 장관, 보좌관, 그리고 법률가들을 신뢰하지 않게 되었고 그것이 그가 신민들과의 접촉을 강화하는 요인으로도 작용했다. 종종 프리드리히 2세는 내각 비서를 포함한 소규모 인원을 데리고 지방의 여러 곳을 자주 방문했다. 거기서 그는 지방 행정체제의 현황을 점검했고 지방민들과의 대화로 얻은 정보를 프로이센의 행정체제 개선에 적극적으로 반영하기도 했나. 그러나 신민에 대한 국왕의 애착과 거기서 비롯된 즉흥적인 결정들은 규칙성, 지속성, 그리고 법률적 시스템을 지향하던 관료들을 혼란에 빠뜨렸다.[172]

오전의 중요한 업무를 마무리하기 전에 프리드리히 2세는 자신을 만나려 하는 군의 핵심 인물들을 비롯한 일련의 청원인들을 접견했고 이들과 간단한 대화를 나누기도 했다. 특히 프리드리히 2세는 청원인들과의 접견 과정에서 거론된 사안들을 즉시 해결하려는 의지도 보였다.[173]

이렇게 오전 근무를 끝낸 후에는 점심 만찬 전까지 다시 플루트를 연

---

172 E. Frie, *Friedrich II.*, p.90.

173 1779년에 발생한 '물방앗간 주인 아르놀트 사건(Müller-Arnold-Affäre)'은 프리드리히 2세가 청원인들의 민원을 해결한 것 중에서 대표적인 사례라 하겠다. 물방앗간 주인 아르놀트가 지주인 슈메타우(v. Schmettau) 백작에게 임대료 납부를 거부하는 일이 있었는데 그것은 해당 지구 행정관인 폰 게르스도르프(v. Gersdorff) 남작이 여러 곳에 잉어 연못을 파며 물방앗간에서 쓸 물길을 막아 그의 생계 수단을 차단한 데서 비롯되었다. 지방법원으로부터 퇴거 선고를 받은 아르놀트 부부는 국왕에게 직접 호소하는 방법을 선택했다. 이어 아르놀트에 대한 재판 중지라는 왕명이 내려졌음에도 불구하고 퀴스트린 법무 당국은 원심이 옳다는 판결을 했다. 그러나 지방 유지들에 의한 사건 조작에서 비롯된 판결이라고 확신한 프리드리히 2세는 이 재판을 베를린 고등법원으로 이관하라는 명령을 내렸다. 고등법원 역시 아르놀트에 대한 원심 판결을 추인하자, 프리드리히 2세는 담당 판사 3인을 처벌하기로 했고 이들을 1년간 성채 감옥에 투옥하라고 명령했다. 이후 행정관의 잉어 연못들은 메워졌고, 아르놀트의 물방앗간으로 들어가는 물길은 복구되었으며, 그가 지출한 모든 비용과 손실도 보전해주는 조처가 내려졌다. 이러한 조치에 프로이센의 고위 법관들은 크게 분개했고 여론 역시 마찬가지였다. 전국에 배포된 신문 및 관보에 실린 왕명을 통해 프리드리히 2세는 '신분 고하 및 빈부를 막론하고 누구나 신속한 정의'를 보장받도록 하는 것이 자신의 기본 입장이라고 했다. 이것은 법적 절차의 심각한 위반이 더 높은 윤리적 측면에서 교정된 것이라고 하겠다. C. Clark, *Preußen*, p.289.

주했다. 프리드리히 2세, 정부 고위 관료 몇 명, 그 외의 초청 인사들이 참석한 점심 만찬은 길게 지속되었고 제공되는 메뉴도 다양했다. 식사하면서 프리드리히 2세와 참석자들 사이에 활발한 대화가 진행되었지만, 항상 프리드리히 2세가 주도권을 장악했다. 그리고 종종 프리드리히 2세의 끝없는 독백이 진행되곤 했는데 이런 경우 점심 만찬의 분위기 역시 다소 어색해지곤 했다.[174]

점심 만찬 후 프리드리히 2세는 다시 책상에 앉아 국가 업무 등과 관련된 일들을 했다. 여기서 그는 집필도 했는데 그 대표적인 저술로는 「정치적 유산(Politisches Testament)」을 들 수 있다.[175] 「정치적 유산」은 프리드리히 2세뿐만 아니라 그 이전의 위정자들도 작성한 것으로, 프로이센 국왕의 의무사항이었다. 「정치적 유산」은 위정자들의 생존 시 공개되지 않지만, 후임자들은 그 내용을 볼 수 있고 그것을 그들의 통치 활동에 효율적으로 활용할 수도 있었다. 그런데 프리드리히 2세는 이전의 통치자와는 달리 2회에 걸쳐, 즉 1752년과 1768년에 「정치적 유산」을 작성했다.

저녁 식사 후 매일 6시 또는 7시부터 개인 콘서트가 상수시 궁전에서 개최되었다. 약 2시간 정도 지속되는 이 콘서트에는 프리드리히 2세뿐만 아니라 크반츠를 비롯한 7명에서 10명 정도의 연주자들이 참석했고 어떨 때는 약간의 청중들의 입장도 허용되었다. 연주회에서는 프리드리히 2세가 작곡한 곡들과 크반츠의 작품들이 주로 연주되었다. 프리드리히 2세는 매일 3개에서 5개의 작품과 소나타를 연주했고 크반츠 역

---

174 E. Frie, *Friedrich II.*, p.91.
175 「정치적 유산」은 『조선왕조실록』과 유사해 보인다. 차이점이 있다면 국왕 스스로 작성한 「정치적 유산」은 차기 국왕이 읽고 참조할 수 있는 조언서이지만 『조선왕조실록』은 왕이 아닌 사관에 의해 작성되고 차기 왕을 비롯한 누구도 그 내용을 볼 수 없다는 것이다.

시 콘서트에서 매일 연주했다. 프리드리히 2세는 플루트 소나타와 협주곡을 100여 곡 이상을 작곡했고 교향곡도 4개나 쓴 전문 작곡가라 할 수 있는데 이것은 그가 모든 부분에서 지향한 완벽주의에서 비롯된 것이라고 하겠다.

크반츠는 프리드리히 2세를 위해 모두 299곡을 작곡했다. 그리고 1773년 300번째 작품을 헌정하려고 했지만, 그의 죽음으로 인해 현실화되지 못했다. 크반츠가 사망한 날 저녁 프리드리히 2세는 그를 위한 추모 음악제를 개최했는데 여기서 그는 평상시처럼 개인 연주를 하지는 않았다. 플루트에 대한 프리드리히 2세의 사랑은 전쟁 시에도 유지되었다. 시간적 여유가 있으면, 특히 저녁에 자신의 막사에서 플루트 연주를 자주 했고 막사 밖에서 그의 연주를 듣는 장교들과 병사들도 적지 않았다. 플루트 연주는 그가 치아를 상실할 때까지 지속되었다.[176]

프리드리히 2세는 1월부터 5월 말까지 베를린 궁전에 머물렀고 이 시기에 열리던 가면무도회 및 사육제에도 참석했다. 6월 초에는 포츠담의 상수시 궁전으로 거처를 옮겨 생활했다. 프리드리히 2세는 5월과 6월 베를린, 포메른, 그리고 마그데부르크에서 개최되는 열병식과 검열식에 참석했다. 또한 그는 프로이센군의 최고사령관 신분으로 8월 슐레지엔 지방에서 열리던 군사 기동훈련과 9월 중순 포츠담에서 정례적으로 개최되던 대검열식을 주관했다. 1년간 프리드리히 2세가 참석하거나 참관하던 행사 대부분은 군 관련 행사였고 이것을 통해 프로이센에서 군이 차지하던 위상이 매우 높다는 것도 확인할 수 있다.[177]

176 T. Blanning, *Friedrich der Grosse*, p.189; E. Frie, *Friedrich II*, pp.86~87.
177 E. Frie, *Friedrich II*, pp.97~88.

제3장

마리아 테레지아의 왕위계승과
프리드리히 2세의 대응

마리아 테레지아의 왕위계승과 프리드리히 2세의 대응

1. 마리아 테레지아의 등극

오스트리아의 국왕이자 신성로마제국의 황제였던 카를 6세는 1740년 10월 13일 빈 근처의 노이지들러(Neusiedler) 호숫가로 사냥을 하러 갔다.[1] 사냥중 그는 갑자기 위통을 호소했고 결국 빈으로 돌아와야 할 정도로 건강이 악화되었다. 당황한 의사들은 점심식사로 먹은 버섯 수프에 의한 식중독인지, 감기인지 진단을 제대로 내리지 못하고 허둥댔다. 이후 며칠 동안 심한 통증에 시달리던 황제는 10월 20일 새벽 2시, 55세 생일을 며칠 앞두고 사망했다. 그런데 당시 밝혀진 병명은 버섯중독이 아닌 급성 간경화증이었다.[2]

---

1 헝가리와 오스트리아에 걸쳐 있는 이 호수의 총면적은 315km²인데 이 중에서 오스트리아 지역은 240km²이고 그 나머지 75km²는 헝가리 지역이다.

2 E. Badinter, *Maria Theresia, Die Macht der Frau*(Wien, 2018), p.66; T. Blanning, *Friedrich der Grosse*, p.101; E. Dillmann, *Maria Theresia*(München,2000), p.28; E. Frie, *Friedrich II*, p.62; S. Martus, *Aufklärung*, p.464; D. Pieper, *Die Welt der Habsburger, Glanz und Tragik eines europäischen Herrscherhauses* (München, 2010), p.152; H. Schmidt, "Zerfall und Untergang des alten Reich-

마리아 테레지아

같은 날 카를 6세의 장녀인 마리아 테레지아가 국사조칙(Pragmatische Sanktion, Sanctio pragmatica)에 따라 730,000km² 의 영토를 보유한 오스트리아의 위정자로 등극했다.

카를 6세는 형인 요제프 1세 (Joseph I, 1705~1711)가 남자 후계자 없이 사망함에 따라 왕위를 계승했다. 따라서 그는 재위 초부터 남자 상속인을 반드시 얻어야 한다는 강박관념을 가지게 되었다. 또한 그는 에스파냐의 카를로스 2세(Carlos II, 1665~1700)가 남자 후계자 없이 서거한 데서 에스파냐 왕위계승전쟁이 비롯되었다는 것도 잘 알고 있었다. 여기서 이 인물은 자신이 남자 상속자 없이 사망하면 오스트리아에서도 에스파냐에서와 같은 상황이 발생할 수 있을 것이고, 왕국 존속의 문제까지도 제기된다는 점을 잘 알고 있었다.[3] 또한

---

es(1648~1806)", p.258 ; B. Stollberg-Rillinger, *Maria Theresia, Die Kaiserin in ihrer Zeit*(München, 2018),p.66.

3 에스파냐 합스부르크 가문의 마지막 군주였던 카를로스 2세는 곱사등이에다가 소심한 성격이어서 몰락해가던 가문의 마지막 지진아로 간주되었다. 다섯 살의 어린 나이에 왕위를 계승한 카를로스 2세는 실제로 여덟 살에야 비로소 걸을 수 있었고 거대한 혀가 입 밖으로 나와 말도 똑바로 하지 못하고 밥도 제대로 먹지 못하는 등 엄청난 고통을 받았다. 1675년부터 국가를 직접적으로 통치하기 시작한 그는 1679년 루이 14세의 조카딸인 마리아 루이사 데 오를레앙(Maria Luisa de Orlean)과 결혼했다. 그러나 1689년 그녀가 사망함에 따라 신성로마제국 황제의 여동생인 마리아 아나 데 네오부르고(Maria Ana de Neoburgo)와 재혼했다. 1700년 12월 1일 카를로스 2세가 39세의 나이로 사망했을 당시 후

그는 선친 레오폴트 1세가 제정한 가문상속법, 즉 '상호계승약관(Pactum mutuae successionis)'에 따를 경우 그 자신이 남자 상속인이 없는 상태에서 사망한다면 장자상속 원칙에 따라 형인 요제프 1세의 두 딸과 결혼한 작센 가문과 비텔스바흐 가문의 후손들이 후계자가 된다는 사실을 도외시할 수 없었다. 실제로 상호계승약관에서는 요제프 1세의 후계자들이 오스트리아, 보헤미아, 그리고 헝가리를 상속받고, 카를의 후계자들이 에스파냐를 상속받는다고 명시되어 있었다.[4] 이에 따라 카를 6세는 당시 국가재상(Staatskanzler)이었던 자일레른(Johann Friedrich v. Seillern)과 수차례에 걸쳐 독대한 끝에 레오폴트 1세가 제정한 상호계승약관의 내용 일부를 수정하면 자신의 딸도 왕위계승을 할 수 있다는 확신을 가지게 되었다. 자일레른의 주도로 진행된 상호계승약관의 수정 및 보완작업이 끝난 후 카를 6세는 1713년 4월 19일 당시 빈에 체류 중인 추밀고문관을 비롯한 고위 관료들을 황궁으로 불렀다. 여기서 카를 6세는 1703년에 발표된 상호계승약관의 내용 및 그것이 가지는 문제점들을 언급했다. 상호계승약관을 오스트리아 왕위계승에 실제로 적용하면 왕국 분열이 가시화될 것이고 그것에 따라 오스트리아의 국제적 위상 역시 크게 실추될 수 있다는 것이다. 이어 그는 자일레른에게 국사조칙을 낭독하게 했고 거기서 참석자들의 동의를 얻어냈다. 이러한 행위는 왕위계승에 대한 상호계승약관을 국법(Staatsgrundgesetz)으로 대체시킨 것으로도

계자가 없었기 때문에 에스파냐의 합스부르크 가문은 결국 단절되었다.

4   요제프 1세의 장녀인 마리아 요제파(Maria Josepha)는 1719년 작센 선제후 프리드리히 아우구스트 1세(Friedrich August I)의 장남인 프리드리히 아우구스트 2세(Friedrich August II)와 결혼했고 차녀인 마리아 아말리아(Maria Amalia)는 1722년 바이에른 선제후인 카를 알브레히트(Karl Albrecht)와 결혼했다. E. Badinter, *Maria Theresia*, p.66; T. Blanning, *Friedrich der Grosse*, p.102; C. Clark, Preußen, p.228; S. *Martus, Aufklärung*, p.464; B. Stollberg-Rillinger, *Maria Theresia*, p.67.

볼 수 있다.

국사조칙은 장남에게 주어진 우선 상속권이 장남의 가계, 장남의 가계가 단절될 때 차남 또는 차남의 가계로 이양되는 것에 대해 상호계승 약관과 견해를 달리하지 않았다. 그리고 두 문서는 모든 남성계가 단절된 후 비로소 여성 상속권이 효력을 발휘한다고 했다. 여기서 상호계승 약관은 남성계가 단절된 후 발생하는 여성의 상속순위를 구체적으로 정하지 않았지만 국사조칙은 이 경우 마지막 남성 왕위계승자의 후손에게 계승권이 귀속된다는 것을 명시했다. 당시 카를 6세는 남자 후계자가 없을 경우를 대비해 국사조칙을 제정했지만 이러한 조칙을 통해 왕국의 통합을 견지하려는 의도도 있었다.[5]

그런데 카를 6세는 국사조칙을 바로 공포하지 않고 당분간 비밀로 남겨두고 아들의 출생을 기다렸다. 그는 당시 유럽의 군주들과 마찬가지로 전쟁이 발생하면 후계자가 군대를 이끌고 전선에 나서야 한다고 생각했지만 국사조칙으로 장녀가 왕위를 계승할 경우 그러한 과제 수행이 불가능하다는 것도 인지하고 있었다. 카를 6세는 결혼한 지 8년 만인 1716년 4월 기다리던 아들 레오폴트 요한(Leopold Johann)을 얻었지만, 이 아들은 불과 7개월 만인 1716년 11월에 죽었다. 이후 1717년 5월 마리아 테레지아(Maria Theresia), 1718년 9월 마리아 안나(Maria Anna), 그리고 1724년 4월 마리아 아말리아(Maria Amalia)가 태어났다.

세 명의 딸을 얻은 카를 6세는 황비가 더는 임신할 수 없다는 것을 파악한 후 장녀인 마리아 테레지아가 왕위를 계승할 수 있게끔 국사조칙을 공포했다. 그리고 영국, 프로이센, 그리고 프랑스를 비롯한 일련의

5   E. Badinter, *Maria Theresia*, p.66; T. Blanning, *Friedrich der Grosse*, p.102; C. Clark, *Preußen*, p.228; S. Martus, *Aufklärung*, p.464; B. Stollberg-Rillinger, *Maria Theresia*, p.67.

국가들과 협상을 벌여 그들의 승인을 얻어냈지만, 승인국들은 협상 과정에서 그들의 과도한 요구도 관철했다.[6]

카를 6세가 서거할 당시 마리아 테레지아는 요제프를 임신한 지 3개월 정도 되었기 때문에 카를 6세는 그녀가 자신의 장례식에 참석하는 것을 불허했다. 그것은 장례식 과정에서 마리아 테레지아가 심적 충격을 받거나 혹시라도 유산을 하게 되지 않을까 우려했기 때문이다. 따라서 마리아 테레지아는 부친의 시신 분리 예식과 10월 4일에 거행된 야간 장례식에도 참여하지 않았다.[7] 합스부르크 가문의 군주나 그의 가족들의 장례식은 저녁에 개최되었고 이러한 전통은 이 가문의 제국이 사라질 때까지 지속되었다.

카를 6세는 임종 직전까지 마리아 테레지아 부부가 아들을 출산하지 못한 것을 몹시 우려했다. 그런데 빈의 신민들은 카를 6세의 사망 소식을 듣고 슬퍼하지도 않았고 일부는 손뼉을 치는 등의 무례한 행동도 자행했다. 아마도 카를 6세가 신민을 배려하는 정책을 등한시했기 때문인 것 같다. 실제로 카를 6세는 신민에 대한 배려 내지는 포용 정책을 거의 시행하지 않았을 뿐만 아니라 장기간 지속된 전쟁으로 신민들에게 중과세하는 데만 치중했다. 이에 따라 오스트리아인들의 뇌리에서 카를 6세는 빠르게 지워졌는데 이것은 당시 빈 주재 프로이센 대사였던 보르케(Kaspar Wilhelm v. Borcke)가 1740년 10월 26일 프리드리히 2세에게 보내

---

6 E. Badinter, *Maria Theresia*, p.66; T. Blanning, *Friedrich der Grosse*, p.102; C. Clark, *Preußen*, p.228; E. Frie, *Friedrich II*, p.63; S. Martus, *Aufklärung*, p.464.

7 합스부르크 가문의 특이한 예식이었던 시신 분리 예식은 다음과 같은 절차에 따라 진행되었다. 우선 사망한 군주의 시신에서 부패하기 쉬운 장기들을 끄집어내고 빈 곳은 밀랍으로 채운다. 그리고 시신 표면에는 소독제인 팅크제가 발라지고 시신에서 끄집어낸 장기들, 즉 혀, 심장, 내장, 눈, 뇌는 에틸알코올에 담겼다가 저장 용기로 바로 옮겨진 후 납땜질을 한다. 이후 이렇게 밀봉된 장기들은 은병에 담긴다.

는 서신에서도 언급되었다. 10월 26일 빈 정부는 마리아 테레지아가 다음 해 1월 프레스부르크에서 헝가리 국왕으로 등극히고 3월에는 프라하에서 거행하는 보헤미아 국왕 대관식에도 참석한다는 것을 발표했다.[8]

2. 마리아 테레지아의 왕위계승에 대한 반발

카를 6세에 이어 마리아 테레지아가 오스트리아 왕위를 계승함에 따라 바이에른 선제후 카를 알브레히트(Karl Albrecht)와 작센 선제후 프리드리히 아우구스트 2세는 국사조칙의 적법성 및 마리아 테레지아의 상속권에 대해 이의를 제기했고, 그들의 배우자들, 즉 요제프 1세의 두 딸 이름으로 오스트리아 왕국에 대한 상속권을 강력히 주장했다.[9] 특히 카

---

8 빈에서 동쪽으로 약 60km 정도 떨어진 곳에 있는 프레스부르크는 1536년부터 1738년까지 헝가리 왕국의 수도였다. 그리고 브라티슬라바(Bratislava)로 명칭이 변경된 이 도시는 오늘날 슬로바키아(Slovakia) 공화국의 수도이다.

즉위 이후 자신의 왕위계승에 대한 부정적 시각이 뚜렷해지자 마리아 테레지아는 1740년 11월 21일 남편 프란츠 슈테판(Franz Stephan)을 오스트리아 왕국의 공동 통치자로 지명했다. 이것은 여성이 신성로마국 황제로 선출될 수 없다는 현실적 상황을 인지한 데서 비롯된 것 같다. 나아가 그녀는 이전처럼 오스트리아 위정자가 신성로마제국의 황제직을 가져야 한다고 판단했기 때문에 프란츠 슈테판을 공동 통치자로 지명하는 빠른 행보를 보였다.

마리아 테레지아가 오스트리아 국왕으로 즉위하기 이전 주로 영국과 러시아에서 여왕들이 등장했다. 영국에서는 메리 튜더(Mary Tudor, 1553~1558), 엘리자베스 1세(Elizabeth I, 1558~1603), 메리 2세(Mary II, 1689~1694), 앤 2세(Anne II, 1702~1714)가 여왕으로 즉위했고 러시아에서는 표트르 대제의 미망인인 카타리나 1세(Katharina I, 1725~1727), 안나 이바노브나(Anna Iwanowna, 1730~1740), 엘리자베타 페트로브나(Elizaveta Petrowna, 1741~1762), 카타리나 2세(Katharina II, 1762~1796)가 국가를 통치했다

9 C. Clark, *Preußen*, pp.228~229; E.-B. Körber, *Die Zeit der Aufklärung*, p.13; S. Martus, *Aufklärung*, p.464; H. Schmidt, "Zerfall und Untergang des alten Reiches(1648~1806)", p.259. 이렇게 양국이 공동으로 왕위계승권에 이의를

를 알브레히트는 조문사절단 대표인 페루자(Karl Felix v. Perusa) 백작에게 자신의 상속권을 공식적으로 제기하게 했다.

그러나 빈 정부는 이러한 주장에 큰 관심을 보이지 않았는데 그것은 당시 유럽 왕실에서 영토 요구권이나 상속권을 제기하는 것 등은 일반적 관례로 간주되었기 때문이다. 당시 오스트리아 신민들은 마리아 테레지아보다 카를 알브레히트가 오스트리아의 위정자로 등장하기를 기대했는데 이것은 마리아 테레지아의 남편인 프란츠 슈테판(Franz Stephan)이 오스트리아인이 아닌 프랑스인이라 그가 신성로마제국의 황제가 되어서는 안 된다는 관점에서 비롯된 것 같다.

바이에른 및 작센으로부터 상속권 주장이 제기될 수도 있다는 우려 때문에 카를 6세는 요제프 1세의 두 딸이 시집갈 때, 즉 1719년과 1722년에 국사조칙을 충실히 준수하고 그들의 남편 역시 오스트리아 왕위계승에 관여하지 않겠다는 서약서를 받았지만 실제 상황에서 문서는 아무런 효력도 발휘하지 못했다. 요제프 1세의 차녀인 마리아 아말리아와 1722년에 결혼한 카를 알브레히트는 보헤미아 왕국과 오버외스터라이히(Oberösterreich) 대공국을, 요제프 1세의 장녀인 마리아 요제파와 1719년에 결혼한 프리드리히 아우구스트 2세는 모라비아와 니더외스터라이히(Niederöstereich) 대공국을 각각 요구했다.[10]

제기한 것은 카를 알브레히트와 프리드리히 아우구스트 2세의 수차례에 걸친 비밀회동과 거기서 체결된 비밀 협약에서 비롯되었다. 협약은 양국이 '미심쩍은 요구'에 공동으로 대처한다는 내용이다. 마리아 테레지아 등극 이후 강하게 제기된 그들 부부에 대한 오스트리아인들의 부정적 시각은 오스트리아 왕위계승전쟁이 진행되면서 사라졌는데 이것은 전쟁 과정에서 오스트리아인들이 큰 폐해를 당한 데다 마리아 테레지아에 대한 연민의 감정이 생겨났기 때문이다.

10 S. Martus, *Aufklärung*, p.464. 프리드리히 아우구스트 2세의 부친인 프리드리히 아우구스트 1세는 1697년 폴란드 의회에서 폴란드 국왕, 즉 아우구스트 2세 (1697~1706, 1709~1733)로 선출되었고 이때부터 폴란드에서는 사스키(Sas-

이 시점에 작센의 프리드리히 아우구스트 2세는 비공식적 방법을 통해 마리아 테레지아에게 슐레지엔, 작센, 그리고 폴란드 사이의 회랑교환(Korridor)을 제안하고, 이것을 수용한다면 국사조칙도 인정하겠다는 입장을 밝혔다. 프리드리히 아우구스트 2세의 이러한 비밀접촉 시도를 간파한 프리드리히 2세는 회랑교환이 실현되면 브란덴부르크의 동부 및 남부가 작센에 의해 통제받을 수 있다고 우려하여 가능한 한 빨리 슐레지엔 지방을 차지해야 한다고 결심했다. 아울러 그는 오스트리아와의 협상을 통해 슐레지엔 지방 양도도 가능한 한 빨리 진행하기로 했다. 당시 프리드리히 2세는 작센과 바이에른이 오스트리아와 전쟁을 벌이면 작센의 영역 확대는 피할 수 없는 사실이 되고 그것은 프로이센의 이익에도 위해 요소가 되리라고 판단했다.[11]

카를 알브레히트는 합스부르크 가문에 대한 자신의 상속권이 1564년에 사망한 신성로마제국 황제 페르디난트 1세(Ferdinand I, 1556~1564)가 1543년과 1546년에 작성된 혼인장 및 유언장에도 명시되었다고 주장했다. 실제로 페르디난트 1세는 차녀인 안나(Anna)를 바이에른 선제후 알브레히트 5세(Albrecht V), 즉 카를 알브레히트의 5대 선조와 결혼시키면서 합스부르크 가문에서 남자 상속인이 완전히 단절될 때 비텔스바흐 가문의 인물들이, 즉 안나와 그녀의 남계 후손들이 왕위를 계승할

ki) 왕조가 시작되었다.

11 E. Badinter, *Maria Theresia*, p.83; T. Blanning, *Friedrich der Grosse*, p.102; C. Clark, *Preußen*, p.231; E. Dillmann, *Maria Theresia*, p.28; p.140; C.W. Ingrao, *The Habsburg Monarchy 1618~1815*(Cambridge, 1994) p.150; E.-B. Körber, *Die Zeit der Aufklärung. Eine Geschichte des 18.Jahrhunderts*(Stuttgart, 2006),p.48; S. Martus, *Aufklärung*, p.464; B. Stollberg-Rillinger, *Maria Theresia*, p.74; B. Simms, *Kampf um Vorherrschaft. Eine deutsche Geschichte Europas 1453 bis heute*(München, 2016), p.152.

수 있다고 혼인장 및 유언장에서 언급한 바 있다.[12] 아울러 카를 알브레히트는 유언장에서 보헤미아, 오버외스터라이히, 티롤, 그리고 포르란테(Vorlande)가 자동으로 비텔스바흐 가문으로 이양된다는 것 역시 거론되었음을 밝혔다. 이후 카를 알브레히트는 특별사절단을 빈에 파견하여 페르디난트 1세의 유언장을 직접 제시했지만 마리아 테레지아는 그것을 인정하지 않았다. 오히려 카를 알브레히트의 특별사절단에게 자신이 가지고 있던 유언장을 보여주었는데 거기에는 합스부르크 가문의 적출 혈통이 단절될 경우 상속권이 비텔스바흐 가문으로 넘어간다는 것이 명시되어 있었다.[13] 이렇게 카를 알브레히트가 오스트리아 왕국에 대한 계승권을 강력히 제기한 이면에는 중세뿐만 아니라 근대 초기까지 널리 확산되었던 '남성이 육체적, 정신적으로 여성보다 훨씬 우월하다'라는 인식도 강하게 작용한 것 같다.

카를 알브레히트의 주장에 프랑스, 에스파냐, 스웨덴, 덴마크, 사르데냐-피에몬테, 쾰른 선제후국, 그리고 작센 역시 동의했다. 바이에른의 오랜 동맹국이었던 프랑스는 의외로 카를 6세가 서거한 직후 국사조칙을 인정하겠다고 했지만, 이것은 국사조칙을 거부하면 오스트리아령 네덜란드, 즉 오늘날의 벨기에를 차지할 수 있다는 파리 정부의 판단으로 즉

---

12 특히 페르디난트 1세의 유언장은 1546년 안나가 알브레히트 5세와 결혼할 당시 합스부르크 가문과 비텔스바흐 가문 간에 체결된 결혼 계약의 구성요소이기도 했다. E. Badinter, *Maria Theresia*, p.83; C. Clark, *Preußen*, p.231; E. Dillmann, *Maria Theresia*, p.28; p.140; C.W. Ingrao, *The Habsburg Monarchy 1618~1815*, p.150; E.-B. Körber, *Die Zeit der Aufklärung*, p.49; S. Martus, *Aufklärung*, p.464; B. Stollberg-Rillinger, *Maria Theresia*, p.75.

13 비텔스바흐 가문은 14세기와 15세기에 두 명의 신성로마제국 황제, 즉 루트비히 4세(Ludwig IV, 1314~1347)와 루프레히트(Ruprecht, 1400~1410)를 배출했다. E. Badinter, *Maria Theresia*, p.83; C. Clark, Preußen, p.231; E. Dillmann, *Maria Theresia*, p.28; p.140; S. Martus, *Aufklärung*, p.465; B. Stollberg-Rillinger, *Maria Theresia*, p.75.

각 철회되었다.[14] 프랑스의 태도 변화는 그들이 1735년에 동의한 국사조칙의 첨부 예외 규정에서 비롯된 것 같다. 실제로 프랑스는 제3자가 제기하는 합스부르크 영토 요구를 거부한다는 약속을 하지 않았다.

당시 카를 알브레히트는 프랑스 지원을 받아 오스트리아 왕국의 일부를 차지한 후 자신이 신성로마제국의 황제로 등극할 때 프랑스가 오스트리아령 네덜란드를 자국에 편입시키는 것에 반대하지 않겠다고 했다. 이에 반해 영국과 네덜란드는 국사조칙에 따라 왕위계승을 한 마리아 테레지아의 정통성을 인정하려고 했다. 이러한 상황에서 마리아 테레지아는 남편 프란츠 슈테판을 오스트리아 공동통치자로 임명했다.

마리아 테레지아는 남편에게 보헤미아 국왕이 가졌던 신성로마제국 황제 선출권도 넘겨주었는데 이것은 여성 통치자인 그녀가 신성로마제국 황제 선출에 참여할 수 없다는 현실적 판단에서 비롯된 것 같다.[15]

그런데 신성로마제국 황제 선출 절차권을 가진 마인츠(Mainz) 대주교가 카를 6세가 사망하고 얼마 안 된 10월 23일 프란츠 슈테판에게 차기 황제 선출식에 참여할 것을 요청했다. 이 소식을 접한 카를 알브레히트와 프리드리히 아우구스트 2세는 즉시 이의를 제기했다. 당시 폴란드 국왕직을 겸하고 있던 프리드리히 아우구스트 2세는 오스트리아 왕위계승 문제에 개입하여 영토적 보상을 받거나 자신이 신성로마제국 황제로 등극해야 한다는 생각도 했는데 이것은 향후 카를 알브레히트와 대립할 수도 있는 사안이었다.[16]

그런데 당시 독일권에서는 한 여인이 선제후직위권을 행사할 수 있는

<hr>

14 카를 6세가 서거한 직후 루이 15세는 마리아 테레지아에게 조문 편지를 보내어 애도를 표했을 뿐만 아니라 국사조칙도 준수하겠다고 밝혔다.

15 실제로 보헤미아 왕국은 여성에게 신성로마제국 황제 선출권을 부여하는 것을 허용하지 않았다. E.-B. Körber, *Die Zeit der Aufklärung*, p.48.

16 E.-B. Körber, *Die Zeit der Aufklärung*, p.48.

지에 대해 강한 의구심을 가졌다. 또한 마리아 테레지아가 남편에게 이양한 선제후직위권 역시 아무런 효력을 발휘할 수 없다는 관점도 부각되었다. 이렇게 독일권에서 부정적인 분위기가 조성되었음에도 불구하고 마리아 테레지아는 오스트리아 선거사절단을 프랑크푸르트로 파견하여 당시 다른 선제후들과 접촉을 모색하게 했다. 그러나 접촉 시도는 일체 거절되었고 그 과정에서 이들은 전례 없이 거칠게 다루어지는 수모도 당했다. 이에 따라 마리아 테레지아가 1740년 겨울을 보낸 후 결국 오스트리아 왕위에서 물러날 것이라는 예상도 강하게 제기되었다.

3. 프리드리히 2세의 제안

당시 독일권에서 오스트리아와 대립하던 프로이센의 프리드리히 2세 역시 마리아 테레지아의 왕위계승을 인정하지 않았다. 그러나 선왕 프리드리히 빌헬름 1세는 1726년 10월 12일과 1728년 12월 23일에 체결된 부스터하우젠 비밀조약 및 베를린 조약에서 국사조칙을 인정했다.[17] 프리드리히 빌헬름 1세는 부스터하우젠 조약을 통해 러시아 및 오스트리아와 동맹 체제를 구축했다. 그리고 이로부터 2년 후에 체결된 베를린 조약에서 프로이센의 위정자는 다시금 국사조칙을 인정했고, 마리아 테레지아와 프란츠 슈테판의 결혼이 실현될 경우, 카를 6세의 후임으로 신성로마제국 황제 선출 시 브란덴부르크 선제후로서 프란츠 슈테판을 지

---

17 부스터하우젠 비밀조약으로 1725년 9월 3일에 체결된 헤렌하우젠 조약의 효력이 상실되었다. 헤렌하우젠 조약은 에스파냐와 오스트리아가 주도한 빈 조약에 대응하기 위해 체결된 것으로, 여기에는 프로이센, 프랑스, 영국 및 하노버가 참여했다. E. Badinter, *Maria Theresia*, p.84; C. Clark, *Preußen*, p.229; W. Neugebauer, *Die Geschichte Preußens. Von den Anfängen bis 1947*(München, 2009), p.54.

지할 것이라고 약속했다.

이렇게 선왕이 두 번이니 인정한 국사조칙을 무시한 프리드리히 2세
는 오스트리아 왕위계승을 두고 벌어진 분쟁을 활용하여 경제적으로 부
유한 슐레지엔 지방을 차지하려고 했고 1740년 11월 15일 오스트리아
와의 비밀 협상을 통해 자신의 목적도 관철하려고 했다.[18]

그런데 프리드리히 2세는 등극한 이후부터 프로이센 왕국의 영역을
확대해야 한다는 강박관념을 가지고 있었다. 따라서 그는 즉위 직후 뤼
티히(Lüttich) 후작위를 가진 주교에게 뤼티히 내 작은 지역인 헤어슈탈
(Herstal)을 프로이센에게 24만 탈러에 이양할 것을 강요했다. 이는 1713
년 오라니엔의 상속권이 프로이센으로 이양되었다는 것과 이 지역이 뤼
티히로부터 멀리 떨어진 프로이센 왕국 내에 있었기 때문인 것 같다.

빈 정부와의 비밀 협상을 통해 프리드리히 2세는 200년 전 호엔촐레
른 가문과 슐레지엔 지방을 통치했던 피아스텐(Piasten) 가문의 게오르크
1세(Georg I) 사이에 체결된 결혼 조약까지 들고 나와 슐레지엔 지방에
대한 프로이센의 권리를 주장했다. 이러한 것은 20세기 중반까지 전쟁
유발국이 전쟁의 당위성을 부각하는 수단으로 종종 활용되었다.[19] 실제

---

18 T. Blanning, *Friedrich der Grosse*, p.102. M. Erbe, *Deutsche Geschichte
1713~1790*, p.159; W. Neugebauer, *Die Geschichte Preußens*, p.54.

19 E.-B. Körber, *Die Zeit der Aufklärung*, p.48. 프리드리히 2세가 거론된 피아스
텐 가문은 폴란드를 통치했을 뿐만 아니라 일시적으로 폴란드에서 분리된 마소
비엔(Masowien)과 슐레지엔 지방까지 통치했다. 10세기부터 17세기까지 이 가
문에서는 많은 국왕과 대공들이 배출되었다. 그런데 이 가문은 독일 계통 공주
들과의 결혼과 동유럽으로의 영토확장 정책으로 점차 독일 귀족 가문으로 바뀌
었다. 1526년 보헤미아 왕국이 합스부르크 가문에 편입된 후, 보헤미아 국왕은
1742년까지 슐레지엔을 지배했다. 1537년 슐레지엔의 리그니츠-브리크-볼라
우(Liegnitz-Brieg-Wohlau) 대공 프리드리히 2세(Friedrich II)가 브란덴부르크
선제후 요아힘 2세(Joachim II)와 체결한 상호상속조약에서 합스부르크 가문의
동의 없이 호엔촐레른 가문의 상속을 허용함에 따라, 합스부르크 가문은 1546

로 프리드리히 2세는 1740년 11월 6일 카를 6세의 사망을 계기로 슐레
지엔 지방을 차지하겠다는 자신의 입장은 매우 합당하다고 주장했다.

그런데 프로이센 국왕으로 등극한 이후부터 프리드리히 2세는 오스
트리아의 상황을 예의주시하고 있었다. 그는 남자 후계자 없이 카를 6
세가 사망하면 오스트리아 왕위계승 분쟁이 발생할 수 있으리라는 것을
예견했고 실제로 분쟁이 발생하면 오스트리아 왕국의 일부 지방을 프로
이센에 편입하겠다는 구체적인 구상도 했다.

당시 프리드리히 2세는 주변국의 영토를 비합법적인 방법 및 수단, 즉
무력을 통해 강제로 빼앗아서 법적인 방법과 수단으로 영토 점유를 치장
한 후 역사가들로부터 그 정당성도 부여받아야 한다고 했다.[20] 그리고 그
는 미화된 역사적 관점을 통해 자신의 영토 확장 야욕이 자연적 야생성
에서 확인되는 규율이라는 것을 부각하려 했고 그 과정에서 프로이센과
같은 신생국이 가능한 한 빨리 강대국으로 성장하기를 바라고 있다는 것
도 강조했다. 당시 프리드리히 2세는 대선제후 프리드리히 빌헬름이 작
성한 「정치적 유산」에서 거론된 슐레지엔 합병 방식에 전적으로 동의했
다. 프리드리히 빌헬름은 자신이 작성한 「정치적 유산」에서 오스트리아

년 리그니츠 대공과 브란덴부르크 선제후 간에 체결된 상호상속조약을 무효화
했다.

이로부터 100년 후 리그니츠-브리크-볼라우의 마지막 대공 게오르크 빌헬름
1세(Georg Wilhelm I)가 후계자 없이 15세의 어린 나이로 사망함에 따라 이 공
국은 제국 공유지로 회수되었고, 레오폴트 1세에 의해 1675년 합스부르크 가문
에 귀속되었다. 이에 대해 브란덴부르크 선제후인 프리드리히 빌헬름은 1537
년에 체결된 상호상속조약을 거론하면서 리그니츠-브리크-볼라우 공국에 대
한 상속권을 재차 주장했다. 그러다가 프리드리히 빌헬름은 1686년 슈비부스
(Schwiebus)의 일부 지역을 할애받는 조건으로 리그니츠-브리크-볼라우에 대
한 상속권을 포기했다. 당시 슐레지엔 지방은 리그니츠, 브리크, 그리고 볼라우
를 비롯하여 모두 50여 개의 공국으로 구성되어 있었다.

20   T. Blanning, *Friedrich der Grosse*, pp.105~106.

합스부르크 가문의 남계가 소멸할 경우, 작센의 슐레지엔 합병 가능성을 사전에 방지하고, 폴란드의 프로이센 중속을 강화하기 위해 슐레지엔 지방을 반드시 차지해야한다는 입장을 피력했다.

오스트리아 외교 수장이었던 바르텐슈타인(Joann Christoph Freiherr v. Bartenstein) 남작[21]이 참여한 비밀 협상에서 프리드리히 2세는 마리아 테레지아가 프로이센의 슐레지엔 지방 점유를 인정하면 자신은 윌리히-베르크 대공국을 포기한다고 제안했다.[22] 이어 프란츠 슈테판이 신성로마제국 황제로 선출되는 데 적극적인 지지를 아끼지 않겠다는 입장을 밝혔다. 또한 그는 오스트리아에 대한 외부적 위협이 있으면 그것을 격퇴하는 데도 적극적으로 협력하겠다고 했다. 아울러 오스트리아에게 200만 굴덴의 차관을 저리로 제공하겠다고 제안하기도 했다. 비밀 협상을 끝낸 후 바르텐슈타인은 오스트리아는 얼마 전까지 두 개의 적대국, 즉 서쪽에는 프랑스, 동쪽에는 오스만튀르크를 상대해야 했지만, 이제는 또 하나의 새로운 적대국인 프로이센과도 대립해야 하는데 이 국가

---

21 T. Blanning, *Friedrich der Grosse*, p.106.
22 카를 6세는 프리드리히 빌헬름 1세에게 윌리히-베르크 대공국의 통치자가 사망할 경우 그 통치권을 프로이센의 위정자에게 넘겨주겠다는 약속을 했다. 그런데 이러한 약속은 원래부터 실현될 수 없었는데 이것은 작센 공국과 비텔스바흐 가문의 분파인 슐츠바흐(Sulzbach) 가문에게도 같은 약속을 했기 때문이다. 프리드리히 2세는 카를 6세가 자신의 부친인 프리드리히 빌헬름 1세를 '무지한 군인왕(einfältiger Soldatenkönig)'으로 간주하며 유럽의 다른 군주들을 대하는 것과 달리 비하적으로 취급한 것도 알고 있었다. 프리드리히 빌헬름 1세 역시 자신을 비하하는 카를 6세에게 불만을 가졌지만, 그것에 적극적으로 대응하지는 못했다. 프로이센 국왕으로 즉위하기 이전인 1737년부터 프리드리히는 이 문제에 관심을 보였고 같은 해 한 전단에서 자신을 영국인으로 위장한 후 오스트리아 위정자의 오만함을 신랄하게 비판하기도 했다. 그러나 위장 전술의 당사자가 프리드리히라는 것은 밝혀졌고 이것으로 인해 프리드리히 빌헬름 1세에 대한 카를 6세의 차별적 대응은 이전보다 더욱 노골화되었다.

는 프랑스나 오스만튀르크보다 훨씬 위험하고, 음흉하다는 관점을 피력했다. 여기서 그는 향후 오스트리아의 동맹 체제를 새롭게 구축해야 한다는 필요성도 제기했다. 당시 해상국가인 영국과 네덜란드는 프랑스와의 대립에서 항상 오스트리아를 지지하려고 했지만 그들은 오스만튀르크에 대해서는 그리 적극성을 보이지 않았다. 따라서 바르텐슈타인은 오스만튀르크와 새로운 적대국으로 등장한 프로이센에 효율적으로 대응하기 위해서는 러시아의 도움이 절실히 필요하다는 견해를 제시했다.

프리드리히 2세의 협상안을 가지고 빈으로 돌아온 바르텐슈타인은 마리아 테레지아와 독대하여 프리드리히 2세의 제안을 거부할 것을 조언했고, 오스트리아의 위정자는 그것을 수용했다. 마리아 테레지아의 거부 의사가 공식적으로 밝혀짐에 따라 프리드리히 2세는 군사적 방법으로 자신의 목적을 실천해야 한다고 확신하게 되었다.

오스트리와의 전쟁을 준비하던 프로이센의 영토는 오스트리아의 6분의 1인 120,000km²였고 인구 역시 3분의 1 정도에 불과했다. 영토 및 인구의 열세 상황에서 벗어나기 위해 프리드리히 2세는 즉위한 직후부터 오스트리아로부터 40,000km²의 면적의 슐레지엔 지방을 빼앗으려는 구상을 하고 있었다. 이 구상이 실현되면 프로이센의 위상 역시 독일권에서 크게 증대시킬 수 있다는 것이 그의 판단이었다.[23]

프리드리히 2세의 제안을 거부한 후 마리아 테레지아는 특별사절단을 베를린으로 파견하여 프로이센 위정자의 입장을 더 정확히 파악하려고 했다. 베를린으로 가는 도중 특별사절단의 대표 보타-아도르노(Anton

---

23 프로이센과 국경을 접하고 있던 슐레지엔 지방은 엄지손가락처럼 생긴 긴 지방으로 오스트리아의 보헤미아 경계에서 노이마르크 남방한계선 북서로 뻗어 있었다. 그리고 오데르강은 오버슐레지엔의 산악지방으로 흐름이 이어지다가 북서쪽으로 우회하며 브란덴부르크를 관통하고 포메른의 슈테틴에서 발트해로 흘러 들어간다. C. Clark, *Preußen*, pp.230~231.

Otto de Botta-Adorno) 후작은 프로이센의 대병력이 슐레지엔 방향으로 이동하는 것을 목격했다. 그는 베를린에서 프리드리히 2세를 알현했고 거기서 프로이센 위정자의 의도도 정확히 파악할 수 있었다. 프리드리히 2세는 보타-아도르노에게 가까운 시일 내에 프로이센군이 슐레지엔 지방으로 진격할 예정이라고 말했다. 여기서 그는 오스트리아 여왕을 주변의 적들로부터 보호하고 그녀의 남편을 신성로마제국 황제로 등극시키는 것이 군사적 행동의 진정한 목표라고 언급했다. 그리고 프리드리히 2세는 가능한 한 빨리 빈으로 사절단을 파견하여 자신의 의도를 설명하겠다고도 했다. 이후 보타-아도르노는 프로이센 군주의 의도를 빈에 전달하며 조만간 프로이센이 오스트리아를 침공하리라고 우려했다.

4. 오스트리아의 대응

당시 오스트리아는 오스만튀르크와의 전쟁을 끝낸 지 얼마 안 되었기 때문에 프로이센과 전쟁을 벌일 상황도 아니었다.[24] 즉 빈 정부는 전

---

24 C. Clark, *Preußen*, p.228. 오스트리아는 레오폴트 1세 때 두 차례에 걸쳐, 즉 1663년과 1683년에 오스만튀르크와 전쟁을 치렀다. 특히 1683년 7월 14일 카라 무스타파(Kara Mustafa) 대재상이 이끄는 20만 명의 오스만튀르크군은 빈 근처까지 진출했다. 이 과정에서 레오폴트 1세는 간신히 빈을 방어했지만 결국 그는 수도를 떠나 파사우(Passau)로 가야만 했다. 이후 슈타르헴베르크(Rudiger Ernst Graf v. Starhemberg) 백작, 콜로니트쉬(Leopold Kollonitsch) 주교, 그리고 리벤베르크(Andreas Liebenberg) 빈 시장이 주도하여 빈을 방어했다. 당시 의병력은 17,000명에 불과했다. 이후 6만 명에 달하는 오스트리아인들이 빈을 떠날 정도로 사태는 더욱 악화되었다. 1683년 7월 16일 오스만튀르크군이 빈을 완전히 포위하자 레오폴트 1세는 유럽 각국에 도움을 요청했다. 교황 인노첸시오 11세(Innocentius XI, 1676~1789)는 150만 굴덴에 달하는 거액 지원을 약속했고 그란(Gran) 대주교는 40만 굴덴을 전쟁 비용으로 내놓았다. 아울러 인노첸시오 11세는 특별사절단을 페르시아에 파견하여 오스만튀르크의 후방

쟁 수행에 필요한 수백만 굴덴을 자체적으로 충당할 능력이 없었다. 실제로 당시 빈 정부의 부채는 1억 굴덴을 초과했고, 활용할 수 있는 재원은 수십만 굴덴에 불과했다. 프리드리히 2세는 오스트리아의 이러한 상황을 정확히 파악하고 있었는데 그것은 자신이 1740년 11월 5일 빈 주재 프로이센 대사인 보르케(Caspar Wilhelm v. Borcke)에게 보낸 서신에서 확인된다. 편지에서 프리드리히 2세는 "황제가 사망했기 때문에 신성로마제국과 오스트리아는 지도자 공백 상황에 놓이게 되었다. 그리고 오스트리아는 국가 운영 자금이 바닥났고 군대 역시 전투에 참여할 능력을 잃었으며 각 지방은 지속된 전쟁, 전염병, 기근, 그리고 과도한 세금 등으로 인해 피폐한 상태이다"라고 언급했다.[25] 이 편지는 보르케가 카

교란도 요청했다. 거의 같은 시기 포르투갈, 에스파냐, 토스카나, 그리고 제노바도 100만 굴덴의 지원을 약속했다.

1684년 3월 5일 인노첸시오 11세의 주도로 '신성동맹(Die Heilige Liga)'이 결성되었다. 여기에는 오스트리아, 폴란드, 그리고 베네치아가 참여했다. 이후 신성로마제국 전역에서 모인 7만 명의 병력과 폴란드 국왕 얀 3세(Jan III, 1674~1696)가 이끄는 철갑기사단이 1683년 9월 12일 아침부터 오스만튀르크군에 대한 대대적인 공세에 나서, 빈 근처의 칼렌베르크(Kahlenberg)에서 벌어진 전투에서 얀 3세가 이끄는 독일—폴란드 연합군은 오스만튀르크군을 불과 몇 시간 만에 대패시켰다. 이후 카라 무스타파 대재상은 12월 25일 베오그라드(Beograd)에서 술탄 메흐메드 4세가 보낸 비단줄로 교살당했는데 이것은 오스만튀르크의 위정자가 패전 장군에게 내리는 일반적인 처형 방법이었다. T. Chorherr, *Eine kurze Geschichte Österreichs*(Wien, 2013) p.87; C.W. Ingrao, *The Habsburg Monarchy 1618~1815*(Cambridge, 1994), p.76; B. Simms, *Kampf um Vorherrschaft*, p.99.

25 실제로 카를 6세가 사망할 당시 오스트리아의 부채는 1700년보다 무려 5배나 많았다. 따라서 카를 6세는 1740년 프리드리히 2세에게 특사를 파견하여 적지 않은 액수를 대출받으려고 했고 이것이 프리드리히 2세가 오스트리아의 재정적 상황이 극히 열악하다는 것을 정확히 파악하는 계기가 되었다. T. Blanning, *Friedrich der Grosse*, p.102; C.W. Ingrao, *The Habsburg Monarchy 1618~1815*, p.150.

를 6세가 서거한 직후 그에게 보낸 보고서를 반박하는 과정에서 발송되었다. 실제로 보르케는 보고서에서 '기를 6세가 갑자기 사망했음에도 불구하고 그의 후계자로 등장한 마리아 테레지아와 오스트리아인들은 그들의 현재 영토를 보존할 수 있는 능력을 충분히 갖춘 것 같다'라고 언급하며 이에 대해 동의하는 자세를 보였기 때문이다.[26]

프로이센의 무력적 압박이 가시화됨에 따라 마리아 테레지아는 오스트리아의 고위 성직자들과 명문 귀족들을 소환하여 자발적인 대여를 요청했다. 이렇게 하여 모인 금액은 320만 굴덴이었다. 이때 슈타르헴베르크(Gundacker Thomas v. Starhemberg), 리히텐슈타인(Johann Nepomuk Karl v. Lichtenstein), 킨스키(Philipp Joseph v. Kinsky), 에스테르하지(Nikolaus Joseph v. Esterházy) 등이 여왕을 만나 평균적으로 50만 굴덴의 지원을 약속했다. 그런데 마리아 테레지아의 이러한 시도에 이의를 제기하는 목소리가 빈에서 등장했는데 그것에 따르면 자발적인 대여에 앞서 왕실 재산을 매각하는 것이 우선순위라는 것이었다.[27]

이렇게 재정적으로 어려운 상황에 놓여 있던 오스트리아와는 달리 프리드리히 2세는 부친이 물려준 800만 탈러 금화를 보유하고 있었다. 이것은 장기간 전쟁을 펼쳐도 국가 재정에 어려움을 가져다주지 않을 거액이었다.[28]

---

26 T. Blanning, *Friedrich der Grosse*, p.102

27 당시 빈 정부의 고위 관료들은 마리아 테레지아의 통치 능력에 회의적인 반응을 보였다. 그 일례로 마리아 테레지아가 국가 현안을 논의하기 위해 개최한 비밀 궁정회의에 참석한 궁내부 장관이 여왕의 국정 파악 능력을 평가하기보다는 '회의에 참석한 우리 여왕은 정말로 아름답다'라고 표현한 것을 들 수 있다. E. Badinter, *Maria Theresia*, p.77.

28 800만 탈러 금화는 갈색 자루에 담긴 채 베를린 왕궁 지하실에 쌓여 있었다. C. Clark, *Preußen*, p.228; B. Stollberg-Rillinger, *Maria Theresia*, p.77.

제4장
오스트리아 왕위계승전쟁

오스트리아 왕위계승전쟁

1. 제1차 오스트리아 왕위계승전쟁

1) 프로이센의 선제공격

한 국가가 전쟁을 수행하기 위해서는 먼저 병력부터 동원해야 하는데 그것을 가시화시키려면 적어도 서너 달의 시간이 필요하다. 그러나 프로이센은 서너 주 만에 자국군을 전투 장소에 파견하는 민첩성을 보였다. 이것은 프리드리히 2세의 절대적 신임을 받던 안할트-데사우 공국의 레오폴트 2세(Leopold II)의 개인적 비망록과 당시 베를린 정부의 비공개 문서에서도 확인된다. 이것들을 토대로 당시 프리드리히 2세의 행보도 다음과 같이 재구성할 수 있다.

1740년 10월 26일 프리드리히 2세는 카를 6세의 사망 소식을 전해 듣고 신속한 조처를 취했다. 그것은 그가 11월 7일 프로이센 내 모든 연대에 비상 대기 명령을 내린 데서 확인할 수 있다. 12월 2일 프리드리히 2세는 라인스베르크에서 베를린으로 귀환했고 12월 8일에는 기병연대, 클라이스트(Heinrich v. Kleist) 장군의 연대, 그리고 지도(Egidius Ehrentreich v. Sydow) 장군의 연대가 슐레지엔 지방으로 행군을 개시했다. 이로부터 5일 후인 12월 13일 프리드리히 2세 역시 베를린을 떠났고 3일이 지난 12월 16일 그는 오데르강 유역의 크로센(Krossen)에서 프로이센 주력군과 합류한 후 슐레지엔 지방으로 진격했다. 같은 날 그는 오스트리아에 대해 선전포고도 없이 슐레지엔 지방의 여러 지역, 즉 예게른도르프(Jägerndorf), 브리크, 리그니츠, 그리고 볼라우를 선제공격했다.[1]

프리드리히 2세가 선제공격의 목표로 예게른도르프를 선정한 것은 이 지방이 1523년 호엔촐레른 가문의 소유지로 바뀐 후 1603년 브란덴부르크 선제후국의 영지로 편입된 역사적 배경에서 비롯되었다. 브란덴부르크 선제후였던 요아힘 프리드리히(Johaim Friedrich)는 장남 요한 지기스문트를 후계자로 삼고, 차남 요한 게오르크(Johann Georg)에게는 예게른도르프를 상속했다. 그런데 요한 게오르크는 보헤미아의 겨울왕(Winterkönig) 프리드리히 5세(Friedrich V, 1619~1620)의 추종자로서 보헤미아 귀족 봉기에 참여했다. 이 인물은 신교군인 유니온(Union)의 사령관 신분으로 1620년 11월 8일 백산전투(Bílá Hora)에 참여하여 오스트리아 페르디난트 2세(Ferdinand II, 1619~1637)의 군대, 즉 가톨릭 동맹 체제인 리가(Liga)군에 대항했다.

소위 30년전쟁의 시발점이 되었던 백산전투에서 요한 게오르크와 프리드리히 5세의 신교군이 리가군에 격파됨에 따라 페르디난트 2세는 1621년 이들을 신성로마제국에서 강제 추방했다. 같은 해 페르디난트 2세는 예게른도르프도 점령했는데 이것은 이 지방을 더는 브란덴부르크

---

1 예게른도르프는 체코에 편입된 후 크르노스(Krnos)로 지명이 바뀌었다. M.S. Anderson, *The War of the Austrian Succession 1740-1748*(London, 1995), p.68; T. Blanning, *Friedrich der Grosse*, p.99; C. Clark, *Preußen*, p.228; E. Frie, *Friedrich II.*, p.62; E.-B. Körber, *Die Zeit der Aufklärung*, p.48; H. Schmidt, "Zerfall und Untergang des alten Reiches(1648~1806)", p.260; B. Simms, *Kampf um Vorherrschaft*, p.152.

선제후국의 소유로 인정하지 않겠다는 의지에서 비롯된 것이라 하겠다. 그리고 페르디난트 2세는 1619년 보헤미아 귀족 봉기 시 자신을 지원했고, 백산 전투 이후 반란 세력들에 대한 체포 및 처형을 위임시킬 정도로 신임한 모라비아 출신의 리히텐슈타인(Karl v. Lichtenstein) 후작에게 예게른르프를 봉토로 하사했다. 이때부터 이 지역은 오스트리아의 영역으로 간주되었다. 그러나 프리드리히 2세는 즉위한 직후부터 오스트리아가 예게른도르프를 불법적으로 점유하고 있다고 판단했고 그것을 바로잡아야겠다고 생각했던 것이다.

프리드리히 2세와 더불어 슐레지엔 지방 공략에 나선 프로이센군은 외양상 강군이었지만 실제로 이들의 상당수는 제대로 된 전투 경험도 없는 신병이었다. 그리고 이것은 전쟁 초기에 진행된 여러 전투에서 의외의 돌발적 상황을 초래하기도 했다.[2]

프리드리히 2세는 자신의 저서인 『반마키아벨리즘』에서 '정의의 전쟁'에 대해 언급했었다. 그런데 그는 자신이 천명한 '정의의 전쟁'의 범주인 방어전쟁, 예방전쟁, 그리고 동맹국들의 지지를 받는 전쟁에 해당하지 않는 전쟁을 일으켰다. 즉 그는 오스트리아의 일부 지방을 강제로 빼앗으려는 전쟁을 일으킨 것이다. 이후 그는 외무성을 중심으로 침략의 당위성을 찾아냈을 때 "좋다, 이것은 협잡꾼의 아주 좋은 작품이다"라고 했다. 동시에 그는 주변의 고위 관료들에게 "나의 행동보다는 나의 말을 따르라"라는 위선적인 발언도 했다.[3]

---

2   프리드리히 빌헬름 1세 때 도입된 칸톤 제도로 신민의 상당수가 병역의 의무를 수행했음에도 불구하고 당시 슐레지엔 공격에 나선 프로이센군 중에서 외국인 용병은 적지 않았다. 실제로 이들이 전체 프로이센군에서 차지한 비율은 30%를 상회했다. T. Blanning, *Friedrich der Grosse*, pp.105~106.

3   A. Berney, *Friedrich der Große. Entwicklungsgeschichte eines Staatsmannes*(Tübingen, 1934), p.123 ; T. Blanning, *Friedrich der Grosse*, p.106 ; E. Frie, *Friedrich*

슐레지엔 지방에 대한 프리드리히 2세의 기습공격이 감행됨에 따라 마리아 테레지아는 바르텐슈타인의 조언에 따라 육군중장인 브로브네(Maximilian Ulysses v. Browne)에게 프로이센군을 슐레지엔 지방에서 격퇴할 것을 명령했다.[4] 당시 브로브네의 오스트리아군은 6,000명에 불과했지만, 프리드리히 2세의 프로이센군은 이보다 4배나 많은 25,000명이나 되었다.[5] 이러한 불리한 상황에서 브로브네가 실제로 할 수 있는 것은 프로이센군의 진격 속도를 다소나마 줄이는 것이었다. 그러나 프로이센군은 1741년 1월 슐레지엔 지방의 주도인 브레슬라우(Breslau)를 점령했다.[6]

1월 17일 프리드리히 2세는 친구 알가로티에게 보낸 서신에서 우선 슐레지엔 지방을 점령하는 과정에서 목숨을 잃은 장교와 병사가 22명밖에 안 된다고 했다. 이어 머지않아 슐레지엔 지방 전체가 프로이센에 귀

II, p.64.

4   당시 36세의 브로브네는 프로이센군의 우세를 정확히 인지하고 있었다. T. Blanning, *Friedrich der Grosse*, p.106

5   평상시 빈 정부는 슐레지엔 지방에 8,000명의 병력을 주둔시켰지만 이 병력으로 브란덴부르크 지방과 접하고 있던 국경 지역을 제대로 방어하는 것은 무리였다. 그리고 프리드리히 2세가 슐레지엔 지방을 침공할 때의 주둔 병력은 평상시 병력보다 적은 6,000명에 불과했고 프로이센군의 장비 역시 오스트리아군보다 훨씬 잘 갖춘 상태였다. T. Blanning, *Friedrich der Grosse*, p.122; E. Badinter, *Maria Theresia*, p.95; C. Clark, *Preußen*, p.230; E. Dillmann, *Maria Theresia*, p.30; M. Vogt, *Deutsche Geschichte*, p.260; H. Weczerka, *Schlesien*(Stuttgart, 2003), p.69.

6   프리드리히 2세는 부친으로부터 넘겨받은 상비군 수를 축소하지 않았을 뿐만 아니라 오히려 짧은 시간에 10만 명까지 늘렸다. T. Blanning, *Friedrich der Grosse*, p.12; E. Badinter, *Maria Theresia*, p.95; C. Clark, *Preußen*, p.228; E. Dillmann, *Maria Theresia*, p.30; M. Erbe, *Deutsche Geschichte 1713-1790*, p.159; E.-B. Körber, *Die Zeit der Aufklärung*, p.48; H. Schmidt, "Zerfall und Untergang des alten Reiches(1648~1806)", p.260; M. Vogt, *Deutsche Geschichte*, p.260; H. *Weczerka, Schlesien*, p.69.

속될 것이라고 예견했다. 단기간 내에 슐레지엔 지방의 대부분을 점령한 프로이센군은 이 지방에서 겨울 숙영 준비를 하면서 글로가우, 브리크, 그리고 나이세 근처에 강력한 요새도 구축하기 시작했다. 상대적으로 용병 비율이 높았던 다른 국가들의 전투군은 점령지의 주민들을 상습적으로 약탈했고, 주민들을 위협해 겨울에 필요한 물자들을 준비하곤 했지만, 프로이센군은 비교적 정예화된 상비군이었기 때문에 그러한 행위를 하지 않았다.[7]

당시 프리드리히 2세에 대해 긍정적이었던 볼테르 역시 그의 기습공격과 전승 소식도 들었다. 이후 볼테르는 친구인 팔케너(Ewald Falkener)에게 서신을 보내 프리드리히 2세의 전승 소식을 알렸고, 프리드리히 2세가 얼마 전에 출간한 저서에서 반마키아벨리적 입장을 표방했음에도 불구하고 마키아벨리가 그의 저서에서 언급한 영웅과 같은 행동을 취하는 실수를 범했다고 했다. 이어 그는 프리드리히 2세가 영국을 매우 선호하고 이 국가의 통치 체제를 답습하려고 하지만 실제로 프로이센 군주는 오스만튀르크의 전제군주, 무스타파(Mustafa)나 셀림 1세(Selim, 1512~1520)가 같은 행동을 했다는 날 선 비평도 했다. 편지의 뒷부분에서 볼테르는 만일 마키아벨리가 한 군주를 제자로 두었다면 그는 제자에게 우선 마키아벨리즘과 반대되는 관점을 거론하게 하여 위정자의 매력을 부각하려 했을 것이라고 했는데 이것은 프리드리히 2세의 슐레지엔 공격을 우회적으로 비판한 것으로 볼 수 있다.[8]

이렇게 비판적인 견해가 여러 곳에서 제시되리라는 것을 예측했음에도 불구하고 프리드리히 2세가 선제공격을 감행한 것은 마리아 테레지

7 T. Blanning, *Friedrich der Grosse*, p.106; P. Kondylis, *Machiavelli*(Berlin, 2007), p.146.

8 T. Blanning, *Friedrich der Grosse*, p.106; P. Kondylis, *Machiavelli*, p.147; E.-B. Körber, *Die Zeit der Aufklärung*, p.48.

아의 왕위계승에 대해 적지 않은 국가들이 이의를 제기하고 그에 따라 오스트리아 왕국이 고립되리라는 것을 직시했기 때문이다.

당시 그는 오스트리아의 오랜 동맹국이었던 영국이 1739년부터 에스파냐와 전비가 많이 드는 식민지 전쟁을 치르고 있다는 것과 그것으로 인해 자신의 선제공격에 개입할 여유가 없음을 파악하고 있었다. 또한 그는 1740년 11월 8일 러시아 황제로 등극한 안나 레오폴도브나(Anna Leopoldowna, 1740~1741)의 반프로이센적 행보를 예의 주시하고 있었다.[9] 프리드리히 2세가 슐레지엔 지방을 공격했다는 소식을 접한 안나 레오폴도브나는 1740년 12월 16일 프리드리히 2세에게 직접 편지를 보내 국사조칙의 준수를 강력히 요구했다. 또한 그녀는 국사조칙 준수를 통해 오스트리아 왕국의 분열을 저지하고 필요하다면 3만 명으로 구성된 러시아 원정군을 파견하여 마리아 테레지아의 오스트리아를 지원하겠다는 의사도 밝혔는데 이것은 1726년 오스트리아와 체결한 동맹 체제에서 비롯된 것 같다.[10] 그러나 안나 레오폴도브나는 스웨덴의 지속적인

---

9 T. Blanning, *Friedrich der Grosse*, p.104; E.-B. Körber, *Die Zeit der Aufklärung*, p.48; B. Simms, *Kampf um Vorherrschaft*, p.152. 메클렌부르크-슈베린(Mecklenburg-Schwerin) 대공국 카를 레오폴트(Karl Leopold) 대공의 딸인 안나 레오폴도브나는 1741년 12월 6일까지 러시아를 통치했다.
당시 러시아는 '암살을 통한 완화된 전제정치'를 지향했는데 이것은 황제 후계자 선정에서 적절한 원칙이 제시되지 못한 데서 비롯된 것 같다. 물론 현 황제에게 차기 황제를 지명할 수 있는 권한이 있지만 정통성을 갖춘 후계자가 없을 때 러시아 정세는 바로 혼란의 와중에 빠지게 되는 경우가 많다. 표트르 대제 이후 부인 카타리나 1세(1725~1727), 손자 표트르 2세(1727~1730), 그리고 조카딸인 안나(1730~1740)가 황위를 승계했는데 이 시기에 러시아는 극도로 혼란한 상황에 놓였었다.

10 1743년 러시아 주재 오스트리아 대사인 보타-아도르노가 같은 해에 발생한 엘리자베타 페트로브나에 대한 모반에 깊이 연루되었다는 의혹이 러시아 황실에서 제기되었다. 이 소식을 접한 마리아 테레지아는 크게 격노했고 엘리자베타 페트로브나에게 자신의 신하가 모반에 관련되었다는 증거를 제출하라고 요구

압박과 표트르(Poetr, 1682~1721) 대제의 막내딸 엘리자베타 페트로브나 (Elizaveta Petrowna)가 1741년 12월 6일에 일으킨 모반으로 권좌에서 축출되었고 그것으로 인해 러시아는 향후 당분간 오스트리아 왕위계승 문제에 개입할 수 없었다.[11]

했다. 이후 빈에서는 보타-아도르노의 모반 문제를 구체적으로 논의할 위원회가 구성되었고 거기서 모반에 연루된 인물이 고문 과정에서 거짓 자백을 한 것도 밝혀냈다.

이후 마리아 테레지아는 엘리자베타 페트로브나에게 일종의 반박 서신을 보내 러시아 황녀의 미숙함을 지적하고 반성을 촉구했다. 이 서신을 받은 엘리자베타 페트로브나는 크게 분개했고, 마리아 테레지아가 1743년 10월 14일에 공포한 포고문이 암스테르담에서 간행되던 일간신문에 게재되자 분노는 더욱 증폭되었다. 포고문에서 마리아 테레지아는 러시아의 황녀가 부당한 사실을 진실인 것처럼 언급한 비이성적 태도를 지적하고 그러한 과정에서 보타-아도르노가 희생양이 되었다고 주장했다.

이렇게 러시아와 오스트리아 위정자 사이의 상호 비방이 심화되었지만 마리아 테레지아는 점차 러시아 황녀와 화해하여 1746년에 종료될 러시아와의 동맹 체제 기간을 연장해야 한다는 필요성도 느끼게 되었다. 실제로 당시 마리아 테레지아는 프로이센과 그의 동맹국들과의 전투에서 러시아의 군사적 지원이 절실히 필요했다. 그리하여 마리아 테레지아는 1744년 8월 로젠베르크(Philipp Rosenberg) 백작을 특사 자격으로 러시아로 보냈다. 로젠베르크는 엘리자베타 페트로브나와 여러 번 독대하며 보타-아도르노 문제가 자신의 과오에서 비롯되었다는 마리아 테레지아의 입장을 러시아 황녀에게 전달했다. 마리아 테레지아의 태도 변화에 대해 러시아 황녀 역시 긍정적인 반응을 보였고 이것은 결국 러시아와 프로이센 간의 관계를 단절시키는 요인으로도 작용했다. 당시 엘리자베타 페트로브나는 프로이센의 영토확장 정책을 우려하여 제재가 필요하다고 생각했다. 이후 오스트리아와 러시아 사이의 관계는 안나 레오폴도브나 시기로 회귀했고 양국 사이의 동맹 체제 역시 더 확고해졌다. E. Badinter, *Maria Theresia*, p.102. u, pp.162~163; C. Clark, *Preußen*, p.228.

11 E.-B. Körber, *Die Zeit der Aufklärung*, p.50. 이에 따라 안나 레오폴도브나와 1740년 태어나 같은 해 황제로 등극한 이반 6세(Ivan VI, 1740~1741)는 투옥되었다. 그 이후 이반 6세는 오랜 시간 감옥에서 보내야만 했고 예카테리나 2세 통치기인 1764년에 살해당했다. 모반을 통해 러시아의 여제가 된 엘리자베타 페트로브나는 지적이고 총명하고 신앙심이 깊었지만, 향락에도 관심이 많았다.

2) 오스트리아의 대응

슐레지엔 지방의 대다수를 프로이센에 빼앗긴 마리아 테레지아의 오스트리아는 전쟁 수행에 필요한 비용을 충당할 수 없었을 뿐만 아니라 제대로 훈련받은 군대 역시 확보하지 못한 상태였다. 당시 오스트리아는 문서상으로 123,000명의 병력을 보유했지만 실제로 가용할 수 있는 병력은 60,000명에 불과했다. 더구나 이 병력은 오스트리아령 네덜란드로부터 롬바르디아를 거쳐 지벤뷔르겐(Siebenbürgen)[12]까지 분산 배치되었기 때문에 즉각적인 동원 역시 불가능했다. 또한 마리아 테레지아는 국가의 어려운 상황에 효율적으로 대응할 수 있는 정부도 갖추지 못한 상태였다. 실제로 당시 빈 정부에 참여한 인물들의 평균 나이는 70대 중반이었고 이들은 국가 업무보다는 개인 업무를 우선시하는 등 비효율적인 자세를 보였다. 그리고 이들의 실제 업무 시간은 당시 프랑스 고위 관료들의 절반도 안 되었다.[13]

슐레지엔 지방을 점령한 직후 프리드리히 2세는 고터(Gustav Adolf Gotter) 백작을 빈으로 파견하여 슐레지엔 지방의 양도를 다시금 설득시키려고 했다. 그러나 마리아 테레지아는 고터와의 독대를 거절했고 프

그녀는 마리아 테레지아와 스웨덴의 왕세자빈에 대해 매우 부정적이었는데 이것은 동성에 대한 맹목적인 시기심에서 비롯된 것 같다. 그런데도 프리드리히 2세는 마리아 테레지아와 옐리자베타 페트로브나 사이의 동맹 체제 구축을 두려워하여 두 여인 사이의 시기 내지는 알력을 적극적으로 활용하려고 했다. 그는 옐리자베타 페트로브나에게 많은 선물을 보내고 훈장을 수여하는 등의 방법으로 그녀와의 관계를 돈독히 하려 했고, 마리아 테레지아가 이반 6세와 그의 어머니를 복권시키려는 구상도 하고 있다는 거짓 정보도 넌지시 알려주었다.

12 오늘날 트란실바니아(Transilvania)라 불리는 루마니아 서북부 지방.

13 이들은 여왕이 참석하는 궁정 회의에서도 사담이나 농담을 하는 등 국정 업무에 적극성을 보이지 않았다. 따라서 이들의 활동에서 업무 효율성은 거의 없는 상태였다. E. Badinter, *Maria Theresia*, pp.88~89.

란츠 슈테판이 그를 대신 면담했다.[14] 면담 과정에서 고터는 국사조칙 승인과 프란츠 슈테판 대공의 차기 신성로마제국 황제 선출 건 이외에도, 슐레지엔 지방 양도에 대한 반대급부로 독일 제국 여러 곳에 산재한 오스트리아의 고립 영토에 대한 영유권 보장 및 200만 탈러에 달하는 재정적 지원 약속 등의 '당근'도 동시에 제시했다.[15] 아울러 프로이센이 오스트리아와 동맹 체제도 구축할 수 있다고 했다. 그리고 이 동맹 체제에 영국, 네덜란드, 그리고 러시아도 참여하리라는 것을 명시했다. 이에 프란츠 슈테판은 프리드리히 2세의 프로이센군이 슐레지엔 지방에 계속 주둔하는 한 오스트리아는 프리드리히 2세와 더불어 협상을 하느니 차라리 몰락의 길을 선택하겠다고 답변했다.

고터는 마리아 테레지아의 친서를 가지고 베를린으로 귀환했다. 친서에서 그녀는 '오스트리아는 왕국 영토의 극히 일부라도 포기하지 않을 것이고 자신에게 부여된 권리 및 명예를 지키기 위해 맨손으로도 대응할 것이다'라는 입장을 밝혔다.[16] 이는 그녀가 보헤미아 궁정사무국장 킨스키(Philipp Joseph Kinsky) 백작에게 보낸 서신에서도 확인되었다. 그 편지에서 마리아 테레지아는 "나는 어떠한 상황에서도 슐레지엔 지방을 포기하지 않을 것이다. 그리고 신은 본인이 이 지방을 포기하면 분명히

---

14   E. Frie, *Friedrich II*, p.64. 당시 마리아 테레지아는 프리드리히 2세를 '믿음과 정의감이 없는 적'이라 지칭했다. E. Badinter, *Maria Theresia*, pp.89.

15   고터가 프란츠 슈테판에게 제시한 것들은 10월 28일 베를린에서 개최된 비밀회의에서 거론된 것들이었다. 당시 비밀회의에는 프리드리히 2세, 슈베린(Schwerin) 원수, 그리고 포데빌스(Heinrich v. Podewils) 장관이 참석했다. T. Blanning, *Friedrich der Grosse*, p.121.

16   프란츠 슈테판이 프리드리히를 알게 된 것은 그가 프로이센 왕세자의 약혼식에 참석한 이후부터였다. 이때부터 두 사람은 매우 긴밀한 관계를 유지했다. 카를 6세의 서거 소식을 들은 후 프리드리히 2세는 프란츠 슈테판 대공 부부에게 큰 유감을 표명했을 뿐만 아니라 마리아 테레지아의 왕위계승도 전적으로 지지하겠다고 했다. 그러나 이러한 언급은 얼마 후 가식으로 밝혀졌다.

그것의 이행도 막을 것이다."라고 했다.[17]

프리드리히 2세는 은밀히 마리아 테레지아의 고위 측근들의 성향, 청렴도, 그리고 국가에 대한 충성심을 평가했다. 여기서 그는 일부 인물들을 금전적으로 매수할 수 있다고 판단했다. 즉 수석 궁내대신인 진첸도르프(Karl v. Sinzendorf) 백작에게 20만 굴덴, 로트링엔 대공인 프란츠 슈테판에게 10만 굴덴을 주면 그들은 기꺼이 마리아 테레지아에게 슐레지엔 지방을 프리드리히 2세에게 넘겨줄 것을 강력히 촉구할 것이라고 예상한 것이다. 그러나 프리드리히 2세가 이들에게 실제로 접근하여 뇌물을 공여하지는 않은 것 같은데 이것은 진첸도르프와 프란츠 슈테판이 마리아 테레지아에게 슐레지엔 지방 양도를 강력히 요구하지 않은 데서 확인할 수 있다.

3) 몰비츠 전투

왜 프리드리히 2세는 마리아 테레지아의 강력한 반발에도 불구하고 슐레지엔 지방을 차지하려고 했을까? 오데르(Oder)강 상류에 있는 슐레지엔 지방은 프로이센의 브란덴부르크와 국경을 접한 유일한 오스트리아의 영역이었다. 인구는 100만 명에 달하며 섬유공업이 활성화되었을 뿐만 아니라 석탄, 철, 동, 그리고 아연도 많이 생산했다. 오스트리아가 이 지방을 상실하면 독일권에서 빈 정부의 위상은 크게 실추될 뿐만 아니라 정부의 재정적 수입 역시 급감하고 군사력 또한 크게 약화될 수밖에 없었다. 실제로 슐레지엔은 오스트리아 국고 수입의 약 4분의 1을 담당하고 있었다. 따라서 마리아 테레지아는 프리드리히 2세의 슐레지엔

---

17 마리아 테레지아는 오스트리아가 슐레지엔 지방을 상실하면 프리드리히 2세가 보헤미아 지방마저 자국에 편입시키려 한다는 것도 잘 알고 있었다. T. Blanning, *Friedrich der Grosse*, p.121.

지방 양도 요구를 거부했던 것이다.

한편 클라크(Christopher Clark)를 비롯한 일부 역사가들은 프리드리히 2세의 개인적 자료에서 슐레지엔 침공 원인을 찾고자 했다. 이들은 프리드리히 2세가 '명성과의 조우(Rendezvous mit dem Ruhm)'를 지향했고 그의 정책 및 행동이 모든 언론에 게재되는 것을 좋아했다는 것과 후세 사람들이 자신의 행위를 역사서에서 읽기를 원했다는 것을 확인했고 이것 역시 슐레지엔 침공 원인으로 작용했다고 주장했다. 또 다른 학자들, 특히 블래닝(Tim Blanning)은 프리드리히 2세가 왕세자였을 때 영국 공주 아멜리아와 결혼하려고 했지만 빈 황실의 개입으로 좌절된 것, 그 이후 자신이 추진한 영국으로의 탈출 계획이 실패로 끝난 것과 그것으로 인해 절친한 친구였던 카테가 처형된 것 모두가 오스트리아의 깊숙한 간섭 및 개입에서 비롯되었다고 확신했기 때문에 응징 차원에서 슐레지엔 침공을 감행했다는 견해를 제시했다.[18]

프로이센의 선제적 군사 행동에 고무받은 국가들 역시 오스트리아를 공격하는 데 주저하지 않았다. 바이에른은 오버외스터라이히, 작센은 보헤미아 지방, 에스파냐는 오스트리아가 이탈리아에서 장악하고 있던 지역을 공격했고, 프랑스는 라인강을 건너 오스트리아를 공략하기 시작했다. 그러나 당시 오스트리아는 이들 국가와 전쟁을 하는 데 필요한 제반 준비마저 마무리하지 못한 상태였다. 또한 프란츠 슈테판의 제안에 따라 오스트리아군 총사령관으로 임명된 나이페르크(Wilhelm Reinhardt Neipperg) 백작 역시 프로이센군과 대적하기에 필요한 역량을 충분히 갖추지 못했다. 당시 마리아 테레지아에게 군사적 안목이나 경험이 있었더라면 나이페르크를 총사령관으로 임명하지 않았을 것이다. 왜냐하면 그는 지난 오스만튀르크와의 전쟁에서 끊임없이 주저하고 전략적 실수

---

18 T. Blanning, *Friedrich der Grosse*, p.124; C. Clark, *Preußen*, p.228.

를 저질러 오스트리아군을 위기 상황에 놓이게 한 장본인이었기 때문이다. 그로 인해 오스트리아인들로부터 신랄한 비난을 받았을 뿐만 아니라 무능한 장군으로도 평가된 인물이 나이페르크였다. 당시 오스트리아에는 나이페르크 이외에도 발리스(Georg Olivier v. Wallis) 장군과 제켄도르프(Friedrich Heinrich v. Seckendorff) 장군이 있었는데 이들 역시 나이페르크와 마찬가지로 지휘관으로서 필요한 능력들을 갖추지 못했을 뿐만 아니라 오스만튀르크와의 평화협상에서 자신들에게 부과된 업무도 제대로 수행하지 못했다. 따라서 이들은 카를 6세에 의해 보직 해임된 후 교도소에 구금되는 형도 받았다. 그러다가 이들은 1740년 11월 6일 마리아 테레지아에 의해 복권되었다.

나이페르크 백작에 대한 부정적 평가가 강하게 제기되었음에도 마리아 테레지아는 일말의 희망을 품고 있었다. 70세의 총사령관이 전투 경험이 거의 없는 29세의 프리드리히 2세보다 실전에서 우위를 차지할 것이라는 믿음 때문이었다.

1741년 4월 10일 아침부터 브리크 근처의 소읍인 몰비츠(Mollwitz)에서 프로이센군과 오스트리아군 사이에 격렬한 전투가 펼쳐졌다. 몇 차례 진행된 치열한 공방전에서 슈베린(Kurt Cristoph v. Schwerin) 장군이 이끄는 프로이센군이 나이페르크 백작의 오스트리아군을 격파했다.[19] 그런데 실전 경험이 없었던 프리드리히 2세는 몰비츠 전투에서 프로이센

---

19 T. Blanning, *Friedrich der Grosse*, p.124; C. Clark, *Preußen*, p.232; E. Frie, *Friedrich II.*, p.74; E.-B. Körber, *Die Zeit der Aufklärung*, p.48; H. Schmidt, "Zerfall und Untergang des alten Reiches(1648~1806)", p.260. 몰비츠 전투에 앞서 안할트-데사우 공국의 레오폴트 2세가 이끄는 프로이센군은 1741년 3월 9일 저녁 글로가우(Glogau) 요새를 기습 공격하여 점령했다. 거의 같은 시기 나이페르크 백작의 오스트리아군은 나이세(Neisse)와 베르크에 대한 포위망을 풀려고 했다.

군이 승리할 것이라고 확신하지 못했다.[20]

실제로 몰비츠의 첫 전투에서 오스트리아군은 수적인 열세에도 불구하고 그들이 자랑하던 기마병으로 프로이센군의 우측을 습격하여 프로이센군을 혼란에 빠뜨렸다. 첫 전투에서 패배하자 프리드리히 2세는 상황을 역전시키기 위해 프로이센군을 이끌고 오스트리아군 진영으로 진격하려고 했다. 이에 슈베린 장군은 프리드리히 2세의 무모하고 위험한 행동을 저지하면서 그에게 전투 장소에서 잠시 벗어나라고 제안했다. 당시 프리드리히 2세는 프로이센군의 총사령관인 자신이 해야 할 일을 정확히 인지하지 못했음을 뿐만 아니라 전투의 참상, 곳곳에 낭자하게 뿌려진 선혈과 포탄에 맞아떨어져 나간 병사들의 팔다리, 여기저기 널린 시체들을 목격한 후 거의 정신이 나간 상태였다. 자신의 무모한 행동과 거기서 파생될 수 있는 상황을 인지한 프리드리히 2세는 자신보다 슈베린 장군이 프로이센군을 지휘하는 것이 전투 상황을 보다 유리하게 진행할 수 있다고 판단했다. 이에 따라 그는 슈베린 장군에게 지휘권을 넘겨주었다.[21]

프리드리히 2세가 떠난 후 재개된 전투에서 슈베린 장군의 프로이센군은 오스트리아군의 중앙부를 돌파했고 그 이후 오스트리아군은 혼란에 빠져 후퇴하기에 이르렀다.

오후 5시에 오스트리아군과의 전투가 종료됨에 따라 슈베린 장군은

---

20 T. Blanning, *Friedrich der Grosse*, p.124. 그러나 프리드리히 2세는 이전의 전투에서 체포한 오스트리아군들과 당시 그에게 우호적인 지역 신교도 농민들로부터 얻은 정보들을 통해 전략상의 이점도 확보하고 있었다.

21 T. Blanning, *Friedrich der Grosse*, p.124. 당시 전투에 참여한 오스트리아 장교는 거푸집으로 찍어낸 듯 일직선을 이루어 진격해오는 프로이센군을 보고 '내 평생에 그러한 장면은 처음 보는 것 같다'고 했다. C. Clark, *Preußen*, p.232; E. Dillmann, *Maria Theresia*, p.32; B. Stollberg-Rillinger, *Maria Theresia*, p.78.

프리드리히 2세에게 승전보를 알리기 위해 전령을 급파했다. 그런데 전령은 프리드리히 2세에게 승전 소식을 알리기 전에 그가 어디에 있는지부터 찾아야 했다. 프리드리히 2세와 그 호위병들은 몰비츠를 떠나 50km 이상을 이동하면서 안전한 장소를 찾으려 했고 그 과정에서 오스트리아 기병에 의해 체포될 위기에 놓이기도 했다.

마침내 다음 날 아침 전령은 프리드리히 2세와 호위병들이 숨어 있던 장소를 찾았고 국왕에게 승전 소식을 전달했다. 그러나 당시 프리드리히 2세의 반응은 생각보다 차분했다. 이것은 아마도 승전에 대한 기쁨보다 살벌한 전투 과정에서 1,500명 이상의 병사들을 잃은 것과 3,000명 이상이 중상을 입고 이들 중의 상당수가 창상 괴저로 생을 마감한 것에 대한 책임에서 그 역시 자유롭지 못하다는 일종의 죄책감에서 비롯된 것 같다.

프리드리히 2세는 자신의 전투 장소 이탈을 수치로 간주했기 때문에 10월 12일 베를린의 한 장관에게 보낸 서신에서 프로이센군이 4시간 이상 계속된 몰비츠 전투에서 승리한 것만을 명시했다. 그러나 그는 자신이 전투 장소를 떠나 안전한 곳을 찾아 나선 것에 대해서는 거론하지 않았다. 즉 프로이센의 기병보다 무려 3배나 많은 나이페르크의 오스트리아군을 격파한 것과 그들이 퇴각하면서 남겨놓은 다량의 대포 및 병참물 등을 노획하는 성과에 대해서만 언급했던 것이다. 이어 프리드리히 2세는 알가로티와 빌헬미네에게도 편지를 보냈는데 거기서도 승전에 대해서만 거론했지, 자신의 전투 장소 이탈에 대해서는 함구했다.[22]

몰비츠 전투에서 승리한 직후 개최된 승전 예배에서 프리드리히 2세는 「디모데전서」 2장 11절과 12절의 "여자는 혼자서 겸손해지는 것을 배워야 한다. 따라서 여자가 남자를 가르치거나 남자에게 권위를 행사하

22 T. Blanning, *Friedrich der Grosse*, p.125.

려는 것은 내가 허락하지 아니할 것이므로 여자는 단지 조용해야 할 것이다"를 인용하면서 마리아 테레지아를 조롱했다.[23]

4) 반합스부르크 동맹의 결성

몰비츠 승전 이후 동맹 파트너로서의 가치가 급격히 높아진 프로이센은 뮌헨 근처의 님펜부르크(Nymphenburg)성에서 당시 프랑스 외교정책을 이끌던 88세의 플뢰리(André Hercule de Fleury) 추기경 주도로 결성된 반합스부르크 동맹에 참여했다.[24]

---

23 프리드리히 2세가 승전 예배에서 디모데전서를 인용한 것은 이 성경이 여성의 관직 활동을 금지해야 하는 이유를 신학적으로 제시한 데서 비롯된 것 같다. S. Martus, *Aufklärun*g, p.589.
전투가 끝난 직후 오스트리아에서는 프리드리히 2세가 목숨을 보전하기 위해 수적으로 우세한 프로이센군을 버리고 몰비츠에서 말을 타고 도망갔다는 조롱의 말이 퍼져나갔지만, 프리드리히 2세는 어떠한 반론도 제기하지 않았다. 그런데도 프리드리히 2세는 후에 몰비츠 전투에서 자신이 취한 행동을 후회한다는 발언을 누차에 걸쳐 반복했다. 즉 그는 몰비츠 전투가 시작했을 때 전투에 대해서는 완전 초보자에 불과했고 자신이 이 전투에서 저지른 실수는 슈베린 장군이 없었다면 비극적인 결말도 초래했을 것이라고 했다. 나아가 이러한 실수의 원인을 파악하고 향후 그러한 실수가 반복되지 않게끔 노력하겠다는 태도도 보였다. 실제로 몰비츠 전투 당시 프리드리히 2세에게 전투 경험이 있었다면 그는 오스트리아군을 격파한 후 시간적 여유를 주지 않고 계속 공격했을 것이고 그로써 프로이센은 인명 및 재정적 손실을 최소화하면서 슐레지엔 지방도 보다 쉽게 차지했을 것이다. T. Blanning, *Friedrich der Grosse*, pp.125~126.

24 C. Clark, *Preußen*, p.232; E.-B. Körber, *Die Zeit der Aufklärung*, pp.48~49; S. Martus, *Aufklärung*, pp.481~482; H. Schmidt, "Zerfall und Untergang des alten Reiches(1648~1806)", p.260; B. Simms, *Kampf um Vorherrschaft*, p.152. 프리드리히 2세가 슐레지엔 지방을 공격한 직후인 1740년 12월 29일 마리아 테레지아는 루이 15세에게 서신을 보내 군사적 지원을 요청했지만, 회답은 도착하지 않았다. 다음 해 2월 10일 마리아 테레지아는 빈 주재 프랑스 외교관에게 루이 15세로부터 회신이 오지 않는다고 우려하면서 프랑스 지원이 절실히 필요하다는 것을 재차 역설했다. 기대하던 답신은 1741년 2월 26일 빈에 도착

1740년 5월 프리드리히 2세가 프로이센 국왕으로 등극했을 때 당시 그에 대한 유럽 국가들의 평가에 따르면 우선 프리드리히 2세는 음악을 좋아하고 프랑스 문학을 탐닉하는 예술가적 성향을 지닌 군주였다. 프로이센의 젊은 군주가 볼테르와의 접촉을 통해 계몽주의의 영향을 깊이 받았기 때문에 그것에 따라 국가를 운영할 것이라는 평가도 나왔다. 그런데 이것은 프리드리히 2세를 잘못 평가한 것으로 볼 수 있다. 당시 그는 부친이 넘겨준 상비군을 보다 증대시켜 프로이센을 유럽 강대국의 반열에 올려놓겠다고 생각했고 그러한 과정에서 필요하다면 무력 사용도 불사하겠다는 의도를 주변 인물들에게 피력하기도 했다. 당시 루이 15세를 비롯한 강대국 위정자들은 그 실현 가능성에 회의적이었는데, 이것은 프로이센의 국력 및 군사력을 과소평가한 데서 나온 것 같다.[25]

했다. 답신에서 루이 15세는 마리아 테레지아가 프리드리히 2세의 슐레지엔 지방 침공에 대해 즉각적이고 적절한 대응을 하지 않았기 때문에 자신은 오스트리아의 지배자가 그러한 침공을 전혀 우려하지 않는다고 생각했다는 궤변을 늘어놓으면서 프리드리히 2세의 슐레지엔 지방 공격이 정당하다고 옹호하기까지 했다. 같은 날 마리아 테레지아는 플뢰리에게 서신을 보내 프랑스에 대한 자신의 믿음은 그대로라고 말하고 남편이 신성로마제국의 황제로 선출될 수 있게끔 협조를 요청했다.

4월 2일 플뢰리는 마리아 테레지아에게 보낸 답장에서 프랑스는 국사조칙을 준수하고 프란츠 슈테판이 신성로마제국 황제로 등극할 수 있게끔 적극적인 지원을 아끼지 않겠다고 했다. 그러나 5월 28일 님펜부르크에서 개최된 회의에서 프랑스는 오스트리아 왕국의 해체와 카를 알브레히트의 신성로마제국의 황제 선출을 지지한다는 공식적 견해를 밝혔다. 이로써 프랑스는 오스트리아 세력을 약화시켜 더는 프랑스의 경쟁자가 되지 못하게 한다는 의도를 적나라하게 드러냈다. 이 소식을 접한 마리아 테레지아는 큰 충격을 받았고 외부 접촉을 피하고 온종일 울었다. E. Badinter, *Maria Theresia*, pp.104~105; E. Dillmann, *Maria Theresia*, p.32; E.-B. *Körber, Die Zeit der Aufklärung*, pp.48~49; R. Lodge, *Studies in Eighteenth-Century Diplomacy 1740~1748*(Westport, 1970), p.81; B. Stollberg-Rilinger, *Maria Theresia*, pp.78~79.

25 T. Blanning, *Friedrich der Grosse*, p.126; C. Clark, *Preußen*, p.232; E.-B. Kör-

반합스부르크 동맹을 주도한 플뢰리 추기경은 부르봉(Bourbon) 공작에 이어 1726년부터 파리 정부의 실세로 활약했다. 그는 프레쥐스(Fré-jus)[26] 주교로 활동하다가 루이 15세에 의해 발탁되었는데, 파리 정부의 각료로 활동하기 전에 에스파냐 왕위계승전쟁의 참상을 실제로 목격했다. 자신의 교구가 중심 전쟁터가 되었기에 그 피해를 직접적으로 보았고 전쟁의 후유증도 실제로 체험했다. 그러므로 플뢰리 추기경은 자신이 향후 프랑스 외교정책에 영향을 줄 수 있는 위치에 오른다면 가능한 한 전쟁보다는 외교적 협상 및 타협을 통해 프랑스 국익을 추구하겠다는 의사를 여러 번 밝혔다.

실제로 플뢰리는 현실적 상황을 정확히 직시하고 거기서 프랑스의 이익을 최대한 찾고자 했던 인물이었다. 이것은 그가 1735년 10월 31일부터 폴란드 왕위계승전쟁을 종식하기 위해 빈에서 개최된 평화회의 과정에서 보인 태도에서 확인할 수 있다. 1736년 4월 13일에 체결된 평화조약에서는 다음 해 1월 28일 레슈친스키(Stanisław Leszczyński)가 폴란드 국왕 자리에서 물러난다는 것과 작센 선제후 프리드리히 아우구스트 2세가 폴란드 국왕 아우구스트 3세로 즉위한다는 것이 결정되었다. 그리고 평화조약에서는 국왕 자리에서 물러난 레슈친스키가 한시적으로 로트링엔 대공국을 차지하지만, 그가 죽은 후 이 대공국은 자동으로 프랑스에 귀속된다는 것도 명시되었는데 이것은 당시 플뢰리의 관점이 최대한 반영된 것이라고 하겠다.[27] 실제로 당시 플뢰리는 로트링엔 대공국이 한시적으로 프랑스와 신성로마제국 사이에서 프랑스의 위성국 역할을 담당

ber, *Die Zeit der Aufklärung*, p.49.

26 프로방스알프코트다쥐르 바르주(Provence-Alpes-Côte d'Azur Var)에 있는 도시.

27 레슈친스키의 딸인 마리아 레슈친스카(Maria Leszczyńska)는 1725년 8월 15일 루이 15세와 결혼했다.

하게 되리라는 것을 인지했고 이 대공국이 프랑스로 이양되기 전에 프랑스와 오스트리아 사이에 전쟁이 빌생하면 이 대공국은 프랑스의 우방국으로 전쟁에 개입하게 될 것이라고 판단했다. 플뢰리는 수석 대신으로 활동하다가 추기경으로 임명된 이후부터 그 칭호를 계속 사용했다. 출신이 미천하고 단순한 취향을 가졌던 플뢰리는 외유내강형의 인물로서 신중한 정책을 지향했고 여기서 그는 영국과의 동맹을 프랑스 대외정책의 근간으로 삼은 전임자의 정책도 그대로 유지하려고 했다.

플뢰리는 카를 6세가 서거한 직후 그의 딸인 마리아 테레지아에게 동정을 표했을 뿐만 아니라 프랑스는 향후 계속하여 오스트리아와 긴밀한 유대관계를 유지하겠다는 태도도 밝혔다. 그러나 그는 점차 향후 발생할 수 있는 왕위계승전쟁을 효율적으로 활용하면 유럽 대륙에서 프랑스의 위상을 크게 증대시킬 수 있다고 확신하게 되었는데 그 이면에는 파리 정부 내에서 벨릴(Charles Louis Auguste Fouquet, marquis duc Belle-île) 후작이 주도하던 전쟁파가 득세했기 때문이다. 당시 벨릴 후작은 35,000명의 병력을 독일에 파견하여 프로이센 및 바이에른과 협력해야 한다고 했다. 그리고 에스파냐, 사르데냐, 그리고 오스만튀르크에 사절단을 보내 이탈리아와 발칸반도에서 오스트리아를 공격하게 해야 한다고 주장했다.[28] 아울러 그는 러시아가 오스트리아를 지원하지 못하게끔 스웨덴과 러시아 사이의 전쟁을 유발시켜야 한다고도 했다.

1741년 5월 28일에 결성된 반합스부르크 동맹 체제에는 프로이센, 프랑스, 바이에른, 작센, 사보이-피에몬테(Savoia-Piemonte), 그리고 에스파냐가 참여했고 합스부르크 가문이 300년 이상 차지해온 신성로마제국의 황제 승계권을 박탈하고 새로운 황제로 바이에른의 선제후인 카를

---

28 당시 오스만튀르크는 헝가리를 다시 자국에 편입시키는 것에 관심을 표명했다.

알브레히트를 지명한다는 것이 동맹의 목적으로 제시되었다.[29] 이 동맹 체제는 바이에른 선제후 카를 알브레히트와 프랑스 국왕 루이 15세 사이에 체결된 양국 동맹 체제에서 비롯된 것이다. 반합스부르크 동맹 체제에 가입한 국가들은 1741년 9월 10일 프랑크푸르트에서 동맹국들의 이해관계를 조정하는 협정도 체결했다.

협정에서 먼저 거론된 것은 프랑스가 카를 알브레히트의 신성로마제국 황제 승계를 지지하고 26,000명의 병력을 바이에른에 지원함과 동시에 거기서 비롯되는 비용 및 군수품 조달 일체를 책임지며, 유사시 병력을 60,000명까지 증강하기로 약속한다는 것이다. 그 대가로 카를 알브레히트는 오스트리아령 네덜란드를 비롯한 일련의 지방들을 프랑스의 점령 지역으로 승인하고 자신이 상속권을 제기한 합스부르크 가문의 보헤미아, 오버외스터라이히, 티롤, 브라이스가우(Breisgau)에 대한 소유권을 프랑스로부터 보장받았다.

프랑스가 카를 알브레히트를 적극적으로 지지한 것은 가문 세력이 거의 없는 이 인물이 신성로마제국 황제로 등극하면 프랑스가 향후 이 제국 및 독일권에 자유롭게 개입하여 제어할 수 있으리라 확신했기 때문이다. 그러나 카를 알브레히트는 중세 말기 비텔스바흐 가문에서 이미

---

29 B. Simms, *Kampf um Vorherrschaft*, p.152. 1741년 2월 16일 오스트리아는 드레스덴에서 영국, 러시아, 그리고 네덜란드와 반프로이센 동맹 체제를 결성했다. 반오스트리아 동맹 체제에 가입한 에스파냐는 1741년 5월 카를 알브레히트의 신성로마제국의 황제 등극을 지지한다는 입장을 밝혔다. 당시 런던 정부에서 유럽 내 가톨릭 및 이슬람 국가들과의 관계를 담당하던 뉴캐슬(Duke of Newcastle) 공작은 만일 카를 알브레히트가 신성로마제국의 황제로 등극하면 이 제국은 결국 프랑스에 귀속될 것이라는 암울한 분석을 했다. 나아가 그는 이러한 신질서 체제가 구축되면 영국이 지향하던 '유럽 내에서의 균형 정책'은 큰 타격을 받게 될 것이고 지금까지 영국 및 네덜란드 공화국의 안전망 역할을 하던 네덜란드에서 포기할 수 없는 울타리마저 사라지게 될 것이라고 했다. B. Simms, *Kampf um Vorherrschaft*, p.153.

두 명의 황제가 배출되었기 때문에 현재 상황에서 자신만이 신성로마제국 황제가 될 자격이 있다고 판단했다.

에스파냐는 동맹 참여의 대가로 토스카나, 파르마, 롬바르디아 지방 할애를 약속받았다.[30] 그리고 작센의 프리드리히 아우구스트 2세는 신성로마제국의 황제직을 포기하는 대신 오버슐레지엔 지방과 모라비아 지방을 넘겨받기로 했다.[31] 또한 동맹 체제에 가입한 국가들은 마리아 테레지아를 오스트리아 왕국의 잔여 지방 및 헝가리 왕국의 지배자로 인정하고 에스파냐는 프랑스와 더불어 카를 알브레히트가 신성로마제국 황제로 등극하는 데 필요한 재정적 지원을 약속했다.

그런데 프랑스가 적극적으로 주도한 프랑크푸르트 조약의 내용이 실제로 이행될 때 독일권에서는 비슷한 규모의 국가가 무려 4개나 등장하게 되는 아이러니한 상황이 초래될 수 있는데 이것은 이들 국가가 단독으로 프랑스에 도전할 수 없게끔 해야 한다는 파리 정부의 강한 의지에서 비롯된 것이라고 하겠다.[32]

이렇게 오스트리아의 영토 분배가 논의되는 동안에도 마리아 테레지아는 프랑스로부터의 지원을 기대했는데 이는 그녀가 플뢰리 추기경에게 보낸 서신들에서 확인할 수 있다. 프랑스의 최종적 입장은 8월 말 플뢰리 추기경의 서신에서 확인되었는데 거기서 그는 향후 바이에른이 지

---

30 당시 에스파냐는 와병 중인 펠리페 5세를 대신하여 그의 두 번째 부인인 이사벨 디 파르네시오(Isabel de Farnesio)가 통치하고 있었다. 그녀는 모데나 출신의 이탈리아인이었다. B. Simms, *Kampf um Vorherrschaft*, p.153.

31 프리드리히 아우구스트 2세는 오버슐레지엔과 모라비아를 작센에 편입시킨 후 작센 공국을 왕국으로 승격시킨다는 구상을 했다. 그리고 그 자신이 신생 왕국의 통치자로 등극하려고 했다. T. Blanning, *Friedrich der Grosse*, p.129; E.-B. Körber, *Die Zeit der Aufklärung*, p.49; B. Simms, *Kampf um Vorherrschaft*, p.153.

32 T. Blanning, *Friedrich der Grosse*, p.129.

향하는 정책을 적극적으로 지지하겠다는 견해를 밝혔다.[33] 또한 그는 합스부르크 가문이 통치하는 오스트리아는 더는 존재하지 않을 것이라는 언급도 했는데 이것은 오스트리아 왕위계승전쟁을 통해 프랑스의 경쟁국인 오스트리아를 제거하겠다는 구상에서 비롯된 것이라고 하겠다.[34]

이후 빈에서는 슐레지엔 지방의 일부 또는 다른 지방의 일부를 할애하여 프로이센 및 그의 동맹국들과의 전쟁을 종식해야 한다는 주장이 제기되었고 이에 대해 당시 프란츠 슈테판 역시 동의했다. 그러나 마리아 테레지아는 왕국의 어떠한 영토도 포기하지 않겠다는 견해를 밝혔는데 그것은 그녀와 보헤미아 궁정사무국장 킨스키 백작과의 대화에서 다시금 거론되었다.[35]

5) 카를 7세의 등극

프로이센이 몰비츠 전투에서 승리함에 따라 작센 역시 오스트리아와의 대화를 중단했다. 마리아 테레지아의 왕위계승에 이의를 제기했던 바이에른의 카를 알브레히트도 1741년 8월부터 오스트리아 공격에 본

---

33 1741년 6월 4일 브레슬라우에서 루이 15세와 프리드리히 2세 사이에 군사동맹이 결성되었다. 여기서 프로이센은 프랑스 접경 지역의 윌리히-베르크 공국에 대한 영유권을 포기하고, 카를 6세가 사망한 후 공위 상태에 있던 신성로마제국 황제를 선출할 때, 프랑스가 지지하던 비텔스바흐 가문의 카를 알브레히트에게 찬성표를 던질 것도 약속했다. 프랑스는 그 대가로 프로이센에 니더슐레지엔과 브레슬라우 공국의 영유권을 보장했다. 이 브레슬라우 조약에 의해 프로이센은 2주 전에 체결된 프랑스-바이에른 군사동맹에 자동으로 가입하는 상황에 놓이게 되었다. T. Blanning, *Friedrich der Grosse*, p.130.
34 T. Blanning, *Friedrich der Grosse*, p.130; E.-B. Körber, *Die Zeit der Aufklärung*, p.49.
35 빈 주재 영국 외교관인 로빈슨(Robinson)은 마리아 테레지아와 그녀의 측근 사이의 대화 장면을 자세히 언급했는데 그것에 따르면 창백한 얼굴의 여왕이 의자에 앉아 대신들과 밀도 있는 대화를 나누었음에도 거기서 뚜렷한 해결책이 제시되지 못했다는 것이다.

격적으로 참여하기 시작했다. 이 인물은 독립주교구인 파사우를 기습공
격하면서 제1차 오스트리아 왕위계승전쟁에 정식으로 관여하기 시작했
다. 카를 알브레히트는 프랑스 및 작센군과 더불어 오스트리아에 대한
공략을 본격적으로 감행하여 9월 15일 오버외스터라이히의 주도 린츠
(Linz)를 점령한 후, 그곳에서 오버외스터라이히 대공 자격으로 10월 2일
이 지방 제후들로부터 새로운 지배자로 인정받았을 뿐만 아니라 충성맹
세도 받았다. 이어 그는 10월 14일 빈 근교의 장크트푈텐(St.Pölten)까지
진격했고 이로 인해 빈 정부는 일시적으로 프레스부르크로 피난했다.[36]
그런데 카를 알브레히트는 빈을 점령하는 대신, 프랑스군과 작센군의
지원을 받아 공격 목표를 보헤미아 점령으로 전환했다.[37]

　11월 20일 프리드리히 아우구스트 1세의 서자인 모리츠(Moritz v.
Sachsen)가 이끄는 2만 명의 작센군이 바이에른-프랑스 연합군에 합류
했다. 이로부터 5일 후인 11월 25일 저녁 프라하가 점령되었고 12월 19
일 400명에 달하는 보헤미아 귀족들은 카를 알브레히트를 보헤미아 국
왕으로 인정했다.[38] 당시 카를 알브레히트는 보헤미아 왕위 확보가 신성
로마제국 황제 즉위를 위한 지름길이라는 것을 잘 알고 있었는데 그것

36　T. Blanning, *Friedrich der Grosse*, p.132. 장크트푈텐에서 빈까지의 거리는
　　60km 정도였다.
37　프랑스군은 1741년 8월 15일 라인강을 건너 카를 알브레히트의 바이에른군과
　　합류하려고 했다. T. Blanning, *Friedrich der Grosse*, p.132; E. Frie, *Friedrich II*,
　　pp.76~77.
38　M.S. Anderson, *The War of the Austrian Succession*, p.86; T. Blanning, *Friedrich
　　der Grosse*, p.132; E. Frie, *Friedrich II.*, p.77. 이러한 상황에서 나이페르크 원
　　수는 슐레지엔에 주둔하던 오스트리아군을 보헤미아로 이동시켰지만 바이에
　　른-작센-프랑스 동맹군의 프라하 점령을 막지는 못했다. 이렇게 보헤미아 왕
　　국이 카를 알브레히트에게 넘어가자 마리아 테레지아는 크게 상심했으며 프라
　　하 대주교를 비롯한 고위 귀족들이 카를 알브레히트에게 충성 서약을 한 것에
　　분노했다.

은 보헤미아 국왕이 신성로마제국 황제 선출권을 가지고 있었기 때문이다. 거의 같은 시기, 즉 1741년 10월 9일 마리아 테레지아와 프리드리히 2세 사이에 비밀 협약이 슐레지엔 나이세 인근의 작은 마을 클라인슈넬렌도르프(Kleinschnellendorf)에서 체결되었다. 비밀 협약에서 프로이센은 1741년 6월 프랑스와 체결한 브레슬라우 조약을 폐기한다고 약속했다.[39] 또한 프로이센의 오스트리아 공격 중단과 그것의 반대급부로 오스트리아가 오버슐레지엔보다 면적이 2배나 넓은 니더슐레지엔(Niederschlesien) 점유를 포기한다는 것도 비밀 협약에서 명시되었다. 그리고 양국 사이의 비밀 협약에서 프리드리히 2세는 오스트리아에게 다시는 영토 요구도 하지 않겠다는 약속을 했다.[40]

그러나 프리드리히 2세는 이 비밀 협약을 준수하지 않았는데 그것은 프로이센의 동맹군이었던 프랑스-바이에른-작센군이 11월 25일 프라하를 점령한 후 얼마 안 되어 보헤미아 지방의 거의 대부분도 장악했기 때문이다.[41] 당시 프리드리히 2세는 오스트리아가 클라인슈넬렌도르프에서 체결된 비밀조약의 일부, 즉 조약의 내용은 반드시 '비밀 상태를 유

---

39 T. Blanning, *Friedrich der Grosse*, p.133; S. Martus, *Aufklärung*, p.482; B. Simms, *Kampf um Vorherrschaft*, p.154. 그러나 프리드리히 2세는 약속과는 달리 브레슬라우 조약을 1756년 파기했는데 여기서 그는 신뢰를 한 번 잃을 경우 결코 그것을 회복할 수 없다는 의미심장한 발언을 남겼다.

40 T. Blanning, *Friedrich der Grosse*, p.133; E.-B. Körber, *Die Zeit der Aufklärung*, p.49. 니더슐레지엔은 지리적으로 프로이센에 인접한 지방이었다. 클라인슈넬렌도르프 비밀 협약에서 프리드리히 2세는 나이세를 얻는 대신 나이페르크 원수가 이끄는 오스트리아군의 자유로운 퇴각도 허용했다.

41 T. Blanning, *Friedrich der Grosse*, p.133 ; S. Martus, *Aufklärung*, p.482. 프리드리히 2세는 프랑스, 작센 그리고 바이에른이 당시 전황을 주도하는 것을 절대 방관하지 않으려고 했다. 12월 7일 보헤미아 국왕으로 즉위한 카를 알브레히트는 마리아 테레지아와 프리드리히 2세 사이의 비밀 협상에 동의하지 않았을 뿐만 아니라 거기서 결정된 사안들도 파기하라고 강력히 요구했다.

지'해야 한다는 조항을 위배했기 때문에 협약 이행을 준수할 의무가 없다고 주장했다. 이후 그는 모라비아 지방으로 진격하여 1741년 11월 22일 올뮈츠(Olmütz)를 점령했다.[42]

이러한 위기 상황에서 마리아 테레지아는 개인 소유의 보석과 왕실에서 사용하던 은쟁반 같은 것들을 팔아 전쟁 비용 일부를 충당하려고 했다. 거의 같은 시기 프란츠 슈테판은 마리아 테레지아의 암묵적 동의하에 프피트쉬너(Karl Pfytschner)를 올뮈츠에 머물던 프리드리히 2세에게 보내 오스트리아와 프로이센 사이의 평화조약 체결과 군사동맹 결성을 제안했다. 이러한 제안에 대해 프리드리히 2세는 현재 잘 작동되고 있는 프로이센-프랑스-작센-바이에른 동맹 체제를 와해시킬 의사가 전혀 없다고 거부했다. 여기서 그는 프란츠 슈테판의 제안 대신 마리아 테레지아가 프로이센으로부터 군사 요새 도시인 글라츠(Glatz)를 요구하지 말고 바이에른에게는 보헤미아 지방을, 작센에는 모라비아 지방과 오버슐레지엔 지방을 넘겨주는 것부터 이행해야 한다고 했다.

이후 오스트리아에 대한 대외적 압박은 보다 강화되었는데 이 시점에 마리아 테레지아를 조롱하는 그림이나 전단들도 다양한 형태로 제작·유포되었다. 그 일례로 아우크스부르크(Augsburg)에서 주조되어 유포된 메달은 프로이센 국왕과 작센 선제후가 마리아 테레지아 곁에서 그녀의 연회복 일부를 가위로 잘라내고 그녀의 뒤에 있던 카를 알브레히트는 그녀의 긴 옷자락을 떼어내는 모습을 새긴 것이다. 이때부터 가슴, 다리, 그리고 허벅지가 노출된 '벌거벗은 여왕(Entblößte Königin)'의 그림이 전 유럽에 확산되기 시작했다. 마리아 테레지아는 크게 분노했지만, 효율적으로 대응할 방법이 없었다. 이러한 처지에 빠진 마리아 테레지아에게 유럽 귀족사

---

42 T. Blanning, *Friedrich der Grosse*, p.133. 당시 오스트리아는 프리드리히 2세의 속임수에 역이용되어 슐레지엔 지방에서 일방적으로 병력을 철수한 상태였다.

회의 여인들은 동정을 표하며 자발적으로 마리아 테레지아를 지원하려고
도 했다. 특히 영국에서는 1,500명에 달하는 귀부인들이 각기 30기니씩
각출하여 45,000기니를 보내는 성의를 보였다. 이후에도 영국에서는 마
리아 테레지아를 지원하려는 움직임이 지속되었다.[43]

1742년 1월 초부터 케벤휠러(Ludwig Andreas Graf v. Khevenhüller) 백작
의 오스트리아군은 엔스강 주변에 주둔하던 프랑스군을 습격하여 패퇴
시켰다.[44] 그는 1742년 1월 23일과 1월 24일 바이에른군을 격파하여 린
츠와 파사우를 되찾았는데 이것은 카를 알브레히트의 핵심 전역을 차지
하겠다는 계획에서 비롯되었다.[45]

카를 알브레히트는 1월 24일 프랑크푸르트에서 개최된 선제후 회의
에서 독일인이 아닌, 로트링엔 출신의 프란츠 슈테판에게 강한 거부감
을 가졌던 선제후들의 주도로 신성로마제국의 황제로 선출되었다. 카를
6세가 1740년 10월 사망한 후 약 1년 6개월의 공위기를 뒤로하고 치른
선거는 1438년 이후 합스부르크 가문 출신이 황제로 선출되지 않은 유
일한 선거였다. 카를 알브레히트는 1742년 2월 12일 프랑크푸르트 대성
당에서 신성로마제국의 황제, 즉 카를 7세(Karl VII, 1742~1745)로 등극했
다.[46] 그러나 마리아 테레지아는 카를 알브레히트가 신성로마제국의 황

---

43   E. Badinter, *Maria Theresia*, pp.107~116; V.L. Tapié, *Maria Theresia, Die Kai-
     serin und ihr Reich*(Graz−Wien−Köln, 1980), p.81.

44   실제로 케벤휠러는 용맹하고 용의주도한 통솔자였기 때문에 마리아 테레지
     아가 부여한 과제를 충분히 이행할 능력을 갖추고 있었다. E. Badinter, *Maria
     Theresia*, p.112; B. Stollberg−Rilinger, *Maria Theresia*, pp.94~95.

45   T. Blanning, *Friedrich der Grosse*, p.134; H. Schmidt, "Zerfall und Untergang
     des alten Reiches(1648~1806)", p.261. 1741년 7월 31일 바이에른 군이 점령한
     파사우는 빈으로 가는 지름길이었다. 오스트리아가 린츠와 파사우를 회복하는
     과정에서 헝가리군은 매우 큰 역할을 수행했다. V.L. Tapié, *Maria Theresia, Die
     Kaiserin und ihr Reich*, p.83.

46   T. Blanning, *Friedrich der Grosse*, 134; C. Clark, *Preußen*, pp.232~233; E.

카를 7세

제로 선출되는 과정에서 절차상의 문제점, 즉 보헤미아 국왕에게 부여된 황제 선출권 행사가 방해되었다고 하면서 선출 자체를 무효라 주장했다. 그러나 그녀의 주장에 관심을 보인 국가들은 거의 없었다.

카를 7세로 등극한 카를 알브레히트는 이틀 후인 2월 14일 뮌헨을 비롯한 바이에른의 대부분 지역이 케벤휠러 백작의 오스트리아군에게 점령되었기 때문에 영토가 없는 황제로 전락하게 되었다.[47] 이에 따라 그는 뮌헨으로 돌아가지 못하고 제국 직속도시인 프랑크푸르트에서 망명 생활을 해야만 했다. 당시 카를 7세는 바이에른을 방어해야 할 군대를 대관식 행사에 동원했기 때문에 오스트리아의 공격을 막아내지 못했다.

프리드리히 2세는 카를 7세가 어려운 상황에서 벗어나 실효성을 갖춘 권력구도를 구축해야 한다고 생각하여 프라하에서 빈에 대한 공략을 구상했고 바로 실행에 옮겼다. 그러나 그는 당시 66세의 오스트리아 육군 중장 아벤스페르크 운트 트라운(Otto Ferdinand v. Abensperg und Traun)

Frie, *Friedrich II.*, p.77; S. Martus, *Aufklärung*, p.482; H. Schmidt, "Zerfall und Untergang des alten Reiches(1648~1806)", p.260. 자신이 신성로마제국 황제로 선출되었다는 소식을 접한 카를 알브레히트는 대관식에 참석하기 위해 드레스덴과 뮌헨을 거쳐 프랑크푸르트로 향했다. 당시 프랑스는 막대한 자금을 써가면서 선제후들을 상대로 카를 알브레히트가 신성로마제국 황제로 선출될 수 있도록 로비했다. 카를 7세의 대관식은 그의 동생인 쾰른 대주교 아우구스트(Clemens August)의 주도로 거행되었다.

47　T. Blanning, *Friedrich der Grosse*, p.134; S. Martus, *Aufklärung*, p.482.

의 효율적인 대응으로 어려움에 직면하게 되었다. 당시 아벤스페르크 운트 트라운은 프리드리히 2세의 프로이센군과의 결정적 전투를 회피하고 프로이센의 보급망을 차단하는 등의 방법을 통해 프리드리히 2세에게 결정적 타격을 주었고 이것은 결국 프리드리히 2세의 프로이센군을 보헤미아 지방에서 철수하게 하는 결정적 요인으로 작용했다. 후에 프리드리히 2세는 아벤스페르크 운트 트라운의 전략을 높이 평가했을 뿐만 아니라 그것을 전투예술(Kriegskunst)이라고도 했다.

6) 영국의 개입

비텔스바흐 가문의 카를 7세가 신성로마제국의 황제가 됨에 따라 남편 프란츠 슈테판이 신성로마제국 황제로 선출되기를 원했던 마리아 테레지아는 크게 상심했다. 이후 프로이센과 오스트리아는 영국의 중재로 1742년 6월 11일 브레슬라우에서 예비평화회담을 종료했고 같은 해 7월 28일 베를린에서 평화협정도 체결했다. 프로이센을 대표한 포데빌스(Heinrich v. Podewils) 백작과 오스트리아의 길레른(Karl Joseph v. Gillern) 추밀고문관 사이에 합의된 브레슬라우 예비평화조약에서 오스트리아는 테셴(Teschen) 대공국, 트로파우(Troppau) 대공국, 그리고 헨너스도르프(Hennersdorf)와 예게른도르프의 일부를 제외한 나머지 니더슐레지엔과 오버슐레지엔 전체를 프로이센 측에 양도하는 대신, 프로이센은 향후 더 이상의 영토 요구를 포기하고, 오스트리아를 공격하기 위해 체결된 모든 동맹에서 탈퇴하기로 했다.[48] 아울러 오스트리아는 프리드리히 2세가 집요하게 요구한 글라츠 백작령을 프로이센에 양도하기로 했다.

---

48 당시 프리드리히 2세는 측근에게 "사람들은 적절한 시기에 포기하는 능력도 갖춰야 한다"고 말했는데 이것은 마리아 테레지아를 우회적으로 비판한 것으로 볼 수 있다. B. Simms, *Kampf um Vorherrschaft*, p.154.

여기서 프로이센은 오스트리아의 요구를 수용해 슐레지엔에서 신교로의 강제 개종을 이행하지 않고, 영국 무역상들이 슐레지엔에서 든 보험액 170만 굴덴의 상환 책임도 약속했다. 브레슬라우 예비평화조약은 베를린 평화협정의 기초가 되었고 이 협정 체결로 슐레지엔 분쟁에서 비롯된 양국 사이의 전쟁은 일단 종료되었다.[49]

베를린 평화협정은 브레슬라우 예비평화조약의 확인이었다. 베를린 평화협정에서 추가된 합의 중에서 중요한 것은 마리아 테레지아가 프로이센 국왕과 그의 후계자들에게 슐레지엔 공작 및 글라츠 백작의 칭호를 양도하되, 마리아 테레지아와 그 후계자들 역시 이 칭호들을 계속 사용할 수 있다는 조건을 단 것뿐이었다. 이것은 프로이센이 실리를 가져간 대신, 오스트리아의 황실은 대외적인 명분에 집착했다는 것을 알려주는 일례라 하겠다.[50]

그런데 베를린 평화협정은 프로이센과 연합한 바이에른, 프랑스, 그리고 작센에 적지 않은 타격을 주었다. 마리아 테레지아의 오스트리아 주력군이 바이에른과 프랑스에 대항할 수 있게 되었지만 바이에른군과 프랑스군은 프로이센군의 측면 지원 없이 보헤미아 지방에서 오스트리아군과 직접적으로 맞서야 하는 어려운 상황에 직면했기 때문이다. 베를린 평화협정 체결에 앞서 마리아 테레지아는 전세를 역전시키기 위해 영국에게 군사적 지원도 요청했다.

---

49 S. Martus, *Aufklärung*, p.482.
50 평화협상 과정에서 오스트리아는 슐레지엔을 포기하는 대신 바이에른을 보상받으려고 했다. 또한 당시 오스트리아가 슐레지엔을 담보로 영국과 네덜란드에서 빌린 170만 탈러는 프로이센이 넘겨받기로 했다. 프리드리히 2세는 이렇게 프로이센에 편입된 슐레지엔 지방의 주도인 브레슬라우에 본인이 직접 담당하는 직할 정부를 세워 통치하려고 했다. B. Stollberg-Rilinger, *Maria Theresia*, p.96.

당시 영국은 프랑스와 에스파냐 세력이 유럽에서 과도하게 확산하는 것을 막아야 한다는 입장이었기 때문에 오스트리아의 요청을 수용했다. 영국은 1742년 5월 13일부터 오스트리아 왕위계승전쟁에 본격적으로 개입하기 시작했는데 이것은 1731년 영국, 네덜란드, 그리고 오스트리아 사이에 체결된 군사방어동맹 체제에서 비롯되었다. 군사방어동맹 체제에서는 제3국이 동맹 체제에 가입한 국가를 공격하면 나머지 국가들은 즉시 군사적으로 개입한다는 것이 명시되어 있다. 그런데 조지 2세는 프로이센과 국경을 접하고 있던 하노버 공국의 위정자이기도 했기 때문에 프로이센에 대한 적대 행위를 가능한 한 회피하려고 했다. 그러나 영국은 프로이센 주도로 오스트리아 해체가 가시화되는 것을 직시했고 이것은 그들이 그동안 지향한 '유럽에서 열강 간의 균형 유지' 정책에도 위해적 요소가 된다는 사실을 인지했다.

그리하여 영국은 네덜란드, 헤센, 그리고 하노버와 더불어 오스트리아에 대한 군사적 지원을 시작했다. 이에 앞서 오스트리아는 프로이센의 오랜 동맹국이었던 영국에게 중립을 요청했고 그 반대급부로 30만 파운드의 보조금도 내겠다고 제의했다. 영국 정부는 수용하겠다는 입장이었으나 당시 오스트리아의 국고가 거의 바닥난 것을 파악하고는 1741년 마리아 테레지아에게 역제안을 했다. 오스트리아에게 3년 동안 매년 30만 파운드를 지원하겠다는 것이었다. 영국 정부가 약속한 1742년의 약정 금액이 빈 정부에 도착하기 전, 오스트리아의 국고는 거의 비어 있는 상태였다.

1742년 5월 17일 보헤미아 지방의 코투지츠(Chotusitz)에서 오스트리아군과 프로이센군 사이에 전투가 시작된 날 첫 번째 약정 금액이 영국으로부터 도착했다. 당시 오스트리아의 긴박한 상황을 빈 주재 영국 대사였던 포터(James Porter)가 정확히 묘사했는데, 그에 따르면 만일 약정 금액이 도착하지 않았다면 오스트리아군의 전면적 해체는 불가피했다는 것이다. 실제로 당시 빈 정부의 실세로 활동한 슈타르헴베르크 백작, 긴스키 백작, 그리고 힐데브란트(Hildebrandt) 남작뿐만 아니라 빈 정부의 각료들도 포터의 관점에 전적으로 동의했다.[51]

제1차 오스트리아 왕위계승전쟁이 시작되기 전인 1739년 10월 영국 국왕이며 하노버 공국의 선제후인 조지 2세는 에스파냐에게 전쟁을 선포를 했다. 당시 영국과 하노버 공국은 동일 군주가 통치하는 군합국가였다. 18세기 영국에서 대외정책에 관한 모든 권한, 즉 전쟁을 개시하거나 끝낼 경우, 조약을 체결하고, 외교관을 임명하고 그들에게 지시를 내리는 제 권한은 국왕에게 속했다. 그러나 정부 재정에 관한 최종 승인권은 의회에게 있었기 때문에 의회는 많은 전비가 필요한 전쟁과 연계된 결정이나 재정 부담이 요구되는 조약 체결 등의 사안에서 실제적 영향력을 발휘했다. 그리고 대외정책은 의회에서 언제나 토론의 대상이 되었다. 따라서 국왕은 논란의 가능성이 있는 대외정책을 실행하고자 할 때 의회의 지지를 확보하는 노력도 기울여야만 했다. 하지만 의회의 막강한 권한에도 불구하고 영국은 왕국이었으므로 하노버 출신 군주가 두 나라의 통치자로서 가지는 이해관계를 전적으로 도외시할 수는 없었다.

그런데 하노버 공국의 통치자가 어떻게 영국의 위정자로 등장했을까? 명예혁명(1688) 혁명 이후 영국의 공통 통치자로 등장한 인물은 윌리엄 3세(William III, 1689~1702)와 메리 2세(Mary II, 1689~1694)였다. 이에 따라 메리 2세의 여동생인 앤(Anne)도 영국 왕위계승권을 가지게 되었는데 그것은 1689년에 제정된 권리장전(Bill of Right)에서 비롯되었다. 권리장전에서는 윌리엄 3세와 메리 2세 사이에 후손이 없으면 앤이

---

51 T. Blanning, *Friedrich der Grosse*, p.138; E. Badinter, *Maria Theresia*, p.99; P.G.M. Dickson, *Finance and Government under Maria Theresia 1740~1780*(Oxford, 1987), Bd., II, p.161; C.W. Ingrao, *The Habsburg Monarhy*, p.153.

왕위를 계승한다는 것이 명시되었다. 그런데 당시 메리 2세와 앤 사이의 관계가 매우 나빴다. 이것은 메리 2세가 부친인 제임스 2세(James II, 1685~1688)를 추방한 데서 비롯된 것 같다. 1702년 윌리엄 3세가 남자 상속인 없이 사망함에 따라 앤은 권리장전에 따라 스튜어트 왕조의 마지막 군주로 등극했다. 앤에게는 남자 상속인이 없었기 때문에 의회는 신교도를 다음 후계자로 지명해야 한다는 왕위계승법도 제정하려고 했다.[52] 이미 더는 아이를 가질 수 없었던 앤 역시 왕위계승법 제정에 동의했다. 왕위계승법에 따르면 왕위계승자는 반드시 프로테스탄트여야 하며 혈통적으로도 왕실에 가장 가까워야 했다. 당시 이런 조건을 충족시킬 인물로는 하노버 공국의 선제후 에른스트 아우구스트와 결혼한 제임스 1세의 손녀인 팔츠 공국의 조피(Sophie)와 그녀의 아들이자 하노버 공국의 실질적 지배자인 조지(George)가 있었다.

조지가 영국 왕위계승권을 가졌음에도 불구하고 토리당과 휘그당의 세력 다툼 속에서 과연 왕위에 오를 수 있을지는 다소 불투명했다. 그러나 1714년 6월 8일 조피가 세상을 떠나고 두 달 후인 8월 1일 앤 여왕마저 죽게 됨에 따라, 영국의 왕위계승권은 조지에게 주어졌다. 이것은 사실상 왕조 교체를 의미하기 때문에 영국 정계로서는 매우 신중한 태도를 보여야 했다. 그러나 당시 막 정권을 장악한 휘그당은 패권을 잡기 위해 하루라도 빨리 조지를 왕위에 올려놓아야 했다. 이에 반해 스튜어트 왕조의 정통성을 지향한 토리당은 제임스 2세의 아들을 정통 후계자로 내세우고 1715년 자코바이트 난(rebellion of Jacobits)을 일으켰다. 그러나 이 반란이 진압됨에 따라 토리당의 정치활동은 위축되었다.

---

[52] 앤은 프로테스탄트 교육을 받고 성장했다. 결혼 후 무려 18번이나 임신을 했지만, 불행하게도 다섯 아이만 살아서 태어났다. 그리고 이들 중에서 아들 1명을 제외한 나머지는 유아기도 넘기지 못하고 죽었다. 이렇게 마지막 남은 아들 역시 1700년 말 생을 마감했다.

조지 1세(1714~1727)가 영국 국왕으로 등극할 당시의 나이는 54세였다.[53] 그의 뒤를 이어 왕위에 오른 조지 2세(1727~1760) 역시 1714년 부친과 함께 영국에 도착했을 때 이미 30세를 넘긴 나이였다.[54] 따라서 하노버 선제후로서의 정체성은 조지 1세뿐만 아니라 조지 2세에게도 강하게 각인되어 있었다. 이들은 재위 기간 중 정례적으로 하노버를 방문하여 수개월씩 머무르곤 했다. 하노버에 대한 애착으로 이들은 영국의 대외정책에서 영국의 이익과 하노버의 이익을 구분하려고 하지 않았다. 아무리 의회가 정부에 큰 영향력을 행사하더라도 대외정책은 군주의 고유 권한이었기 때문에 조지 1세와 조지 2세가 하노버에 대한 애정과 관심을 버리지 않는 한 영국의 대외정책 역시 이를 부분적으로라도 인정해야만 했다. 즉 최소한 두 나라의 대외정책이 엇박자를 내지 않게끔 조율해야 했으며 이것은 분명히 18세기 영국의 대외정책에 적지 않은 부담 요인으로도 작용했다. 영국은 조지 1세의 왕위계승 이전까지 하노버 공국과 별다른 이해관계를 공유하지 않았다. 대부분의 영국인은 독일

---

53 조지 1세는 선천적으로 무척 소심하고 부끄럼을 많이 타는 내성적 성격의 소유자였다. 더욱이 영어를 전혀 배우지 않았기 때문에 영국 왕실의 움직임을 파악할 능력도 갖추지 못했다. 따라서 조지 1세는 공식적인 만찬도 개최하지 않았을 뿐만 아니라 왕궁의 식당에서 홀로 식사하는 일종의 칩거 생활도 해야만 했다. 그런데도 조지 1세는 새로운 왕국에 대한 의무를 이행하려고 했다. 비록 영어를 할 줄 몰랐지만 프랑스어를 조금 할 줄 알았기 때문에 장관들과 프랑스어로 의사소통을 했고, 언어로 인해 불편함과 소심한 성격 탓으로 각의에 참석하는 대신 주요 각료와 개별적인 만남을 자주 가졌는데 이것은 내각의 기능을 악화시키는 요인으로 작용했다.

54 조지 2세는 건장한 몸매와 튀어나온 푸른 눈, 붉은 혈색, 얼굴에 비해 큰 코에 이르기까지, 왕으로서 충분히 위엄 있는 외모였다. 그는 역사에 특별한 관심을 보였고 부친과는 달리 프랑스어, 이탈리아어, 그리고 영어를 자유롭게 구사할 수 있었다. 뿐만 아니라 독일식 패션, 제복 등을 즐겨 입고, 스스로 왕실의 예절을 지키는 등 자유로움보다는 형식적인 것을 선호했다.

북부에 있는 하노버에 대해 잘 알지 못했고, 이 공국이 신성로마제국의 선제후국으로서 가지는 특수한 성격에 대해서도 무지했다.

영국이 에스파냐에 대해 선전포고를 한 결정적인 동기는 1738년 3월 영국 상선 선장인 젠킨스(Robert Jenkins)가 에스파냐 해안경비대 군인에게 잘린 귀를 가지고 영국 하원의 한 분과위원회에 출석하여 에스파냐 해군의 만행을 자세히 보고한 것에서 비롯되었다. 젠킨스는 서인도제도의 한 섬에서 영국으로 귀환하던 1731년 4월 9일 에스파냐 경비대에 체포되어 귀가 잘렸다. 그는 같은 해 6월 11일 런던 정부와 조지 2세에게 자신의 억울함을 보고했지만, 후속 조치는 없었다.[55] 그러다가 젠킨스가

---

55   N.A.M. Rodger, *Command of Ocean:A Naval History of Britain 1649~1815* (London, 2006), p.35. 1711년 영국 정부는 남해회사(South Sea Company)를 설립했다. 이 회사는 아프리카 노예, 즉 아시엔토(Asiento)를 서인도제도의 플랜테이션 농장에 공급할 권리를 가지고 있었을 뿐만 아니라 매년 한 차례씩 650t 이하의 선박을 이용하여 에스파냐령 아메리카에서 무역 거래도 할 권리를 부여받았다. 하지만 점차 더 많은 수의 영국 상인들은 유럽인들의 필수 기호품이 된 담배 및 설탕 생산을 통해 경제적으로 급속히 팽창한 이 지역과의 무역 거래에서 보다 많은 이익을 얻고자 했고, 그 결과 에스파냐 당국의 눈을 피해 공식적으로 승인된 거래량의 몇 배에 달하는 규모의 밀무역이 이루어졌다. 남해회사 역시 노예무역 자체보다는 이를 보호막으로 거래가 금지된 상품을 사고파는 데 열을 올렸다. 영국 상인들에 의한 밀무역 규모가 많이 증가하고 그에 따라 에스파냐 상인들의 피해 규모 역시 점차 확대되자, 서인도제도의 에스파냐 총독은 해안경비대를 동원하여 영국 및 네덜란드의 밀무역선들을 나포하기 시작했다. 그러나 해안경비대의 활동만으로 단속이 제대로 이루어지지 않았으므로 에스파냐는 현지의 에스파냐인들에게 사략선 면허를 발급하여 영국과 네덜란드 선박을 나포한 후 화물을 빼앗을 권리를 주었다. 사략선이란 타국의 선박들을 나포하고 노략질할 수 있는 허가를 국가로부터 받은 선박이다. 이러한 밀무역 단속 과정에서 합법적인 무역선들도 피해를 보았다. 이 과정에서 잰킨스의 무역선이 압류되었고 선장인 그는 신체 절단을 당했다. 당시 젠킨스는 합법적 무역선의 선장이었는데 그것은 그가 영국 하원에 출석하여 에스파냐 해안경비대의 만행을 언급한 데서 확인할 수 있다. 에스파냐 경비대의 선박 압류 및 사략선의 약탈로 타격을 받은 영국의 무역업자들은 런던 정부에 시정을 요구하기 시작했는

잘린 귀를 알코올에 담아 가지고 하원에 다시 출두하여 에스파냐 해안 경비대의 만행을 더욱 자세히 보고함에 따라 영국 내에서 반에스파냐적 성향이 갑자기 강하게 주목받기 시작했다.

그런데 젠킨스의 잘린 귀 사건의 재점화에 앞서 에스파냐의 해안경비대가 1737년 14척의 영국 선박을 나포하거나 공격했기 때문에 영국 내에서 에스파냐에 대한 보복을 요구하는 여론이 크게 증대되었고 그것에 따라 런던 정부는 문제 해결을 위해 에스파냐와 협상을 벌였다. 1738년 영국과 에스파냐는 마드리드의 엘파르도(El Pardo)궁에서 협약을 체결했는데 거기서는 에스파냐 정부가 95,000파운드의 배상금을 남해회사(South Sea Company)에 지불하고, 회사는 연체된 관세 68,000파운드를 에스파냐 정부에 납부한다는 것이 명시되었다.[56] 그러나 남해회사는 협약 이행을 거부했고, 의회와 여론 역시 회사의 입장을 지지했다.

당시 대다수의 영국인은 양국 사이에 전쟁이 발생하면 영국이 확실한 승리를 거두리라 믿었고, 그러면 에스파냐로부터 더 많은 경제적 양보를 얻을 수 있을 것이라고 예상했다. 즉 이들은 에스파냐와의 섣부른 타협은 국가의 명예 및 경제적 이득에 아무런 도움도 되지 않는다고 확신하고 있었던 것이다. 그러나 영국 정부와 남해회사의 태도에 분노한 에

데, 이들 중에는 합법적인 무역에 종사하는 이들뿐만 아니라 밀무역으로 수익을 올리는 이들도 다수 포함되었다. 이들은 표면적으로 그들의 정당한 권리를 에스파냐 해안경비대와 사략선의 횡포로 침해당했다고 주장했지만 내심 런던 정부가 에스파냐에 압력을 가해 이 지역에서 더 자유롭게 무역할 권리를 얻어내기를 원했다. 하지만 당시 월폴 정부는 에스파냐와의 관계 악화와 대외적으로 영국 정부가 밀무역을 옹호하는 것처럼 비쳐질 수 있다는 우려 때문에 별다른 조치를 하지 않았다. 영국 상인들이 서인도제도와의 밀무역으로 얻는 수익에 비해 에스파냐 본토와의 무역에서 얻는 수익이 훨씬 많다는 사실도 영국 정부가 주저한 이유 중의 하나였다. B. Simms, *Kampf um Vorherrschaft*, pp.148~149.

56 N.A.M. Rodger, *Command of Ocean*, pp.36~37.

스파냐의 펠리페 5세가 배상금 지급을 거부함에 따라 양국은 사실상의 전쟁 상태에 돌입했다.[57]

영국이 유럽 대륙에서 발발한 오스트리아 왕위계승전쟁에 개입함으로써 영국과 에스파냐 간의 기존 전쟁은 자연히 오스트리아 왕위계승전쟁의 일부가 되었다. 왜냐하면 영국은 오스트리아의 동맹국이었고, 에스파냐는 프랑스-바이에른 동맹국이었기 때문이다. 마리아 테레지아가 집권하기 이전부터 영국은 마리아 테레지아가 카를 6세의 후계자로 등극할 경우, 프랑스의 세력이 크게 확산하리라는 우려를 하고 있었다.

오스트리아 왕위계승전쟁에 참여하기로 한 조지 2세는 원래 계획보다 훨씬 많은 병력을 전선에 투입했다. 조지 2세가 영국군을 라인강 유역으로 파견하면서 대외적으로 내세운 명분은 카를 6세가 선포한 국사조칙을 지지하고, 마리아 테레지아를 지원한다는 것이었지만, 더 큰 이유는 군합국인 하노버 공국이 프랑스-바이에른 동맹군에 점령될 가능성을 사전에 차단하는 데 있었다.[58] 영국 국왕 겸 하노버 공국의 선제후인 조지 2세는 니더라인에서 편성된 자국 군대에 '국사조칙군'이라는 별명도 부여했다. 이것은 카를 6세가 제정한 국사조칙을 전면에 내세워 대륙 전쟁에 참전하는 영국 원정군에게 대외적 명분을 부여하기 위해서였다. 하노버 공국에 대한 우선 보호 조치를 취한 후, 영국군은 프랑스군

---

57 N.A.M. Rodger, *Command of Ocean*, p.37; B. Simms, *Kampf um Vorherrschaft*, p.149.

58 T. Blanning, *Friedrich der Grosse*, p.137; E.-B. Körber, *Die Zeit der Aufklärung*, p.50. 이에 앞서 런던 정부는 프리드리히 2세와 마리아 테레지아 사이의 타협을 유도했다. 이 과정에서 프리드리히 2세는 니더슐레지엔 지방 확보에 만족을 표했지만 마리아 테레지아는 그러한 양보에 부정적이었다. 여기서 프리드리히 2세의 양보는 분명히 오스트리아 왕국의 안위를 보장할 수 있지만, 오스트리아의 위정자가 그러한 것을 무시하고 있음을 런던 정부는 지적했다.

을 공격하기 위해 남부 독일로 진군했다.[59]

이렇게 영국의 군사적 지원이 본격화됨에 따라 오스트리아군은 1742
년 12월 29일 프라하를 탈환할 수 있었다. 당시 마리아 테레지아는 프
란츠 슈테판을 비롯한 빈 정부 고위 관료들의 계속된 충고에도 불구하
고 보헤미아 지방에서 프랑스와 바이에른에 협력한 인물들에 대한 처벌
강도를 완화하려 하지 않았다. 그녀는 수백 년 동안 합스부르크 가문과
연계된 프라하의 고위 관리들이 그렇게 쉽게 카를 알브레히트에게 충성
맹세를 한 것에 분노했고 자신의 보헤미아 국왕 대관식에 앞서 협력자
들의 처벌 문제를 해결하려고 했다. 따라서 자신의 왕위계승에 앞서 조
사위원회를 구성하여 카를 알브레히트에게 협력한 관리들의 색출을 본
격화했을 뿐만 아니라 프라하의 대주교 및 고위 관리들에 대한 밀고도
접수하게 했다. 이후 밀고에서 거론된 인물들에게 은밀히 죄의 경감을
제안했는데 그 전제 조건은 이들이 카를 알브레히트에게 충성하고 그를
지원한 인물들을 가능한 한 많이 언급해야 한다는 것이었다.

이 과정에서 조사위원회는 체포된 귀족들을 강도 높게 심문하여 합스
부르크 가문의 명예를 크게 실추시킨 귀족들을 선별했다. 여기서 선별
된 귀족들은 방대한 영지를 포기해야만 보헤미아 지방 체류 허가를 받
을 수 있었다. 오스트리아에 대해 반역 행위를 한 6명에게는 사형이 선

---

59 당시 런던 정부를 주도한 인물은 카터렛(John Carteret) 외무장관이었다. 그는
    1742년 2월 실각한 월폴이 오스트리아에 대한 지원을 적절히 하지 않았기 때문
    에 프랑스가 신성로마제국을 장악하고 그것에 따라 유럽에서 세력 균형마저 무
    너져 영국의 안전 또한 위험에 처하게 되었다는 관점을 피력했다. 국무장관에
    취임한 후 카터렛은 프랑스를 적극적으로 견제하고 유럽에서 세력 균형을 회
    복할 방안을 강구하기 시작했다. 나아가 그러한 방안을 실천하려는 의지도 보
    였다. T. Blanning, *Friedrich der Grosse*, p.137 ; B. Simms, *Three Victories and a
    Defeat. The Rise and Fall of the First British Empire 1714~1783*(London, 2007),
    pp.308~309.

고되었지만 실제로 사형은 집행되지 않았다. 반역 행위를 한 인물들이 의외로 많았음에도 불구하고 그중 극히 일부에게만 죄를 부과한 것은 마리아 테레지아의 고려에서 비롯된 것 같다. 당시 그녀는 다시 오스트리아 품으로 돌아온 체코 민족에게 민족적 원한을 유발하는 과도한 정책을 밀어붙이면 예상하지 못할 부작용도 초래될 수 있다고 우려했다. 따라서 그녀는 대량처형(Massenexekutionen)과 같은 극단적 방법을 사용하지 않았다.[60]

1743년 4월 25일 마리아 테레지아는 보헤미아 국왕 대관식을 치르기 위해 빈을 떠나 프라하로 향했지만, 체코인들에 대한 적개심은 그대로 유지된 상태였다. 공식 석상에서는 체코인들에게 불쾌한 감정을 표출하지 않았지만 개인적으로는 언짢은 기분을 여과 없이 드러냈다. 5월 12일, 마리아 테레지아는 프라하의 바이츠돔(Veitsdom)에서 대관식에서 쓸 보헤미아의 벤젤(Wenzel) 왕관을 보고 보헤미아 재상이었던 킨스키에게 "이곳의 왕관은 프레스부르크 슈테판 왕관보다 무겁고 광대 모자 같다"라고 말했다. 이것은 보헤미아 왕국에 대한 그녀의 불편한 심기를 우회적으로 토로한 것 같다.

같은 날 마리아 테레지아는 카를 알렉산더 대공이 짐바흐(Simbach)에서 바이에른군을 격파했다는 소식을 들었고 그로써 보헤미아 왕국 및 체코인에 대한 불편한 심기가 크게 완화되었다. 전승 소식을 접한 프라하 시민들은 그녀가 머물고 있던 궁으로 몰려가 그녀의 손에 키스하려고 했다. 그리고 그녀를 위한 대규모 환영 집회도 개최되었다. 이 장면을 직접 목격한 마리아 테레지아의 눈에서는 감격의 눈물이 고이기 시작했다. 이후 마리아 테레지아는 보헤미아 국왕 대관식을 서너 시간 연

---

60 E. Badinter, *Maria Theresia*, pp.119~120; B. Simms, *Kampf um Vorherrschaft*, p.155.

기시켰는데 그것은 대관식 과정에서 생략된 감사 예배인 '테데움'을 프라하 대성당에서 전격적으로 진행한 데서 비롯되었다. 몇 시간 후에 시작된 대관식은 이전과는 달리 비교적 화기애애한 분위기에서 진행되었고 이어진 만찬 및 무도회에서 마리아 테레지아는 환한 얼굴로 참석자들을 대했다. 마리아 테레지아는 예상보다 긴 6주 동안 프라하에 머물렀는데 이것은 보헤미아 신민에 대한 그녀의 달라진 인식에서 비롯된 것 같다.[61]

1743년 6월 27일 영국, 네덜란드, 그리고 독일 용병으로 구성된 연합군 35,000명은 아샤펜부르크(Aschaffenburg) 근처의 데팅엔(Dettingen)에

---

61 이렇게 체코인들에 대한 인식이 우호적으로 바뀌었음에도 마리아 테레지아는 생존하는 동안 체코인들보다 헝가리인들을 우선시했다. 그리고 1744년 프라하에 거주하던 2만 명의 유대인을 강제로 추방했는데 이것은 이들이 카를 알브레히트에게 적지 않은 자금 지원을 했기 때문이다. 강제 추방과 더불어 이들에게 부과된 3만 굴덴은 체코 귀족들의 강한 반발로 철회되었지만, 유대인에 대한 그녀의 반감은 그녀가 죽을 때까지 지속되었다. 당시 마리아 테레지아는 유대인들이 예수 그리스도를 구세주로 인정하지 않고 십자가에 못 박혀 죽게 했다고 확신하고 있었다. 당시 계몽된 관리들은 마리아 테레지아의 반유대 정책이 경제적으로 국가에 도움이 되지 않고 시대에도 부합되지 않는다는 의견이었지만, 그녀는 동의하지 않았다. 그녀의 관점에서 유대인들은 배반자 또는 사기꾼에 불과한데 이것은 선왕들의 관점을 그대로 수용한 것으로 볼 수 있을 것이다. 레오폴트 1세는 1670년 부인이 유산한 직후 그 책임을 유대인들에게 전가하며 빈에 거주하던 유대인들을 강제로 추방했다. 이것은 빈 상인들의 일방적인 주장에서 비롯되었다. 카를 6세는 1726년 유대인 가족 구성원 수를 명시한 법을 제정했다. 이 법에 따르면 보헤미아 지방에서 유대인들의 수는 8,541명을 초과해서는 안 되고, 모라비아 지방과 슐레지엔 지방에서도 각기 5,106명과 119명을 넘어서는 안 된다. 또한 유대인 각 가정에서 장남만 결혼할 수 있었다. 마리아 테레지아의 반유대인 감정은 그녀가 죽을 때까지 그대로 유지되었다. 이는 "모든 방법을 동원하여 왕국 내에서 유대인들이 늘어나는 것을 저지할 것이다"라는 그녀의 발언에서 확인할 수 있다. E. Folkmann, *Die gefürstete Linie des uralten und edlen Geschlechtes Kinsky. Ein geschichtlicher Versuch*(Prag, 1861), p.63; B. Stollberg-Rilinger, *Maria Theresia*, p.103.

서 노아일레(Louis de Noailles) 원수가 이끌던 7만 명의 프랑스군과 전투를 벌였다.[62] 조지 2세가 이끈 연합군이 데팅엔에 접근했을 때, 이미 그 지역은 프랑스군이 장악하고 있었다. 이것은 하나우(Hanau)로 가는 도로가 프랑스군에 의해 봉쇄되었다는 것을 의미한다. 그리고 프랑스군 포대가 마인(Main)강 건너편 언덕에 배치되어 있어서, 영국군이 공격을 감행할 경우, 영국군의 측면이 프랑스 포대의 사거리 내에 포함될 수도 있었다.

같은 시점 아샤펜부르크 방향으로 진군하여 마인강 도하 작전을 완료한 프랑스군이 동맹군의 후미를 공격했다. 그런데 당시 프랑스군 지휘관 그라몽(Louis de Gramont) 공작이 접근한 영국군을 자국의 후위 부대로 착각하고 공격으로 전환한 것이다. 전투는 영국 기병대를 겨냥한 프랑스군의 포격과 함께 개시되었다. 결과적으로 그라몽 공작의 프랑스군은 프랑스군 포대와 영국군 사이에 끼게 되었다. 치열한 전투 끝에 영국군은 프랑스군을 사선 후방으로 몰아냈다. 이후 프랑스군은 부교를 이용하여 마인강을 건넜는데 그 후퇴는 매우 무질서했다. 후퇴 과정에서 부교 일부가 붕괴하여, 상당수의 프랑스군은 마인강에서 익사했다. 영국이 주도한 동맹군은 3,000명, 프랑스군은 4,000명의 전사자를 기록했다. 전투에서 패한 프랑스군은 엘자스(Elsaß) 지방으로 철수했고, 조지 2세의 연합군은 하나우로의 행군을 속개했다.

오스트리아 왕위계승전쟁에서 데팅엔 전투가 유독 유명세를 치른 이유는 군사적 측면보다 영국 역사상 국왕이 직접 참전한 마지막 전투였기 때문이다. 1712년 이후부터 런던에서 활동하던 헨델(George Friedrich Händel)이 작곡한 〈데팅거 테데움(Dettinger Te Deum)〉[63]은 데팅엔 전투의

---

62   T. Blanning, *Friedrich der Grosse*, p.139. 마리아 테레지아는 프라하를 떠나기 전에 테팅엔에서의 승전 소식을 전해 들었다.

63   테데움은 '하느님 당신을 찬양하나이다'라는 라틴어 'Te Deum laudamus'에서 비롯되었으며 '지성하신 삼위일체의 찬가'라 지칭되었다. 성무 일과에서 주일

승리에서 동기를 취한 시편 형식의 찬미곡이었다. 영국 왕실이 테팅엔 승전을 기념하기 위해 헨델에게 작곡을 위촉했고, 헨델은 7월 17일부터 7월 29일까지 〈데팅거 테데움〉을 작곡했고 이 곡은 1743년 11월 27일 조지 2세를 비롯한 궁정 인물들이 대거 참석한 가운데 세인트 제임스 궁전(St. James)의 왕실 예배당에서 초연되었다.

프랑스군이 라인 지방에서 철수함에 따라 마리아 테레지아는 프랑스 국경을 넘어 엘자스 지방의 슈트라스부르크(Straßburg)까지 진격하겠다는 생각을 가지게 되었다. 그뿐만 아니라 남편의 모국인 로트링엔 대공국을 회복할 수 있다는 희망도 품었다.

2. 제2차 오스트리아 왕위계승전쟁

1) 바르샤바 4국 동맹

프로이센의 프리드리히 2세는 1744년 5월 초 오스트리아와의 전쟁을 다시 시작했다. 이에 앞서 그는 공식적으로 전쟁을 선포했는데 이것은 제1차 오스트리아 왕위계승전쟁과는 다른 상황이라 하겠다. 같은 해 6월 5일 프로이센과 프랑스 사이에 동맹 체제가 재결성되었는데 이것을 지칭하여 프랑크푸르트 동맹이라 한다.

이나 축일의 아침기도 후반부에 불리거나 또는 열성식이나 전승 등 공적인 감사의 노래로도 사용되었다. 그 가사는 주로 「시편」에서 인용되는 경우가 많은데 헨델의 테데움 역시 이러한 범주에서 벗어나지 않았다. 일반적으로 테데움은 중단되지 않고 계속 이어지는데 가사의 단락에 따라 다섯 개의 부분(section)으로 구성된다. ① Te Deum laudamus(하느님, 저희는 찬양하나이다), ② Te ergo quaesumus(저희는 당신께 갈구하나이다), ③ Aeterna fac cum sanctis(저희도 성인들과 함께), ④ Salvum dac populum(당신의 백성을 구원하소서), ⑤ Inte, Domine, speravi(하느님, 당신께 바라오니).

오스트리아 역시 프로이센에 대해 전쟁 선포를 한 후 자국군을 프랑스로 진격하게 했는데 이것은 프리드리히 2세가 7월 29일 6만 명의 병력으로 작센을 공격하게 하는 요인으로도 작용했다.[64] 작센 공격에 이어 프리드리히 2세는 보헤미아 지방 공략에도 나섰는데 그것은 이 지방이 프로이센이 점령한 슐레지엔과 경계를 공유한 데서 비롯된 것 같다. 당시 프리드리히 2세는 슐레지엔 지방을 영구히 차지하기 위해서는 보헤미아 지방을 점령해야 한다는 전략적 판단도 하고 있었다. 프리드리히 2세는 2주간의 공성 끝에 9월 16일 프라하를 점령한 후 체스케부데요비체(Česke Budějovice)와 타보르(Tabor)를 점령할 준비에 들어갔다.[65] 이 소식을 접한 카를 알렉산더 대공과 아벤스페르크 운트 트라운 백작은 프라하를 구원하기 위해 바이에른과 오버팔츠를 거쳐 보헤미아로 회군했다. 때마침 루이 15세의 갑작스러운 와병으로 인해 프랑스군의 지휘 체

---

64 E. Frie, *Friedrich II*, pp.77~78; S. *Martus, Aufklärung*, p.482. 당시 프리드리히 2세는 프로이센과 프랑스의 관계에 관심이 많았는데 이것은 1752년에 작성된 「정치적 유산」에서 다시금 확인할 수 있다. 「정치적 유산」에서 프리드리히 2세는 프로이센이 오스트리아로부터 슐레지엔 지방을 빼앗은 후부터 프랑스와 동맹 체제를 유지하고 오스트리아 및 그 동맹국들과 대립해야 하는 상황에 놓여 있다고 언급했다. 이어 그는 슐레지엔과 로트링엔을 자매로 간주했다. 그는 저술에서 슐레지엔은 프로이센과 결혼했고, 로트링엔은 프랑스와 결혼했다고 했다. 그리고 이러한 것은 양국이 같은 외교정책을 지향하게 하는 요인으로도 작용한다고 했다. 프리드리히 2세의 관점에 따르면 프로이센은 프랑스가 엘자스와 로트링엔 상실을 수수방관하지 않을 것이고 그러한 과정에서 전쟁이 발생하면 양국은 오스트리아의 핵심 지역을 공격할 수 있는 장점도 가지게 된다는 것이다. 그리고 같은 이유로 오스트리아가 슐레지엔 지방을 공격하면 프랑스는 즉각 프로이센을 지원할 것인데 이것은 프랑스의 동맹국 위상이 신성로마제국 및 북독일에서 크게 실추되는 것을 막기 위해서라는 것이 프리드리히 2세의 분석이었다.

65 T. Blanning, *Friedrich der Grosse*, p.141; E. Frie, *Friedrich II.*, p.79. 보헤미아 남부 지방의 교통요지로 발달한 체스케부데요비체는 13세기 프르제미슬 오타카르 2세(Přemysle Otakar II, 1248/53~1278)가 건설한 도시이다.

계가 일시적으로 와해했기 때문에 오스트리아군은 커다란 저항도 받지 않은 채 작센 군과 힙류할 수 있었다.

제1차 오스트리아 왕위계승전쟁을 유발한 종범 국가였던 작센 공국은 바이에른 대부분이 오스트리아에게 점령됨에 따라, 프로이센과의 동맹을 파기하고 전통적 우방국이었던 오스트리아와 다시 손을 잡았다. 작센 공국이 파트너를 바꾼 이유는 이 공국이 1742년 초 프로이센과 더불어 모라비아 지방 공략에 나섰지만, 프리드리히 2세가 작센을 완전히 배제한 후 오스트리아와 단독으로 분리 평화 조약을 체결한 데서 비롯되었다. 또한 작센의 위정자인 프리드리히 아우구스트 2세는 자신의 외교적·군사적 능력이 국제적으로 조롱거리가 되고 자신이 겁쟁이, 바보, 배신자로 드러난 것에 심한 모멸감을 느끼게 되었고 그것에 따라 브륄(Brühl) 백작과 더불어 오스트리아와의 관계 개선을 적극적으로 모색했다. 그 결과 1743년 12월 20일 오스트리아와 작센은 상호 군사 지원 조약을 체결했는데 거기서 강조된 것은 방어적인 성격이었다. 그러나 이 조약은 분명히 프로이센을 겨냥한 것으로 볼 수 있을 것이다.[66]

프로이센군은 1744년 9월 16일부터 프라하를 점령했으나 길어진 보급로 때문에 베를린으로부터의 수송이 쉽지 않아 병참 지원을 제대로 받지 못했다. 오스트리아군은 프로이센의 이러한 상황을 역이용하여 전투에 나서지 않고 지연전술을 택했다. 이질과 장티푸스의 유행, 오스트리아군에 의한 프로이센군의 보급망 차단과 그것에 따른 식량 부족 및 탈주병의 증가 등으로 프로이센군은 1744년 11월 9일 점령 2개월 만에 프라하를 포기하고 엘베강을 넘어 그들이 1742년 이후부터 점령하고 있

66 T. Blanning, *Friedrich der Grosse*, p.139; E. Frie, *Friedrich II*, p.79; R. Hanke, *Brühl und das Renversement des alliances. Die antipreußische Außenpolitik des Dresdener Hofes 1774~1756*(Berlin, 2006), p.53.

214

던 슐레지엔 지방으로 철수했다.

프라하 전투에서 승리한 오스트리아는 슐레지엔 지방 탈환의 기회가 왔음을 인지했다. 제2차 오스트리아 왕위계승전쟁을 조기에 종료시키기 위해 오스트리아는 1745년 1월 8일 바르샤바에서 작센, 영국 및 네덜란드와 새로운 동맹 체제를 구축했다.[67]

1년 전 마리아 테레지아와 비밀 협약을 체결한 바 있던 폴란드 국왕 아우구스트 3세, 즉 작센 선제후 프리드리히 아우구스트 2세는 영국 주선으로 체결된 4국 동맹 조약에 공식적으로 서명함으로써 그 이전 동맹국이었던 프로이센과도 전쟁을 치러야 했다. 소위 바르샤바 4국 동맹 조약에서 영국과 네덜란드는 전투 병력을 파견하는 대신 전비 지원을 약속했다. 그리고 프리드리히 아우구스트 2세는 국사조칙을 승인하고, 3만 명의 병력을 동원하여 보헤미아 방어를 전담하기로 했다. 여기서 오스트리아는 4국 동맹이 승리하면 프로이센에 빼앗긴 슐레지엔 지방을 회복하기로 했다.

그런데 오스트리아 왕위계승전쟁에서 프로이센과의 동맹 체제를 파기한 이후 반대급부도 기대한 프리드리히 아우구스트 2세는 바르샤바 4국 동맹 조약의 비준을 지연시키려 했다. 마리아 테레지아가 비밀 협약에서 제시한 보상 수준이 너무 미약했기 때문으로 보인다. 결국 마리아 테레지아는 1745년 5월 18일 라이프치히에서 작센과 별도의 비밀 조약을 체결하여 전쟁에서 승리할 경우 슐레지엔 지방의 일부를 할애하거나 기타 방법으로 충분히 보상하겠다고 약속했다.[68]

오스트리아가 보헤미아 및 슐레지엔 지방에 관심을 집중하는 동안 바

---

67 T. Blanning, *Friedrich der Grosse*, p.139.

68 당시 프리드리히 아우구스트 2세는 니더외스터라이히와 모라비아 지방 양도를 요구했다.

이에른군 사령관 제켄도르프(Christoph Ludwig v. Seckendorff)는 뮌헨에서 오스트리아군을 축출했고 그것에 따라 카를 알브레히트는 1744년 10월 23일 프랑크푸르트에서 뮌헨으로 귀환하게 되었다. 그러나 불행하게도 그는 뮌헨으로 돌아온 지 3개월 만인 1745년 1월 20일 갑작스럽게 걸린 통풍으로 생을 마감했다.[69]

당시 카를 7세가 소유한 선제후 지위를 승계한 그의 장자 막시밀리안 3세(Maximilian III)는 신성로마제국의 황제직을 승계하는 것보다 오스트리아와 평화조약을 체결하는 것이 국익에 도움이 된다는 사실을 잘 알고 있었다. 이에 따라 막시밀리안 3세는 국사조칙을 인정한다는 견해를 밝혔을 뿐만 아니라 향후 바이에른은 오스트리아에 대한 어떠한 상속권도 주장하지 않겠다고 말했다. 같은 해 4월 22일 퓌센(Füssen)에서 막시밀리안 3세는 마리아 테레지아와 평화조약을 체결했는데 거기서는 마리아 테레지아의 남편 프란츠 슈테판이 신성로마제국 황제로 선출될 수 있게끔 바이에른이 협조하고 마리아 테레지아가 슐레지엔 대신 보상받기로 한 바이에른을 포기하기로 했다.[70] 거의 같은 시기에 프리드리히 2세도 마리아 테레지아에게 평화협상을 제안했다. 그러나 마리아 테레지아는 슐레지엔 지방을 되찾을 수 있다는 가능성에 집착하여 프리드리히 2세의 제안에 동의하지 않았다.[71]

1745년 6월 4일 카를 알렉산더 대공이 지휘하는 오스트리아군은 슐

69 T. Blanning, *Friedrich der Grosse*, p.143 ; E. Frie, *Friedrich II*, p.79.

70 T. Blanning, *Friedrich der Grosse*, p.143 ; E.-B. Körber, *Die Zeit der Aufklärung*, p.51 ; H. Schmidt, "Zerfall und Untergang des alten Reiches(1648~1806)", p.262.

71 프리드리히 2세는 전쟁 자금이 바닥나기 시작한 것을 깨닫고 베를린성에 있는 은을 모두 녹여 은화를 주조했다. 나아가 암스테르담에서 차관을 얻고자 했을 뿐만 아니라 오스트프리슬란트에 있는 엠덴(Emden) 항구를 영국에게 매각하려고 했다. 그러나 이러한 시도도 실패로 끝났다. T. Blanning, *Friedrich der Grosse*, p.143.

레지엔의 슈트리가우(Striegau)에서 프로이센군에게 대패했다. 이것을 호
엔프리데베르크(Hohenfriedeberg) 전투라 한다.[72] 이 전투에 앞서 프리드
리히 2세는 5월 말부터 약 65,000명의 프로이센군과 같이 글라츠와 나
이세 사이에 있는 프랑켄슈타인(Frankenstein)에 머무르고 있었다. 거의
같은 시기 란데스후트(Landeshut) 근처의 크르코노세(Krknoše) 산맥 후방
에는 카를 알렉산더 대공이 이끄는 85,000명의 오스트리아-작센 연합
군이 주둔하고 있었다. 슈트리가우 전투에서 프리드리히 2세는 기마병
을 산 위에서 오스트리아군 측면을 기습적으로 공격하는 방법을 사용했
고 이 전투에서 오스트리아군의 전사자는 14,000명에 달했지만, 프로이
센의 전사자는 이보다 훨씬 적은 5,000명에 불과했다.[73]

같은 해 9월 30일 프리드리히 2세는 보헤미아 북동쪽에 있는 조르
(Soor)에서의 대접전에서 카를 알렉산더 대공의 오스트리아군을 다시 격
파했다.[74]

---

72 T. Blanning, *Friedrich der Grosse*, p.146. 1744년 말부터 프리드리히 2세는 병
    력을 충원하고 군대 조직을 개편했을 뿐만 아니라 전쟁 동기 부여에도 총력을
    기울였다. E. Frie, *Friedrich II*, p.79.

73 T. Blanning, *Friedrich der Grosse*, p.145; E. *Frie, Friedrich II*, p.79. 프리드리히
    2세는 전쟁에서 불변하는 진리로 아군 진영의 전방 및 후방 안전을 반드시 확보
    해야 한다고 주장했다. 그리고 적을 공격할 때도 되도록 적군의 전방과 후방을
    동시 공격해야 한다고 했는데 이것은 오늘날에도 군사 전략의 한 가지 본보기
    로 간주된다.

74 T. Blanning, *Friedrich der Grosse*, p.148. 이 전투에서 모두 856명의 프로이센군
    이 전사했고 엘리자베트-크리스티네의 오빠인 알브레히트(Albrecht v. Braun-
    schweig) 대공도 전사자 명단에 올랐다. 그런데도 프리드리히 2세는 부인에게
    한 통의 조문 편지도 보내지 않았다. 이러한 고의적 태만에 대해 엘리자베트-
    크리스티네는 공개적으로 남편을 비판했고 이것은 두 사람 사이를 더욱 악화
    시키는 계기도 되었다. T. Biskup, *Friedrichs Größe. Inszenierungen des Preußen-
    königs in Fest und Zeremoniell 1740~1815*(Frankfurt-New York, 2012), p.74;
    T. Blanning, *Friedrich der Grosse*, p.151; M. Engel, *Das Forum Fridericianum*

프리드리히 2세가 양 전투의 승자로서 1748년 12월 28일 베를린으로 귀환했을 때 프로이센의 신민들은 그를 향해 '대왕(der Große)'이라고 외쳤다. 실제로 베를린의 주요 거리에 모인 사람들의 입에서 또는 현수막에서 확인되는 문구는 '프리드리히 대왕 만세(Vivat Fridericus Magnus)'이었다. 그리고 한 초등학교 합창단은 '만세, 만세, 프리드리히 국왕, 승리자, 숭고한 인물, 위대하고, 행복하고, 조국의 아버지!(Vivat, vivat, Fredericus Rex, Victor, Augustus, Magnus, Felix, pater Patrie!)'라는 합창곡을 힘차게 불렀다.

베를린 시민들이 프리드리히 2세에게 대왕이라는 칭호를 부여한 것은 그들의 자발적인 충정 의지보다 장기간에 걸쳐 정밀히 꾸민 프리드리히 2세의 계획에서 비롯되었다는 관점이 있다. 이렇게 주장하는 대표적인 역사학자는 루(Jürgen Luh)였다. 한편 대왕이란 칭호를 프리드리히 2세와 연계시킨 최초의 인물은 볼테르였다. 그는 1742년 여름 프리드리히 2세와 교류하면서 '르 그란데(le Grande)'라 지칭했고 프리드리히 2세 역시 이에 동의하는 태도를 보였다. 프리드리히 2세는 1749년부터 대왕이라는 칭호를 사용하는 데 주저하지 않았다.

호엔프리데베르크 전투와 조르 전투에 앞서 오스트리아, 영국, 네덜란드, 그리고 하노버 연합군은 1745년 5월 11일 오스트리아령 네덜란드에 있는 퐁트누아(Fontenoy)에서 프랑스군에게 대패했다. 오스트리아 왕위계승전쟁 기간 중 가장 많은 병력이 참여하고 가장 많은 사상자가 발생한 퐁트누아 전투의 승리로 오스트리아령 네덜란드의 여러 도시 및 요새, 즉 헨트(Ghent), 브뤼헤(Bruges), 투르네(Tournai), 니외포르

---

und die monumentalen Residenzplätze des 18. Jahrhunderts(Berlin, 2001), p.115;
T. Schieder, *Friedrich der Große. Ein Königtum der Widersprüche*(Frankfurt, 1996), p.478.

(Nieuport), 덴더몬데(Dendermonde), 아트(Ath), 그리고 오스탕드(Ostend)가 차례로 프랑스군의 관할하에 놓이게 되었다. 또한 이탈리아에서의 패전 소식도 빈에 도착했는데 그러한 패배로 오스트리아는 파르마와 밀라노를 잃게 되었다. 거의 같은 시점 오스트리아군은 알바너베르겐(Albaner-bergen)에서 벌어진 전투에서 나폴리군으로부터 일격을 당했다.

이러한 위기 상황에서 오스트리아를 지원하던 조지 2세의 영국군마저 1745년 8월 스코틀랜드에서 가톨릭 왕위계승자로 자처하던 에드워드 찰스 스튜어트(Edward Charles Stuart)가 일으킨 반란, 즉 제2차 자코바이트 난을 진압하기 위해 영국으로 철수했다. 제임스 2세의 손자인 에드워드 찰스 스튜어트의 반군은 1745년 9월 21일과 다음 해 1월 17일에 펼쳐진 프레스턴팬즈(Prestonpans)와 폴커크(Falkirk) 전투에서 영국 정부군을 격파했다. 이후 에드워드 찰스 스튜어트의 반군이 영국의 북부 지역을 공략함에 따라 조지 2세의 아들인 컴벌랜드(Cumberland) 공작 윌리엄 아우구스투스(William Augustus)의 영국 정부군은 찰스 스튜어트의 반군과 전투를 벌였다. 1746년 4월 16일 반군은 컬로든(Culloden)에서 전개된 전투에서 완패했는데 이것은 식량 및 무기를 제대로 공급받지 못한 반군 세력이 크게 약화한 데서 비롯되었다. 에드워드 찰스 스튜어트의 반란 시도는 프랑스의 지원이 있었기 때문에 가능했다. 당시 프랑스는 영국이 유럽 대륙 문제보다 내정에 관심을 가져야만 오스트리아 왕위계승전쟁에서 자국의 이익을 실현할 수 있다고 판단했다.[75]

---

75 B. Simms, *Kampf um Vorherrschaft*, pp.153~154. 이에 앞서 조지 2세는 1745년 8월 26일 하노버에서 프리드리히 2세와 비밀 회동을 가졌고 거기서 양국은 현재의 영토 점유 상태를 인정한다는 데 합의했다. 또한 조지 2세는 오스트리아와 작센이 프로이센과 평화협상을 하게끔 적극적으로 권유하고 프리드리히 2세 역시 마리아 테레지아의 남편이 신성로마제국의 황제로 등극하는 데 동의한다고 했다. T. Blanning, *Friedrich der Grosse*, pp.147~148.

국내에서 발생한 반란을 진압한 후 영국은 마리아 테레지아에게 프리드리히 2세와 평화협상 체결을 촉구했다. 그것은 프리드리히 2세가 어느 정도의 양보를 제시한 데서 비롯된 것 같다.[76] 실제로 프리드리히 2세는 오스트리아가 슐레지엔 지방을 포기하면 프란츠 슈테판이 신성로마제국 황제로 등극하는 것에 전혀 이의를 제기하지 않겠다는 입장을 밝혔다. 이후 오스트리아와 프로이센 사이에 평화협상이 시작되었다. 그리고 거의 같은 시점에 신성로마제국 황제 선출이 거론되었고 그것의 준비 및 실행을 위해 마인츠 대주교 오슈타인(Friedrich Karl v. Ostein)이 황제 선출권을 가진 선제후들을 프랑크푸르트로 초청했다. 그런데 오슈타인은 합스부르크 가문과 긴밀한 관계를 유지하고 있었다.

1745년 9월 13일 프랑크푸르트에서 실시된 신성로마제국 황제 선거에서 프란츠 슈테판은 9명의 선제후 중에서 선거에 참석한 7명의 선제후, 즉 마인츠 대주교 오슈타인, 쾰른 대주교 클레멘스 아우구스트 1세(Clemens August I), 트리어 대주교 쇤보른-부흐하임(Schönborn-Buchheim), 보헤미아 국왕 마리아 테레지아, 작센 선제후 프리드리히 아우구스트 2세, 바이에른 선제후 막시밀리안 3세, 하노버 선제후 게오르크 2세(Georg II)의 지지를 받아 합스부르크-로트링엔 가문의 첫 황제로 등장했다.

이때 프랑스는 토스카나 대공국의 위정자인 프란츠 슈테판이 외국인이기 때문에 신성로마제국 황제가 될 자격이 없다고 주장하면서 작센 선제후인 프리드리히 아우구스트 2세를 프란츠 슈테판의 반대 후보로

---

76 T. Blanning, *Friedrich der Grosse*, p.148; S. Martus, *Aufklärung*, p.482. 아울러 영국은 슐레지엔을 차지한 프로이센이 유럽 대륙에서의 '힘의 균형 정책' 유지에 이바지할 수 있다고 판단했다. G. Schmidt, *Geschichte des alten Reiches. Stsst und Nation in der Frühen Neuzeit 1495~1806*(München, 1999), pp.254~255; J. Whaley, *German and the Holy Roman Empire. From the Peace of Westphalia to the Dissolution of the Reich 1648~1806*(Oxford, 2012), p.160.

내세웠다. 또한 프랑스는 프란츠 슈테판이 선출되면 향후 합스부르크–로트링엔 가문의 여자들도 황제직을 승계받을 것이라고도 주장했다. 그러나 대다수 선제후는 프랑스의 주장에 관심을 보이지 않았다. 그들의 무관심한 태도는 프란츠 슈테판을 대체할 적합한 인물이 없었던 데다 비텔스바흐 가문의 인물이 황제가 된 후 전개된 혼란한 상황을 직시했기 때문인 것 같다. 이제 이들은 신성로마제국 황제를 배출하는 가문의 위상 및 능력도 반드시 고려해야 한다는 것도 알게 되었다.[77]

1745년은 순혈 합스부르크 가문의 마지막 황제인 카를 6세가 사망하고 거의 5년의 공백기를 거친 끝에, 로트링엔 가문과 결합한 합스부르크 가문이 다시 신성로마제국의 정상 위치를 회복한 해였다. 이제 프란츠 슈테판은 신성로마제국의 프란츠 1세(Franz I, 1745~1765)로 선출되었고 남편을 황제로 등극시키겠다는 마리아 테레지아의 꿈도 실현되었다. 1745년 10월 4일 프랑크푸르트에 있는 성 바르톨로메우 성당(St. Bartholomäu)에서 거행되는 프란츠 슈테판의 황제 대관식에 참석하기 위해 오스트리아 국경을 넘는 마리아 테레지아의 장거리 여행은 개선 행렬과 같았다.[78] 그녀는 전쟁을 치르느라 국가 재정이 어려워졌음에도 불구하고 440명의 수행원을 위해 막대한 비용을 기꺼이 냈고 바로크풍의 호화로움으로 합스부르크 가문의 위상도 대외적으로 과시하려고 했다. 파사우, 레겐스부르크(Regensburg), 뉘른베르크, 뷔르츠부르크(Würzburg), 그리고 아샤펜부르크를 거쳐 프랑크푸르트에 도착한 마리아 테레지아

---

77 프리드리히 2세는 드레스덴조약에서 프란츠 슈테판을 신성로마제국 황제로 인정했다. T. Blanning, *Friedrich der Grosse*, p.150; E. Dillmann, *Maria Theresia*, *p.43; S. Martus, Aufklärung*, p.483; B. Stollberg-Rilinger, *Maria Theresia*, p.109.

78 바르톨로메우 성당은 막시밀리안 2세(Maximilian II, 1564~1576)의 대관식 이후 역대 신성로마제국 황제 대관식이 거행된 성당이라 하여 '카이저돔(Kaiserdom)'이라고 불린다.

는 8명의 자녀와 약 3주 동안 이 도시에 머물렀다.

이 시기 독일권의 많은 정치가는 그녀가 신성로마제국의 실제 황제라는 것도 파악했다. 이러한 인식이 프랑크푸르트에서 크게 확산했음에도 불구하고 당시 대관식을 주관하던 의전 책임자는 황제 대관식에 이어 펼쳐진 즉위 축연에 참석하려던 마리아 테레지아를 관례에 따라 저지했다. 이에 따라 그녀는 관람석에서 남편의 축연을 지켜봐야 하는 불편한 상황도 감내해야만 했다.[79]

2) 아헨 평화조약

영국의 주선으로 1745년 12월 25일, 즉 성탄절에 체결된 드레스덴 (Dresden) 평화조약을 통해 마리아 테레지아는 남편이 신성로마제국 황제로 선출된 것에 대한 추인을 프리드리히 2세로부터 받아냈을 뿐만 아니라 향후 신성로마제국 황제 선출 시 오스트리아의 위정자가 보헤미아 왕국의 투표권을 행사하는 것도 인정받았다. 또한 조약에서는 프로이센의 슐레지엔 및 글라츠 점유를 오스트리아가 인정한다는 것도 명시되었다. 이것은 제1차 오스트리아 왕위계승전쟁을 종식 시킨 양대 평화조약이었던 브레슬라우 예비평화조약과 베를린 평화협정에서 합의한 내용을 재확인한 것이라 하겠다. 프리드리히 2세는 브레슬라우 예비평화조약 체결을 통해 16세기 이후부터 유럽 대륙에서 견지된 영국, 프랑스, 그리고 민족적 색채가 없는 오스트리아의 이익 보장이라는 구도가 붕괴

---

79 E. Frie, *Friedrich II.*, p.80. 마리아 테레지아 역시 자신이 신성로마제국 여제라 지칭되는 것에 이의를 제기하지 않았다. 그렇지만 마리아 테레지아는 남편의 신성로마제국 황제 등극으로 남편의 간섭 없이 합스부르크 가문의 상속 지역을 통치할 수 있게 되었다. 이에 반해 프란츠 슈테판은 신성로마제국이라는 명목상의 제국과 이탈리아의 한 지방을 다스리는 것으로 만족해야만 했다.

했다는 확신도 가지게 되었다. 실제로 당시 유럽 대륙의 질서 체제를 주도하던 영국, 프랑스, 오스트리아는 독일권의 무력화에 동의했고 그 실천에도 적극적이었다. 프리드리히 2세는 브레슬라우 예비평화회담이 체결된 이후 "이제 독일권은 참된 미래를 향한 획기적인 첫걸음을 내딛게 되었다. 프로이센 주도로 시작된 이러한 시도에서 외부적 영향을 받던 많은 독일인은 이제 독자성을 찾게 되었을 뿐만 아니라 중부 독일에서 힘의 장(Kraftfeld)도 구축하게 되었다"라는 의미심장한 언급도 했다.[80]

드레스덴 평화조약에서는 작센과 프로이센 사이의 이해관계도 정리되었다. 즉 작센은 1746년 부활절까지 프로이센에 100만 탈러를 전쟁보상금으로 지급한다는 약속을 했다. 이에 대한 반대급부로 프로이센은 드레스덴과 작센 지방에서 군대를 철수시키겠다고 했다. 또한 작센은 슐레지엔에 대한 영유권 일체를 포기하며, 프로이센에 오데르강 세관이 포함된 퓌르스텐베르크(Fürstenberg)와 쉴도를 양도하고, 자국 내 신교도들에게 베스트팔렌 평화조약(1648)에서 합의한 종교적 관용도 약속했다.[81] 드레스덴 평화조약이 체결된 이후 프리드리히 2세는 향후 유럽에서 어떠한 일이 발생한다고 하더라도 중립을 지키겠다고 하면서 "향후 나 자신을 방어하기 위해서가 아니라면 고양이도 공격하지 않을 것이며, 오스트리아의 카를 알렉산더 대공이 파리 근교까지 진출하더라도 그것에 대해 전혀 관여하지 않을 것이다."라고 발언했다. 프리드리히는 지난 16개월 동안 800만 탈러를 전비로 사용했기 때문에 그가 앞으로 사용할 수 있는 금액은 15,000탈러에 불과했다. 따라서 그는 작센으로부터 적지 않은 액수의 전쟁보상금도 받아내려고 했다.

---

80 T. Blanning, *Friedrich der Grosse*, p.151 ; P.-M. Hahn, *Friedrich der Große und die deutschen Nation. Geschichte als politisches Argument*(Stuttgart, 2007), p.128.

81 T. Blanning, *Friedrich der Grosse*, p.151 ; E.-B. Körber, *Die Zeit der Aufklärung*, pp.51~52.

1746년 2월 초부터 모리츠가 지휘하는 프랑스군은 오스트리아령 네덜란드 수도인 브뤼셀을 3주에 걸쳐 포위했고 그 과정에서 모리츠는 오스트리아령 네덜란드를 프랑스에게 양도할 것도 강력히 요구했다.[82] 그런데 마리아 테레지아는 이에 효율적으로 대응하지 못했는데 그것은 여덟 번째의 출산을 앞두었기 때문이다.

당시 독일 내에서 프리드리히의 침략 정책에 부정적인 신문들이 적지 않았는데 그 대표적 신문으로는 에를랑겐(Erlangen)에서 간행되던 『가제트 에를랑겐(Gazette d'Erlangen)』을 들 수 있다. 프리드리히 2세는 1746년 4월 16일 누이인 빌헬미네에게 서신을 보내 "에를랑겐의 뻔뻔스럽고, 무례한 젊은 놈이 일주일에 두 번씩 나를 아주 무자비하게 비방한다"라고 지적하고 그녀에게 『가제트 에를랑겐』의 편집인이었던 그로스(Johann Gottfried Gross)를 즉각 에를랑겐에서 추방할 것도 요구했다. 이러한 요청을 받은 빌헬미네는 그로스에게 자유 제국도시인 뉘른베르크로 떠날 것을 명령했지만 이것은 한시적인 추방에 불과했다. 왜냐하면 그로서는 얼마 안 되어 다시 에를랑겐으로 돌아올 수 있었기 때문이다.

1747년에 접어들면서 오스트리아령 네덜란드를 점령한 프랑스는 네덜란드에 공격을 개시했다. 1747년 7월 2일 모리츠가 이끄는 프랑스군은 라우펠트(Lauffeldt)에서 오스트리아-영국-네덜란드의 연합군을 격파했다. 이어 프랑스군은 베르헌옵좀(Bergen op Zoom)과 네덜란드-플랑드

---

82 프랑스 식으로는 모리스 드 삭스(Maurice, comte de Saxe). 그는 에스파냐 왕위계승전쟁과 제6차 오스만튀르크 전쟁에서 오스트리아를 위해 프랑스 및 오스만튀르크를 상대로 전투를 치렀다. 1720년 프랑스군으로 이적하여 폴란드 왕위계승전쟁과 오스트리아 왕위계승전쟁 때는 오스트리아군과 싸웠고 당시의 신분은 프랑스군 대원수였다. 그는 브뤼셀, 메헬렌(Mechelen: Malines), 안트베르펜(Antwerpen: Anvers), 샤를루아(Charleroi) 및 몽스(Mons)를 연달아 점령한 후, 로쿠스(Roucoux)마저 위협했다. 1746년 말 프랑스는 오스트리아령 네덜란드와 룩셈부르크의 거의 전 지역을 점령했다.

르를 3주에 걸쳐 포위했고 결국 이 지역들을 점령했다. 이에 앞서 오스트리아와 사르데냐 동맹군은 1747년 1월 군량 부족으로 프로방스에서 철수해야만 했다. 이후 이들은 제노바 공략에 집중했지만, 벨릴 원수가 이끄는 프랑스군의 공격으로 롬바르디아 지방으로 후퇴했다. 벨릴 원수는 물러나는 오스트리아-사르데냐 동맹군을 추격하다가 니스(Nice)에서 겨울 숙영을 했다. 같은 해 11월 30일 오스트리아는 러시아와 동맹 체제를 결성했는데 거기서는 러시아가 오스트리아를 위해 다음 해인 1748년 37,000명의 병력을 라인 지방으로 파견하겠다는 것이 명시되었다.

1748년 프랑스군은 라인강 하류의 왼편 지류인 마스(Maas) 강변에 위치한 마스트리히트(Maastricht)를 포위했지만, 영국군, 네덜란드군, 그리고 오스트리아군은 아무런 대응도 하지 않았다. 러시아군이 마스트리히트에 도착한 후 공동으로 모리츠의 프랑스군에게 대응하겠다는 전략을 세웠기 때문이다. 그러나 5월 7일 프랑스는 마스트리히트를 함락했고 이후 프랑스와 오스트리아 및 그 동맹국들 사이에 휴전 조약이 체결되었다.

아헨(Aachen) 평화조약이 조인되기 전인 1748년 4월 30일 아헨 임시평화조약도 체결되었는데 이것은 영국 및 네덜란드가 오스트리아를 배제한 채 일방적으로 프랑스와 체결한 잠정 조약이었다. 당시 오스트리아 대표로 협상에 참석한 카우니츠-리트베르크(Kaunitz-Rietberg)의 강한 반발에도 불구하고 아헨 임시평화조약은 오스트리아 왕위계승전쟁의 당사국이며 피해국이었던 오스트리아의 의견을 무시한 채 체결되었고 오스트리아 역시 동년 5월 25일 이 잠정 평화조약에 서명해야만 했다.

모두 22개 항목으로 구성된 아헨 임시평화조약에서는 ① 오스트리아는 프랑스가 점령한 오스트리아령 네덜란드를 회복한다.[83] 그러나 에스

---

83 H. Schmidt, "Zerfall und Untergang des alten Reiches(1648~1806)", p.262; B.

파냐 계통의 부르봉 왕조에 파르마 대공국, 피아첸차(Piacenza) 대공국, 그리고 구아스탈라(Guastalla) 대공국을 할애한나. 아울러 밀라노(Milano) 공국의 일부를 사르데냐 왕국에 이양한다. ② 영국 국왕 조지 2세는 하노버 공국의 계승권을 보장받는다. ③ 드레스덴 평화조약에서 언급한 프로이센의 슐레지엔 지방 점유를 재확인한다. 그리고 프로이센은 보헤미아 지방의 글라츠 백작령에 대한 영유권도 인정받는다. ④ 영국과 프랑스는 점령 지역을 상호 반환한다. 프랑스는 인도의 마드라스를 영국에 반환하고, 영국은 캐나다의 케이프 브레튼(Cape Breton)섬에 소재한 프랑스의 요새도시 루이스부르(Louisbourg)를 프랑스에 넘겨준다.[84] ⑤ 프로이센은 국사조칙을 인정한다 등이 언급되었다. 임시평화조약은 같은 해 10월 18일 아헨에서 정식 평화조약으로 체결되었고 이후 빈에서 개최된 정상회담에서 최종적으로 재가되었다.[85]

아헨 평화조약으로 독일 내부는 물론 중부 유럽에서도 큰 변화가 있게 되었다. 그동안 유럽 중부에서 주도적 역할을 담당했던 오스트리아와 더불어 프로테스탄트에 기반을 둔 프로이센이 등장하게 되었다. 이

Simms, *Kampf um Vorherrschaft*, p.160. 조약에서 명시된 이 항목, 즉 프랑스군이 거의 점령한 오스트리아령 네덜란드를 오스트리아에 즉시 반환한 것은 전적으로 평화회담에 참여한 프랑스 외교관들의 무능함과 실수에서 비롯되었다는 평가가 프랑스에서 지속적으로 제기되었다. 그러나 당시 루이 15세는 남부 네덜란드의 몇몇 요새화된 도시를 차지하는 것보다 루이스부르를 되찾는 것이 프랑스 국익에 훨씬 유리하다고 판단했다.

84 루이스부르 요새는 프랑스령 아메리카에서 전략적으로 가장 중요한 요충지였다. 대서양과 세인트로렌스강이 만나는 지점에 위치한 이 요새를 빼앗긴다면 프랑스에서 출발한 선박이 대서양을 횡단한 후 강을 따라 퀘벡에 이르는 경로가 잠재적 위험에 놓이게 되리라는 것을 파리 정부는 인지하고 있었다.

85 B. Simms, *Kampf um Vorherrschaft*, p.160. 오스트리아와 프로이센 양국이 국가 부도 위기를 맞이할 정도로 경제적 상황이 급격히 나빠진 것 역시 평화협상 체결의 요인으로 작용했다.

후부터 독일의 신교 지역은 강력한 프로테스탄트 국가를 가졌기 때문에 30년 종교전쟁과는 달리 자체적으로 문제해결도 가능하게 되었다.

3. 제3차 오스트리아 왕위계승전쟁(7년전쟁)

1) 오스트리아-프랑스 동맹 체제

아헨 평화회담에서 오스트리아의 수석대표로 활동한 카우니츠-리트베르크는 제2차 오스트리아 왕위계승전쟁이 끝난 직후부터 프랑스와의 관계 개선을 적극적으로 언급하기 시작했다.[86] 그는 1711년 2월 빈에서 태어났으며 부친은 막시밀리안 울리히 폰 카우니츠-리트베르크(Maximillian Ulrich v. Kaunitz-Rietberg)였다. 1731년 2월부터 다음 해 7월까지 카우니츠-리트베르크는 당시 독일권에서 명성을 날리던 라이프치히대학에서 수학하며 법률학, 역사, 독일어 문법, 논리학, 고전학, 라틴어, 그리고 음악을 배웠다. 대학을 졸업한 후 1734년부터 빈 정부에서 관리로 활동하기 시작했고 1736년 4월 22일에는 마리아 에르네스티네 슈타르헴베르크(Maria Ernestine Starhemberg)와 결혼했다.

마리아 테레지아가 등극한 이후 그녀의 깊은 신뢰를 받으며 카우니츠-리트베르크는 1741년부터 고속 승진을 하게 되었다. 다음 해인 1742년 토리노(Torino) 영사로 임명되었고 2년 후에는 오스트리아령 네덜란드의 전권위임자로 승진했다. 이후 오스트리아령 네덜란드 일반 총

---

86 당시 그는 건강상의 문제점을 가지고 있었다. 그는 온갖 세균이 득실득실한 승강기를 기피했고 야외 활동을 할 때도 항상 손수건으로 얼굴을 가렸는데 이것은 감기를 두려워했기 때문인 것 같다. 답답한 실내 공기를 싫어하여 창문을 활짝 열어놓고 공기 순환을 좋아했던 마리아 테레지아와는 달리 그는 그녀가 열어둔 창문을 굳게 닫는 경우가 많았다.

독직을 1746년 2월까지 수행했다.

빈으로 돌아온 카우니츠-리트베르크는 마리아 테레지아와의 관계에 신경을 썼다. 그는 지적이고, 미래 예견적이고, 조심스러운 성향으로 마리아 테레지아의 절대적 신임을 받게 되었고 1748년 이후 오스트리아 외교정책의 근간을 제시하는 데 핵심적 임무를 수행하며 그 이행에도 주도적인 역할을 담당했다.

1749년 3월 24일에 개최된 비밀 궁정회의에서 카우니츠-리트베르크는 우선 슐레지엔 지방 상실에 분노한다는 견해를 밝히면서 프리드리히 2세가 앞으로도 오스트리아에 위협을 가하는 가장 위험한 인물이라고 주장했다. 이어 프리드리히 2세의 향후 행보에 대해서도 예측했는데 그것에 따르면 프로이센은 슐레지엔 지방을 계속 차지하기 위해 오스트리아를 약화시키는 데 필요한 정책들을 강력히 지향할 것이고 거기서 다시 전쟁이 발생할 수밖에 없다는 것이었다. 그는 빈 정부가 앞으로 어떠한 방법을 통해 프로이센과의 대립에서 우위를 확보하고 슐레지엔을 회복할지에 대해서도 거론했다. 여기서 프랑스와의 협상 및 타협을 통해 그러한 것들이 가능하다는 것이 그의 관점이었다. 이러한 언급은 이전의 비밀 궁정회의에서 마리아 테레지아가 회의 참석자들에게 향후 오스트리아의 현실 외교정책에 대해 나름의 관점을 요약한 후 문서로 제출할 것을 요구한 데서 비롯된 것 같다.[87]

당시 카우니츠-리트베르크는 오랫동안 동맹국이었던 영국을 절대적 우방국으로 간주하지 않았는데 그것은 영국이 오스트리아가 너무 강해지거나 약화하는 것을 원하지 않는다는 사실에서 기인한 것 같다. 실제로 영국 정부는 오스트리아와 프로이센이 지속해서 대립하게끔 유도하는 것이 오히려 유럽의 세력 균형에 좋다고 판단하고 있었다.

87 C. Clark, *Preußen*, p.236; E. Frie, *Friedrich II.*, p.80.

한편 비밀궁정 회의에 참석한 프란츠 1세는 카우니츠-리트베르크가 제시한 친프랑스 정책에 부정적이었다. 그의 모국인 로트링엔 대공국을 프랑스가 강제로 빼앗았기 때문에 그는 프랑스를 오스트리아의 주적이라고 간주하고 있었던 것 같다. 이 자리에서 프란츠 1세는 러시아와의 협력 강화를 통해 프로이센을 억제하고, 가능하다면 프리드리히 2세와의 타협을 모색하는 것이 오스트리아 국익에 유리하다는 견해를 제시했다. 마리아 테레지아는 남편의 주장에 어떠한 반론도 제기하지 않았다. 그러나 그녀는 카우니츠-리트베르크의 주장에 따라 프랑스와의 협력을 모색하려고 했고 그것을 가시화하기 위해 1749년 여름 그를 파리 주재 오스트리아 대사로 파견하여 프랑스와 동맹 체제 구축을 본격적으로 논의하게 했다.[88]

이후부터 카우니츠-리트베르크는 1752년까지 파리 주재 오스트리아 대사직을 수행하면서 친프랑스 정책을 모색하려 했지만, 구체적인 성과를 거두지는 못했다. 그러나 마리아 테레지아는 그를 신임했기 때문에 이미 1751년에 국가수상으로 임명하려고 했다. 이에 카우니츠-리트베르크는 건강상의 이유로 당장은 어렵지만 가까운 시일 내에 그 직무를 수행하겠다고 약속했다.[89] 자신의 과제를 실천하기 위해 카우니츠-리트베르크는 프랑스의 내부적 상황을 더 자세히 살펴보았고 거기서 그는 퐁파두르 부인(Madame de Pompadour)을 효율적으로 활용하기로 했다.[90]

당시 루이 15세는 애첩인 퐁파두르 부인에 의해 좌우되고 있었다.[91]

88　E. Badinter, *Maria Theresia*, p.188; C. Clark, *Preußen*, p.236; B. Simms, *Kampf um Vorherrschaft*, p.168; B. Stollberg-Rilinger, *Maria Theresia*, p.408.

89　그는 1753년부터 국가 수상으로 활동했다. E. Badinter, *Maria Theresia*, p.188; C. Clark, *Preußen*, p.236.

90　T. Blanning, *Friedrich der Grosse*, p.252.

91　루이 14세의 증손자인 루이 15세는 1715년 9월 1일 프랑스 국왕으로 즉위했는

퐁파두르 부인

실제로 퐁파두르 부인은 루이 15세의 애첩 중에서 가장 유명하고, 또 가장 영예로운 여인이었다. 잔 앙투아네트 푸아송(Jeanne Antoinette Poisson), 즉 미래의 퐁파두르 부인은 1721년 12월 28일 유복한 파리 금융가의 딸로 태어났다. 동시대인들은 꽃잎처럼 작은 입술과 발랄한 생기로 가득 찬 달걀형의 갸름한 그녀를 절세미인이라 칭송했다. 그녀는 19세 때 스승의 조카였던 데투왈(C.G. Le Normant d'Éti-olles)과 결혼한 후부터 파리 상류 사교계에 출입하기 시작했다.

루이 15세가 그녀를 처음 만난 것은 왕세자 결혼을 축하하는 왕실의 화려한 가면무도회에서였다. 군계일학처럼 단아한 용모의 그녀를 주목한 국왕은, 그녀를 베르사유 궁전에 머무르게끔 했다. 루이 15세는 1745년 9월 14일 그녀에게 후작부인(Marquise)이란 칭호를 내렸고 또 그녀의 남편과도 법적으로 별거시켰다. 아름답고 지적이며 교양과 품위가 넘쳐흐르고, 또 국왕에게는 진실한 애정을 바쳤던 그녀였지만, 신민들의 눈에 그녀는 치명적인 결함을 가지고 있었다. 귀족 출신이 아닌 평민 출신

데 당시 그의 나이는 다섯 살에 불과했다. 생존 시 루이 14세는 후계자에게 섭정이 필요하다고 생각하여 조카인 오를레앙(Orleans) 공작 필리프(Philippe)에게 섭정직을 맡겼다. 그리고 필리프의 전횡을 막기 위해 자신의 서자인 툴루즈(Toulouse) 백작과 멘(Maine) 공작이 주도하는 섭정참사회(Conseil de régence)도 설치했다. 그러나 루이 15세의 등극 다음 날인 9월 2일 필리프 오를레앙 공작은 파리고등법원을 동원하여 선왕의 유언을 파기하고 전권을 부여받았다.

이었다는 점이다. 신민들은 평민 출신의 여성이 정치에 관여하는 것 자체를 인정하지 않으려고 했다. 실제로 퐁파두르 부인을 제외한 루이 15세의 정부들 모두는 상류 귀족 출신들이었으며, 정부에 영향력을 끼친 적도 거의 없었다. 곧 신민들은 밉살스러운 퐁파두르 후작 부인에게 '생선스튜(poissonades)'라는 고약한 별명을 붙여주었는데 이것은 퐁파두르 후작부인의 본래 성이 공교롭게도 프랑스어로 '생선'을 뜻하는 '푸아송(poisson)'인 데서 비롯된 것 같다.

신민들은 극도로 거만하여 베르사유 궁전에서 잘난 척하며, 전혀 겁이나 두려움도 없이, 그들의 생활고 역시 전혀 안중에 없던 거머리의 딸, 아니 거머리 그 자체인 퐁파두르 부인을 푸아송이라고 비하했다. 이러한 혹평에도 불구하고 퐁파두르 부인은 루이 15세 시기 예술을 활성화하는 데 크게 이바지했을 뿐만 아니라 계몽주의 사상을 확산시키는데에도 적지 않은 역할을 담당했다.

프리드리히 2세 역시 파리 사회에 떠돌던 퐁파두르 부인의 비하적 별명을 들었고 그 역시 이를 사용했다. 즉 그는 멍청이란 뜻이 내포된 '마담 푸아송'이란 명칭과 '형편없는 여인이 왕의 침실을 출입한다'라는 모욕적 언사로 그녀를 자극했고 이것은 프리드리히 2세에 대한 퐁파두르 부인의 강한 적대감을 유발하기도 했다.[92] 이러한 사실을 파악한 카우니츠-리트베르크는 퐁파두르 부인에게 접근하여 루이 15세의 마음을 움직이려고 했다. 실제로 퐁파두르 부인은 프로이센을 비호하던 대신들을 축출하는 데 주도적인 역할을 담당했는데 이것은 그녀를 모욕하는 프리드리히 2세의 언사에 대한 반발에서 비롯된 것 같다.[93]

---

92 T. Blanning, *Friedrich der Grosse*, p.252 ; E. Buddruss, *Die französische Deutsch-landpolitik 1756~1789*(Mainz, 1995), pp.42~44.

93 T. Blanning, *Friedrich der Grosse*, p.252 ; E. Buddruss, *Die französische Deutsch-landpolitik 1756~1789*, p.44.

1754년부터 영국은 오스트리아에 네덜란드 보호를 요청했지만 빈 정부는 이에 관심을 보이지 않았는데 그것은 위에서 언급한 카우니츠-리트베르크 친프랑스 정책과 연계된다고 하겠다.

오스트리아가 프랑스에 접근하는 행보를 예의주시하던 프리드리히 2세도 그러한 정책이 결국 프로이센의 고립화를 지향한다는 것을 인지했다. 이에 따라 그는 영국과의 동맹 체제를 가능한 한 빨리 구축해야 한다는 필요성을 느끼게 되었다.[94] 이후 양국 정부는 그들의 이해관계를

---

94 T. Blanning, *Friedrich der Grosse*, p.254; E.-B. Körber, *Die Zeit der Aufklärung*, p.54; B. Simms, *Kampf um Vorherrschaft*, p.169. 이전의 프로이센 위정자처럼 프리드리히 2세 역시 후계자들을 위해 「정치적 유산」을 작성했다. 관례에 따라 프리드리히 2세 역시 선친인 프리드리히 빌헬름 1세의 「정치적 유산」을 읽었고 거기서 유럽 열강들의 야비한 외교정책에 분노하기도 했다.
프리드리히 2세는 저술에서 프로이센이 슐레지엔 지방을 차지했음에도 불구하고 지금까지 강대국 반열에 오르지 못했음을 지적하며 지속적인 영토 확장이 필요하다고 했다. 여기서 그는 대상 지역으로 폴란드의 일부, 스웨덴이 차지하고 있는 포메른, 그리고 작센 지방을 제시했다. 또한 오스트리아가 계속하여 슐레지엔 지방 회복을 모색하고 있다고 언급하면서 그것이 실현되지 않게끔 노력하는 것이 프로이센의 향후 과제라 했다. 이어서 러시아가 프로이센의 진정한 적대국은 아니지만, 이 국가가 오스트리아와 동맹 체제를 구축하면 상황은 더욱 심각해질 것이라고도 했다. 그리고 오스트리아, 러시아, 그리고 프랑스가 동맹 체제를 구축하면 이 체제는 프로이센을 포위하고 위협할 수 있을 것이라고 분석했다. 즉 그는 3국 동맹 체제의 결성으로 슐레지엔 지방이 다시 오스트리아로, 포메른은 스웨덴으로, 그리고 동프로이센은 폴란드가 러시아에 강제로 빼앗긴 동쪽 지방에 대한 보상 지역으로 폴란드 또는 러시아로 넘어갈 것이라고 판단했다. 그리고 프로이센이 유럽에서 지금의 위상을 지키기 위해서는 현재보다 44,000명이 많은 18만 명의 상비군을 유지해야 한다고 했다. 그리고 이렇게 확충된 병력을 운용하기 위해서는 세출을 최대한 줄여 500만 굴덴을 추가로 확보해야 할 것이라고 했다.
1756년 3월부터 프리드리히 2세는 유럽의 여러 국가에 파견한 첩자들을 통해 프랑스와 오스트리아 사이의 동맹 체제 구축이 구체화하고 있음을 전달받았고 그 대응 조치를 본격적으로 강구하기 시작했다. 여기서 그는 오스만튀르크의 지원을 받으려 했을 뿐만 아니라 오스트리아 왕국 내 신교도들에게 팸플

논의한 끝에 다음과 같은 결론에 도달했다. 첫째, 프리드리히 2세는 하노버 공국을 보호한다. 둘째, 영국 정부는 독일의 현 국경선을 인정한다. 셋째, 영국 정부는 1756년 1월 16일에 체결된 웨스트민스터(Westminster) 협약에 따라 외부세력이 독일문제에 개입하면 프로이센 정부와 공동으로 대처한다 등이다.[95]

영국이 프로이센의 접근에 긍정적이었던 것은 왕실의 고향인 하노버를 보호해줄 세력이 필요하다는 현실적 판단에서 비롯된 것 같다. 또한 영국은 프로이센이 러시아의 서진을 저지할 수 있는 능력도 갖췄음을 확신하고 있었다. 프로이센 역시 영국과 동맹을 체결하면 오스트리아가 프로이센을 상대로 전쟁을 일으키지 못할 것이라고 예견했다. 조약이 체결된 이후 영국은 프리드리히 2세에게 16만 4,000파운드를 원조했고 1758년부터 4년 동안 매년 67만 파운드, 즉 335만 탈러를 지원했는

릿을 살포하여 그들의 지지도 얻어내고자 했다. 그러나 이러한 시도들은 아무런 성과도 거두지 못했다. T. Blanning, *Friedrich der Grosse*, p.255; C. Clark, *Preußen*, p.237; B. Simms, *Kampf um Vorherrschaft*, p.170.

95　프리드리히 2세는 빈터펠트(Hans Katl v. Winterfeldt) 장군을 전권대사로 임명한 후 런던에 급파하여 1756년 1월 16일 영국 정부와 웨스트민스터 협상을 체결하게 했다. 그리고 프로이센과 오스트리아가 그들의 동맹국을 바꾼 것을 지칭하여 '동맹 체제의 반전(renversement des alliances)'이라고 했다. 독일의 저명한 역사가인 마이네케(Friedrich Meinecke)는 프리드리히 2세가 전혀 생각하지 않았던 프랑스와 오스트리아 사이의 동맹 체제 구축에 대해, 프랑스와 오스트리아는 물과 기름이기 때문에 동맹 체제를 구축할 수 없다는 강한 확신을 했지만 물과 기름을 강하게 흔들 때 일시적으로 섞일 수 있다고 말했다. 이것은 프로이센의 강한 압박을 통해 오스트리아와 프랑스가 일시적으로 동맹 체제도 구축할 수 있다는 것을 의미한다고 하겠다. T. Blanning, *Fried rich der Grosse*, p.255; C. Clark, *Preußen*, pp.237~238; E. Frie, *Friedrich II.*, p.82; F. Meinecke, *Die Idee der Staatsräson in der neueren Geschichte*(Berlin, 1929), p.400; D.E. Showalter, *The Wars of Frederick the Great*(London, 1995), p.132.B. Simms, *Kampf um Vorherrschaft*, p.169.

데 이는 당시 프로이센 정부가 지출해야 할 전쟁 경비의 25%나 되는 거액이었다.

마리아 테레지아는 1756년 5월 13일 이러한 조약에 대해 다음과 같이 언급했다. "나는 유럽의 전통적인 외교 관계를 도외시한 적이 없다. 그러나 영국은 오스트리아와의 전통적 관계를 포기하고 프로이센과 조약을 체결했다. 이러한 소식을 처음 접했을 때 나는 기절할 뻔했다. 나와 프로이센의 위정자는 서로 맞지 않는다. 이 세상의 어떠한 것도 나와 그를 한 팀으로 만들 수 없을 것이다. 영국이 프로이센과 동맹 체제를 구축한 예를 따라 오스트리아가 프랑스와 조약을 체결한다 해도 전혀 놀랄 일이 아닐 것이다."

실제로 카우니츠-리트베르크는 1755년 9월 3일부터 프랑스와 더불어 동맹 체제 구축을 위한 비밀 회담을 시작했다. 비밀 회담은 파리에서 개최되었고 여기에 오스트리아 대표로 참석한 슈타르헴베르크 공작은 오스트리아가 프랑스와의 동맹 체제 구축을 위해 기존 영국과의 동맹 체제도 파기할 수 있다고 했다. 그런데도 파리 정부 내에서 파비에(Jean-Louis Favier)가 주도하던 반오스트리아 세력의 강한 반발로 비밀 협상은 교착상태에 빠졌고 이것에 대해 마리아 테레지아 역시 점차 의구심을 가지게 되었다.

그렇지만 영국과 프로이센 사이의 협약 체결이 공개됨에 따라 파리 정부는 오스트리아와의 동맹 체제 구축에 적극성을 보이기 시작했다. 이후 양국 사이의 비밀 회담은 구체적인 성과를 도출했고 그에 따라 1756년 5월 1일 오스트리아와 프랑스는 군사방어동맹도 체결했다. 여기서는 프로이센을 공동의 적으로 규정하고 이 국가의 팽창 역시 공동으로 저지한다는 것이 거론되었다. 또한 양국은 향후 동맹에 참여한 국가 중의 한 국가가 외부로부터 공격을 받으면 나머지 국가는 즉시 24,000명의 병력을 동원하여 그 공격에 적극적으로 대응한다는 것도 명

시되었다.[96]

이렇게 프랑스와 군사방어동맹 체제를 구축했음에도 불구하고 오스트리아는 영국과의 동맹 체제를 와해시키지 않으려고 했는데 그것은 카우니츠-리트베르크가 영국을 1746년 러시아와 체결한 동맹 체제에 가입시키려는 의도에서 비롯되었다.[97] 이 협정에서는 프로이센이 폴란드, 작센, 그리고 오스트리아 중 어느 한 국가를 침입하면 오스트리아는 슐레지엔 지방을 점령하고 그 과정에서 러시아가 군사적 지원을 한다는 것이 언급되었다.

그러나 당시 런던 정부, 특히 외무장관이었던 뉴캐슬(Newcastle) 공작은 오스트리아의 그러한 시도에 부정적이었다. 실제로 영국은 하노버 공국을 보호하기 위해 오스트리아 왕위계승전쟁에 참여했지만, 오스트리아의 국익 증대를 위해 러시아가 관여한 동맹 체제의 일원으로 참여할 생각은 전혀 없었다.[98]

---

96 당시 파비에는 프랑스와 오스트리아 사이의 동맹은 지극히 '비자연적인 동맹 체제'라 정의했다. 동맹이 체결된 이후에도 그는 프랑스가 오스트리아 및 러시아와 동맹을 구축할 때 이것은 프로이센의 위상 약화가 현실화될 뿐만 아니라 그동안 프랑스의 최대 적대국이었던 오스트리아가 독일권에서 주도권을 장악하게 될 것이며 러시아의 서진 정책도 탄력을 받게 될 것이라고 주장했다. 이후부터 그는 프랑스와 오스트리아 사이의 동맹 체제 파기를 강력히 요구했다. T. Blanning, *Friedrich der Grosse*, p.257; E. Buddruss, *Die französische Deutsch-landpolitik 1756~1789*, pp.82~84; E. Frie, *Friedrich II.*, p.80; H. Schmidt, "Zerfall und Untergang des alten Reiches(1648~1806)", p.266; B. Simms, *Kampf um Vorherrschaft*, p.168. 그런데 양국 사이에 군사 방어동맹을 체결할 당시 프랑스와 프로이센 사이에 체결된 님펜부르크조약의 유효 기간은 아직 종료되지 않은 상태였다.

97 그러나 당시 카우니츠-리트베르크는 영국을 '불성실한 영국(perfidious Albion)'으로 간주했다.

98 조지 2세는 하노버 공국에 대한 프랑스의 침입 가능성을 우려했을 뿐만 아니라 그것을 사전에 방비하려고도 했다. T. Blanning, *Friedrich der Grosse*, p.255.

이제 유럽에는 2개의 군사동맹 체제가 구축되었다. 프랑스, 오스트리아, 러시아, 스웨덴, 그리고 작센이 주축이 된 동맹 체제와 영국과 프로이센이 결성한 동맹 체제가 그것이다. 이렇게 결성된 동맹 체제는 각기 막강한 병력을 소유하게 되었다. 우선 오스트리아가 주도하는 동맹 체제는 모두 382,000명의 병력을 동원할 능력을 갖추었는데 국가별로 보면 오스트리아군이 177,000명, 프랑스군이 105,000명, 러시아군이 80,000명, 그리고 스웨덴군이 20,000명이었다. 이에 반해 프리드리히 2세의 프로이센군과 프로이센의 동맹국 병력은 181,000명에 불과했다.[99]

2) 콜린 전투와 로스바흐 전투

1756년 8월 26일 프리드리히 2세는 66,000명의 병력을 3개 군단으로 편성하여 선전포고도 없이 오스트리아의 동맹국인 작센 공국을 공격했다.[100] 이에 앞서 그는 8월 13일 마그데부르크에 머물던 육군 중장 브라운슈바이크(Ferdinand v. Braunschweig)에게 신병 징집 명령을 하달했고 8월 19일에는 공격에 대비할 것도 명령했다. 8월 26일 당시 프로이센 좌익군은 프리드리히 2세의 동생이자 후계자인 아우구스트 빌헬름이, 우익군은 브라운슈바이크-베베른 공작이자 프리드리히 2세의 처남

---

99 C. Clark, *Preußen*, p.239. 당시 오스트리아의 동맹국이었던 바이에른과 뷔르템베르크도 각기 4,000명과 5,000명의 병력을 출정시켰는데 그 모든 비용은 프랑스가 지원하기로 했다. 그리고 오스트리아는 1760년 25만 명의 병력을 소유하는 군사대국으로 등장했다.

100 1756년 8월 27일 프리드리히 2세는 베를린 주재 영국 대사와 면담을 했고 거기서 그는 별 저항이 없을 작센 지방을 가능한 한 빨리 공략한 후 산맥을 넘어 보헤미아 지방으로 진격하여 프라하를 점령한 후 그곳에 겨울 숙영지도 설치하겠다고 했다. 이어 그는 프라하에 프로이센군을 주둔시키면 빈의 재정적 상황은 더욱 어려워질 것이고 이것은 빈 정부가 협상에 임하게 하는 요인도 될 것이라고 언급했다. T. Blanning, *Friedrich der Grosse*, p.264.

인 페르디난트(Ferdinand)가 맡았고, 주력군인 중앙군은 프리드리히 2세가 직접 지휘했다.[101] 이로부터 한 달도 안 된 9월 9일 프로이센군은 작센의 수도인 드레스덴을 점령했다.[102] 이어 프리드리히 2세는 10월 16일 피르나(Pirna) 근처에서 루토프스키 백작이 이끌던 작센군의 항복도 받아냈다.[103]

그런데 프리드리히 2세는 오스트리아의 전쟁 직전인 7월 말부터 8월 초 사이 3차례에 걸쳐 빈 주재 프로이센 대사 클링그래프(Joachim Wil-

---

101 B. Simms, *Kampf um Vorherrschaft,* p.170. 페르디난트는 프리드리히 2세의 왕비 엘리자베트 크리스티네의 남동생이었다.

102 T. Blanning, *Friedrich der Grosse*, p.265.이에 앞서 오스트리아의 동맹국인 프랑스와 프로이센의 동맹국인 영국 사이에 충돌이 발생했다. 1756년 4월 뷔르템베르크(Würtemberg) 대공 오이겐(Ludwig Eugen)이 이끄는 프랑스군이 영국령 메노르카(Menorca)섬을 점령하고 주력군을 코르시카에 주둔시켰다. 이에 영국은 5월 17일 프랑스에 대해 전쟁을 선포했고 프랑스 역시 6월 9일 영국에 선전포고를 했다. 그런데 제3차 오스트리아 왕위계승전쟁은 7년 동안 대륙과 식민지에서 동시에 펼쳐졌기 때문에 7년전쟁(Siebenjähriger Krieg)이라고도 한다.

103 T. Blanning, Friedrich der Grosse, p.265.루토프스키는 프리드리히 2세가 왕세자 시절 흠모했던 오르젤스카의 이복오빠이다. 이 인물 역시 오르젤스카와 마찬가지로 프리드리히 아우구스트 1세의 사생아였다. 부친으로부터 아들이라는 인정을 받은 후 루토프스키는 1727년 5월 26일 작센군 소장으로 임명되었고 다음 해인 1728년 부친의 권유로 프로이센군에 입대했다. 프로이센에서 1년간 보병대 교습을 받은 후 1729년 작센 공국으로 돌아왔고 1730년부터 작센군 보병대 지휘관으로 활동했다.
프리드리히 2세의 공격을 받았음에도 불구하고 루토프스키는 바로 항복하지 않았는데 그것은 보헤미아 북부 지방에 주둔하던 브라운(Maximilian Julius Braun) 원수의 오스트리아군이 바로 지원에 나설 것이라고 확신했기 때문이었다. 실제로 9월 20일 브라운 원수가 이끄는 오스트리아군은 프라하와 데플리츠(Teplitz)의 중간 지점인 부딘(Budin)에 도착했다. 이후 그는 피르나에서 프리드리히 2세에 의해 포위되어 있던 루토프스키의 작센군을 포위망에서 벗어나게 하는 작전을 펼치려고 했다. 이에 앞서 그는 9월 30일 산다우(Schandau)에서 오스트리아 주력군과 합류하려고 했지만 실패했다.

heim v. Klinggräff)를 마리아 테레지아에게 보내 그녀의 향후 의도를 정확히 파악하고 평화에 대한 자신의 의지도 전달하게 했다. 그런데 마리아 테레지아는 정확한 답변을 하지 않았다.[104]

베를린에 보내는 비밀 서신에서 클링그래프는 오스트리아 군부가 전쟁 준비에 박차를 가하고 있음을 보고했고 그것에 따라 프리드리히 2세는 오스트리아와의 전쟁이 피할 수 없는 사안임을 파악했다. 또한 그는 빈과 드레스덴에 파견한 첩자들을 통해 오스트리아와 작센의 움직임을 정확히 파악하고 있었다.

동시에 그는 러시아 주재 네덜란드 대사가 본국으로 보내는 암호문을 빼앗아 판독하는 민첩성도 보였다. 이렇게 확보한 정보에 따르면 러시아에서는 6월 17일 17만 명의 정규군과 7만 명의 비정규군이 서부 국경 지역으로 집결했고, 6월 말에는 오스트리아군이 보헤미아와 모라비아 지방으로 이동했다는 것이다. 그리고 6월 27일에는 러시아 정부가 자국군의 전투 준비를 일시적으로 중단시켰다는 것도 언급되었다. 그리고 7월 16일 헝가리 주둔 오스트리아군이 보헤미아와 모라비아로 진격하라는 명령을 받았다는 것과 러시아군의 동원령이 7월 21일 취소된 이유도 구체적으로 확인되었다. 러시아가 군 동원령을 취소한 것은 프로이센에 대한 러시아의 공격이 1757년으로 연기된 데서 비롯되었다는 것이다.

이후 프리드리히 2세는 측근들에게 "마리아 테레지아가 임신한 상태

---

104 당시 프리드리히 2세는 프로이센이 슐레지엔 지방을 차지했음에도 불구하고 소국의 위상에서 완전히 벗어나지 못했음을 자인했다. 따라서 프로이센이 국정 운영에서 근면하고 성실성을 견지해야만 상대적으로 규모가 큰 오스트리아와의 향후 전쟁에서도 우위를 차지할 수 있다고 주장했다. 그는 1745년부터 1756년 전쟁이 발발하기 전까지 세금 징수를 강화했다. 그 과정에서 1756년의 세입은 1745년보다 무려 3배 이상 증대되었고 증대된 예산의 83%는 국방예산으로 책정되었다. B. Simms, *Kampf um Vorherrschaft*, pp.168~169.

에서 전쟁을 하게 된다면 가능한 한 빨리 그녀에게 조산원 서비스도 제공해야 할 것이다"라고 했는데 이것은 자신의 선제공격을 우회적으로 암시한 것이라 하겠다. 또한 그는 "제삼자가 나를 앞지르는 것보다 내가 먼저 그를 앞지르는 것이 훨씬 현명하다"라고 했는데 이것 역시 가능한 한 빨리 오스트리아와 전쟁을 시작하겠다는 의지로 이해할 수 있을 것이다.[105]

작센 공국을 점령한 후 프리드리히 2세는 공국의 재정적, 군사적 자원을 프로이센의 향후 전쟁 경비로 사용하려고 했다.[106] 아울러 그는 헤르츠산맥(Erzgebirge)과 작센 슈바이츠(Sachsische Schweiz)를 보헤미아에 대한 국경 장벽으로 활용하려고 했다. 그는 작센 공국군을 프로이센군에 편입시켜 오스트리아군과 전투를 벌이게 했지만, 성과는 예상보다 훨씬 미미했다. 프로이센군에 편입된 작센 공국군이 전투보다는 탈영을 선택했기 때문이다.

이렇게 작센 공국을 프로이센이 점령함에 따라 신성로마제국의 황제 프란츠 1세는 프리드리히 2세에게 서신을 보내어 작센 공국을 전쟁 이

---

105 T. Blanning, *Friedrich der Grosse*, p.258; B. Simms, *Kampf um Vorherrschaft*, p.170.

106 작센을 점령한 직후 프리드리히 2세는 자신의 기습공격에 정당성을 부여하는 문서를 드레스덴 국가 문서고에서 찾고자 했다. 얼마 후 그는 오스트리아와 작센이 프로이센 침공을 계획한 비밀문서를 제시하면서 자신이 침공을 사전에 차단하기 위해 기습공격을 감행할 수밖에 없었다고 공식적으로 밝혔다. 그는 비밀문서의 공백 부분에 '적대 감정은 공격자에게서 나오지 않았다'라는 문구를 썼는데 이것은 제국의회가 자신의 작센 공격의 부당성을 지적한 것에 대한 반발에서 비롯된 것 같다. 그러나 독일 제국의회는 프리드리히 2세가 제출한 문서의 신빙성에 강한 의구심을 제기했고 결국 1757년 1월 18일 프로이센에 대해 전쟁을 선포했다. T. Blanning, *Friedrich der Grosse*, p.268; E. Everth, *Die Öffentlichkeit in der Außenpolitik von Karl V. bis Napoleo*n(Jena, 1931), p.360; B. Simms, *Kampf um Vorherrschaft*, p.170.

전의 상태로 복원시킬 것을 요구했지만 프로이센의 위정자는 그것을 수용하지 않았다. 이에 따라 1757년 1월 17일 제국의회는 프리드리히 2세가 평화 유지 명령을 위배했다는 이유로 프로이센에 대한 제국전쟁을 선포했다. 프랑스, 러시아, 스웨덴, 그리고 신성로마제국의 대다수 국가는 오스트리아를 지지한다고 선언했고 프랑스는 군대 및 재정 지원도 약속했다.[107] 이에 반해 하노버, 헤센-카셀(Hessen-Kassel), 브라운슈바이크, 그리고 작센-고타(Sachsen-Gotha)만이 프로이센 지지 입장을 밝혔다.[108]

프리드리히 2세의 프로이센군은 1757년 4월 18일 보헤미아 지방으로 진격하여 이 지방을 다시 점령했다. 이러한 신속한 군사작전을 펼친 후 프리드리히 2세는 오스트리아에 대해 공식적으로 전쟁을 선포했다. 이에 따라 오스트리아는 1757년 5월 1일 프랑스와 2년 유효의 군사공격동맹을 체결했는데 거기서는 오스트리아의 슐레지엔 지방 회복이 거론되었을 뿐만 아니라 오스트리아령 네덜란드를 프랑스에 할애한다는 것도 언급되었다. 그 내용을 좀 더 구체적으로 명시한다면 프랑스는 오스트리아가 슐레지엔 지방을 완전히 되찾을 때까지 129,000명의 병력을 지원하고 매년 1,200만 리브르에 달하는 재정적 지원도 한다는 것이다. 대신 오스트리아는 슐레지엔 지방을 회복한 뒤 바로 오스트리아령 네덜란드를 프랑스에 넘겨준다는 것이다.[109]

---

107 오스트리아와 러시아는 1월 22일 군사공격 동맹조약을 체결했다. T. Blanning, *Friedrich der Grosse*, p.268.

108 T. Blanning, *Friedrich der Grosse*, p.268. 당시 영국은 작센에 대한 프로이센의 선제공격에 우려를 표명했다. 그런데도 런던 정부는 67만 파운드(오늘날의 가치로는 9,000만 파운드)에 달하는 전쟁보조금을 베를린 정부에게 전달했다.

109 T. Blanning, *Friedrich der Grosse*, p.259; C. Clark, *Preußen*, p.239; E. Frie, *Friedrich II.*, p.80; B. Simms, *Kampf um Vorherrschaft*, p.171.

독일 통합의 비전을 제시한 프리드리히 2세

마리아 테레지아는 합스부르크 가문과 부르봉 가문과의 인연을 한 층 강화하기 위해 1755년에 태어난 이제 막 1세인 딸 마리아 안토니아 (Maria Antonia, 마리 앙투아네트)와 루이 15세의 손자인 왕세자 루이(Louis, 루이 16세)와의 약혼도 결정했다.[110]

1757년 러시아도 오스트리아와 프랑스 사이에 체결된 군사공격동맹

---

110 C. Clark, *Preußen*, p.239; E. Dillmann, *Maria Theresia*, p.83; E. Badinter, *Maria Theresia*, p.188; C.W. Ingrao, *The Habsburg Monarchy*, p.174. 이렇게 두 나라 군주 사이에 체결된 결혼 협정에 따라 마리아 테레지아의 막내딸인 마리아 안토니아는 1770년 루이 왕세자와 결혼하게 되었다. 이 결혼이 확정됨에 따라 파리 정부는 베르몽 주교(Abbé de Vermond)를 마리아 안토니아에게 보내 부르봉 가문의 중요한 역사 및 프랑스 귀족들의 비공식 귀족 명감에 대해 자세히 설명하게 했는데 이것은 그녀가 가능한 한 빨리 파리 궁중 생활에 적응해야 한다는 왕실의 의도에서 비롯된 것 같다.

프랑스와의 동맹 관계를 중요시한 마리아 테레지아 역시 14세의 예비 신부 마리아 안토니아를 1770년 초부터 자신의 방에서 같이 기거하게 하면서 종교적 경건성을 부각하는 데 주력했는데 이것은 프랑스 왕실에서 매우 강조되던 사안이었다.

1770년 4월 19일 빈의 아우구스티너 교회에서 마리아 안토니아와 루이 왕세자의 대리 결혼이 거행되었다. 4월 21일 마리아 테레지아는 파리로 떠나는 막내딸에게 "내가 그들에게 한 명의 천사를 보냈다는 말을 듣게끔 프랑스 국민에게 잘해야 한다"라고 충고했다. 마리아 안토니아는 슈트라스부르크(Straßburg) 근처에 있는 라인섬(Rheininsel)에서 프랑스 왕실의 요구에 따라 이름을 마리 앙투아네트(Marie Antoinette)로 바꿨고 그녀를 따라가던 사신들도 국경검문소에서 입국이 불허됨에 따라 오스트리아로 발길을 돌려야 했다. 1770년 5월 16일 베르사유 왕실 예배당에서 결혼 미사가 성대히 진행되었다. 신혼 초기 어린 신부는 잠시나마 궁정의 인기를 독차지했다. 동시대인의 평가에 따르면 마리 앙투아네트는 감미로운 매력을 가진 작은 귀부인이었다. 작고 호리호리한 체구, 금발, 눈꽃처럼 흰 살결, 장미처럼 발그레한 볼, 백조처럼 길고 우아한 목선을 자랑했다. 프랑스에 도착한 이후부터 마리 앙투아네트는 점차 어머니의 조언에 관심을 보이지 않았을 뿐만 아니라 프랑스인들의 울분을 유발하는 사치 생활, 즉 가면무도회, 오페라, 춤, 그리고 카드놀이에만 치중했다.

에 가입했다.[111] 이제 러시아는 유사시 최소병력 8만 명, 15척에서 20척의 전함 및 40척의 갤리선을 동원해야 했고 그 대가로 오스트리아는 러시아에 100만 루블을 지불하기로 했다. 프랑스와 오스트리아는 폴란드령 젬갈렌(Semgallen, Zemgale)과 쿠를란트(Kurland, Kuzeme)를 러시아 관할로 인정하고, 그 대신 프로이센이 패전하면 동프로이센을 폴란드 영토에 편입시키기로 합의했다.[112] 이후 작센, 뷔르템베르크, 그리고 스웨덴도 오스트리아-프랑스 군사공격동맹 체제에 가입했고, 신성로마제국도 동맹 체제의 회원국이 되었다. 군사공격동맹 체제의 내규에서 한 가지 대외적으로 언급되지 않은 것이 있었는데 그것은 향후 전쟁에서 승리하면 프로이센의 영토를 남김없이 나눈다는 것이었다. [113] 그리고 작센과 스웨덴이 실제로 전쟁에 참여하면 작센은 마그데부르크, 스웨덴은 포메른 지방을 차지한다는 것도 명시되었다.

이렇게 오스트리아와 프랑스 사이에 군사공격동맹 체제가 결성되었음에도 프리드리히 2세는 5월 6일 프라하를 점령하고 이 도시에 주둔하던 오스트리아군을 무장해제시켰다. 그러나 프라하 전투 과정에서 프로이센군의 희생은 의외로 컸다. 3,099명이 사망하고 중상과 실종이 각각 8,208명과 1,657명이었다. 중상자들의 상당수는 회복되지 못하고 얼마 후 사망했다. 이러한 손실에도 불구하고 프리드리히 2세가 프라하 점령

---

111 C. Clark, *Preußen*, p.238. 이에 앞서 러시아는 1월 22일 오스트리아와 군사공격 동맹 체제를 결성했다.

112 B. Simms, *Kampf um Vorherrschaft*, p.171. 오늘날 라트비아 공화국에 포함된 젬갈렌과 쿠를란트은 그 명칭들 역시 젬갈레와 쿠르제메로 바뀌었다.

113 프로이센 영토를 나누려는 러시아의 의도에 대해 마리아 테레지아는 매우 긍정적인 반응을 보였다. 그리고 뒤늦게 공격동맹에 참여한 스웨덴은 2만 명의 병력을 제공하겠다는 약속을 했고 그러한 대가로 스웨덴은 포메른 지방의 할애와 프랑스의 재정적 지원도 기대했다. T. Blanning, *Friedrich der Grosse*, p.267; B. Simms, *Kampf um Vorherrschaft*, p.171.

에 관심을 보인 것은 이 도시를 장악하면 프로이센군이 오스트리아 국경 근접 지역에 상시 주둔하는 전략적 이점을 누릴 수 있고 그에 따라 마리아 테레지아가 평화협정에 응할 수밖에 없다고 판단했기 때문인 것 같다. 또한 그는 오스트리아와 평화협정을 체결하면 오스트리아의 동맹국이었던 러시아가 독자적으로 프로이센을 공격할 수 없다는 것도 파악했다.[114]

마리아 테레지아는 다운(Leopold Joseph Graf.v. Daun) 원수가 지휘하는 구원군을 프라하 남부로 급파하여 전세를 역전시키려고 했지만, 프리드리히 2세는 이들 지원군도 격파할 수 있다고 생각했다. 그러나 다운 원수의 구원군은 프리드리히 2세의 주력부대를 6월 18일 엘베 강변의 콜린(Kolin)에서 섬멸했다. 이 전투에서 8,755명의 프로이센 보병이 사망하거나 실종되었고 3,568명이 중상을 입었다. 그뿐만 아니라 프로이센은 1,450명의 기병과 1,667필의 말도 잃었다. 이에 반해 오스트리아는 모두 8,114명의 인명 손실을 보았는데 이 중에서 사망은 1,002명, 부상은 5,472명, 그리고 실종은 1,640명이었다.[115] 전체 병력 중에서 거의 40%를 잃은 프로이센군은 보헤미아 지방에서 철수하여 작센 지방으로 후퇴했다.

후퇴하는 과정에서 아우구스트 빌헬름 대공이 이끌던 프로이센군이

---

114 T. Blanning, *Friedrich der Grosse*, pp.267~268.

115 T. Blanning, *Friedrich der Grosse*, p.268 ; R. Koser, "Bemerkungen zur Schlacht von Kolin", *in Forschungen zur Brandenburgischen und Preußischen Geschichte*, *II*(1898), p.18. 만약 콜린 전투에서 프로이센이 승리했을 경우 전쟁은 프로이센 승리로 조기에 종료될 수도 있었다. 그러나 오스트리아가 대승함에 따라 전쟁은 장기전으로 접어들게 되었다. 따라서 프리드리히 2세에게 콜린은 1914년 빌헬름 2세(Wilhelm II, 1888~1918)의 마른(Marne), 1941년 히틀러(Adolf Hitler)의 모스크바와 같았다. T. Schieder, *Friedrich der Große*, p.190.

오스트리아군의 기습 공격을 받아 큰 손실을 당했다.[116] 이 소식을 접한 프리드리히 2세는 크게 격노했다. 아우구스트 빌헬름에게 보낸 서신에서 프리드리히 2세는 "너는 항상 따뜻한 마음을 가진 장군이기 때문에 앞으로는 전투 병력보다 규방 부인들을 지휘하는 것이 낫겠다"고 동생을 비난했다. 이를 보면 콜린 전투 이후 대두된 프로이센의 생존 문제를 프리드리히 2세가 심각하게 받아들인 것 같다. 이에 반해 마리아 테레지아는 콜린 전투를 기념하기 위해 '마리아 테레지아 무공훈장' 제도를 도입했으며, 그 첫 수훈자는 콜린 전투의 영웅다운 원수였다.[117]

콜린 전투에서 승리한 오스트리아는 프로이센과의 전쟁에서 우위를 차지하게 되었고 그 여세를 몰아 9월 7일에 펼쳐진 모이스(Moys) 전투에서도 승리했다. 나이세강 우안의 마을 모이스는 괴를리츠(Görlitz)의 일부로서, 슐레지엔과 작센 간의 연결을 위해 빈터펠트(Hans Karl v. Winter-feldt) 장군이 미리 확보한 지역이었다. 아우구스트 빌헬름이 이끌던 프로이센 주력군은 괴를리츠의 란데스크로네(Landeskrone) 산 옆에 진지를 구축했다.[118]

모이스 전투는 카우니츠-리트베르크 수상이 향후의 작전계획을 논의하고 야전사령관들을 독려하기 위해 마커스도르프(Makersdorf)에 자리

---

116 1722년에 태어난 아우구스트 빌헬름은 1742년 브라운슈바이크-볼펜뷔텔-베베른의 루이제 아말리에(Luise Amalie v. Braunschweig-Wolfenbüttel-Bevern)와 결혼했다. 이후 그는 프리드리히 2세와 더불어 오스트리아 왕위계승전쟁에 참여했으며, 1744년 프리드리히 2세에 의해 그의 후계자, 즉 프로이센 왕세자로 임명되었다.

117 T. Blanning, *Friedrich der Grosse*, p.268; R. Koser, "Bemerkungen zur Schlacht von Kolin", p.199. 헝가리 출신의 나도지(Franz Leopold v. Nadozi) 장군도 마리아 테레지아 무공훈장을 수여받았다. 그리고 당시 프랑스는 오스트리아가 슐레지엔 지방을 회복할 때까지 지원하겠다는 약속도 했다.

118 T. Blanning, *Friedrich der Grosse*, p.268.

잡은 오스트리아군 사령부를 방문한 것 때문에 발발한 전투였다. 오스트리아군은 마리아 테레지아의 특명으로 전선을 방문한 카우니츠–리트베르크의 면전에서 확실한 전과를 올리려 했던 것이다. 1757년 9월 7일 콜린 전투의 영웅 나도지(Franz Leopold v. Nadozi) 장군은 2만 명의 병력과 24문의 대포를 동원하여 모이스에 진을 친 프로이센군의 전초부대를 공격했다. 나도지 장군은 그 시간에 적장 빈터펠트 장군이 반 마일 떨어진 괴를리츠의 프로이센군 본영에 머물고 있던 상황을 이용했다. 오스트리아군의 공격 소식을 접한 빈터펠트 장군은 5개 대대를 이끌고 전투 현장으로 급히 출발했다. 그러나 아우구스트 빌헬름 대공의 프로이센군 증원부대가 아직 도착하지 않았기 때문에, 나도지 장군은 우회하여 빈터펠트 장군의 배후를 공격할 수 있었다. 빈터펠트 장군은 이 전투에서 치명상을 입고 하루 뒤 사망했다. 후일 프리드리히 2세는 모이스의 전투 현장과 괴를리츠에 빈터펠트 장군의 추모비를 건립하게 했다.[119]

1757년 프리드리히 2세는 아직 작센 지방에 머물고 있었고, 슐레지엔 주둔 프로이센군 사령관 아우구스트 빌헬름 대공은 32,000명의 병력으로 슐레지엔 탈환을 전쟁의 최대 목표로 삼고 있던 수적 우위의 오스트리아군에 맞서 슐레지엔 지방을 지켜야 하는 어려운 상황에 놓여 있었다. 당시 카를 알렉산더 대공과 다운 백작이 지휘하는 오스트리아 주력군의 규모는 54,000명이었고, 나도지 장군 휘하의 오스트리아군도 합류가 가능했다. 그런데 카를 알렉산더 대공은 수적 우위의 전력을 가졌음에도 불구하고 프로이센군과의 전투를 피하려 했다. 나도지 장군이 슈바이드니츠 요새를 점령할 때까지 브레슬라우에 프로이센군의 발을 묶어두려 했기 때문이다. 슈바이드니츠는 보헤미아에서 슐레지엔으로

---

119 T. Blanning, *Friedrich der Grosse*, p.269; C. Clark, *Preußen*, p.240; B. Simms, *Kampf um Vorherrschaft*, p.169.

제4장 오스트리아 왕위 계승전쟁

연결되는 보급로를 확보하기 위해 프로이센군에게나 오스트리아군에게나 반드시 확보해야 할 전략적 요충지로서 제3차 오스트리아 왕위계승 전쟁에서 여러 차례 주인이 바뀐 요새였다. 43,000명으로 병력이 증강된 나도지군은 공성 개시 한 달 만인 11월 13일 슈바이드니츠 요새의 항복을 받았다. 그 시점까지 오스트리아의 주력군은 아우구스트 빌헬름 대공이 이끌던 프로이센군을 철저히 통제했다. 나도지군과 합류한 오스트리아 주력군은 지금까지의 방어적 자세에서 벗어나 공격을 감행했다. 당시 오스트리아군은 브레슬라우를 점령하여 프로이센군이 그들의 겨울 숙영지를 슐레지엔에서 마련하지 못하게 하는 전략을 세웠다.[120]

프로이센군은 보병과 기병을 포함해 28,400명의 병력을 동원했지만, 오스트리아군이 투입한 총병력은 228문의 대포를 포함해 83,600명에 달했다. 카를 알렉산더 대공은 11월 22일 포격과 함께 전투 개시 명령을 내린 후, 프로이센군에 대대적인 공격을 가했다. 다음 날 아우구스트 빌헬름 대공은 브레슬라우를 포기하고 글로가우로 후퇴했다. 종일 계속된 전투에서 오스트리아군은 5,000여 명을, 프로이센군은 6,000여 명을 잃었다. 아우구스트 빌헬름 대공이 전투를 포기한 이유와 돌연한 후퇴가 프리드리히 2세의 명령에 따른 것인지는 밝혀지지 않았다.[121]

슐레지엔에 주둔하던 프로이센의 주력군이 철수한 후, 레스트비츠(Johann Georg v. Lestwitz) 중장 휘하의 브레슬라우 요새 수비대는 고립되었다. 이에 따라 나도지 장군은 즉각 브레슬라우 요새 공성에 돌입했다. 친오스트리아 성향의 브레슬라우 주민들은 프로이센 수비대의 요새 방어를 방해했다. 주민들은 레스트비츠의 철수를 압박했고, 수비군의 탈

---

120 T. Blanning, *Friedrich der Grosse*, p.269; C. Clark, *Preußen*, p.240; B. Simms, *Kampf um Vorherrschaft*, p.169.

121 T. Blanning, *Friedrich der Grosse*, p.270; C. Clark, *Preußen*, p.240; B. Simms, *Kampf um Vorherrschaft*, p.170.

영도 방조했다. 실제로 주력군의 후퇴로 브레슬라우 요새 수비대의 사기는 떨어졌고, 군기 역시 문란해졌다. 결국 레스트비츠는 11월 25일 나도지에게 항복하고 요새를 떠났다.

이러한 사건 이후 프리드리히 2세는 작전 계획을 완전히 변경해야 했지만, 슐레지엔을 탈환한다는 그의 결심에는 변함이 없었다. 경제적 효용 가치와 징집에 필요한 잠재 인력을 보유한 슐레지엔은 오스트리아에게나, 프로이센에게나 결코 포기할 수 없는 전략적 가치를 지닌 지역이었다. 슈바이드니츠 요새와 브레슬라우 요새를 점령한 오스트리아군은 1757년 11월 말 프로이센에 빼앗겼던 슐레지엔 지방의 대다수를 회복할 수 있었다.[122]

모이스 전투와 브레슬라우 전투 사이에 비록 일일 점령으로 끝나긴 했지만, 베를린이 오스트리아군에게 점령되는 사건도 발생했다. 베를린 점령의 주인공은 후일 다운과 라시에 이어 1774년부터 1790년까지 빈 궁정국방회의 의장을 지낸 푸타크(Andreas Graf Hadik v. Futak) 중장이었다. 나도지 장군과 함께 모이스 전투 승리에 크게 기여한 푸타크 중장은 헝가리 출신이었다. 그는 헝가리와 크로아티아 출신 경기병 5,000명을 지휘하여 1757년 10월 16일 베를린 주둔 프로이센군 사령관 모리츠 원수를 베를린에서 몰아내고 이 도시를 점령했다. 이 과정에서 800여 명의 프로이센 수도 방위군이 오스트리아군에게 사살되었고, 400여 명은 포로로 잡혔다. 푸타크는 배상금조로 20만 탈러 이상의 군세까지 받아내고는 안전하게 카를 알렉산더 대공의 주력군과 합류했다. 푸타크 중장은 공적을 인정받아 전쟁이 끝난 후 부다페스트 총독, 지벤뷔르겐 총독을 거쳐 1774년 원수 승진과 동시에 궁정국방회의 의장으로 임명되

---

122 T. Blanning, *Friedrich der Grosse*, p.270; C. Clark, *Preußen*, p.240; B. Simms, *Kampf um Vorherrschaft*, p.170.

었다.[123] 이렇게 슐레지엔 지방이 다시 오스트리아의 수중으로 넘어가고 왕국의 수도인 베를린마저 오스트리아군에 의해 유린당했지만, 프리드리히 2세의 프로이센군은 같은 해 11월 5일 나움베르크(Naumberg)와 메르제부르크(Merseburg) 사이에 있는 로스바흐(Roßbach)에서 오스트리아-프랑스 연합군을 격파했다.

자이드리츠(Friedrich Wilhelm v. Seydlitz) 장군이 이끌던 22,000명의 프로이센군의 사상자는 548명에 불과했지만, 프랑스군 24,000명을 포함하여 모두 41,000명으로 구성된 오스트리아-프랑스 연합군은 10,000명의 인명 손실을 기록했는데, 그중 3,000여 명은 전사했고 나머지 7,000명은 포로로 잡혔다.[124]

---

123 T. Blanning, *Friedrich der Grosse*, p.270; C. Clark, *Preußen*, pp.240~241; B. Simms, *Kampfum Vorherrschaft*, p.170.

124 C. Clark, *Preußen*, p.241; B. Simms, *Kampf um Vorherrschaft*, p.171. 로스바흐 전투로 제3차 오스트리아 왕위계승전쟁은 전환점을 맞이했다. 이 전투 이후 벌어진 프랑스와 프로이센 및 그 동맹국들과의 전투는 모두 서부 독일에 국한되었다. 프랑스군이 독일 전역을 그들의 작전 지역에 포함한 것은 그로부터 50년 후인 나폴레옹 전쟁 때였다.
그런데 로스바흐 전투에서 패배한 프랑스군이 튀링겐(Thüringen)과 헤센으로 퇴각하면서 수없이 많은 잔혹 행위를 자행했다. 당시 같이 있었던 프랑스 장군은 그런 이야기를 하면 아마 끝도 없을 것이라고 했다. 그에 따를 때 200km가 넘는 구간에 프랑스군만 있었고 이들은 약탈과 강탈, 살인, 강간 등 생각할 수 있는 온갖 만행을 주저 없이 자행했다는 것이다. 문제는 전쟁이 장기간 지속되면 이러한 만행이 더욱 광범위하게 자행된다는 것이다. 특히 대다수 국가에서 운용하던 의용군(Freikorp)의 만행은 정규군의 그것보다 더욱 심각했다. 의용군은 정규군과 별개로 지원 방식으로 모집되고 반자율적으로 운영되었으며 정상적인 병참 보급도 받지 않았다. 따라서 이들은 오로지 강탈과 전리품 습득으로 필요한 물자를 확보해야만 했다. 이러한 부대의 가장 대표적인 예로는 러시아 카자크(Kosaken) 부대와 빨간 외투를 착용한 오스트리아의 판두르(Pandur)가 있었고 프랑스군 역시 그런 부대를 운영했다. 러시아군이 동프로이센을 점령한 초기 단계에 카자크족과 칼무크족(Kalmücken; 중국 신장 웨이우얼 자치구 텐

로스바흐에서의 패전 소식, 특히 프랑스군이 대패했다는 소식을 들은 볼테르는 '백년전쟁(1337~1453)에서 프랑스군이 영국군에게 패한 것보다 더 굴욕적인 상황이 초래되었다'라고 평가했다.[125]

로스바흐 전투에서 대승을 거둔 프리드리히 2세는 오스트리아군이 점령하고 있던 슐레지엔 지방을 회복하기 위해 자국의 주력군을 작센 지방에서 슐레지엔 지방으로 이동시켰다. 1757년 9월 12일 오스트리아의 동맹국이었던 스웨덴은 슈트랄준트[126]에서 프로이센에 대한 공격을 개시했고 그 과정에서 파제발크(Pasewalk), 위커뮌데(Ueckermünde), 그리고 슈비네뮌데(Schwinemünde)를 점령했다. 이 소식을 접한 프리드리히 2세는 즉시 레발트(Johann v. Lehwaldt)를 동프로이센으로 파견하여 스웨덴군을 공격하게 했다. 이후 레발트의 프로이센군은 볼린(Wollin), 안클람(Anklam), 그리고 뎀닌(Demnin)을 회복한 후 포어포메른에 주둔했고 스웨덴군은 슈트랄준트로 철수했다.[127]

프리드리히 2세가 이끄는 35,000명의 프로이센군이 같은 해 12월 5일 브레슬라우 북동쪽에 있는 로이텐(Leuthen)에서 카를 알렉산더 대공이 지휘하는 7만 명의 오스트리아군을 격파했다. 로이텐은 서쪽의 언덕

산 북부지방, 볼가강 하류, 그리고 카스피해 서북쪽에 사는 서몽골족)으로 구성된 의용군 12,000명은 검을 휘두르고, 불을 지르며 이 지방 일대를 날뛰고 다녔다. 목격자의 증언에 따르면 러시아 의용군은 악마 같은 쾌락을 즐기기 위해 무고한 민간인들을 살육하고 난도질했으며 나무에 매달거나 코, 귀, 다리를 자르고 복부를 난도질하고 심장을 뽑아내는 등의 매우 끔찍한 방법으로 민간인들을 살해했다. C. Clark, *Preußen*, pp.250~251.

125 H.M. Scott, "The Decline of France and the Transformation of European State System 1756~1792", in H. Kluger/H. Schroeder eds., *The Transformation of European Politics*(Münster-Hamburg-London, 2002), p.114; B. Simms, *Kampf um Vorherrschaft*, p.171.

126 독일 북동부 메클렌부르크-포어포메른주에 속한 도시.

127 T. Blanning, *Friedrich der Grosse*, p.273.

만 제외하면 사방이 확 트인 평원이었기 때문에, 오스트리아군은 9km에 이르는 광폭 2열 횡대이 전투대형을 유지하고, 프로이센군익 접근을 기다렸다. 프리드리히 2세는 좌익군의 위장 공격을 명령했다. 프로이센군의 양면작전에 말려든 카를 알렉산더 대공은 예비대를 투입했고, 프리드리히 2세는 언덕 뒤에 은폐되어 적의 정찰대에 전혀 발각되지 않은 우익군을 주력으로 하여 남쪽으로 진군했다. 그리고 오스트리아 좌익군의 남쪽, 즉 로이텐 남서쪽에서 프로이센군은 사선형 전투대열로 선회했다. 그 과정에서 우익군을 공격군으로 앞세운 프리드리히 2세는 프로이센 역사에서 가장 유명한 기병 장군이었던 치텐(Hans Jochaim v.Zieten) 휘하의 제3검기병연대를 투입했고, 12파운드 대포가 검기병연대를 엄호했다. 그리고 프로이센의 보병부대는 좌익군을 형성하여 오스트리아 우익군의 반격을 막는 임무를 부여받았다.[128]

프리드리히 2세는 새로운 전술인 사선형 전투대열을 활용하여 수적 열세에도 불구하고 오스트리아 좌익군을 제압하는 성과를 거두었다. 여기서 그는 은폐시켰던 부대 이동을 통해 기습의 장점을 살렸고, 당시만 해도 생소한 전술인 기동 포격 전술을 운용하여 혁혁한 전과를 올렸다. 오스트리아 좌익군에 대한 기습공격이 시작되었을 때, 콜린 전투의 영웅 나도지 장군 휘하의 기병대조차 프로이센 우익군의 집중적 기습공격을 저지할 수 없을 정도로 오스트리아군의 전선은 와해되었다.

이에 따라 오스트리아군은 요새를 버리고, 로이텐 시내로까지 철수하여 새로운 전선을 구축하려고 했다. 보헤미아 국경까지 밀려난 오스트리아군은 직선 전투대열을 형성하여 프로이센군의 사선 공격에 대응했지만, 결국 카를 알렉산더 대공은 전투를 포기하고 철수해야 했다. 후퇴 시 오스트리아군은 다시 한번 큰 인명 손실을 보았는데 그것은 프리

---

128 T. Blanning, *Friedrich der Grosse*, p.279; S. Martus, *Aufklärung*, p.669.

드리히 2세가 철저한 추격전을 벌였기 때문이다. 로이텐 전투에서 승리한 프로이센군은 6,400명의 사상자를 냈지만, 전투에서 패한 오스트리아군은 무려 22,000명의 인명 손실을 보았는데, 그중 12,000명은 포로로 잡혔다. 그뿐만 아니라 17명에 달하는 오스트리아 장군들이 목숨을 잃거나 중상을 당했다. 또한 오스트리아군은 116문의 대포와 51개의 깃발을 프로이센군에게 빼앗겼다.

　독일의 역사가 프리에는 로이텐 전투에서 승자로 등장한 프리드리히 2세를 분석하여 역사학계의 공감을 받고 있다. 그의 분석에 따르면 로이텐 전투에서 프로이센 군주는 군대의 이동, 전략, 그리고 결단력에서 하나의 걸작을 만들어냈다는 것이다. 그리고 이 전투를 통해 프리드리히 2세는 불멸의 인물로 드러났을 뿐만 아니라 세계 전쟁사에서 뛰어난 명장들의 반열에도 올랐다는 것이 프리에의 분석이었다. 그리고 프로이센의 유명한 역사가 랑케(Leopold v. Ranke)는 로이텐 전투를 1620년의 백산전투와 대등한 전투로 간주했는데 이것은 역사적 측면에서의 접근에서 비롯된 것이라 하겠다. 당시 랑케는 종교적 측면에서 두 전투의 유사성을 찾고자 했다. 우선 백산전투에서 승리한 가톨릭 세력은 향후 100년에 걸쳐 신교 세력을 탄압했다는 것이다. 그리고 이로부터 137년 후에 발발한 로이텐 전투에서 신교 세력이 구교 세력을 격파했고 이것은 구교 세력을 탄압할 수 있는 권한을 프리드리히 2세에게 제공했다는 것이다. 그러나 프리드리히 2세는 이러한 권한 행사보다는 종교적 관용 정책을 지향했고 이것은 신교 세력이 늘어나는 신도 수를 위해 기존 가톨릭 소유의 성당들을 강제로 빼앗는 것도 금지했다. 신교 세력은 이에 불만을 품었었지만, 프리드리히 2세는 신교를 배려하는 정책을 펼치지 않았다.[129]

129　T. Blanning, *Friedrich der Grosse*, pp.279~280; E. Frie, *Friedrich II.*, p.74.

로이텐에서 오스트리아군이 대패했다는 소식에 충격을 받은 마리아 테레지아는 기도실에 들어가 며칠 동안 칩거했다. 이후 그녀는 로이텐 전투의 패전 원인이 지휘관으로서의 자질을 충분히 갖추지 못한 카를 알렉산더 대공에서 비롯되었다고 판단했다. 이에 따라 마리아 테레지아는 제부에게 지휘관 자리에서 물러날 것을 요구했고 그 자리를 다운 원수에게 넘겨주었다.[130]

프리드리히 2세는 로이텐 전투에서 승리한 후 1758년 4월까지 오스트리아군이 점령한 슐레지엔 지방의 모든 요새를 탈환했다. 이제 슐레지엔 지방의 거의 대다수는 다시 프로이센 측으로 넘어가게 되었을 뿐만 아니라 전세의 우위 역시 프리드리히 2세가 장악하게 되었다.[131]

3) 쿠너스도르프 전투

제2차 베르사유 군사공격동맹에 가입한 후 오스트리아와 군사공격동맹도 체결한 러시아는 1757년 6월 말 프로이센 왕국, 즉 동프로이센을 침공함으로써 제3차 오스트리아 왕위계승전쟁에 본격적으로 참여하기 시작했다.

1758년 1월 페르모르(Wilhelm v. Fermor) 백작의 러시아군은 동프로이센 방어 임무를 총괄하던 레팔트 장군이 베를린으로 귀환한 후 거의 공

---

130 E. Dillmann, *Maria Theresia*, p.87 ; B. Stollberg-Rilinger, *Maria Theresia*, p.421.

131 프로이센군이 곧 쇤브룬으로 진격한다는 소식이 도착했을 때 마리아 테레지아는 락센부르크로 여름 휴가를 떠나려고 했다. 그녀는 매년 5월 또는 6월에 몇 주간의 휴가를 더 편안하게 보내기 위해 쇤브룬에서 락센부르크로 떠났는데 7년전쟁 기간에도 이러한 휴가는 그대로 진행된 것이다. 다만 그녀는 궁녀들에게 생활에 필요한 것들을 더 많이 챙길 것을 명령했는데 그것은 상황에 따라 더 멀리 가야 한다고 생각했기 때문이다. C. Clark, *Preußen*, p.242 ; E. Dillmann, *Maria Theresia*, p.99 ; Stollberg-Rilinger, *Maria Theresia*, p.420.

쿠너스도르프 전투

백 상태에 있던 동프로이센을 점령했다. 이후 페르모르 백작은 일반지
사 신분으로 이 지역을 통치했고 러시아 여제 엘리자베타에게도 충성을
맹세했다. 그리고 8월 노이마르크로 진격하여 보헤미아 지방에서 출발
한 오스트리아군과 합류하려고 했다. 그러나 이러한 시도는 1758년 8월
25일 초른도르프(Zorndorf)에서 프리드리히 2세가 승리함에 따라 실현되
지 못했고 페르모르의 러시아군은 동프로이센으로 철수해야만 했다. 이
렇게 프로이센의 주력군이 러시아와 전투를 벌이는 사이 오스트리아는
브레슬라우와 슈바이드니츠(Schweidnitz) 요새를 비롯한 슐레지엔 지방의
대부분을 회복했다.[132]

러시아군과의 전투를 마무리한 프리드리히 2세는 슐레지엔 지방을

다시 차지하기 위해 6월 10일부터 올뮈츠 요새를 포위하는 작전을 펼쳤다. 프리드리히 2세가 이 도시를 프로이센이 장악하면 빈으로의 진격 역시 쉽다고 판단했기 때문이었다. 그러나 오스트리아는 왕위계승전쟁이 발생한 후 올뮈츠 요새의 성벽을 증축하고 보완했기 때문에 프리드리히 2세의 의도처럼 요새 함락은 쉽지 않았다. 더욱이 오스트리아군이 6월 돔슈타틀(Domstadtl)에서 프로이센의 물자 수송단을 습격함에 따라 프리드리히 2세는 올뮈츠 요새의 포위를 철회하고 모라비아 지방으로 후퇴했다.

다운 백작이 이끄는 오스트리아군은 작센의 남부 지역을 공략하고 호흐키르히(Hochkirch)에서 프로이센군을 격파한 후 드레스덴을 차지하려고 했지만, 성공을 거두지는 못하고 보헤미아 지방으로 철수했다. 프리드리히 2세는 로스바흐 전투에서 대승한 이후 슐레지엔 지방을 다시 차지하기 위해 프로이센의 주력군을 작센에서 슐레지엔으로 이동시켰다. 슐레지엔 지방 탈환의 중요성은 프리드리히 2세가 로이텐 인근 파르히비츠의 프로이센군 진영에서 행한 훈시에서 다시금 거론되었다. 1758년 8월 5일 메르(Mehr)에서 발발한 전투에서 임호프(Philipp v. Imhoff) 장군이 이끄는 프로이센군은 프랑스군을 격파했는데 당시 프랑스군은 독일군보다 3배나 많은 1만 명이나 되었다. 이를 기념하고 칭송하기 위해 1858년 8월 5일 하펜(Haffen)과 모르 주민들은 전투 장소에 '임호프 장군이 이끄는 용감한 독일 병사들이 1758년 8월 5일 프랑스군을 격파했다'라고 각인된 오벨리스크를 세웠고 그 이후부터 매년 이곳에서 전승 기념 행사가 펼쳐졌다.

이때부터 프리드리히 2세의 프로이센군은 보헤미아 지방을 다시 위협하기 시작했다. 이에 마리아 테레지아는 카우니츠-리트베르크에게 "우리가 프로이센군을 격파하든가 아니면 빈으로 후퇴해야 할 것이다. 그리고 우리는 왕국의 많은 지역도 평화체결을 위해 포기해야 할 것이다."라고 했다. 더욱이 영국은 반오스트리아적 입장을 다시금 표방했는데 이것은 당시 신대륙에서 전개되던 식민지 전쟁에서 우위를 확보하겠다는 의도에서 비롯된 것 같다. 즉 영국은 프랑스 및 오스트리아가 계속하여 유럽 문제에 신경을 쓸 경우 북아메리카 대륙에서 그들의 우위적 입지를 더욱 확고히 할 수 있다는 판단을 했던 것이다. 이후 영국은 체벤(Zeven) 수도원 협상에서 영국군과 하노버군을 주축으로 편성한 혼합군으로 프랑스군의 위협을 북독일에서 저지하겠다는 입장을 밝혔고 이것 역시 마리아 테레지아에게 적지 않은 압박 요인으로 작용했다.[133]

그러나 라우돈(Gideon Ernst v.Laudon) 남작의 오스트리아군 18,500명은 1759년 8월 12일 오데르 강변의 프랑크푸르트에서 동쪽으로 5km 정도 떨어진 쿠너스도르프(Kunersdorf)에서 프로이센의 주력군을 패배시켰다. 오스트리아는 이 전투에서의 승리로 전세를 역전시킬 수 있었다. 또한 이 전투에는 솔티코프(Pjotr Semjonowitsch Soltykoff) 백작이 지휘하는 41,000명의 러시아군도 오스트리아의 동맹군으로 참여했다.[134] 쿠너스도르프 전투에서 프리드리히 2세는 19,100명의 병력을 잃었을 뿐만 아니라 스스로 말을 탈 수 없을 정도의 중상까지 당했다.[135] 따라서 그는 동

---

133 B. Simms, *Kampf um Vorherrschaft*, p.171. 실제로 브라운슈바이크(Ferdinand v. Braunschweig) 대공이 이끄는 영국군과 하노버군의 혼성군은 프랑스군을 대파했다.

134 이에 앞서 솔티코프의 러시아군은 8월 1일 프랑크푸르트 안 데어 오데르를 함락했다. 그리고 쿠너스도르프 전투에 앞서 러시아군은 오스트리아군과 쿠너스도르프에서 합류했다. T. Blanning, *Friedrich der Grosse*, pp.296~297; E. Frie, *Friedrich II*, p.61.

135 이 전투에서 프리드리히 2세는 전투 경험이 풍부한 530명의 장교를 잃었다. 또한 오스트리아군에게 172문의 화포와 자신의 기를 포함하여 모두 28개의 기를 빼앗기는 수모도 당해야 했다. 이후 프리드리히 2세는 거느린 병력이 3,000명밖에 안 되는 위기 상황에 놓이게 되었다. 이에 반해 마리아 테레지아는 승전 소식을 쇤브룬 궁전의 발코니에서 듣고는 매우 기뻐했고 바로

생 하인리히에게 최고지휘권을 일시적으로 이양했다.[136] 아울러 국무장관이었던 핀켄슈타인(Ernst Friedrich Graf Finck v. Finckenstein)에게 보내는 서신에서 "나는 모든 것을 잃었다. 조국이 멸망하는 상황에서 나 역시 살아남지 않을 것이다. 현재 나 자신이 살아 있는 것 자체가 불행인 것 같다."라고 언급했는데 이것은 당시 프로이센의 절망적 상황을 우회적으로 표현한 것 같다.[137]

라우돈 남작에게 승리를 축하하는 서신을 보냈다. T. Blanning, *Friedrich der Grosse*, p.297; C. Clark, *Preußen*, p.244; E. Dillmann, *Maria Theresia*, p.88; S. Martus, *Aufklärung*, p.669; H. Schmidt, "Zerfall und Untergang des alten Reiches(1648~1806)", p.267; B. Simms, *Kampf um Vorherrschaft*, p.174; B. Stollberg-Rilinger, *Maria Theresia*, p.433.

136　당시 프리드리히 2세는 1758년 아우구스트 빌헬름이 사망함에 따라 1726년에 태어난 하인리히를 후계자로 선정했다. 이렇게 동생에게 최고지휘권을 넘겨준 프리드리히 2세는 다음 날 다시 최고지휘권을 넘겨받았다.

137　T. Blanning, *Friedrich der Grosse*, p.295; E. Frie, *Friedrich II.*, p.61; M.Fussel, *Der Siebenjährige Krieg.Ein Weltkrieg im 18.Jahrhundert*(München, 2010), p.51; S. Martus, *Aufklärung*, p.669. 핀켄슈타인에게 보낸 서신에서 프리드리히 2세는 오스트리아와 러시아 연합군이 11시부터 공격을 시작했고 자신이 지휘하던 프로이센군은 프랑크푸르트 근처의 유덴키르히호프(Judenkirchhof)까지 후퇴해야 했으며, 그 과정에서 많은 인적 피해를 보았다고 언급했다. 여기서 그는 모두 48,000명의 병력 중에서 단지 3,000명만이 생존하는 대패를 당했음을 실토했다. 그리고 세 차례에 걸쳐 군대를 재정렬시키려 했지만 결국 전투 장소에서 이탈해야 하는 긴박한 상황에 놓이게 되었다는 것도 지적했다. 서신의 말미에서 프리드리히 2세는 "나는 모든 것을 잃어버린 것 같다"고 했다. 또한 그는 자신의 완고함을 패전 요인으로 제시했다. 쿠너스도르프 전투에서 대패한 이후 프리드리히 2세는 더는 전투에 참여시킬 병력이 없음을 토로했고 그로 인해 프로이센이 유럽에서 사라지게 될 운명에 놓이게 되었다는 것도 측근에게 실토했다. 이어 자신이 하루하루를 고통 속에서 지내고 있음을 밝히면서 치아가 이제 모두 닳아 하나둘 부러져 나가고 얼굴의 주름 역시 여인네 치맛자락 같다고 했다. C. Duffy, *Friedrich der Grosse und seine Armee*(Stuttgart, 2009), p.271.
　　그런데 당시 프리드리히 2세는 모든 방면을 통틀어 군사 통솔자로서 지혜와 재능을 겸비했다. 실제로 그는 동시대 그 누구보다 전쟁의 정수를 잘 간파하고 있쿠너스도르프 전투에서 승리한 오스트리아군과 러시아군은 베를린 진격 기회를 얻게 되었다. 그러나 당시 러시아, 오스트리아, 그리고 프랑스의 정치적 이해관계가 일치되지 않았기 때문에 동맹군은 이 기회를 전략적으로 활용하지 못했다.[138] 비록 프랑스와 러시아가 오스트리아의 동맹국이었지만 프랑스는 오스트리아가 프로이센을 점령한 후 유럽의 초강대국으로 부상하는 것을 원치 않았고 살티코프 원수 역시 건강이 악화한 러시아 여제 엘리자베타의 후계자이며 프리드리히 2세의 총애를 받던 러시아의 차기 황제 표트르 3세를 의식하지 않을 수 없었다.

었고, 지극히 평범한 군복을 입고서 병사들과 동고동락하며 그들의 사기도 진작시킬 줄 알았다. 그는 전투가 시작되기 전 늘 병사들에게 이렇게 말했다. "전투가 시작되고 출격 명령이 하달되었음에도 적진을 뚫지 못하고 우물쭈물하는 기마병들이 있다면 나는 전투가 종료된 후 그들을 말 밑으로 기어가게 하고 후방부대의 가장 말단직에서 근무하게 할 것이다. 그리고 두려움 때문에 칼조차 제대로 뽑지 못하는 병사들이 있다면 나는 그들의 군복에 붙어 있는 휘장 모두를 떼어버릴 것이다. 이제 나는 여러분들과 작별 인사를 하고 전투에 참여하려고 한다. 얼마 후 우리는 승리의 기쁨을 맛보며 다시 만날 수도 있지만, 영원히 이별해야 할 상황에 직면할 수도 있을 것이다."

138 실제로 러시아군은 항상 병참 지원 문제에 직면하곤 했다. 따라서 이들은 큰 전투를 치른 후 승패 및 손익과 관계없이 철수해야 하는 경우가 많았다. 러시아 장군들은 전투에서 사용된 탄약을 재보급받으려면 매우 오랜 시간이 걸린다는 사실을 잘 알고 있었다. 따라서 이들은 전투가 끝난 후 다시 다른 전투에 참여하는 것을 꺼렸고 이러한 것은 쿠너스도르프 전투에서도 재차 확인되었다. 실제로 솔티고프의 러시아군은 쿠너스도르프 전투가 끝난 지 일주일 만에, 즉 8월 19일 프랑크푸르트 안 데어 오데르 서쪽에 있는 마드리츠(Madlitz)에서 프로이센군과 다시 전투를 벌였고 여기서 병력의 30% 이상을 잃었는데 이것은 이전처럼 병참 지원이 제대로 이루어지지 않았기 때문이다. 9월 7일 솔티코프의 러시아군은 병참 지원이 제대로 이루어지지 않는다는 이유로 오데르강 쪽으로 철수했다. 9월 25일 철수를 완료한 솔티코프의 러시아군은 10월 15일 다시 바익셀에 있던 겨울 숙영지로 이동했다. T. Blanning, *Friedrich der Grosse*, pp.297~298 ; C. Duffy, *Russias Military Way to the West Origins and Nature of Russian Military Power 1700~1800*(London, 1981), p.112.

쿠너스도르프 전투 직후 러시아군이 베를린을 공격하지 않고 콧부스[139] 방향으로 철수했다는 소식을 접한 프리드리히 2세는 1759년 9월 1일 동생 하인리히에게 서신을 보내 베를린이 마지막 순간 오스트리아-러시아 동맹군으로부터의 침공에서 벗어난 것을 가리켜 '브란덴부르크 가문의 기적'이라고 했다.

러시아군이 철수함에 따라 프리드리히 2세의 프로이센군은 작센 지방에서 오스트리아군과 전투를 재개했는데 이것은 작센 공국에서 그들의 영향력을 회복하는 것과 오스트리아군을 보헤미아 지방으로 축출하려는 목적에서 비롯되었다. 9월 말 프로이센군은 드레스덴을 제외한 전 작센 지방을 회복했다.[140]

당시 다운 원수는 전황이 오스트리아군에게 불리하게 전개되고 있음을 직시했기 때문에 프로이센군과의 전투를 속개하라는 빈 정부로부터의 지시를 이행하지 않았다. 다만 그는 토르가우(Torgau)에 주둔하던 하인리히 왕자의 프로이센군을 몰아내려고 했지만 실패했다.[141]

작센에서의 상황이 프로이센에 유리하게 전개됨에 따라 프리드리히 2세는 파국적인 선제 조치를 취했다. 즉 핀크(Friedrich August v. Finck) 장군을 드레스덴 남쪽의 막센(Maxen)으로 보내어 오스트리아의 군 보급망을 차단함으로써 드레스덴에서 머물던 오스트리아군의 철수를 가시화하려고 했다. 이 계획에 대해 프리드리히 2세의 최고위 장군들은 무모하다고 지적하면서 강력하게 중단을 요구했다. 그러나 프리드리히 2세는

---

139 독일 브란덴부르크주에 있는 도시. 베를린에서 남동쪽으로 80km 떨어져 있으며, 폴란드 국경 슈프레(Spree) 삼림지대의 남동쪽, 슈프레 강변에 위치해 있다.

140 프리드리히 2세는 가능한 한 빨리 드레스덴을 점령하려고 했지만 실패했다. 이 시기에 프로이센군은 무의미한 파괴를 자행했고 그 과정에서 역사적으로 큰 가치가 있는 십자교회(Kreuzkirche)도 큰 피해를 보았다. S. Martus, *Aufklärung*, p.669.

141 S. Martus, *Aufklärung*, p.669.

포기하지 않고 밀어붙였다. 1759년 11월 20일 다운의 오스트리아군은 막센에서 프로이센군을 격리하고, 포위하고, 그리고 격파했다. 이 전투에서 프로이센군의 사망자는 2,000명을 초과했고, 13,000명은 포로로 잡혔다. 그리고 오스트리아군은 핀크를 비롯한 9명의 프로이센 장군과 무기 일체를 압수하는 혁혁한 전과도 거두었다. 당시 프리드리히 2세를 긍정적으로 평가하던 인물들마저 그의 경솔한 작전계획과 패전 이후 취한 후속 조치들에 비난을 가하는 데 주저하지 않았다.

실제로 전투에서 패한 후 프리드리히 2세는 패전 책임 모두를 핀크 장군에게 전가했다. 핀크 장군은 국왕의 명령을 그대로 이행했고 그에 앞서 프리드리히 2세의 작전 계획이 무모하다고 지적하기도 했었다. 그러나 쿠너스도르프 대패에 버금갈 정도의 대패를 다시 당한 프리드리히 2세 역시 자신에게 집중되는 비판에 충격을 받았고 스스로 패전의 책임을 져야 한다고도 생각하게 되었다. 이후 그는 스스로 목숨을 끊어 그 수모로부터 벗어나겠다는 극단적인 방법도 모색했지만 실제로 이행하지는 않았다.[142]

라시 백작(Franz Moritz v. Rasi)이 이끄는 오스트리아군은 1760년 10월 9일 작센 출신의 러시아군 소장 토틀레벤(Franz Eduard Ivanovich Totleben)과 연합작전을 수행하여 베를린을 일시적으로 점령했다. 이로써 베를린은 1757년에 이어 또 한 번 오스트리아군에게 점령되었다. 그러나 10월 12일 프리드리히 2세가 지휘하는 프로이센의 주력군이 베를린 진격을 시작함에 따라 오스트리아군은 3일 만에 이 도시에서 철수했다.[143]

---

142 전투에서 패한 이후부터 프리드리히 2세는 매일 밤 불면증에 시달렸다. T. Blanning, *Friedrich der Grosse*, pp.298~299 ; E. Frie, *Friedrich II.*, p.61 ; F. A.J. Szabo, *The Seven Years War in Eu rope 1756~1763* (London, 2008), pp.252~253.

143 1757년 오스트리아군은 베를린을 일시적으로 점령했었다. T. Blanning, *Fried-*

베를린으로 돌아온 후 프리드리히 2세는 잔여 병력을 이끌고 불리한 전세를 역전시키기 위한 총공세에 나섰다. 즉 그는 1760년 11월 3일 라이프치히 북동쪽 토르가우에서 숙영 중인 다운 원수 휘하의 오스트리아 주력군을 공격하여 그들을 작센으로부터 몰아내려고 했다. 당시 프리드리히 2세는 반달 모양으로 전개된 오스트리아군의 양 측면을 공격하려고 했다. 그는 11,000명의 보병과 7,000명의 기병으로 구성된 치텐의 검기병연대로 하여금 쥐프티츠(Sueptiz) 언덕을 공략하게 하여 라시 백작의 오스트리아군 이동을 차단하면서 동시에 주력군에게 오스트리아군의 배후를 기습하게 했다. 그러나 다운 원수는 프리드리히 2세의 의도를 간파하고, 전열을 재편성함으로써 무자비한 포격과 기병 공격을 통해 프로이센의 기습을 방어할 수 있었다. 그러나 치텐 장군의 쥐프티츠 장악은 결국 프로이센군에게 승리를 가져다주었다.

전투 과정에서 총상을 입은 다운 사령관이 한밤중에 엘베강을 건너 퇴각했기 때문에, 프리드리히 2세의 승리는 다음 날 아침에 가서야 확인되었다. 토르가우 전투에서 오스트리아군은 총병력 53,400명 중에서 15,700명을 잃었지만, 승리한 프로이센군도 48,500명 중에서 16,750명을 잃었다.[144] 따라서 토르가우 전투는 18세기에 발생한 전투 중에서 가

---

rich der Grosse, p.305; B. Simms, *Kampf um Vorherrschaft*, p.170; F.A.J. Szabo, *The Seven Years War in Europe 1756~1763*, p.253.

144 프리드리히 2세는 전투가 끝난 후 동생 하인리히에게 보낸 서신에서 20,000명에서 25,000명 정도의 오스트리아군이 희생되었다고 했는데 이 숫자는 과장된 것 같다. 프로이센군의 희생에 대해서는 전혀 언급하지 않았다. 며칠 후 부관인 베렌호르스트(Georg Heinrich v. Berenhorst)가 프리드리히 2세에게 전투에서 사망한 프로이센군의 규모를 상세히 보고했다. 프리드리히 2세는 베렌호르스트에게 희생자 숫자가 대외적으로 알려질 경우 처형하겠다고 경고했다. 부관이 국왕에게 보고한 희생자 숫자는 어느 정도였을지 의문스러워지는데 아마도 16,670명에서 24,700명 정도로 추측된다. T. Blanning, *Friedrich der Grosse*, pp.305~306; C. Duffy, *Friedrich der Grosse und seine Armee*, p.313.

장 참혹한 전투로 간주하고 있다. 또한 이 전투는 승전국인 프로이센에 아무런 이익도 가져다주지 못한 승리, 즉 '피루스 승리(Pyrrhus Sieg)'에 불과했다.[145] 그리고 전력이 크게 약화한 프로이센군은 이 전투의 승리를 전략적으로 활용하지도 못했다. 실제로 토르가우 전투에서 승리했음에도 불구하고 프로이센의 상황은 크게 개선되지 못했다. 동프로이센은 여전히 러시아군이 장악하고 있었고, 작센과 슐레지엔 역시 독일 제국군과 오스트리아군이, 프로이센령 포메른은 스웨덴군이 점령하고 있었다.

1760년 10월 15일 라인강 하류 베젤 요새 인근에서 벌어진 소규모 전투에서도 브라운슈바이크-볼펜뷔텔 대공 페르디난트가 지휘한 프로이센 동맹군은 크로크(Croix) 장군이 지휘하는 프랑스군에 완패당했다.[146]

1761년에 접어들면서 슐레지엔은 다시 전투의 중심지로 주목받았다. 프리드리히 2세는 슈바이드니츠 북서쪽에 있는 요새화된 분첼비츠(Bunzelwitz)[147] 근처에서 오스트리아와 러시아 연합군의 압박에 대응하려고 했다. 당시 5만 명의 프로이센군은 132,000명의 오스트리아-러시아 연합군에 대응해야 하는 열세 상황에 놓여 있었다.[148] 그런데 당시 러시아군을 지휘하던 부툴린(Alexander Borisowitsch Buturlin) 백작은 분첼비츠 전투에 참여하겠다는 의사를 밝혔지만 실제로는 1761년 9월 9일 러시아

---

145 그리스 북서부 에피루스(Epirus) 왕국의 피루스 왕(B.C. 319~272)이 로마군과의 전투에서 승리했음에도 불구하고 희생이 너무 많아 승리의 의미가 전혀 없었다는 데서 '피루스 승리'가 비롯되었다.

146 T. Blanning, *Friedrich der Grosse*, pp.307~308; C. Duffy, *Friedrich der Grosse und seine Armee*, p.314.

147 볼레수아비체(Bolesławice)로 도시명이 바뀐 분첼비츠는 1742년 오스트리아소유에서 프로이센 소유로 바뀌었다.

148 당시 러시아군을 이끈 인물은 러시아 황녀의 신임을 받던 부툴린 백작이었다. T. Blanning, *Friedrich der Grosse*, p.308.

군의 철수를 결정하고 오데르강 쪽으로 이동하기 시작했다. 이 소식을 접한 프리드리히 2세는 플라텐(Dubislav Friedrich v. Platen) 장군에게 후퇴하는 러시아군에 대한 공격 감행을 명령했다. 9월 15일 플라텐 장군은 고스틴(Gostyn)에 위치한 러시아 군수물자 중앙 보급창고를 기습 공격하여, 그 과정에서 5,000여 대에 달하는 화물 수송 마차를 파괴했고, 1,845명의 러시아군을 체포했다. 아울러 7문의 대포까지 노획했다. 이어 플라텐 장군은 포메른 해안가에 있는 프로이센 요새인 콜베르크(Kolberg)까지 진격하면서 러시아 군수물자 수송로를 완전히 파괴했다. 이러한 소식을 접한 프리드리히 2세는 매우 기뻐했다.

그러나 프리드리히 2세의 기쁨은 10월 1일 라우돈 장군의 오스트리아군이 야습을 통해 슈바이드니츠 요새를 점령했다는 소식으로 사라졌다. 이에 앞서 라우돈의 오스트리아군은 쾨니히그래츠와 나이세 사이의 통로확보에 절대적으로 필요한 글라츠 요새도 점령했다. 이러한 상황에서 프리드리히 2세는 콜베르크가 러시아군에게 점령되었다는 급전까지 받았다. 이에 따라 러시아는 육상 및 해상을 통해 군수물자를 보급할 수 있게 되었을 뿐만 아니라 포메른 지방에서 확고한 거처도 확보하게 되었다.[149]

오스트리아와 러시아가 동맹 체제를 구축한 이후부터 프리드리히 2세는 군사적 열세 상황에서 벗어나기 위해 오스만튀르크와 군사동맹 체제를 결성하려고 했고 이것은 그가 1762년 1월 6일 핀켄슈타인 장군에게 보낸 서신에서 확인되었다. 서신에서 프리드리히 2세는 발칸반도에

---

149 프리드리히 2세는 슐레지엔 수호 의지를 과시하기 위해 1761년 8월 20일부터 8월 25일까지 분첼비츠의 한 농가에서 보냈다. 이어 그는 9월 10일부터 9월 25일까지 분첼비츠 인근인 페터비츠(Peterwitz)의 숲 가에 천막을 치고 기거했다. T. Blanning, *Friedrich der Grosse*, pp.309~310; C. Duffy, *Friedrich der Grosse und seine Armee*, pp.324~326.

서 오스만튀르크가 오스트리아와 다시 전쟁하게끔 유도하고 그 전비를 프로이센이 내겠다고도 언급했다. 핀켄슈타인의 지지를 받은 후 프리드리히 2세는 오스만튀르크 전문가인 레신(Karl Afolf v. Rexin)을 비밀상업고문관(Geheimer Kommerzienrat)으로 임명하여 이스탄불로 보냈는데 당시 방문 목적은 교역 및 방어동맹 체제를 체결하는 것이었다. 그러나 레신이 베를린으로 귀환하면서 가져온 결과물은 '친선 및 교역 조약'이었는데 이것은 프리드리히 2세가 내심 바라던 성과는 아니었다.[150]

1756년에 시작된 제3차 오스트리아 왕위계승전쟁이 장기화함에 따라 프로이센의 재정적 상황 역시 급격히 악화하였다. 행정 관료들의 임금 지급이 일시적으로 중단되기까지 했다. 설상가상으로 영국의 경제지원마저 끊겼다. 원래 영국은 1758년 4월 11일에 체결된 조약에 따라 매년 거액의 지원금을 베를린 정부에게 지급하고 있었다. 그런데 영국 내에서 커다란 변화가 있었는데, 1760년 10월 25일 국왕 조지 2세가 사망하고 그로부터 얼마 후 프로이센에 우호적인 피트(William Pitt) 내각마저 붕괴한 것이다. 1761년부터 런던 정부는 프리드리히 2세에게 더는 재정 지원을 하지 않았고 프랑스를 상대로 전쟁 종료를 위한 협상을 시작했다. 같은 해 10월 5일 영국은 프로이센과의 동맹 체제를 파기하겠다는 입장을 밝혔다.[151]

4) 러시아의 황위 교체

쿠너스도르프 전투 이후 다운과 러시아 군부 사이의 전술적 의견 대립이 표출되어, 러시아군은 일방적으로 폴란드로 철수했다. 당시 마리아 테레지아는 슐레지엔 지방을 완전히 되찾은 후 러시아와 연합하여

---

150 T. Blanning, *Friedrich der Grosse*, p.311.
151 T. Blanning, *Friedrich der Grosse*, p.308.

프로이센군의 전력을 무력화시키려 했다. 그런데 양국 사이의 의견 대립으로 프로이센은 위기 상황에서 벗어났고 슐레지엔 지방 점유도 더욱 견고해졌다.

1762년 1월 5일 러시아에서 황제가 교체되었다. 백혈병으로 목숨을 잃은 옐리자베타 페트로브나에 이어 그녀의 조카인 표트르 3세(Poetr III, 1762~1762)가 즉위했는데 그것은 프로이센에 큰 도움을 가져다주었다.[152] 그러나 당시 프리드리히 2세는 표트르 3세의 등극에 그리 큰 기대를 하지 않았다. 그는 표트르 3세의 등극을 3년 전 카를로스 3세(Carlos III, 1759~1788)가 에스파냐에서 등극한 정도로 이해했다.[153] 표트르 3세,

---

152 프리드리히 2세는 1762년 1월 19일 바르샤바 주재 프로이센 외교관으로부터 옐리자베타 페트로브나의 사망 소식을 전해 들었다. T. Blanning, *Friedrich der Grosse*, p.311; E. Frie, *Friedrich II.*, p.84; S. Martus, *Aufklärung*, p.670; B. Simms, *Kampf um Vorherrschaft*, p.174; F.A.J. Szabo, *The Seven Years War in Europe 1756~1763*, p.353.

153 T. Blanning, *Friedrich der Grosse*, p.311. 1734년부터 1759년까지 나폴리 왕국과 시칠리아 왕국의 통치자였던 카를로스 3세는 1759년 8월 10일 페르디난도 6세가 사망함에 따라 에스파냐 국왕으로 등극했다. 전임자와는 달리 영국에 대해 적대적이었던 그는 당시 진행되던 제3차 오스트리아 왕위계승전쟁보다 신대륙에서 에스파냐의 경제적 이익을 지키고 증대시키는 데 더 관심을 보였다. 당시 카를로스 3세는 1739년 영국과의 전쟁 발발에 결정적 요인으로 작용한 영국 상인들의 불법적 경제활동, 특히 영국 상인들이 온두라스에서 운영 중인 로그우드(logwood) 벌목장을 용인하지 않으려고 했다. 로그우드는 모직물 염료의 원료로 쓰이던 나무였다. 1760년 9월 에스파냐 정부는 피트에게 항의서한을 보내 영국 정부가 벌목장 폐쇄에 앞장서달라고 요구했다. 피트는 에스파냐의 요구가 합당하지만, 로그우드를 구할 다른 방도를 찾을 때까지 벌목장 폐쇄가 어렵다는 답변을 보냈는데 이것은 사실상의 거절이었다. 에스파냐 정부는 같은 편지에서 뉴펀들랜드(Newfoundland) 어장의 조업권도 요구했지만 거절당했다. 사실 온두라스 벌목장 문제는 카를로스 3세와 에스파냐 정부가 영국에 대해 가진 불만 중의 일부에 불과했다.
카를로스 3세는 서인도제도뿐만 아니라 에스파냐 본국, 그리고 에스파냐가 통치하는 여러 영토에서 영국 상인들의 합법적·불법적인 경제적 침투가 용인할

즉 카를 페터 울리히(Karl Peter Ulrich Holstein-Gottorp) 대공은 홀슈타인-고토로프(Holstein-Gottorop) 대공 카를 프리드리히(Karl Friedrich)와 러시아 표트르 대제의 장녀 안나 페트로브나의 아들로, 1739년부터 1762년까지 홀슈타인-고토로프[154]를 통치했다.

카를 페터 울리히 대공은 1742년 이모인 옐리자베타 페트로브나의 계승 후보자로 결정된 후 러시아로 소환되었다. 당시 루터교 신자였던 그는 프로이센식 교육을 받았기 때문에 러시아 관습에 대해서는 문외한이었다. 따라서 옐리자베타 페트로브나는 그를 러시아로 불러 러시아 정교 및 관습에 익숙해질 수 있는 시간을 주고자 했다. 14세부터 러시아 황궁에서 살기 시작한 카를 페터 울리히는 안할트-체르프스트(Anhalt-Zerbst) 후작 크리스티안 아우구스트(Christian August)의 장녀로 슈테틴에서 태어난 조피 아우구스테 프리데리케(Sophie Auguste Friedericke)와 결혼했는데 그녀가 바로 예카테리나 2세(Ekaterina II, 1762~1796)였다. 카를 페터 울리히는 옐리자베타 페트로브나의 기대와는 달리 유년기 교육의 영향에서 벗어나지 못했다.

표트르 3세는 홀슈타인-고토로프 공국을 통치하던 시기부터 프리드리히 2세의 강력한 지원을 받았다. 브란덴부르크-프로이센의 최고훈장인 '검정 독수리 대훈장'을 프리드리히 2세로부터 받을 정도로 프리드리히 2세와 홀슈타인-고토로프 대공과의 관계는 돈독했다.[155] 옐리자베

수 있는 범위를 넘어섰다고 판단했다. 당시 중상주의 체제를 지향한 카를로스 3세는 영국이 자신과 자신의 정부에게 돌아와야 할 몫의 상당 부분을 착취하고 있다고 판단했다. 이러한 상황에서 영국이 프랑스와의 전쟁에서 연전연승을 거두면서 사실상 북아메리카 전역을 장악함에 따라 에스파냐는 불안을 느끼지 않을 수 없었다.

154 홀슈타인은 1490년 홀슈타인-고토로프와 홀슈타인-제게베르크(Holstein-Segeberg)로 분할되었다.

155 프로이센-브란덴부르크의 최고훈장인 '검정 독수리 대훈장'은 브란덴부르크

표트르 3세

타 페트로브나에 이어 러시아 황제로 등극한 표트르 3세는 1762년 5월 5일 상트페테르부르크에서 프로이센과 평화조약 겸 군사동맹 조약을 체결한 후 기존의 오스트리아-러시아 동맹 체제를 무효화시켰을 뿐만 아니라 제3차 오스트리아 왕위계승전쟁을 계속하고 있던 프리드리히 2세에게 군사 지원도 약속했다. 점차 프리드리히 2세는 표트르 3세가 러시아 황제로 즉위한 것을 긍정적으로 생각하기 시작했다.[156]

표트르 3세는 프로이센과 체결한 평화조약에서 전쟁 이전 상태로 회

선제후 프리드리히 3세가 프로이센 국왕 프리드리히 1세로 등극하는 것을 기념하기 위해 대관식 전날인 1701년 1월 17일 도입했다. 당시 표트르 3세는 프리드리히 2세를 세계의 영웅 중에서 가장 뛰어난 영웅이라 칭송했다. 그는 프로이센 중장의 군복을 자주 착용했고 거실 여러 곳에 프리드리히 2세의 초상화를 걸어놓기도 했다. 또한 프리드리히 2세가 포츠담에서 그에게 선물한 반지에 각인된 프리드리히 2세의 얼굴에 자주 키스하기도 했다. T. Blanning, *Friedrich der Grosse*, p.312; S. Dixon, *Catherine der Great*(London, 2009), pp.177~178.

156 T. Blanning, *Friedrich der Grosse*, p.312; H. Schmidt, "Zerfall und Untergang des alten Reiches(1648~1806)", p.267. 당시 표트르 3세는 프리드리히 2세의 지원을 받아 덴마크에 귀속된 슐레스비히 대공국을 자신이 태어난 홀슈타인 가문으로 환원시키겠다는 구상을 하고 있었다. 따라서 표트르 3세는 2월 5일 러시아 궁에서 개최된 만찬에서 페테르부르크 주재 오스트리아 대사인 메르시(Mercy) 백작에게 러시아와 오스트리아 사이에 체결된 군사공격동맹의 불합리성에 대해 언급하기도 했다. J. Kunisch, *Das Mirakeldes Hauses Brandenburg. Studien zum Verhältnis von Kabinettspolitik und Kriegführung im Zeitalter des Siebenjährigen Krieges*(München, 1978), p.56.

귀한다는 원칙을 강조하면서 러시아가 전쟁 과정에서 획득한 영토를 포기하겠다고도 했다. 그리고 스웨덴 역시 러시아를 따라 같은 해 5월 22일 함부르크에서 프리드리히 2세와 평화조약을 체결한 후, 오스트리아와의 동맹 관계를 일방적으로 파기했다. 이로써 러시아와 스웨덴은 제3차 오스트리아 왕위계승전쟁으로 인한 부담을 다른 국가들보다 1년 먼저 덜게 되었다.[157] 표트르 3세와 군사동맹을 체결한 프리드리히 2세는 러시아군과 더불어 브레슬라우로 진격했다. 지금까지 오스트리아의 동맹국이었던 러시아에서 표트르 3세가 즉위함에 따라 기존의 오스트리아-러시아 동맹 체제가 프로이센-러시아 동맹 체제로 바뀌는 상황이 초래되었다. 이에 따라 프리드리히 2세는 러시아군의 지원을 받아 브레슬라우에 주둔 중인 다운 원수의 오스트리아군을 공격하려고 했지만, 당시 러시아군은 본국 정부로부터 철수 명령을 받은 상태였다.[158] 이것은 쿠데타로 표트르 3세가 실각한 후 러시아 황제로 등극한 예카테리나 2세가 2개월 전에 체결된 프로이센과의 군사동맹을 무효화시켰기 때문이었다.[159]

표트르 3세는 등극하자마자 광범위한 내정 개혁으로 러시아 국내 보수세력의 공적으로 부각되었다. 이러한 상황에서 부인인 예카테리나와 그녀의 측근들은 쿠데타를 계획했다. 예카테리나는 오를로프(Orlov) 형제가 근무하고 있는 러시아 친위연대의 지지를 확인한 후, 1762년 7월 9일 남편의 폐위를 일방적으로 선언하고, 스스로 황제, 즉 예카테리나 2세로 등극했다. 체포된 표트르 3세는 7월 17일 의문의 주검으로 발견되었다. 이렇게 표트르 3세가 사망하고, 러시아의 국내 정치 상황이 안정

---

157 T. Blanning, *Friedrich der Grosse*, p.312 ; S. Martus, *Aufklärung*, p.669.

158 T. Blanning, *Friedrich der Grosse*, p.314.

159 당시 러시아는 전비가 거의 바닥이 난 상태였다. T. Blanning, *Friedrich der Grosse*, p.315 ; B. Simms, *Kampf um Vorherrschaft*, p.174.

됨에 따라 예카테리나 2세는 1762년 10월 3일 모스크바 크렘린 궁전의 성모승천 대성당에서 대관식을 거행한 후, 34년간 러시아를 통치했다.

프리드리히 2세는 예카테리나 2세가 소환 명령을 내린 2만 명의 러시아군의 철수를 교묘히 지연시킨 후, 오스트리아군을 보헤미아 국경까지 몰아내는 데 성공했다. 1762년 7월 21일 브레슬라우에서 남서쪽으로 약 50km 떨어진 국경 마을 부르커스도르프(Burkersdorf)에서 벌어진 전투에서 오스트리아는 3,000명을, 프로이센은 1,800명의 병력을 잃었다. 이 전투에서 승리한 프로이센군은 그곳에서 약 5km 떨어진 슈바이드니츠 요새를 공격했다. 포위된 요새를 구하기 위해 합류한 라시 백작과 라우돈 남작의 오스트리아군은 같은 해 8월 16일 새벽 슈바이드니츠에서 수 킬로미터 떨어진 라이엔바흐에서 프리드리히 2세의 처남인 브라운슈바이크-볼펜뷔텔 대공 페르디난트가 지휘하던 프로이센군을 습격했다. 전투는 수 시간 동안 공격군에게 유리하게 진행되었지만, 가까운 페테스발다우(Peterswaldau)로부터 프리드리히 2세가 감행한 구원 공격으로 상황은 역전되었고 이것으로 인해 다운 원수는 오스트리아군의 퇴각을 명령했다. 프로이센군이 승리한 라이엔바흐 전투는 양쪽 군 모두를 합쳐서 약 1,000여 명의 희생자를 기록했다. 슈바이드니츠 요새는 오스트리아군의 철수에도 불구하고 1762년 10월 9일까지 버티다가 결국 프로이센군에게 항복했다.[160]

제3차 오스트리아 왕위계승전쟁의 마지막 전투는 1762년 10월 29일 작센의 프라이베르크(Freiberg)에서 발생한 프로이센군과 독일 제국군 간의 전투였다. 1756년 8월 작센에서 시작된 전쟁은 공교롭게도 그 마지막 전투를 작센에서 치르게 되었다. 1762년 프로이센군의 슐레지엔 방어 전투는 프리드리히 2세가 직접 지휘권을 가졌지만, 작센에서 진행된

160 T. Blanning, *Friedrich der Grosse*, p.315.

프로이센군과 제국군 사이의 전투는 동생 하인리히 대공이 담당했다.[161]

당시 제3차 오스트리아 왕위계승전쟁에 참여한 국가들, 특히 러시아, 영국, 그리고 프랑스는 자국의 이익을 위해 신경을 썼다. 우선 러시아는 유럽에서 그들이 추진한 서진 정책을 보다 가시화하기 위해 폴란드에서 프로이센을, 발칸반도에서 오스트리아의 세력을 약화시키려 했고 그 과정에서 이들 국가가 향후 동맹국의 역할을 할 수 있게끔 배려도 했다. 영국은 하노버 공국의 보호를 위해, 프랑스는 동쪽 국경의 안전을 지키기 위해 노력했다. 여기서 이들 국가는 프로이센과 오스트리아를 그들의 확실한 동맹국 또는 유럽의 세력균형을 위한 보장국가로 간주하지 않았다.

거의 같은 시기 프리드리히 2세는 치텐 장관의 조언에 따라 오스트리아의 재정적 상황을 더욱 악화시켜 전쟁을 종식하려 했다. 당시 빈 정부는 오스트리아군의 규모를 이전보다 약 2만 명 정도 감축했다. 여기서 일부 학자들은 마리아 테레지아가 제3차 오스트리아 왕위계승전쟁에서 승리할 것이라는 믿음에서 그러한 조처를 감행했다고 주장했지만, 대다수 학자는 그러한 관점에 동의하지 않았다. 실제로 오스트리아는 병사들에게 봉급을 제대로 지급할 만큼의 경제적 여력도 없었다. 물론 전쟁이 진행되면서 빈 정부는 새로운 세금을 신설하거나 기존 세금의 세율을 대폭 인상하는 등의 방법을 통해 부족한 전비를 충당하려고 했다. 그런데도 빈 정부는 계속하여 국채를 발행해야 했고 그 규모 역시 엄청나

---

161 당시 독일 제국군은 '도망가는 군대(Reißausarmee)'라는 모욕적 별명을 가지고 있었다. 실제로 지휘부가 전투를 명령하면 병사들은 오히려 도망치는 경우가 많았다. 제3차 오스트리아 왕위계승전쟁, 즉 7년전쟁에서 프리드리히 2세가 이끄는 프로이센군이 참여한 전투는 모두 16번이었고 이 중에서 프로이센군이 승리를 거둔 것은 그 절반인 8번이었다. T. Blanning, *Friedrich der Grosse*, p.315; S. Martus, *Aufklärung*, p.670.

게 증대되었다. 이에 따라 오스트리아의 재정 상태는 크게 악화되었다. 오스트리아의 7년전쟁 총경비는 2억 6천만 굴덴이었다. 그러나 빈 정부는 그 경비를 충당할 재정적 능력이 없었다. 그것은 전쟁이 끝난 해의 세입과 세출을 통해 확인할 수 있다.[162] 실제로 1763년 오스트리아 정부의 세입은 2,350만 굴덴이지만, 세출은 그 3배를 초과하는 7,600만 굴덴이나 되었다. 이에 따라 빈 정부가 매년 갚아야 할 부채의 원금 및 이자는 전체 예산에서 40% 이상을 상회하게 되었고 이것은 빈 정부에게 재정적 압박을 가하는 요인으로도 작용했다.[163]

당시 프리드리히 2세는 오스트리아 동전 그로셴(Groschen)의 품질 저하를 통해 오스트리아의 재정적 상황을 더욱 악화시키면 빈 정부도 프로이센과의 전쟁 지속을 포기하게 될 것이라는 치텐 장관의 조언에 동의했다. 이것은 아마도 그가 치텐의 조언이 신빙성 있다고 생각했기 때문일 것이다. 이에 따라 프리드리히 2세는 그로셴의 은 함유량을 대폭 줄였고 자국 동전의 은 함유량 역시 낮추려고 했다. 그는 유대인인 에프라임(Veitel Heine Ephraim)과 이치히(Isaac Daniel Itzig)에게 이 업무를 전담시켰는데 에프라임은 궁정 출입 보석상 겸 조폐 기능장이었고, 이치히는 은행가였다. 프리드리히 2세는 선대왕들보다 유대인 재정관리자들을

---

162 이에 반해 프로이센은 7년 동안의 전쟁경비로 1억 5천만 굴덴을 지출했다. 그런데 프로이센은 오스트리아와는 달리 1년 동안의 전쟁 경비인 3천만 굴덴을 비밀리에 비축하고 있었는데 이것은 군대를 유럽의 전투지에 파견하지 않는 대가로 영국 정부가 내놓은 지원금과 전쟁 상대국, 작센과 메클렌부르크의 자원을 철저히 활용한 데서 비롯되었다. 실제로 전체 전비에서 프로이센이 자체적으로 부담한 것은 3분의 1에 불과했다. S. Martus, *Aufklärung*, p.673; G. Schmidt, *Wandel durch Vernunft. Deutsche Geschichte im 18. Jahrhundert*(München, 2009), p.177.

163 T. Blanning, *Friedrich der Grosse*, p.312; P.G.M. Dickson, *Finance and Government under Maria Theresia 1740~1780*(Oxford, 1987), Bd. II., p.37.

보다 효율적으로 활용했기 때문에 유대인 은행가와 금은상 조합에 저질의 주화를 주조하는 책임까지 쉽게 전가할 수 있었다. 이어 그는 품질이 저하된 오스트리아 그로셴을 유대인 상인들을 통해 폴란드와 헝가리에 집중적으로 유통했는데 이것은 오늘날 화폐 발행고를 확대하는 것과 같은 효과를 발휘했다.[164]

이렇게 오스트리아 유대인들이 다시금 친프로이센적 태도를 보임에 따라 마리아 테레지아는 크게 격노했고 이들에 대한 차별정책을 보다 체계적으로 시행해야 한다고 판단했다. 그러나 빈 정부는 프리드리히 2세의 동전 품질 저하 정책으로 인플레이션에 시달리게 되었고 그것은 빈 정부에게 전쟁 종료의 필요성을 다시금 인식하게 하는 요인이 되기도 했다.[165]

5) 신대륙에서의 식민지전쟁

제1차 및 제2차 오스트리아 왕위계승전쟁과는 달리 제3차 오스트리아 왕위계승전쟁은 이중적 성격을 띠었는데 이것은 유럽 대륙에서 진행된 프로이센과 오스트리아 사이의 전쟁과 이들 양국과 동맹을 체결한

---

164 프리드리히 2세는 에프라임과 이치히를 비롯한 동전 품질 저하에 깊이 관여한 인물들에 대해 어떠한 처벌도 하지 않겠다고 약속했다. 또한 동전 품질 저하와 연계된 모든 서류의 파기도 명령했다. S. Martus, *Aufklärung*, p.673.

165 전쟁이 끝난 직후인 1763년 프리드리히 2세는 자국 동전의 은 함유량을 이전 수준으로 환원시켰는데 이것은 독일권에서 최대의 디플레이션 위기를 유발하는 요인도 되었다. 디플레이션이 유발되면 소비가 침체하면서 물가 역시 떨어진다. 물가가 떨어지면 기업은 고용 및 성장을 포기하고, 고용이 안 되면 실업자는 크게 증대된다. 이러한 상황에서 사람들은 실물 가치가 더 떨어지지 않겠냐는 우려 때문에 소비를 더욱 줄이고 이것은 물가를 폭락시키고 자본이 떨어진 회사들은 결국 도산하게 된다. E. Frie, *Friedrich II.*, p.93; S. Martus, *Aufklärung*, p.670.

프랑스와 영국 간의 전쟁이 북아메리카 식민지에서도 동시에 진행되었기 때문이다. 따라서 제3차 오스트리아 왕위계승전쟁은 세계대전의 성격도 가졌다는 주장이 일부 학자들로부터 제기되고 있는데 이것은 제1차 및 제2차 세계대전과 같이 전쟁이 2개 대륙에서 동시에 펼쳐진 데서 비롯된 것 같다.

신대륙에서 영국과 프랑스 사이의 전쟁은 이미 1755년부터 시작되었다. 1755년 1월 런던 정부는 브래독(Edward Braddock) 장군이 이끄는 원정군, 즉 아일랜드에 주둔 중인 영국 정규군 2개 연대를 북아메리카 식민지 지역으로 보냈고 프랑스 역시 3월 3,000여 명의 병력을 파견했다. 영국이 이렇게 대규모의 원정군을 식민지에 파견한 것은 1754년 워싱턴(George Washington)이 이끌던 영국군이 프랑스군에게 패배한 데서 비롯되었다. 버지니아 식민지 총독대리 딘위디(Robert Dinwiddie)가 20대 초반의 토지측량기사인 워싱턴에게 150여 명의 병력을 이끌고 새로 건설된 프랑스 요새 중 하나를 선택한 후 공격할 것을 명령했다.[166] 군 지휘관으로서의 경험이 없던 워싱턴과 정규 훈련을 거의 받아본 적이 없는 그의 부대는 뒤켄 요새를 목표로 원정에 나섰지만, 오히려 잘 훈련된 프랑스군의 역습을 받아 대패하고 펜실베이니아(Pennsylvania)에 위치한 니세서티(Necessity) 요새마저 프랑스에 넘겨주어야 했다. 이러한 패배 소식을 접한 런던 정부는 프랑스 도발에 단호하게 대응하기로 했다. 비록 공식적으로 전쟁이 선포되지 않은 상태에서 발생한 소규모 부대 사이의 충돌이기는 하지만, 약 35년 후 미합중국의 초대 대통령으로 선출된 워싱턴이 국제무대에서 자신의 이름을 알린 이 전투는 7년전쟁의 첫 번째 전

---

166 딘위디는 1751년부터 1758년까지 버지니아 식민지 총독대리직을 수행했다. 그런데 당시의 식민지 총독들은 부재자였기 때문에, 딘위디는 실질적으로 식민지의 수장이었다.

독일 통합의 비전을 제시한 프리드리히 2세

투로 간주할 수 있다.

8월에 접어들면서 영국은 프랑스 상선들을 압류하기 시작했지만 프랑스와의 전쟁에서 드러난 열세 상황에서 벗어나지 못했다.[167]

1756년 4월 프랑스군이 지중해에 있는 영국 소유의 미노르카(Minorca)섬을 점령함에 따라 영국은 같은 해 5월 18일 프랑스에 대해 선전포고를 했고 프랑스 역시 6월 9일 영국과의 전쟁을 공식적으로 공포했다. 영국이 개전 초기의 불리한 전황에서 벗어나기 시작한 것은 1758년부터였다. 해군이 100%에 가까운 전력을 확보했기 때문이다. 이후부터 프랑스 해군은 완전한 전력을 갖춘 영국 해군보다 열세에 놓이게 되었다.[168]

167　머낭거힐러에서 프랑스군은 직접 전투에 참여하지 않고 그곳에 거주하던 인디언들을 지원했지만, 이 전투에서의 승자는 영국군이었다. B. Simms, *Kampf um Vorherrschaft*, p.168.

168　D.A. Baugh, *The Global Seven Years War, 1754~1763:Britain and France in a Great Power Contest*(London-New York, 2011), pp.297~299. 18세기 유럽에서 해군은 육군과는 달리 충원에 매우 긴 시간이 필요했다. 당시 영국 해군의 충원은 주로 민간 선박의 선원들을 대상으로 이루어졌는데, 선원 대부분은 위험하고 보수도 열악한 해군 복무를 원하지 않았으므로 항구로 들어오던 선박을 정지시킨 후 선원들을 강제로 징집하는 방법이 주로 활용되었다. 이러한 방식으로 필요한 인원을 확보하는 과정은 매우 느리게 진행되었고 영국 해군은 전쟁이 시작된 지 한참 지난 후에도 보유한 전력을 완전히 활용할 수 없었다. 그 결과 전쟁 초반 필요한 인원을 영국보다 짧은 시일 내에 확보할 수 있었던 프랑스 해군은 큰 어려움 없이 병력과 물자를 북아메리카와 서인도제도, 미노르카로 실어 나를 수 있었지만 1758년 이후부터는 더 가능하지 않았다. 충원을 완료한 영국 해군은 대서양과 지중해, 그리고 유럽 연근해를 완벽하게 장악했고, 프랑스 전함은 항구에 발이 묶인 채 좀처럼 항해에 나서지 못했다. 그렇다면 왜 영국과 프랑스의 해군력이 이처럼 큰 격차를 보이게 되었을까? 1690년대까지만 해도 프랑스는 영국과 대등한 해군력을 보유했다. 오히려 전함 숫자에서 프랑스 해군은 영국 해군에 앞섰다. 영국 해군이 1692년 바르플뢰르 해전과 라오그 해전에서 프랑스 해군에 승리할 수 있었던 것은 동맹국인 네덜란드 해군과 연합전을 펼쳤기 때문이다. 하지만 에스파냐 왕위계승전쟁(1701~1713)을 거치면서 영국의 해군력은 프랑스보다 우위를 차지하기 시작했다. 이후에도 영국은

해군력에서 우위에 선 영국은 다른 나라에 비해 전략적 유연성까지 보유하게 되었지만, 전쟁의 승패는 아직까지 지상전투에서 결정되고 있었다. 에스파냐 왕위계승전쟁 이후 해군에 대한 프랑스의 관심과 투자는 계속 줄었고 그에 따라 영국과 프랑스 사이의 해군력 격차는 더욱 벌어졌다. 그런데 영국은 섬나라라는 특수성 때문에, 그리고 경제 분야에서 차지하는 대외교역 및 해운업에서의 높은 비중 때문에 강력한 해군력이 필요한 국가였다. 더욱이 영국은 지상군 전력이 유럽의 열강들에 비교할 때 열세였기 때문에 우세한 해군력을 활용하여 대륙으로부터의 침략 시도를 영국해협에서 차단하는 데 안보 전략의 초점이 맞춰졌다. 다른 무엇보다 유럽에서 가장 강력한 육군을 보유한 프랑스의 침공 시도를 사전에 차단하는 것이 중요했다. 실제로 프랑스는 수차례에 걸쳐 영국 침공을 시도했고 영국 본토는 아니지만 아일랜드에 군대를 상륙시키는 전과도 거두었다.

당시 영국 해군은 1740년대부터 시작한 '서부함대(Western Squadron)' 전략을 효율적으로 운영하고 있었다. 이 전략은 영국 침공을 방어하기 위한 함대의 주활동 무대를 영국해협이 아닌 대서양에서 해협으로 들어오는 해역으로 설정하고, 거기에 함대를 가능한 한 장기간 주둔시키는 것이었다.[169] 이렇게 함으로써 유사시 대서양에서 해협으로 진입하는 프랑스나 에스파냐 함대를 차단할 수 있을 뿐만 아니라 북아메리카와 서인도제도, 인도 등으로 향하거나 그곳에서 영국으로 들어오는 자국 선박도 사략선의 위협에서 보호할 수 있었다. 반대로 프랑스 함대나

지속해서 전함을 건조하고, 이것들을 유지하는 데 필요한 인프라 구축에도 적지 않은 배려를 했다.

169 D.A. Bauch, "Naval power:what gave the British naval superiority?", L.P. de la Escosura ed., *Exceptionalism and Industrialisation:Britain and Its European Rivals 1688~1815*(Cambridge, 2004), p.237.

선박이 프랑스와 북아메리카, 서인도제도 사이를 왕래하는 것도 저지할 수 있었다. 실제로 서부함대를 효율적으로 운용하면 하나의 함대로 영국 본토 방어, 교역로 보호, 그리고 적 함대 견제라는 복합적 목표를 동시에 실현하는 것도 가능했다. 물론 이러한 전략을 실행에 옮기는 데는 많은 어려움이 따랐다. 함대가 계절이나 날씨의 영향을 받지 않고 항해해야 했으므로 선박을 튼튼히 건조하고 숙련된 항해술을 갖추지 않으면 안 되었다. 또한 선원들이 오랜 함상 생활을 견딜 수 있게끔 정기적으로 식량 및 보급품을 운송해야 했으며, 선박을 수리하거나 정비할 도크도 충분히 갖춰야 했다.[170]

프랑스는 제1차 및 제2차 오스트리아 왕위계승전쟁에서 자국의 해군력이 영국의 해군력보다 절대적 열세에 놓여 있음을 확인한 후 1748년부터 해군력 증강에 관심을 보였고 이것은 기존의 정책을 수정하는 것으로 볼 수 있다. 파리 정부는 특히 전쟁 종료 직전 이베리아반도에 있는 피니스테레곶(Cape Finisterre) 부근에서 벌어진 두 번의 해전에서 자국 함대가 영국 함대에 모두 패배한 것에 충격을 받았다. 프랑스는 해군력의 열세가 영국과의 식민지 경쟁, 특히 북아메리카에서뿐만 아니라 유럽 내에서의 주도권 장악을 위한 양국 사이의 경쟁에도 부정적 영향을 끼칠 수 있음을 깨달았다. 하지만 앞서도 지적했듯이 해군 전력의 강화는 단시일 내에 이루어질 수 없었다. 양국 간의 전쟁이 시작할 당시 프랑스 해군은 전함과 프리깃(Frigate)함[171] 숫자에서 영국 해군보다 각각 66척, 43척이나 적었다. 더 심각한 문제는 충원이었는데 프랑스는 영국보다 해군에서 복무할 선원 숫자가 절대적으로 부족했다. 프랑스의 이러

---

170 D.A. Bauch, "Naval power:what gave the British naval superiority?", pp.239~240.

171 19세기 전반까지 유럽에서 활약한 돛을 단 목조 군함. 주로 경계 임무를 담당했다.

제4장 오스트리아 왕위계승전쟁

한 약점을 잘 알고 있었던 영국은 프랑스 선박을 나포하여 선원들을 억류하거나 감금함으로써 인력난을 더욱 심화시키는 전략도 썼다.[172]

1758년부터 영국 해군은 프랑스에서 북아메리카로 전쟁에 필요한 병력 및 물자를 운반하는 프랑스 선박들과 그것들을 호위하는 전함들의 항해를 본격적으로 저지하기 시작했다. 이에 반해 영국 선박은 프랑스 해군과 사략선의 방해를 거의 받지 않고 인원과 물자를 안전하게 북아메리카로 운반했는데 이것은 1758년부터 북아메리카에서의 전황이 영국 쪽으로 유리하게 바뀌는 요인 중의 하나로 작용했다.

이렇게 전세가 역전된 또 다른 요인은 영국이 프랑스보다 수적으로 우세한 북아메리카 영국계 현지인들을 효율적으로 활용하기 시작했다는 것을 들 수 있다. 7년전쟁이 발발할 당시 북아메리카의 프랑스계 주민은 5만 명에 불과했지만, 영국계 주민은 이보다 22배나 많은 110만 명이었다. 북아메리카에서 영국과 프랑스와의 전쟁은 영토 분쟁에서 비롯되었고, 이 전쟁에서 영국이 승리하면 현지의 영국계 주민들이 가장 큰 수혜자가 될 것이라는 판단하에 영국 정부는 이들에게서 전쟁에 필요한 인적 및 물적 자원을 지원받고자 했다. 그러나 예상과는 달리 그동안 본국 정부의 간섭을 받지 않던 영국계 주민들은 런던 정부에 거세게 반발했다.

그렇지만 이러한 반발은 1758년 봄 피트 정부가 개입하면서 그 강도가 크게 약화되었다. 피트는 현지 주민들에게 프랑스와의 전쟁에서 인적 또는 물적 지원을 하면 전쟁이 끝난 후 본국 정부가 그 비용 전액을 보상하겠다는 약속을 했다. 이러한 약속은 바로 효력을 발휘하여 영국

---

172 R. Harding, *Sea Power*: "The Struggle for Dominance 150~1815", in G. Mortimer ed., *Early Modern Military History 1450~1815*(Basingstoke, 2004), pp.186~189; D.A. Bauch, "Naval power:what gave the British naval superiority?", pp.244~245.

은 무려 5만여 명에 달하는 현지 주민들을 전투에 투입할 수 있었고 이 것은 북아메리카 프랑스계 주민 모두를 합해놓은 것과 비슷한 규모였다. 영국군에 대한 수적 열세를 극복하기 위해 프랑스군은 아메리카 원주민과 동맹을 맺고 이들을 전투에 참여시켰다. 전쟁 초기 프랑스군이 우위를 차지한 이유가 바로 여기에 있었다. 하지만 본국으로부터의 물자 보급에 차질이 생기면서 예전과 같이 원주민에게 전쟁 참여 대가를 지급하기 어려웠고, 이들의 협조를 얻지 못한 프랑스군은 더욱 불리한 상황에 놓이게 되었다.[173]

이러한 점들을 고려하면 영국이 1758년 이후부터 북아메리카에서 계속 승리한 것은 당연한 결과였다. 1758년 7월 루이스부르 요새 함락을 시작으로 프롱트낙(Frontenac) 요새, 두켄(Duquesne) 요새 등이 영국군의 수중으로 넘어갔다. 두켄 요새는 영국군에 의해 함락된 후 피트의 이름을 따서 피츠버그(Pittsburgh) 요새로 바뀌었다. 1759년 6월과 7월에 영국군은 나이아가라 요새와 카리용(Carillon) 요새를 점령한 후 퀘벡에 대한 공략에도 나섰다.[174] 울프(James Wolf)와 머레이(James Murray)가 이끄는 8천여 명의 영국군은 세인트로렌스(Saint Lawrence)강을 거슬러 올라온 영국 함대의 지원을 받으면서 퀘벡 점령에 나섰다.

1759년 9월 13일 울프 장군은 5,000명의 병력을 이끌고 퀘벡에서 1.6km 떨어진 아브라함(Abraham) 평원으로 진격했다. 이후 울프의 영국군은 동쪽으로 약 4km 떨어진 곳에 있던 몽칼름(Montcalm) 후작의 프랑스군과 서쪽으로 약 12km 떨어진 장소에 주둔한 부갱빌(Louis Antoine de Bougainville)의 연대 사이에 포진했다. 그런데 몽칼름은 부갱빌 연대

---

173 D.A. Baugh, *The Global Seven Years War, 1754~1763*, pp.334~335.

174 프랑스의 탐험가 샹플랭(Samuel de Champlain)은 1608년 7월 세인트로렌스만 의 폭이 좁아지는 곳을 선정하여 퀘벡이라고 지칭했다. 퀘벡이라는 단어는 '물 이 좁아짐'을 의미하는 인디언 말 '케벡(kebek)'에서 비롯되었다.

와 더불어 영국군에 대한 협공 계획을 무시하고 독자적 공격을 감행하는 무리수를 두었다. 그가 이끄는 3,500명의 프랑스군이 영국군을 공격하면서 영국군이 사정거리에 들어오기도 전에 발포하는 실수를 범했다. 당시 울프의 영국군은 브라운 베스 머스킷(Braun Bess Musket)을 최대한 활용하기 위해 2발의 총알을 장전하고 프랑스군이 그들에게 가까이 접근할 때까지 기다렸다. 브라운 베스 머스킷은 브리티시 랜드 패턴 머스킷(The British Land Pattern Musket)의 별칭이다. 그런데 이 총은 정확도와 사거리를 향상하는 강선이 총열 내에 없었기 때문에, 즉 활강총이었기 때문에 가까운 거리에서도 명중률이 그리 높지 않았다.[175]

몽칼름의 군대가 영국군의 사정거리 내에 들어왔을 때 영국군의 일제 사격은 시작되었고 거의 모든 탄환은 상대방 목표물에 적중했다. 이러한 돌발 사태에 프랑스군은 아브라함 평원으로 도주했고 이들은 스코틀랜드의 프레이저(Fraser) 연대 및 다른 영국군의 뒤이은 추격으로 와해 상태에 놓이게 되었다. 이후 캐나다 민병대와 인디언 동맹군의 머스킷 발포로 영국군의 추격이 일단 저지되었지만, 수적으로 우위에 있던 영국군은 아브라함 평원 전투에서 압승을 거두었다. 이때 영국군을 지휘한 울프 장군은 전투 초기 흉부에 치명적인 상처를 입었으므로 대신 사령관직을 맡은 머레이는 후에 퀘벡 총독으로 활약하기도 했다. 몽칼름 후작 역시 전투 중에 중상을 입고 다음 날 사망했다. 당시 피트는 울프의 영국군이 명석한 전략으로 프랑스군을 격파한 것에 경의를 표시하면서 유럽 대륙에서 프랑스가 7년전쟁에 깊숙이 개입하지 않았다면 퀘벡 함락이 불가능했을 것이라고 했다. 즉 그는 프랑스가 신성로마제국 내 전투지의 군대를 북아메리카 식민지에 보냈다면 영국의 승리가 매우 어려

---

175 당시 영국군은 프랑스군이 40보 이내, 약 15m 정도로 접근할 때까지 발포하지 않았다.

웠으리라는 것을 인정했던 것이다.[176]

1760년 초부터 레비(Lévi)가 이끄는 프랑스계 민병대는 아브라함 평원에서 반격을 가했다. 이들은 같은 해 4월 28일 생트푸아(Saint-Foy) 전투에서 승리를 거두었음에도 퀘벡을 재탈환하지 못했는데 그것은 영국 해군이 뇌빌(Neuville) 해전 이후 재해권을 장악했기 때문이다. 이렇게 프랑스령 북아메리카의 중심거점인 퀘벡이 함락됨에 따라 영국은 북아메리카에서 진행된 프랑스와의 전쟁에서 승자로 등장했다. 영국은 다음 해 9월 8일 몬트리올마저 점령함으로써 프랑스령 캐나다 정복을 완료했다.

1759년은 영국에게는 '기적의 해'였다. 영국은 북아메리카에서 퀘벡을 점령했을 뿐만 아니라 그 외 다른 지역의 바다 및 육지에서 프랑스와 전투를 벌여 계속 승리했다. 영국 해군은 서인도제도의 과들루프(Guade-loupe)섬을 점령하고 이 섬에서 생산되는 사탕수수와 커피 등을 본국으로 보내기 시작했고, 이베리아반도 인근의 라고스(Lagos)만과 프랑스 서부 해안의 퀴베롱(Quiberon)에서 벌어진 해전에서도 프랑스 함대를 격파했다.[177]

로버트 월폴의 아들로 예술가와 정치가로 활동한 호레이스 월폴(Horace Walpole)은 연이은 승전보에 "승리를 알리는 종이가 닳을 정도"라는 다소 과장된 표현을 했다. 이렇게 영국과 프랑스 사이의 7년전쟁에서는 1759년을 기점으로 영국이 사실상의 승자로 등장했다.

1761년 영국 해군은 프랑스 식민지인 세네갈과 벵골만의 프랑스 기지도 점령했다. 이렇게 패색이 짙어짐에 따라, 프랑스는 영국과 평화조

---

176 B. Simms, *Kampf um Vorherrschaft*, p.173.

177 이 섬은 대서양 서인도제도에 있는 프랑스의 해외 레기옹(region)으로 주도는 바스테르(BasseTerre)이다.

약을 체결하려고 했고 그것에 따라 양국 간의 예비평화회담이 1761년 3월부터 시작되었다. 당시 프랑스는 여전히 유럽에서 가장 강력한 육군을 보유하고 있었지만, 무너진 해군력을 복원할 여력이 없었다. 해군력을 복원하지 못하면 얼마 남지 않은 해외 식민지마저 모두 영국에게 빼앗길 것이 분명했으므로 프랑스로서는 영국과의 전쟁을 조속히 종결시키는 것이 최선의 선택이었다.[178]

여기서 프랑스 외무장관 슈아죌(Étienne François de Choiseul)은 불리하나마 주어진 상황을 최대한 활용하여 프랑스에 보다 유리한 결과를 도출하려고 했다. 그는 영국 역시 프랑스만큼은 아니더라도 전쟁으로 재정적인 어려움을 겪고 있다는 사실을 잘 알고 있었을 뿐만 아니라 영국이 프로이센과의 동맹 체제 유지에도 부담감을 가지기 시작한 것을 간파했다. 슈아죌은 피트에게 보낸 별도의 서신에서 영국과 프랑스 양국이 각자 동맹에 대한 의무에 얽매이지 않고 평화협상을 해야 한다고 제안했지만 협상은 순탄하게 진행되지 못했다.[179]

협상 과정에서 슈아죌은 프랑스가 미노르카를 영국에 반환하고 캐나다를 넘기는 대가로 영국이 서인도제도의 과들루프와 루이스부르 요새가 위치한 케이프브레턴섬을 프랑스에 되돌려주고, 프랑스가 신성로마제국에서 완전히 철수하는 대가로 영국은 뉴펀들랜드 해역에서 프랑스 어부들의 조업권 인정을 제안했다.

이 제안에서 영국 정부가 가장 심각하게 고민한 것은 뉴펀들랜드 조

---

178 H. Durchhardt, *Gleichgewicht der Kräfte, Convenance, Europäisches Konzert. Friedenskongresse und Friedensschlüsse vom Zeitalter Ludwig XIV. bis zum Wiener Kongress*(Darmstadt, 1976), p.86; S. Martus, *Aufklärung*, p.660.

179 H. Durchhardt, *Gleichgewicht der Kräfte, Convenance, Europäisches Konzert. Friedenskongresse und Friedensschlüsse vom Zeitalter Ludwig XIV. bis zum Wiener Kongress*, p.87; S. Martus, *Aufklärung*, pp.660~661.

업권 문제였다. 이 문제는 과거 위트레흐트에서도 쟁점화된 사안이었다. 이 황금어장에서 프랑스의 조업권을 인정한다는 것은 영국에게 이중적 부담을 지우는 것이었다. 첫째, 프랑스는 뉴펀들랜드 해역에서의 어로 활동을 통해 매년 평균 50만 파운드에 달하는 막대한 수익을 올렸는데 이것은 영국의 수익을 능가하는 액수였다. 둘째, 뉴펀들랜드 해역에서 어로 활동을 하는 프랑스 어부들은 유사시 프랑스 해군으로 충원될 군사 자원이었다. 이것은 국가안보를 해군력 우위에 의존하던 영국에게는 매우 민감한 문제였고 장차 자국에 경제적으로 가장 큰 위험을 가할 국가에 군사력을 재건할 기회를 제공하는 것과 다를 바 없었다. 이에 따라 영국은 케이프브레턴섬을 되돌려달라는 프랑스의 요청을 거부했고, 뉴펀들랜드 조업권은 상당한 보상이 주어질 때만 긍정적으로 고려해보겠다고 답변했다.[180]

전례에 비추어볼 때 런던 정부의 답변이 특별히 강경한 건 아니었음에도 슈아죌은 협상이 결렬되었다고 판단했고 영국 정부가 도저히 받아들일 수 없는 내용의 답변도 보냈다. 슈아죌이 이렇게 성급하고 비이성적으로 대응한 것은 크게 세 가지 이유에서 비롯된 것으로 볼 수 있다. 첫째, 슈아죌은 그의 정치적 후견인이었던 퐁파두르 후작부인이 오스트리아와의 동맹 체제 유지를 원하고 있다는 사실을 인지했기 때문에 그 뜻을 거스르고 싶지 않았다. 둘째, 슈아죌은 독일권에서의 전황이 프랑스에 유리하게 전개된다면 더 유리한 조건에서 협상을 펼칠 수 있지 않겠냐는 기대를 했다. 셋째, 가장 중요한 이유로, 슈아죌에게는 에스파냐와의 동맹이라는 숨겨진 카드가 있었다.

---

180 H. Durchhardt, *Gleichgewicht der Kräfte, Convenance, Europäisches Konzert. Friedenskongresse und Friedensschlüsse vom Zeitalter Ludwig XIV. bis zum Wiener Kongress*, p.88; S. Martus, *Aufklärung*, p.661.

이후 슈아죌은 숨겨진 카드를 실제로 사용했다. 1761년 8월 프랑스는 에스파냐와 동맹 체제를 결성했고 영국과의 전쟁도 재개했다. 그러나 전쟁은 영국에게 유리하게 진행되었다. 영국은 프랑스가 소유한 서인도제도의 섬 중에서 가장 중요한 마르티니크(Martinique)를 비롯하여 세인트루시아, 그레나다, 세인트빈센트를 빼앗았다. 에스파냐는 쿠바의 아바나와 필리핀의 마닐라를 잃었다. 이러한 상황에서 러시아의 옐리자베타의 죽음으로 러시아마저 오스트리아-프랑스 동맹에서 탈퇴하자 프랑스는 영국과의 협상을 재개할 수밖에 없었다.[181]

1762년 11월 퐁텐블로에서 프랑스와 영국 간의 예비평화회담이 속개되었다. 당시 영국이 제시한 평화안은 슈아죌의 예상보다 가혹하지 않았다. 영국은 캐나다를 차지하는 대신 프랑스의 요구대로 뉴펀들랜드 해역에서의 조업권을 허용하고, 세인트빈센트, 토바고, 그레나다 등을 갖는 대신 과들루프, 마르티니크, 세인트루시아 등 프랑스령 서인도제도에서 가장 중요한 섬들의 반환을 프랑스에 제안했다.

그리고 평화회담에서 영국은 프랑스령 루이지애나와 영국령 북아메리카 식민지의 경계선을 미시시피강으로 정하자고 했다. 당시 런던 정부는 영국계 주민의 북아메리카 정착지 중 가장 서쪽에 있는 정착지로부터도 서쪽으로 무려 800km 이상 떨어진 미시시피강을 경계선으로 삼고자 했는데 이것은 영토 분쟁의 소지를 확실히 제거하려는 의도에서 비롯된 것 같다.[182]

---

181 H. Durchhardt, *Gleichgewicht der Kräfte, Convenance, Europäisches Konzert. Friedenskongresse und Friedensschlüsse vom Zeitalter Ludwig XIV. bis zum Wiener Kongress*, p.89 ; S. Martus, *Aufklärung*, p.662.

182 H. Durchhardt, *Gleichgewicht der Kräfte, Convenance, Europäisches Konzert. Friedenskongresse und Friedensschlüsse vom Zeitalter Ludwig XIV. bis zum Wiener Kongress*, p.90 ; S. Martus, *Aufklärung*, p.663.

독일 통합의 비전을 제시한 프리드리히 2세

이렇게 영국의 요구안이 밝혀짐에 따라 영국 정부 내에서는 제안의 타당성을 두고 논란이 일어났다. 특히 영국에 당장 많은 경제적 이익을 가져다줄 서인도제도의 섬들을 포기하는 대신 당시 황무지나 다름없는 북아메리카의 땅을 요구하는 것에 반대하는 의견이 많았다. 하지만 당시 외무장관 뷰트(John Stuart, 3rd Earl of Bute)는 적어도 당분간은 프랑스와 평화적 관계를 유지할 필요가 있다고 판단했고, 자신의 견해를 고수했다.[183] 이에 반해 피트는 1762년 한 해 동안 영국이 거둔 성과에도 불구하고 영국의 평화안이 1761년의 평화안과 거의 달라진 것이 없다고 언급했다.[184]

슈아죌은 기꺼이 영국의 제안을 받아들였고 1763년 2월 10일 파리 평화조약이 체결되었다. 이렇게 뷰트 내각이 전쟁에서 압도적 승리를 거뒀음에도 프랑스를 끝까지 밀어붙이지 않은 것은 만약 너무 많은 것을 프랑스로부터 빼앗으면 멀지 않은 장래에 전쟁이 재발할 수 있다고 예측했기 때문이다. 프랑스와의 평화협상에서 영국 측 대표로 참석한 베드포드(John Russel, Duke of Bedford)는 프랑스에 뉴펀들랜드 해역에서의 조업권을 허용하는 것은 장차 영국을 상대할 해군의 재건 기회를 주는 것과 같다고 주장한 피트에게 프랑스의 해군력을 완전히 무력화시키겠다는 것은 '자연을 상대로 싸움을 벌이는 것'과 마찬가지라고 반박했다. 베드포드는 영국이 해상에서 절대 권력을 장악할 때 유럽 국가들은

---

183 뷰트는 1762년 5월 26일에 외무장관으로 임명되었다. 그는 조지 3세의 어린 시절 멘토로 활동했으므로 조지 3세의 신임을 받았다. 기성 정치인의 처지에서 보면 미숙한 풋내기였던 뷰트는 영국이 오스트리아 왕위계승전쟁에 참전할 필요가 없다고 주장했고, 조지 3세 역시 그의 주장에 긍정적이었다.

184 H. Durchhardt, *Gleichgewicht der Kräfte, Convenance, Europäisches Konzert. Friedenskongresse und Friedensschlüsse vom Zeitalter Ludwig XIV. bis zum Wiener Kongress*, p.90; S. Martus, *Aufklärung*, p.664.

서로 힘을 합쳐 영국에 대항할 것이라고 지적하면서 영국은 루이 14세의 전철을 밟지 말아야 한다고 경고했다.[185]

파리 평화조약에서는 양국 간의 식민지 문제도 조정되었다. 여기서는 프랑스가 영국에 캐나다 및 미시시피강 이동지역을 할애하고 에스파냐는 영국에 플로리다를 양도하고 프랑스로부터 루이지애나를 반대급부로 넘겨받는데 그 과정에서 뉴올리언스도 포함한다는 것이 언급되었다. 또한 프랑스는 영국에 서인도제도의 일부 및 아프리카 서부의 기지들을 양도하고 영국은 마르티니크와 그 밖의 서인도제도를 프랑스에 반환하며 아바나와 마닐라는 에스파냐에 이양한다는 것 등도 명시되었다.[186]

6) 후베르투스부르크 평화조약

제3차 오스트리아 왕위계승전쟁을 종식한 평화조약은 1763년 2월 15일 북작센의 베름스도르프(Wermsdorf)에 위치한 후베르투스부르크(Hubertusburg)성에서 전쟁참여국인 프로이센, 오스트리아, 그리고 작센

---

185 영국 국왕 조지 2세는 1760년 10월 25일 생을 마감했다. 그는 말년에 변비로 무척이나 고생했다. 1760년 1월 25일 조지 2세는 평상시처럼 화장실에서 변비의 어려움을 해결하려다 그만 변기에 앉은 채 세상을 떠나게 되었다. 장남인 프레데릭 왕세자는 1751년에 사망했기 때문에 그의 아들이 조지 3세(George III, 1760~1820)로 등극했다. 그런데 조지 3세는 앞선 두 명의 하노버 출신 영국 국왕과는 달리 영국에서 태어나 영어를 모국어로 사용했기 때문에 하노버에 별다른 애착이 없었다. 즉위 초부터 조지 3세는 영국이 큰 비용을 들여 독일에서 전쟁을 계속해야 하는 중요한 이유가 하노버 공국을 보호하는 데 있다면, 그러한 전쟁은 당장 중단해야 한다는 태도를 표방했다.

186 H. Durchhardt, *Gleichgewicht der Kräfte, Convenance, Europäisches Konzert. Friedenskongresse und Friedensschlüsse vom Zeitalter Ludwig XIV. bis zum Wiener Kongress*, pp.90~91 ; S. Martus, *Aufklärung*, p.670.

사이에 체결되었다.[187]

오스트리아는 1762년 후반기에 이르러 국가재정과 군사력이 한계에 도달했고, 러시아, 스웨덴, 그리고 프랑스가 오스트리아와 체결한 동맹에서 이탈했기 때문에 프로이센의 평화협상 제의를 수용할 수밖에 없었다. 프로이센 역시 전쟁을 지속할 상황이 아니었다. 실제로 프로이센은 재정적인 어려움으로 인해 더 이상의 전쟁 수행이 어려웠고 징집할 신병도 없었다. 병력 보강을 위해 프리드리히 2세는 프로이센이 점령하고 있던 지방에서 강제로 신병을 징집했고 그 과정에서 14세 미만의 남아마저 소집하는 무리수를 두기도 했지만 그리 큰 성과를 거두지는 못했다.

러시아는 1762년 5월 5일 프로이센과 상트페테르부르크 평화조약을 체결한 후 오스트리아와의 동맹을 파기했다. 그리고 스웨덴은 러시아와 프로이센 사이의 평화조약에 자극을 받아 프로이센과 1762년 5월 22일 함부르크 평화조약을 체결함으로써 오스트리아와의 동맹에서 이탈했다. 프랑스는 1759년부터 제3차 오스트리아 왕위계승전쟁에 참여하는 것보다 북아메리카 식민지 지역에 더 큰 관심을 기울였지만, 퀘벡 지방을 상실하는 불운을 겪게 되었다. 이후 프랑스는 오스트리아와의 사전 협의없이 1763년 2월 10일 파리에서 영국과 평화조약을 체결했고 그것에 따라 오스트리아–프랑스 동맹 체제는 자동으로 해체되었다.[188]

제3차 오스트리아 왕위계승전쟁, 또는 7년전쟁을 종식하기 위한 평화협상은 스웨덴의 중재하에 전쟁에 참여한 국가들이 중립적 장소로 인정한 후베르투스부르크성에서 1762년 12월 30일부터 시작되었다. 작센

---

187 E. Frie, *Friedrich II.*, p.84.

188 C. Clark, *Preußen*, p.246; E. Frie, *Friedrich II.*, p.84; W. Neugebauer, *Die Geschichte Preußens*, p.73; B. Stollberg–Rilinger, *Maria Theresia*, p.437.

후베르투스부르크성

에서 단일 건물로는 가장 규모가 큰 후베르투스부르크성은 제3차 오스
트리아 왕위계승전쟁 기간 중 프로이센군에 의해 약탈당해 1733년 완공
당시의 설비나 가구가 없었으며, 피해를 모면한 부속 가톨릭교회만이
당시 모습을 보존하고 있었다. 약탈로 인해 성 내부는 완전히 비어 있었
기 때문에 평화협상은 후베르투스부르크성의 본관이 아닌 부속 건물에
서 진행되었다. 협상 3국의 대표로는 장관이나 특사가 아닌 경험 있는
실무 관리들이 전권을 위임받아 조약의 조항들을 초안했다.[189]

후베르투스부르크 평화조약의 핵심 조항은 제1차 오스트리아 왕위계
승전쟁을 종식시킨 베를린 평화협정과 제2차 오스트리아 왕위계승전쟁
을 끝낸 1748년 10월 18일의 아헨 평화조약을 토대로 점령 지역을 점령
국에 배상금 요구 없이 양도한다는 규정이었다.

1763년 2월 15일 공식 발표된 프로이센과 오스트리아 간의 후베르투

---

189 당시 콜렌바흐(Heinrich Gabriel v. Collenbach)가 오스트리아 대표로, 헤르츠
베르크(Ewald Friedrich v. Hertzberg)가 프로이센 대표로 참석했다. T. Blan-
ning, *Friedrich der Grosse*, p.316; B. Stollberg-Rilinger, *Maria Theresia*, p.438.

스부르크 평화조약의 유일한 쟁점은 백작령 글라츠의 처리 문제였다.[190] 당시 오스트리아는 어떤 경우에도 요새 도시 글라츠를 포기하지 않으려고 했다. 여기서 오스트리아는 글라츠를 보유하기 위해 심지어 프로이센이 인수하기로 한 슐레지엔의 채무마저 오스트리아가 변제하고, 향후 슐레지엔의 공작 칭호 사용도 포기하겠다는 제안도 했다. 그러나 프로이센 협상 대표단은 오스트리아의 제안을 거절했고 글라츠를 넘겨주지 않으면 평화회담을 중단하고 베를린으로 철수하겠다는 입장을 밝혔다. 오스트리아 협상단은 결국 주장을 철회했고 프로이센 측은 오스트리아가 1742년 이후 점령한 글라츠 요새와 그곳의 모든 군사시설을 인수한다는 뜻을 관철할 수 있었다.

프로이센과 오스트리아 간의 후베르투스부르크 평화조약은 1763년 2월 21일 프로이센, 2월 24일 오스트리아에 의해 각각 비준되었다.[191] 21개 조항과 2개 비밀조항으로 이루어진 평화조약에서 마리아 테레지아와 그녀의 후계자들 및 상속인들은 제1차 오스트리아 왕위계승전쟁을 끝낸 1742년 6월 11일의 브레슬라우 예비평화조약과 같은 해 7월 28일의 베

---

190 1760년 7월부터 오스트리아의 담당하에 있던 글라츠 백작령은 보헤미아 지방에 있는 전략적 요충지역이었다. 그리고 당시 오스트리아의 외무장관이었던 카우니츠-리트베르크는 후베르투스부르크 평화조약을 통해 프로이센이 글라츠 백작령과 슐레지엔 지방 전체를 차지할 수도 있다고 우려했고 그것을 저지하는 것이 바로 오스트리아의 당면 목표라 했다. T. Blanning, *Friedrich der Grosse*, p.316.

191 당시 프리드리히 2세는 1763년 2월 21일까지 조약을 비준하지 않았는데 그것은 작센의 재원, 특히 남자들, 재화, 그리고 비축물 들을 끝까지 착취하려는 의도에서 비롯된 것 같다. 이것에 앞서 그는 작센의 많은 여성을 프로이센으로 데리고 갔는데 이것은 전쟁 과정에서 크게 줄어든 인구를 가능한 한 빨리 늘려야 한다고 판단했기 때문이다. 그러한 정책의 하나로 프리드리히 2세는 전쟁이 끝난 직후 칙령을 발표하여 미혼의 프로이센 군인들과 작센 여성들 간의 결혼을 적극적으로 장려했다. T. Blanning, *Friedrich der Grosse*, p.316; S. Martus, *Aufklärung*, p.675; F.A.Z. Szabo, *The Seven Years War in Europe 1756~1763*, p.423.

제4장 오스트리아 왕위계승전쟁

를린 평화협정에서 오스트리아가 프로이센에 양도한 지역에 대한 일체 영유권 주장을 포기한다는 것이 다시금 명시되었다. 그러나 오스트리아는 후베르투스부르크 평화조약을 통해 슐레지엔의 남부 지역, 즉 예게른도르프와 트로파우 지역을 회복했다.[192]

후베르투스부르크 평화조약에서는 즉각적인 적대행위 중지 및 양측 군대의 철수도 명시되었고 그것에 따라 오스트리아군은 점령 중인 글라츠 백작령에서 철수했으며 이 백작령과 그곳의 모든 군대 시설은 프로이센에 반환되었다. 여기서 프로이센은 글라츠 백작령 주민들의 자유로운 이주를 허용했고, 작센에서의 군대 철수도 약속했다. 전쟁포로와 인질들의 즉각 석방과 강제 징집된 점령지 주민들의 귀향 조치도 발표되었다. 오스트리아가 압류한 프로이센 기록보관소들의 반환과 슐레지엔 주민들에 대한 신앙 자유와 그들의 기득권 역시 인정되었다.[193]

또한 프로이센과 오스트리아는 양국 간의 통상 촉진을 확약하고 통상조약 체결도 약속했다. 추가된 비밀조항에서 프로이센 국왕은 차기 신성로마제국 황제 선출 시 브란덴부르크 선제후의 선출권을 마리아 테레지아의 장남을 위해 행사하고, 합스부르크 가문의 모데나 공국 계승도 지지했다.

그리고 프로이센과 작센 사이에 체결된 후베르투스부르크 평화조약

---

192 프리드리히 2세는 자국에 완전히 편입된 슐레지엔 지방에 대한 행정상의 구조 개혁을 대대적으로 단행했고 그 과정에서 지역 엘리트들을 적극적으로 활용하려고 했다. 특히 사법 개혁을 이행하는 과정에서 슐레지엔 출신의 인물들이 대거 관리로 채용되었다. 슐레지엔 담당 장관실은 프로이센의 준연방체제 내에서 허용된 특별 지위를 슐레지엔에 부여했다. 총독과 유사한 역할을 하던 주지사는 광범위한 권한을 행사했으며 지방의 상황을 국왕에게 직접 보고하는 임무도 부여받았다. 또한 주지사는 지방의 이해관계를 둘러싼 핵심적 갈등을 외부적 간섭 없이 해결하는 특권도 부여받았다. C. Clark, *Preußen*, p.280.

193 C. Clark, *Preußen*, p.247; B. Stollberg-Rilinger, *Maria Theresia*, p.438.

은 11개 일반조항과 3개 별도조항으로 구성되었다. 여기서는 전투행위 즉각 중단과 휴전이 합의되었고 프로이센이 3주 내 군대를 철수한다는 것 등이 명시되었다.[194]

---

194 C. Clark, *Preußen*, p.247; H. Durchhardt, *Gleichgewicht der Kräfte, Convenance, Europäisches Konzert. Friedenskongresse und Friedens-schlüsse vom Zeitalter Ludwig XIV. bis zum Wiener Kongress*, pp.90~91; S. Martus, *Aufklärung*, p.670. 후베르투스부르크에서 평화조약을 체결한 후 프리드리히 2세와 그 주력군은 베를린으로 출발했다. 귀환길에 프리드리히 2세는 쿠너스도르프를 방문했는데 여기서 그는 패전의 기억을 떠올렸고 다시는 그러한 상황이 초래되지 않게끔 노력하겠다는 의지를 밝히기도 했다. 그 시점 베를린에서는 시민들, 군부의 핵심 인물들, 그리고 시의 명망가들이 프리드리히 2세의 베를린 귀환식을 준비하고 있었다. 따라서 이들은 3월 30일 프랑크푸르트 문에 모였다. 말을 타고 명예 경호원으로 나선 시민들과 제복을 입고 햇불을 든 사람들이 왕실 마차가 입성해서 환궁하는 길을 호송하기 위해 대기했다. 이러한 환영 인파 소식에 깜짝 놀란 프리드리히 2세와 그의 군대는 어두워질 때까지 도착을 늦춘 다음 저녁 8시에 우회로를 이용하여 베를린에 도착했다. 이어 프리드리히 2세는 다른 길로 환궁했다. E. Frie, *Friedrich II.*, p.84.

제5장

말년의 프리드리히 2세

말년의 프리드리히 2세

1. 개혁정책의 가속화

1) 경제적 활성화 정책

오스트리아 왕위계승전쟁을 통해 프로이센은 유럽의 강대국으로 부상했다.[1] 그러나 승전국이었던 프로이센 역시 참혹한 전쟁의 상흔에서 벗어날 수 없었다. 제3차 오스트리아 왕위계승전쟁, 즉 7년전쟁에서만 18만 명에 달하는 프로이센군이 희생되었고 민간인까지 희생자에 포함하면 그 수는 50만 명을 초과했다. 특히 민간인들을 지역별로 세분화하면 슐레지엔에서 45,000명, 포메른에서 70,000명, 노이마르크와 쿠르마르크에서 114,000명, 동프로이센에서 90,000명이 목숨을 잃었는데 이들의 상당수는 전염병, 결핍성 질환, 그리고 전쟁 희생자였다. 이렇게 50만 명에 달하는 프로이센인들이 전쟁 과정에서 희생됨에 따라 프로이센의 총인구 역시 1750년 수준으로 줄어들었다.[2]

---

1   C. Clark, *Preußen*, p.251 ; E. Frie, *Friedrich II.*, p.84.

2   S. Martus, *Aufklärung*, p.675 ; G. Schmidt, *Wandel durch Vernunft, p.177;*

1740년부터 시작된 오스트리아 왕위계승전쟁은 프로이센 신민들에게도 경제적으로 큰 타격을 가져다주었다. 실제로 전쟁을 치르면서 신민들의 재산 손실이 크게 증대되었음에도 국가는 전쟁 부담금을 충당하기 위해 증세를 감행했고 이것은 그들의 경제적 상황을 더욱 어렵게 하는 결정적 요인으로 작용했다. 특히 수입품에 대한 고율 관세 부과로 시장은 큰 타격을 보게 되었고 그 피해 강도는 농촌보다 도시에서 심했다. 또한 기간시설, 즉 도로 건설, 제방 축조, 그리고 주택 건설에서 위축 현상이 심화되었고 노동력 창출을 위한 국가의 보조금 지원까지 중단됨에 따라 많은 신민은 생계마저 걱정해야 하는 극단적인 상황까지 내몰리게 되었다.[3] 그러나 이러한 경제적 위기 상황은 전쟁이 끝난 이후부터 서서히 완화되기 시작했다.

이러한 시점에 프리드리히 2세는 국가의 사회적 의무를 고려하기 시작했다. 여기서 그는 소속 연대에서 생명의 위험까지 감수하면서 수년 동안 국가를 위해 복무한 퇴역병들에 대한 배려가 있어야 한다고 판단했다. 1768년 프리드리히 2세는 국가를 위해 목숨까지 희생하려고 한 병사들이 국가 및 신민들에게 반대급부를 요구할 권리가 있음을 천명했다. 이에 따라 600여 명의 전쟁 부상자, 즉 상이군인을 위한 숙식 및 보호 시설이 베를린에 마련되었고 그 운영 기금은 국방비에서 각출되었다. 아울러 도움이 필요한 퇴역병들에 대한 지원도 국방비에서 각출한 전시 구제 자금에서 매달 지급되었는데 이것은 오늘날의 군인연금과 성격이 같다고 하겠다. 또한 프리드리히 2세는 군 복무 시 훈장을 받은 퇴역병들을 정부기관의 하위별정직, 즉 지방세무서나 세관에서 근무하게

J.Ziechmann, Panorama der Fridericianisschen Zeit. Friedrich der Große und seine Epoche(Bremen, 1985), p.395.

3 I. Mittenzwei, Preußen nach dem Siebenjährigen Krieg. Auseinandersetzungen zwischen Bürgertum und Staat um die Wirtschaftspolitik(Berlin, 1979), pp.17~18.

독일 통합의 비점을 제시한 프리드리히 2세

하여 그들의 생계를 우회적으로 지원하려고 했다.[4]

그리고 프리드리히 2세는 곡물 관세를 한시적으로 도입하거나 생필품 저장고의 확대 등을 통해 생필품 부족 현상, 물가 급등, 그리고 기근 상황에 대응하려고 했다. 1766년 프리드리히 2세는 가격이 저렴한 해외 곡물의 원활한 유통을 위해 한시적으로 곡물 관세를 폐지했다. 그러나 3년 후인 1769년 다시 곡물 관세를 도입했는데 이번 경우에는 밀에만 국한되었기 때문에 빵 관세라 지칭되었다. 그런데 빵 관세는 프로이센 전 신민이 아닌 일부 계층, 즉 잡곡빵이 아닌 흰 빵만을 사려던 일부 상류 계층에게만 부담을 준 일종의 목적적 관세, 오늘날의 핀셋(pincette) 관세와 맥을 같이 한다고 하겠다.[5] 프리드리히 2세가 1763년 이후 추진한 곡물 정책의 핵심은 생필품 저장고 내 국가 비축분의 방출량 조절인데 이러한 정책은 유럽 전역에 확산한 기근을 막으려 한 1771년과 1772년에 이르러 최대 위기를 맞이하게 되었다. 이에 따라 프리드리히 2세는 생필품 저장고의 본래 목적인 군량미 확보보다 민간을 위해 먼저 사용하는 것을 허용했다.[6]

이러한 정책을 통해 확인할 수 있는 것은 당시 프로이센 위정자가 신민의 복지 증대에 관해서도 관심을 가지기 시작했다는 것이다. 특히 국가를 위해 공헌한 인물들, 퇴역병에 대한 배려 정책에서 오늘날의 사회보장제도에서 지향하는 목적도 확인할 수 있다. 당시 프리드리히 2세는 국가를 위해 봉사한 계층에 대해 국가 차원의 반대급부를 반드시 제공

---

4   C. Clark, *Preußen*, p.255; I. Mittenzwei, *Preußen nach dem Siebenjährigen Krieg*, p.20.

5   이러한 정책은 일부 소수 특정 집단을 겨냥한 것으로 사회 성원의 대다수가 암묵적 동의가 있으리라는 판단에서 비롯되는 경우가 많다.

6   C. Clark, *Preußen*, p.255; I. Mittenzwei, *Preußen nach dem Siebenjährigen Krieg*, p.20.

해야 한다고 했는데 이것은 오늘날 시행되고 있는 사회보장제도의 핵심
저 내용과는 약간의 괴리가 있음을 확인할 수 있다. 오늘날의 사회보장
제도는 전 국민을 상대로 시행되지만, 당시 프리드리히 2세가 추구한 사
회보장제도는 일부 특정 계층, 즉 군 복무를 장기간 수행한 인물들에게
만 혜택을 주는 것이고 그러한 혜택을 향후 전 신민으로 확대하려는 생
각은 하지도 않았다.

프리드리히 2세는 국방만큼이나 재정의 중요성도 인식하고 있었다.
그는 재정을 인간의 신체에 비유하면 사지를 움직이는 신경과 같다고
했다. 이는 재정을 제대로 운영하지 못하면 국가의 모든 기능이 중단될
수 있다는 판단에서 비롯된 것 같다. 당시 그는 국왕의 직영지 관리, 관
세 부과, 소금 전매권, 산림 경영, 우정사업, 동전 발행, 간접세 부과, 기
부금 운영, 은행 업무 감독, 농업, 교역 등을 재정의 범주로 간주했다.[7]

프리드리히 2세는 자신의 즉위 이후부터 국가 세입이 증대되었다고
언급했는데 이것은 프로이센의 경제 규모가 이전보다 확대된 것을 우회
적으로 표현한 것으로 볼 수 있다. 또한 그는 이렇게 늘어난 국가 세입
의 대다수를 국가 제 분야에 할당하고 187,000명에 달하는 상비군 체제
유지에도 사용한다고 했다. 그리고 그는 이러한 고정비용 지출 이후 국
가 세입에서 남는 570만 탈러 중에서 200만 탈러는 국고로 이관시키고
나머지 370만 탈러는 방어시설 또는 지방의 기간시설 수리 및 확충뿐만
아니라 러시아 원조 사업에도 활용한다고 했다. 그러나 즉위 초에 시작
된 오스트리아 왕위계승전쟁이 예상보다 장기간 지속됨에 따라 프리드
리히 2세는 여유 예산 확보가 힘들어졌고 이것을 공개석상에서 솔직히

---

7 프리드리히 2세는 1766년 담배독점권 관리를 담당할 일반담배관리국을 신설
했고 우편 업무를 전담하는 일반우편위원회도 발족시켰다. 아울러 그는 프로이
센 재무부의 효율적 운영을 위해 프랑스로부터 적지 않은 전문가들을 초빙하기
도 했다. M. Erbe, *Deutsche Geschichte 1713~1790*, p.165.

토로하기도 했다. 그의 언급에 따르면 전쟁자금의 급격한 증대, 즉 전비가 1,100만 탈러로 늘어나 여유 예산 확보가 불가능해졌다는 것이다. 여기서 프리드리히 2세는 오스트리아 왕위계승전쟁이 완전히 종료되면 다시 잉여 예산을 확보할 수 있다는 확신도 피력했고 그것을 위해 경제적 활성화 정책도 본격적으로 시행하겠다는 입장을 밝혔다.[8]

실제로 그는 오스트리아 왕위계승전쟁이 종료된 이후부터 경제를 활성화하는 정책들을 본격적으로 추진했는데 그것은 비단, 면, 아마포, 도자기, 유리, 그리고 철광 산업이 활성화된 데서 확인할 수 있다.[9] 작센 출신의 하이니츠(Friedrich Anton v. Heinitz) 남작이 1768년 일반총국의 신설 부서인 광산 및 제련부 장관으로 임명되었고 그의 조카인 레덴(Fritz Reden) 백작이 브레슬라우 상급 광산감독국 책임자로 등장한 이후부터 석탄 채굴 및 철강생산량은 급증하기 시작했다.[10] 이렇게 프로이센에서 석

---

8   E. Frie, *Friedrich II.*, pp.85~86.
9   프리드리히 2세가 추진한 경제정책의 핵심은 국가 관점에서 중요하다고 간주되는 분야들에 정부가 개입하는 것이었다. 특히 그는 프로이센의 비단 산업에 관심을 보였다. 이는 자국 내에서 비단 원료를 생산할 수 있다는 것(여기에는 한겨울에 어린 뽕나무가 얼어죽는 것을 방지하는 방법을 찾았다는 전제가 필요하다), 외국산 비단으로 만든 사치품을 수입하면 국가재정에 부담을 준다는 것, 그리고 비단이 고가의 상품일 뿐만 아니라 우아한 멋과 진보된 문명 및 고도의 기술적 협력의 산물이라는 것에서 비롯되었다. 프리드리히 2세는 칙령을 공포하여 뽕나무 농장을 조성하는 사람들에게 필요한 토지를 제공하겠다고 했다. 그리고 1천 주 이상의 뽕나무 농장을 관리하거나 자신의 자금으로 그 이상의 뽕나무 농장을 경영하는 사람들에게 수익이 발생할 때까지 정원사들의 임금을 국가가 보조하겠다고 약속했다. 뽕나무가 충분히 성장하면 농장주들은 정부로부터 이탈리아 누에알을 무료로 받을 자격을 얻을 수도 있었다. 실제로 정부는 이런 농장들에서 생산한 비단은 모든 종류든 책임지고 구매했기 때문에 비단 산업은 특별수출보조금과 관세 보호, 그리고 면세혜택을 받으면서 급속히 성장했다. C. Clark, *Preußen*, p.212.
10   작센 출신의 레덴 백작은 1776년부터, 즉 52세부터 프로이센 정부에서 활동하기 시작했다.

탄과 철강 생산량이 급증하게 된 요인은 능력 있는 행정전문가와 기업가정신을 갖춘 도너마르크(Lazarus Henckel v. Donnermarck)와 같은 일련의 귀족들, 그리고 충분한 자본 및 대담성을 가진 시민계층의 긴밀하고 효율적인 협력에서 찾을 수 있다.[11]

당시 프리드리히 2세는 대외교역에도 관심을 표명했고 거기서 그는 관방학(官房學)에서 비롯된 중상주의 정책도 시행했는데 그것은 낙후된 국내 산업을 보호하기 위해서였다.[12] 이 정책은 대외교역보다는 국내의 농업 및 산업 활성화에 비중을 두었는데 그 이유는 자본의 후진성에서 벗어나지 못하고 있는 상황에서 산업자본의 부족, 판매 및 원료 공급지 역할을 이행할 해외 식민지 부재 등으로 경제적 여건이 제대로 구축되지 않은 상황에서 부를 구할 수 있는 곳은 국내뿐이었기 때문이다. 따라

---

11 T. Blanning, *Friedrich der Grosse*, p.162; M. Erbe, *Deutsche Geschichte 1713~1790*, p.162; I. Mittenzwei, *Preußen nach dem Siebenjährigen Krieg*, p.21.

12 T. Blanning, *Friedrich der Grosse*, p.166; I. Mittenzwei, *Preußen nach dem Siebenjährigen Krieg*, pp.22~23. 중상주의는 라틴어 'mercari(상업하기)', 'merx(상품)' 등에서 파생된 단어이다. 그런데 이 단어는 중상주의자들이 아닌 중상주의를 반대하는 사람들에 의해 사용되기 시작했다. 중농주의자였던 미라보(Victor Riqueti Marquis de Mirabeau) 백작이 1763년 이 단어를 처음 사용했고, 고전 경제학자인 스미스(Adam Smith)가 『국부론』에서 이를 보편화시켰다. 중상주의는 말 그대로 상공업을 중시하고 국가의 보호 및 통제하에 수입을 억제하고 수출을 장려하여 국부를 증대시킨다는 경제이론으로, 16세기부터 18세기 중반까지 유럽의 여러 나라에서 시행되었다. 당시 중상주의자들은 금과 은이 국부 가운데 가장 귀중한 영구불멸의 재산이기 때문에 경제정책의 중점을 귀금속의 증대에 두어야 한다고 주장했다. 이들은 화폐를 재산 축적 수단으로 보았으며 국내로 유입된 화폐를 국외로 유출하지 않는 중금주의 정책을 취했다. 그러나 이러한 정책은 오히려 무역의 활성화를 저해했으며 금의 획득 및 축적에도 효과가 없었다. 이러한 단점을 파악한 후기 중상주의자들은 외국으로부터의 상품 수입을 제한하거나 금은의 반출을 금지하지 않고, 수입한 상품보다 많은 상품을 수출함으로써, 즉 수출 초과 정책을 통해 금은의 국내 유입을 지향해야 한다고 했다.

서 관방학은 본질에 있어 소극적 내지는 방어적이었고 타국을 지배하기보다 오히려 서유럽 여러 국가의 경제적 압박 내지는 예속에서 벗어나려는 의도도 가진 것 같다.

프리드리히 2세의 경제정책에서 오늘날의 시장경제에서도 확인할 수 있는 것들이 있는데 국가나 공공단체의 보조금, 수출 및 수입 금지, 그리고 시장 조절 시도 등이 바로 그것에 해당한다고 하겠다.[13]

프리드리히 2세는 금융업 활성화도 모색했다. 그는 1764년 이탈리아 모델을 토대로 은행도 설립하여 금융 분야는 물론 보험 및 무역 영역에서도 경쟁력을 강화하려 했다. 네덜란드 출신의 클레멘트(Klement)는 왕실의 재정적 지원을 받아 라반테(Lavante) 회사를 신설한 후 은행업에 진출했고 해외 교역에서 독점권도 부여받았다. 그러나 이 회사는 기대와는 달리 회사 차원의 이익만을 지향했고 이것은 공장주 및 기업인들의 불신과 적대감을 유발해 회사 및 은행 운영에 어려움도 가져다주었다. 이후 라반테 회사는 엄청난 손실을 보게 되었고 결국 회사는 부도 처리되었다.[14]

프리드리히 2세가 경제적 논리를 무시한 정책을 간혹 실시하면서 그것에 대한 비판적 관점이 해당 부서의 고위 관료들로부터 간헐적으로 제기되곤 했다. 지금까지 그가 시행한 경제정책 중에서 드러난 실책들, 즉 작센과의 무역 분쟁, 중계 교역의 제한, 소비세의 급격한 인상, 그리고 막대한 국가 보조금을 받던 벨벳과 비단 산업에서 생산한 원료가 조악한 품질에도 불구하고 지나치게 고가로 유통되는 것, 즉 보호무역에서 비롯된 프로이센 생산품의 지나친 가격 인상과 품질 저하 등이 비판

---

13 M. Erbe, *Deutsche Geschichte 1713~1790*, p.163; I. Mittenzwei, *Preußen nach dem Siebenjährigen Krieg*, p.23.

14 M. Erbe, *Deutsche Geschichte 1713~1790*, p.163.

대상이 되었지만, 이것들을 공론화, 즉 국왕에게 공식적으로 문제를 제기할 수가 없었다.[15]

1766년 9월 추밀금융고문관인 우르지누스(Erhard Ursinus) 역시 동료 관리들이 두려워했던 프리드리히 2세의 성격을 잘 알고 있었다. 그런데도 그는 국왕의 경제 실책을 정면으로 비판하고 벨벳과 비단 상품에 대한 국가 보조금 철폐를 제시하는 일종의 무리수를 두었다. 실제로 자신의 정책이 항상 최선이라고 믿었던 프리드리히 2세는 고위 관료들의 질책을 절대로 용인하지 않으려고 했는데 이것은 자신의 신체적 열등감, 즉 생식기 일부를 절단한 후 파생된 열등감과 연계시킬 수 있을 것이다. 프리드리히 2세는 고위 관료들이 자신의 정책에 이의를 제기하면 그 정책의 문제점보다 자신의 신체적 결함 때문에 제동을 거는 것이라고 판단하곤 했다. 따라서 그는 정책 내용을 수정하는 건 자신의 신체적 결함을 인정하는 것과 같다고 생각했던 것이다.

우르지누스의 비판을 전해 들은 프리드리히 2세는 "우르지누스의 무례한 관점을 나에게 전달한 재무성은 그와 더불어 책임을 져야 할 것이다. 그리고 나는 우르지누스와 같은 사기꾼에게 절대로 굴복하지 않을 것이고 이 인물을 그대로 방관하지도 않을 것이다."라고 말했다. 이후 우르지누스는 바로 해임되었고 슈판다우 교도소에서 1년간 복역했다.[16]

프리드리히 2세는 내부 식민지화도 단행했다. 동프로이센 지방, 특히 마주리아(Masuria, 오늘날에는 폴란드에 속한 지방) 지방에 900여 개의 새

로운 마을을 건설하고 그곳에 6,000여 개의 정착지도 조성한 것이다. 이렇게 조성된 정착지 중에서 리프냐크(Lipniak), 차이켄(Czayken), 포바우친(Powalczyn), 베솔로벤(Wessolowen), 이토켄(Ittowken), 그리고 쇼트마크(Schodmak) 등에는 뷔르템베르크, 쿠르팔츠, 헤센-나사우(Hessen-Nasau)에 살던 주민 30만 명이 이주했다. 그런데 이러한 마을이나 정착지들은 인구가 급감한 지역이나 배수화가 완료된 강변의 평지에 주로 건설되었다. 특히 왕국 내에서 가장 고립되고 거의 개척되지 않은 남부 마주리아 지방을 중심으로 습지 건조화에 필요한 광범위한 운하망 건설이 본격화되었는데 이것은 습지 지역의 건조화를 통해 농지 및 초지를 확보하려는 계획에서 비롯되었다. 아울러 운하망 건설로 인해 확보된 물은 오물레프(Omulef) 및 발트푸쉬(Waldpusch) 강으로 끌어들여 생활용수 및 농업용수로 활용되었다.

이러한 내부 식민지화 정책과 더불어 프리드리히 2세는 황무지 상태에 놓여 있던 지방 등도 적극적으로 개간하여 곡물 생산량을 크게 증대시켰다.[17]

2) 의무교육제도의 보완 및 체계화

프리드리히 2세는 초등 의무교육제도도 체계화시키려 했다. 당시 프리드리히 2세는 왕국 내 신민 모두가 교육적 혜택을 받아야 한다고 했다. 따라서 그는 헤커(Johann Julius Hecker)를 등용하여 부친이 도입한 의

17   C. Clark, *Preußen*, p.254; E. Frie, *Friedrich II.*, p.97; H. Kaak, "Ländliche Bevölkerung in Brandenburg zwischen Anpassung und Offensive. Wege der sozialen und wirtschaftlichen Behauptung von Dörfern im zentralen Oderbruch zwischen 1720 bis 1850", in *Zeitschrift für Agrageschichte und Agrasoziologie* 52(2004), pp.87~88; A. Kossert, *Masuren. Ostpreussens vergessener Süden*(Berlin, 2001), p.52; I. Mittenzwei, *Preußen nach dem Siebenjährigen Krieg*, p.44.

무교육제도를 보완하게끔 했다.

교육개혁에서 핵심적 역할을 담당한 헤거는 1707년 11월 2일 니더라인 지방의 베르덴(Werden)에서 교사의 아들로 태어났다. 그는 에센(Essen)의 인문계 고등학교인 에센도시학교(Essene Stadtschule)에서 공부하면서 교장이었던 초프(Johann Heinrich Zopf)의 영향을 받아 철학과 루터파의 일파인 할레 경건주의(Hallescher Pietismus)에 관심을 가지게 되었다.

할레대학에서 그리스어 및 동방어과 교수로 재직하면서 할레 인근의 글라우하(Glaucha) 교회에서 목사로 활동하던 프랑케(August Hermann Francke)가 주도한 경건주의는 루터파의 정통적 관점에서 벗어나 새로운 교육적 측면, 즉 공공 교육기관을 설치하여 사회적 약자들에게도 교육의 기회를 제공해야 한다는 것을 부각하려 했다.[18] 당시 경건주의자들은 사회복지사업에도 관여하려고 했다. 이들은 오래전부터 빈곤과 그것에 따른 악덕, 예를 든다면 게으름과 구걸, 범죄 같은 행위는 가난한 사람들에게 강제로든 자발적이든 일을 하도록 하는 적절한 개혁을 통해 기독교 사회에서 제거할 수 있고 또 제거해야 마땅하다고 믿었다. 종파에 대한 그들의 회유적 관점에서, 이들은 그들이 브란덴부르크-프로이센의 염원과 정책에 부합한다고 생각했다.

카리스마가 넘치던 프랑케 주위에는 자원봉사를 하는 기독교 신자들이 많았다. 1695년 프랑케는 경건파의 기부금으로 운영하는 빈민학교를 세웠다. 공공적 관심이 컸기 때문에 그는 곧 학교에 보육원 기능까지 추가해 숙소 및 생계를 책임지고 무료 기초교육까지 담당시켰다. 이곳의 일과는 실용적이고 유익한 과제로 구성되었고 고아들은 규칙적으로 장

---

18 1692년 프랑케는 할레의 신도시인 글라우하의 수습 목사(Vikar)로 임명되었다가 신설 할레대학의 그리스어 및 동양어과 교수로 임용되었다. C. Clark, *Preußen*, p.254

인의 작업장을 찾아가 기술을 익히고 배워 미래 직업을 착실하게 준비했다. 당시 프랑케는 보육원의 원생들이 만든 제품을 판매하여 학교 재정의 일부를 충당하려고 했다. 그러나 그 실행 과정에 많은 문제점이 표출되면서 프랑케는 그 계획을 포기했다. 그런데도 수공예 숙련 과정은 중요한 고아 교육 프로그램으로 계속 남았다.[19]

고등학교를 졸업한 후 헤커는 할레대학에서 철학, 고전어, 의학, 그리고 자연과학을 배웠고 1729년부터 할레 교육대학 예과에서 교사로 활동하기 시작했다. 1733년 헤커는 식물학 및 해부학 교과서를 출간했고 2년 후인 1735년 포츠담에 있는 군사 보육원학교의 설교자, 교사, 그리고 감독관으로 임명되었다. 그러다가 3년 후인 1738년 경건주의에 심취한 프리드리히 빌헬름 1세에 의해 신축된 지 얼마 안 된 베를린 삼위일체 교회(Dreifaltigkeitskirche)의 주 목사로 임명되었다. 프리드리히 빌헬름 1세는 헤커의 설교를 직접 들었고 거기서 그가 향후 해야 할 과제에 대해서도 언급했다. 헤커는 베를린 시민들에게 설교하고 청소년들이 올바른 생활을 할 수 있게끔 지도해야 한다고 주장했다. 점차 프리드리히 빌헬름 1세는 헤커의 관점에 동의하게 되었을 뿐만 아니라 그것의 확산을 위해 적극적으로 지원하려고 했다.

프리드리히 빌헬름 1세에 이어 등극한 프리드리히 2세 역시 헤커의 교육활동을 적극적으로 지지했다. 그는 1746년 헤커가 베를린에 소재

---

19 T. Blanning, *Friedrich der Grosse*, p.494. 경건주의는 경건에 대한 이론을 연구하는 개념적 활동이 아니라 개신교도들의 경건한 생활을 형성하고 이루기 위한 실제 생활 운동이자 사회적인 기독교 운동이었다. 따라서 경건주의는 루터의 만인사제설(모든 인간은 성직자의 도움이나 중재 없이 그리스도를 통해 직접 신과 접촉하고 기도할 수 있다는 주장)을 최대한 실천하려 했다. 경건주의는 매우 넓은 개념으로 독서와 실천, 상업 활동, 사회 개화, 종교적 경험, 학교 설립 등에 영향력을 행사했고 계몽주의 정착 및 발전에 대한 기독교적 배경을 제공했다.

한, 당시 폐교된 프리드리히 도시인문학교(Friedrichstädtisches Gymnasium) 건물을 매입하는 데 적지 않은 재정적 지원을 했다. 다음 해 헤커는 이 폐교의 건물을 수리한 후 '농업-수학 기술학교(Ökonomisch-Mathematische Realschule)'라는 새로운 형태의 학교를 출범시켰다.

1750년 헤커는 고등종교평의회 의장으로 임명되었다. 이후 교육학적 저술이나 관점을 확대·보급하기 위해 전문 출판사를 세웠을 뿐만 아니라 주간신문도 창간했다. 헤커의 개혁적이고 실용적인 교육은 졸업 후 사회생활에서 필요한 기술들을 기술학교에서 배우게 하는 것인데 이러한 방식은 바로 프로이센 기술 교육의 토대가 되었다. 그런데 헤커는 이러한 교육이 효율적으로 운영되기 위해서는 특별 교육을 받은 교사들도 필요하다는 것을 인지했기 때문에 1748년 교육대학도 신설했다. 그리고 이것을 토대로 1753년 쾨페니크에 '쿠르메르키세스 란트슐러세미나(Kurmärkisches Landschullehrerseminar)'라는 직업학교가 세워졌다.

이 직업학교에서는 수공업과 매뉴팩처에 대한 실습에 큰 비중을 두었는데 이것은 라틴어를 기본으로 인문학을 가르치는 전통적 김나지움의 대안 교육기관으로 볼 수 있다. 당시 작가이며 출판가로 활동하던 니콜라이(Friedrich Nicolai)는 자신이 다녔던 헤커의 실업학교를 긍정적으로 평가했을 뿐만 아니라 그러한 종류의 실업학교를 프로이센 전역에 설치해야 한다고 주장했다.

1750년 라이프치히에서 간행되던 일간지인 『라이프치히 진열실(Leipziger Sammlungen)』은 헤커의 실업학교가 어떻게 운영되는가를 자세히 언급했다. 이 신문에 따르면 재학생들은 수업을 들은 후 그 내용을 실제로 체험하기 위해 교사들과 더불어 병아리를 부화시키거나 식물을 파종한 후 접목 및 접지도 했다. 특히 학생들은 뽕나무의 식목 과정에 큰 관심을 보였는데 이것은 이 나무가 당시 상류층을 중심으로 수요가 급격히 늘어나던 비단 생산에 절대적으로 필요하다는 사실과 그것을 통해 향후 사회생활에서 적지 않은 이익도 창출할 수 있다는 현실적 판단에서 비롯된 것 같다.

이렇게 교육활동을 적극적으로 전개하던 헤커는 프리드리히 2세의 명령에 따라 그동안 준비한 '프로이센 학교 규정(Die alllgemeine Schulpflicht in Preußen)'도 1763년에 발표했는데 이것은 유럽 최초의 초등교육 시행령이자 18세기 독일의 대표적인 교육법령이었다.

'프로이센 학교 규정'에는 첫째, 취학의무 나이가 명시되었다. 5세부터 13세까지의 아동은 해당 지역 학교에 반드시 등록해야 한다. 그리고 학부모는 겨울에는 매일, 여름에는 일주일에 2일 이상 자녀를 학교에 반드시 보내야 하고 학생들은 학교에서 기독교 기초를 비롯하여 읽기 및 쓰기를 배워야 한다. 지주는 소작농의 자녀들이 학교에 다닐 동안 그들에게 집안일을 비롯한 잡일들을 시켜서는 안 된다. 둘째, 학교의 설치 및 운영 방법이 구체적으로 거론되었다. 각 지역구에 있는 교회는 최소한 교사 1명을 채용하여 학교를 운영해야 하며 교사 봉급은 해당 지역구에서 지급해야 하고 교회 권위로 채용 교사에 대한 감독권도 행사할 수 있다. 셋째, 초등학교에서 사용할 교재 및 내용이 구체적으로 제시되었다. 지방 학교의 교장 및 교사들은 청소년들에게 도덕과 종교를 가르치면서 청소년들이 그들의 종교, 즉 신교의 우월성과 장점을 스스로 알게끔 지도하여 가톨릭으로 개종하지 못하게끔 해야 하고 이것을 그들의 중요한 의무사항으로 인식해야 한다. 또한 종교 교육을 통해 학생들이 살인 및 절도 행위가 죄악이라는 것을 깨닫게 해야 한다. 지방 학교의 교사진은 학생들이 초등교육을 마친 후 도시로 진출을 꾀하거나 관청의 공무원으로 활동하는 것을 가능한 한 차단해야 하므로 일상생활하는 데 필요한 단순 지식만을 전달할 의무만을 가진다. 넷째, 수업료의 책정과 빈곤 계층 아동의 수업료 면제가 언급되었다. 그리고 교사의 자격 규정 및 채용 방법도 구체적으로 명시되었는데, 교사가 되기 위해서는 해당 지역 장학관청에서 시행하는 시험에 합격한 후 베를린 교원양성소에서 일정 기간 연수 교육을 받아야 한다.[20]

헤커가 제정한 학교 규정에 따라 프리드리히 2세의 교육정책은 적령기 아동 대다수를 위한 일반교육과 소수의 엘리트 아동을 위한 교육으로 이분화되었다. 실제로 브란덴부르크의 레칸(Rekahn)에 계몽 귀족인 로호(Hans v. Rochow)가 재정적 지원을 한 엘리트 학교가 설립된 후 충실하고 내실 있는 교육을 제공하기 위해 능력 있는 교사들이 채용되었고 이들에게는 100탈러 이상의 고액 연봉이 지급되었다.[21]

2. 영토 확장 정책

1) 오스트프리슬란트

프리드리히 2세는 오스트리아 왕위계승전쟁이 진행되는 동안 오스트프리슬란트(Ostfriesland) 백작령을 자국에 편입시켰다. 1694년부터 프로

---

20 T. Blanning, *Friedrich der Grosse*, p.494. 당시 프리드리히 2세는 취학 의무 연령층에 해당하는 어린이 중에서 극히 일부만이 공립학교로 진학한 후 능력을 갖춘 교사들로부터 충실한 교육을 받는다고 했다. 그리고 나머지 대다수 학생은 무능력한 설교자, 병사, 상이군인, 수공업자, 그리고 여성들로 구성된 교사들의 교육을 받기 때문에 교육적 효과를 기대하기 어렵다는 것이 프리드리히 2세의 관점이었다. 따라서 그는 일정한 자격을 갖춘 교사 양성이 절대적으로 필요하고 그것을 위해 교육대학의 신설 역시 시급하다고 했다.

21 대다수의 유럽 국가들과 마찬가지로 프로이센 역시 목사들이 초등 교사 역할을 담당했다. 이들은 교회의 감독을 받는 예속적 신분인 경우가 많았고 수업료에서 지급되는 박봉으로 살아가야만 했다. 따라서 이들은 일요일 예배에서 성가를 부르거나 장례식에서 오르간 연주자로 활동하면서 부수입을 얻고자 노력했다. 이것을 통해 당시 초등 교사들은 학습을 위한 준비나 학습효과를 증대시키는 방법에 전혀 신경 쓰지 않았다는 것도 확인할 수 있다. T. Blanning, *Friedrich der Grosse*, p.496; E.V. Körber, *Die Zeit der Aufklärung*, p.162.

이센은 이 지방에 대한 계승권을 가지고 있었는데 이것은 같은 해 신성로마제국 황제인 레오폴트 1세가 공포한 칙령에서 계승권이 인정되었기 때문이다. 레오폴트 1세가 공포한 칙령에서는 오스트프리슬란트를 통치하던 시르크세나(Cirksena) 가문이 단절되면 자동으로 오스트프리슬란트가 호엔촐레른 가문으로 이양된다는 것이 명시되었다.

칙령 발표 이전부터 프로이센의 위정자들, 특히 프리드리히 빌헬름은 오스트프리슬란트에서 귀족 계층, 농민 계층, 그리고 엠덴(Emden)시가 당시 이 백작령의 통치자와 장기간 대립하고 있는 것을 직시했고 이것을 활용하여 오스트프리슬란트를 프로이센에 가능한 한 빨리 병합시키려 했다. 또한 그는 이것이 현실화되면 북해에서의 교역 활성화도 가시화시킬 수 있다고 판단했다.

1744년 시르크세나 가문이 단절됨에 따라 오스트프리슬란트는 프로이센에 귀속되었다. 프리드리히 2세는 제후들과 협상하여 그들의 통치권을 한시적으로 보장하는 대가로 세금을 3배로 인상하기로 했다. 그러다가 1749년 프리드리히 2세는 귀족들의 통치권을 박탈했고 엠덴시 도시 귀족들의 자치권도 빼앗았다. 이후 오스트프리슬란트에는 프로이센의 행정 시스템이 도입되었다.

프리드리히 2세는 새로이 편입된 오스트프리슬란트에서 경제적 이익을 추구하려고 했다. 특히 그는 엠덴에서 이익을 창출할 수 있는 해상교역에 큰 관심을 보였는데 이것은 당시 해상교역으로 많은 이익을 얻던 영국 및 네덜란드의 반발을 유발하는 계기가 되었다. 그러나 당시 양국은 오스트리아와의 분쟁으로 프로이센의 계획을 차단하는 방안을 강구하고 그것을 실천시킬 수 있는 상황도 아니었다.

프리드리히 2세의 주도로 엠덴에 설립된 아시아 교역회사, 즉 동인도회사는 중국과의 교역에서 큰 성과를 거두지 못했다. 비록 오스트프리슬란트가 프로이센에 편입된 직후 이 지역은 프로이센에 커다란 이익을 가져다주지 못했지만, 점차 광범위한 간척 및 제방 건설로 인해 경제적 이익을 많이 창출할 수 있는 지방으로 바뀌었다.

2) 제1차 폴란드 분할

프리드리히 2세는 제3차 오스트리아 왕위계승전쟁이 끝난 후 자국의 군대나 신민을 가능한 한 전쟁터로 보내지 않으려고 했다. 그런데도 그는 정확한 정치적 안목과 뛰어난 외교적 수완을 통해 프로이센의 영역을 지속해서 확대해나갔다. 당시 그는 러시아와의 동맹으로 서프로이센을 프로이센 왕국에 편입하려는 생각도 하고 있었다. 이에 따라 서프로이센의 자국 병합에 대한 예카테리나 2세의 반응을 확인하려고 했고 거기서 그는 러시아 여제가 폴란드 영토에 대한 불가침성을 보장한 폴란드-러시아의 영구 동맹 조약에 따라 폴란드 분할에 원칙적으로 반대하고 있다는 사실을 파악했다. [22]

그러나 1768년 2월 29일 포돌리아(Podole)의 바르(Bar)에서 반러시아 군사동맹체인 바르 동맹이 결성됨에 따라 러시아는 기존 입장인 폴란드

---

[22] 당시 폴란드 왕정은 선출 왕정이었기 때문에 경쟁 후보들이 대립하는 과정에서 자국의 영향력을 확대하려던 외부 세력의 지속적인 개입으로 혼란스러웠다. 이와 더불어 폴란드 헌법의 구조적인 약점 때문에 체제가 마비되는 경우가 많았고 국가의 체제를 개혁하고 튼튼히 하려는 노력마저 방해를 받았다. 여기서 폴란드 제국의회가 허용한 리베룸 베토(Liberum Veto)는 상황을 더욱 어렵게 했다. '자유를 허락하지 않는다'라는 라틴어에서 비롯된 리베룸 베토는 제국의회에서 어떠한 안건이 통과되려면 반대하는 의회 구성원이 한 명도 없어야 한다는 일종의 만장일치제였다. 따라서 폴란드 제국의회의 각 구성원은 다수의 뜻을 방해할 수 있었을 뿐만 아니라 그들만의 의회를 소집할 수 있는 귀족들의 무장 연합, 즉 '연맹(Konföderationen)'도 형성할 권리를 가졌다. 그리고 이것은 합법화된 내전을 유발하는 요인이 되었고 18세기에 접어들면서 매우 흔한 일로 간주되었다. 그러나 리베룸 베토는 1791년 5월 3일 제정한 헌법에서 삭제되었다. C. Clark, *Preußen*, pp.274~275.

분할 반대를 포기했다. 신앙 및 자유 수호를 위해 출범한 바르 동맹에는 가톨릭 및 폴란드 자유주의자들이 대거 참여했고 점차 이 동맹은 친러시아 계통의 스타니수아프 2세(Stanisław II, 1764~1795)의 퇴위를 요구했을 뿐만 아니라 러시아에 대한 군사적인 압박도 가시화했다. 이에 따라 러시아는 폴란드에 대한 기존의 태도를 철회했고 프로이센의 제의도 받아들였다.[23] 폴란드 분할로 가는 길은 이렇게 시작되었고, 프로이센과 러시아는 중부 유럽의 균형을 확립한다는 명분으로 폴란드 내 귀족들의 대립을 조장하고 무정부 상태를 유지하려고 했다.[24]

1768년에 시작된 제6차 러시아-오스만튀르크 전쟁(1768~1774)에서 공격보다 방어에 치중하던 러시아는 1772년부터 대대적인 공격에 나섰다. 이후 러시아는 육전 및 해전에서 오스만튀르크군을 격파했고 이것은 프로이센뿐만 아니라 오스트리아의 우려도 유발시켰다. 실제로 이들 양국은 러시아의 세력 확장을 예의주시하고 있었고 그것의 가시화도 저지하려고 했다.[25] 러시아 역시 프로이센과 오스트리아의 우려를 완화하

---

23 당시 오스트리아와 프랑스의 지원을 받던 바르 동맹은 발언권이 상실된 폴란드 의회에서 비준된 '영구동맹조약'의 철회를 지향했다. '영구동맹조약'은 의회의 만장일치제 재도입, 폴란드 국가 및 주권 보장에 대한 러시아의 확고한 보증, 그리고 비국교도에 대한 관용과 동등한 대우 보장 등을 명시하고 있었다.

24 T. Blanning, *Friedrich der Grosse*, p.355; E. Frie, *Friedrich II.*, p.108.

25 바르 동맹을 격파하기 위해 러시아군은 1768년 가을 폴란드로 진격했다. 같은 해 9월 25일 오스만튀르크는 러시아에게 전쟁을 선포했는데 이를 제6차 오스만튀르크-러시아 전쟁이라고 한다. 제6차 오스만튀르크-러시아 전쟁은 폴란드의 정정 불안에서 비롯되었다. 폴란드 귀족들이 스타니수아프 2세에 대항하여 반란을 일으켰고, 스타니수아프 2세는 그 진압을 위해 러시아 군대에 전적으로 의존하는 태도를 보였다. 폴란드에 대한 러시아의 영향력 행사는 이미 오래전부터 눈엣가시였기 때문에 오스만튀르크는 봉기를 일으킨 폴란드인들을 지원하려고 했다. 그러나 오스만튀르크가 러시아에 대해 선전포고를 한 직접적인 원인은 러시아 소속 카자흐 연대가 폴란드 반란군을 추격하던 중, 오스만튀르크 제국령인 우크라이나의 발타(Balta, 오늘날 우크라이나 오데사주 북부의

기 위해서는 이들 국가에 영토를 보상해야 한다는 것을 파악하고 있었다. 이러한 러시아의 구상을 보고받은 프리드리히 2세는 서프로이센 합병 계획을 실현할 기회가 왔음을 인지하고 그것을 위한 외교 활동에 본격적으로 착수했다.

프리드리히 2세는 폴란드 분할에서 세력 균형을 유지하기 위한 이상적인 탈출구를 찾고자 했고 거기서 나름대로 해결책도 마련했다. 프로이센의 계획은 우선 러시아가 오스만튀르크와의 전쟁에서 점령한 몰도바와 왈라키아를 포기하게 하는 것인데 그것은 이 두 지방이 오스트리아의 관심 지역이었기 때문이다. 프리드리히 2세는 러시아가 합당한 반대급부를 받지 않는다면 절대 점령지를 포기하지 않을 것이라고 판단했고 거기서 그는 러시아와 국경을 맞댄 폴란드 왕국의 동부지역을 러시아에 제공하려는 구상도 했다. 이러한 프리드리히 2세의 절충안은 발트해 연안의 폴란드 영토, 즉 서프로이센을 프로이센에 편입시키겠다는 그의 숙원에서 비롯되었다. 오스트리아도 프로이센의 계획에 동의하게끔, 프리드리히 2세는 폴란드 남부의 갈리시아를 합스부르크 가문에 귀속시키려는 계획도 했다. 이렇게 할 때 오스트리아에는 프로이센에 빼앗긴 슐레지엔에 대한 보상 기회가 제공되는 셈이었다.

당시 마리아 테레지아는 폴란드를 희생시켜가면서 슐레지엔 상실에 대한 보상을 받는 것을 도덕적으로 내키지 않아 했고, 폴란드 분할 점령에도 반대했다. 프리드리히 2세는 마리아 테레지아가 이렇게 나오는 바람에 러시아 여제와 자신이 노상강도가 되었다고 말했다. 그리고 그는

도시)를 침범하여 주민들을 학살한 사건에서 비롯되었다. 이 사건에 격노한 술탄 무스타파 3세(Mustafa III, 1757~1774)는 러시아에게 선전포고를 했다. 이후 오스만튀르크는 바르 동맹과 동맹 체제를 구축했고, 러시아는 러시아 해군에 고문관을 파견한 영국의 지원을 받게 됨에 따라 제6차 오스만튀르크-러시아 전쟁은 국제전으로 바뀌게 되었다.

마리아 테레지아가 고해신부를 매수했다고도 주장했는데 그것은 그녀
가 울면 울수록 더 많은 영토를 차지할 수 있는 분위기가 조성된다는 것
에서 비롯된 것 같다.[26] 오스트리아의 실제적 통치자인 요제프 2세(Joseph
II, 1765~1790)는 러시아와의 관계 개선에 관심을 보였고 그것에 따라 기
존 영토를 보장받는 방어동맹도 양국 사이에 체결되었다. 그럼에도 불
구하고 러시아는 1772년 2월 17일 프로이센과 별도의 협정도 체결했는
데 거기서는 제1차 폴란드 영토 분할이 구체적으로 언급되었다. 협정서
에는 양국이 폴란드 영토 분할에 반대하던 오스트리아와 전쟁도 할 수
있다는 것도 명시되었는데, 이로써 오스트리아가 러시아와 체결한 방어
동맹의 의미 및 한계를 파악할 수 있다.

러시아와 프로이센이 폴란드 영토 분할을 시도한다는 소식을 접한 마
리아 테레지아는 요제프 2세와 논의하여 오스트리아도 영토 분할에 참

---

26 T. Blanning, *Friedrich der Grosse*, p.356; E. Frie, *Friedrich II.*, p.108. 당시 마리
아 테레지아는 프리드리히 2세와는 달리 폴란드 분할을 반대했지만 결국 자신
의 입장을 철회했다. 이러한 태도 변화는 아들 요제프 2세의 설득에서 비롯되
었다. 이후 마리아 테레지아는 협상 과정에서 폴란드에 대한 영토 보상, 즉 왈
라키아(Walachei/Valahia, 오늘날의 루마니아 남부 지방) 후작국과 몰도바(Mol-
dova/Moldivia) 후작국을 폴란드에 넘겨주어야 한다는 생각을 밝혔지만 관철되
지 않았다. 또한 마리아 테레지아는 카우니츠-리트베르크를 통해 폴란드 분할
에 오스트리아가 참석하지 않는 대가로 슐레지엔 지방의 일부와 글라츠 백작령
을 오스트리아로 넘겨줄 것을 프리드리히 2세에게 제안했지만, 프로이센 국왕
은 그것에 대해 전혀 관심도 보이지 않았다.
당시 프리드리히 2세는 마리아 테레지아가 누구도 인지할 수 없는 통치예술
을 가졌다고 주장했다. 마리아 테레지아가 주변 국가들에게 국가 영토를 강제
로 빼앗긴 폴란드인들을 생각하며 눈물을 흘렸지만, 그것은 일종의 가식적 행
위라는 것이었다. 그의 말에 의하면, 마리아 테레지아는 왼손에 가식의 눈물을
닦기 위한 손수건을 쥐고, 오른손에는 협상에 필요한 검을 감추고 있다고 한다.
J. Lukowski, *The Patitions of Poland 1772*, 1793, 1795(London, 1999), p.81;
P.W. Schroeder, *The Transformation of European Politics 1763~1848*(Oxford,
1994), p.16.

여하기로 했다.[27] 같은 해 8월 5일 러시아의 상트페테르부르크에서 개최된 협상에서 오스트리아, 프로이센, 그리고 러시아는 폴란드 영토 분할에 대한 최종 합의를 했다. 상트페테르부르크 조약이라 지칭되는 최종합의는 폴란드의 평화 회복을 위한 불가피한 선언으로 포장되었다.[28]

제1차 분할을 통해 폴란드는 주민의 3분의 1 이상과 국토의 약 4분의 1을 잃었다. 그것에 따라 프로이센은 서프로이센(단치히[Danzig]와 토른[Thorn]은 제외)과 주교구인 에름란트(Ermland),[29] 그리고 네츠강 유역의 356,000여 명의 주민과 34,900km²에 달하는 폴란드 영토를 자국 영토에 편입시켰다. 오스트리아는 칩스 지방(Zips, 13개 도시, 스피스카노바베스[Spišká Nova Ves]와 레보카[Levoka]를 비롯한 독일인들이 많이 거주하던 현재의 슬로바키아 북동부 지방), 로도메리엔(Lodomerien/Lodomerii, 루테니아인들이 거주), 그리고 갈리시아(Galicia, 크라쿠프[Kraków]는 제외) 등 모두 83,000km²에 달하는 폴란드 영토와 266,900명의 주민을 획득했다. 이에 반해 러시아는 몰도바와 왈라키아를 포기하는 대신, 폴란드령 리플란트(Liefland: Livonia)와 백러시아(Belarus), 폴라츠크(Polazk) 및 민스크(Minsk)의 일부, 비테프스크(Witebsk)와 므스티슬라프(Mstislav) 등을 포함하는 92,000km²의 면적과 1,256,000명을 확보했다.[30]

---

27 T. Blanning, *Friedrich der Grosse*, p.356; J. Lukowski, *The Patitions of Poland 1772, 1793, 1795*, p.82; B. Simms, *Kampf um Vorherrschaft*, p.186.

28 T. Blanning, *Friedrich der Grosse*, p.356; J. Lukowski, *The Patitions of Poland 1772, 1793, 1795*, p.86; B. Simms, *Kampf um Vorherrschaft*, p.186.

29 오늘날의 워미아(Warmia).

30 폴란드 분할은 1793년과 1795년에도 이어졌다. 모두 3차례에 걸쳐 진행된 분할에서 러시아, 프로이센, 그리고 오스트리아가 차지한 폴란드 영토 및 주민 수의 합계는 러시아가 458,600km²와 5,650,000명, 프로이센이 136,300km²와 2,534,000명, 오스트리아가 135,000km²와 3,767,000명이었다. 폴란드 면적의 62.8%를 차지한 러시아는 프로이센이나 오스트리아보다 무려 3배나 더 넓은 영토를 차지했다. 그리고 폴란드인의 47.3%, 다시 말해 폴란드인의 약 절반

프리드리히 2세는 제1차 폴란드 분할을 통해 지리적으로 멀리 떨어진 브란덴부르크 선제후령과 프로이센 왕국을 하나로 통합할 수 있었다. 더욱이 프로이센 영토는 이제 중부와 북부 독일을 횡으로 가로지르는 이점도 가지게 되었다. 그런데도 프리드리히 2세는 만족할 수 없었는데 그것은 서프로이센의 핵심 도시들인 단치히와 토른을 프로이센에 편입시키는 데 실패했기 때문이다.[31]

비스와(Wisła) 강변에 있는 중요한 도시인 단치히와 토른을 얻지 못했음에도 불구하고 프리드리히 2세는 향후 창출될 수 있는 경제적 이득에 큰 기대를 걸었다. 폴란드에서 가장 큰 강인 비스와강의 확보로 폴란드 곡물에 대한 프로이센의 통제뿐만 아니라 이것에 대한 관세 부과도 가능해졌기 때문이다. 또한 프리드리히 2세는 새로이 획득한 지방에 프로이센의 행정 시스템을 도입하면 세수 증대 역시 기대할 수 있다고 판단했다.

프리드리히 2세는 제1차 폴란드 분할 과정에서 획득한 영토를 '서프로이센(Westpreußen)'이라 지칭했고 그 이후부터 왕국의 다른 지역보다 이 지역의 내정과 안정화에 깊은 관심을 보였다. 이 과정에서 프리드리히 2세는 지역의 전통적 통치기구를 폐지하고 베를린과 동프로이센 출신의 관료들을 서프로이센에 파견하여 다른 지방보다 강화된 중앙집권 정책을 펼쳤는데 이것은 그가 토착 폴란드 행정 체제의 효율성을 인정하지 않은 데서 비롯된 것 같다. 합병 이후 임명된 서프로이센의 전체 지역별 행정관 중에서 서프로이센 출신은 단 한 명에 불과했고 나머지

정도가 러시아 국민으로 바뀌었다. T. Blanning, *Friedrich der Grosse*, p.356; J. Lukowski, *The Patitions of Poland 1772, 1793, 1795*, p.86.

31 그러나 이 두 도시는 1793년에 진행된 제2차 폴란드 분할 과정에서 프로이센에 포함되었다.

는 동프로이센 출신이었다.[32]

이제 프리드리히 2세의 호엔촐레른 기문은 이 가문의 핵심 영토인 브란덴부르크, 라인강 하류의 클레베, 마르크, 그리고 라벤스베르크, 동프로이센과 서프로이센, 그리고 오스트리아로부터 빼앗은 슐레지엔까지 통치하게 되었다. 그리고 당시 상비군의 중요성을 인식한 프리드리히 2세는 상비군 수도 배증시켰는데 그 수는 20만 명에 달했다.[33]

3) 바이에른 상속 전쟁

바이에른의 막시밀리안 3세가 천연두에 걸려 1777년 12월 30일 남자상속인 없이 사망함에 따라 오스트리아의 요제프 2세는 다음 해 1월 3일 오스트리아와 국경을 공유한 란츠후트(Landshut), 파사우, 슈트라우빙(Straubing) 등이 포함된 니더바이에른과 레겐스부르크(Regensburg), 암베르크(Amberg), 그리고 바이덴(Weiden)이 포함된 오버팔츠(Oberpfalz)에 대한 상속권을 제기했다.[34] 이러한 주장은 카를 7세의 외아들로서 1777년

---

32 T. Blanning, *Friedrich der Grosse*, p.356; C. Clark, *Preußen*, p.280; J. Lukowski, *The Patitions of Poland 1772, 1793*, 1795, p.87.

33 1786년 프리드리히 2세가 세상을 떠나면서 프로이센에 남긴 것은 60% 늘어난 영토, 즉 16만 km²의 면적과 인구, 강군의 위상을 갖춘 상비군, 베를린 정부가 향후 다년간 재정적 어려움을 겪지 않아도 될 만큼의 튼튼한 국고였다.

34 요제프 2세의 두 번째 부인 마리아 요제파(Maria Josepha)의 오빠인 막시밀리안 3세는 당시 활용되기 시작한 천연두 예방접종을 믿지 않았기 때문에 접종을 거부했고 그로 인해 목숨을 잃었다. 요제프의 첫 번째 부인인 이사벨라 폰 부르봉-파르마(Isabella v. Bourbon-Parma)가 천연두로 사망하자 카를 7세의 장녀 마리아 요제파가 신부 후보로 등장했다. 당시 마리아 테레지아는 요제프가 마리아 요제파와 결혼하면 바이에른의 상당 부분이 오스트리아에 편입될 가능성을 예견했다. 즉 비텔스바흐 가문에서 남자 상속인이 단절되면 요제프가 바이에른의 상당 지역을 차지할 수 있다고 판단했던 것이다. 요제프보다 2세 연상인 마리아 요제파는 젊은 시절 마리아 테레지아를 괴롭혔던 카를 알브레히트,

후사 없이 사망한 막시밀리안 3세가 마리아 테레지아의 사촌 누이인 마리아 요제파의 외아들이라는, 합스부르크 가문과 비텔스바흐 가문 간의 혈연 관계에서 비롯되었다.

그런데 막시밀리안 3세는 1766년, 1771년, 그리고 1774년에 체결된 팔츠 선제후 카를 테오도르(Karl Theodor)와의 비밀조약을 통해 남자 상속인 문제를 해결하려고 했다.[35] 그것에 따르면 양국의 위정자 중에서 한 사람이 남자 상속인이 없는 상태에서 사망하면, 나머지 위정자가 다른 쪽 국가를 자국에 편입시킬 수 있는 권한을 가진다는 것이다.[36]

당시 오스트리아는 이러한 비밀협정을 전혀 알지 못했다. 그러나 1776년 카를 테오도르가 비밀사절단을 요제프 2세에게 보내어 자신과 막시밀리안 3세이 체결한 비밀조약의 내용을 언급했다. 이어 그는 막시

즉 신성로마제국 황제 카를 7세의 딸로서 25세가 될 때까지 혼인하지 못했다. 1765년 1월 23일 요제프와 마리아 요제파의 호화로운 결혼식과 성대한 축하연이 쇤부른궁에서 열렸다. 그러나 빈 황궁에서 자신이 쓸데없는 존재라는 것을 파악한 마리아 요제파에게 결혼생활은 고통의 연속이었다. 타인에 대한 배려심이 깊은 마리아 테레지아는 마리아 요제파를 동정했지만, 그녀를 식구로 포용하는 것에 대해서는 주저했다. 점차 그녀는 정략결혼을 한 아들에게 심한 죄책감도 느끼게 되었다. 요제프는 정신적으로나 육체적으로 마음에 들지 않는 신부를 가까이하지 않았다. 따라서 마리아 요제파는 아이도 가지지 못했고 1765년 5월 25일 당시 유행한 천연두에 걸려 목숨을 잃었다. C. Clark, *Preußen*, p.258; E. Badinter, *Maria Theresia*, p.266; E. Frie, *Friedrich II.*, p.110; B. Simms, *Kampf um Vorherrschaft*, pp.192~193; B. Stollberg-Rilinger, *Maria Theresia*, p.742.

35 카를 테오도르는 팔츠-슐츠바흐 가문의 수장이며 윌리히와 베르크 대공국을 통치하고 있었다. C. Clark, *Preußen*, p.258; E. Frie, *Friedrich II.*, p.110.

36 실제로 막시밀리안 3세가 후사 없이 사망함에 따라 카를 테오도르 선제후는 바이에른과 바이에른 선제후 직위를 동시에 상속받았다. 이에 따라 그는 선제후의 주거궁을 만하임에서 뮌헨으로 옮겼고, 바이에른의 내부 사정을 제대로 알지 못하던 팔츠 관리들도 뮌헨으로 데려갔다. C. Clark, *Preußen*, p.258; E. Frie, *Friedrich II.*, p.110.

밀리안 3세가 남자 후계자 없이 사망할 경우 양국 간의 이익을 고려한 영토 교환도 제안했다. 카를 테오도르는 니더라인을 토대로 자신의 왕국을 건설하려고 했는데 그 과정에서 오스트리아령 네덜란드가 절대로 필요했다. 막시밀리안 3세가 죽은 지 일주일도 안 된 1778년 1월 3일 카를 테오도르는 요제프 2세와 비밀협상을 펼쳤다. 여기서 그는 니더바이에른, 오버팔츠, 그리고 오버바이에른 일부를 오스트리아에 양보하는 대신 오스트리아령 네덜란드를 넘겨달라고 요구했지만, 요제프 2세는 그러한 요구를 수용하지 않았다. 요제프 2세는 대다수의 바이에른 지방을 오스트리아에 편입시켜 오스트리아 왕위계승전쟁 이후 실추된 오스트리아의 국제적 위상을 회복하고, 독일권에서 오스트리아의 영향력도 증대시키려고 했다.[37]

요제프 2세는 1월 6일 15만 명의 군대를 이끌고 니더바이에른으로 진격하여 행정도시인 슈튜라우빙도 점령했는데 이것은 카를 테오도르가 가지고 있던 바이에른의 교환가치를 크게 떨어뜨리려는 의도에서 비롯된 것 같다. 거의 같은 시기 카우니츠-리트베르크는 카를 테오도르의 사절단에게 팔츠 선제후국이 바이에른을 포기한다면 포르데르외스터라이히(Vorderösterreich)와 갈리시아를 즉시 제공하겠다는 역제안도 했다. 여기서 그는 팔츠 선제후가 바라던 오스트리아령 네덜란드의 이양은 불가하다는 입장이었는데 그것은 오스트리아령 네덜란드에서 유입되는 세금이 바이에른의 그것보다 훨씬 많다는 현실적 판단에서 비롯되었다.[38] 요제프 2세는 카를 테오도르와 협상하면서 오스트리아가 큰 비용을 지급하지 않고 바이에른을 획득할 수 있다는 확신도 하게 되었다.[39]

---

37 C. Clark, *Preußen*, pp.258~259; E. Frie, *Friedrich II.*, pp.110~111.

38 C. Clark, *Preußen*, p.259; E. Frie, *Friedrich II.*, p.111.

39 C. Clark, *Preußen*, p.259; E. Frie, *Friedrich II.*, p.111; B. Simms, *Kampf um Vorherrschaft*, p.193.

그러나 제1차 폴란드 영토 분할 참여로 서프로이센을 획득한 후 기존의 엘베강에서 동프로이센의 메멜강까지 영토를 늘린 후에도 바이에른의 일부 지역, 즉 호엔촐레른 가문 계열의 안스바흐와 바이로이트 변경백령을 프로이센에 합병하려던 프리드리히 2세가 니더바이에른과 오버팔츠에 대한 오스트리아의 영유권 주장을 인정할 리가 없었다.[40] 또한 프리드리히 2세는 오스트리아 영역의 확대 및 그것에 따른 독일권에서의 위상 증대에도 동의하지 않았다.[41] 이에 당황한 요제프 2세는 당시의 유럽 정세를 확인했는데 그것은 최악의 경우 프로이센과 전쟁을 해야 한다는 우려에서 비롯된 것 같다. 그리고 그 과정에서 요제프 2세는 오스트리아가 프로이센과 전쟁을 하면 우군이 없다는 사실도 파악했다. 실제로 작센의 위정자는 오스트리아와 프로이센 사이에 전쟁이 벌어지면 개입하지 않겠다는 태도를 밝혔고 마리아 테레지아의 사위인 루이 16세(Louis XVI, 1774~1792) 역시 관여하지 않겠다는 자세를 보였다. 이에 반해 예카테리나 2세는 프로이센 측을 지원하겠다는 입장을 밝혔고 신성로마제국 내 적지 않은 국가들, 특히 하노버는 프리드리히 2세를 지원하겠다는 의사를 공식적으로 천명했다.

이러한 불리한 상황에서 요제프 2세는 1778년 4월 동생 막시밀리안 프란츠(Maximilian Franz)와 처남 알베르트 폰 테셴(Albert v. Tetschen)과 더불어 오스트리아군 18만 명을 이끌고 프로이센과 작센 국경 지역까지 진격하여 프로이센 공격에 대응하려고 했다. 이러한 시점에 양국은 외

---

40 E. Frie, *Friedrich II.*, p.111 ; B. Simms, *Kampf um Vorherrschaft*, p.193. 당시 막시밀리안 3세의 부인 마리아 안나는 카를 테오도르의 바이에른 상속에 동의하지 않았다. 그녀는 장조카인 작센 선제후가 바이에른의 상속자가 되어야 한다고 주장하며 그것을 위해 프리드리히 2세의 무력 개입도 요청했다.

41 이에 따라 그는 1778년 4월 오스트리아에 남부 독일에서의 영토 교환 협상도 제의했다.

교적 협상을 시도했지만 아무런 성과도 거두지 못했다. 이에 따라 66세의 프리드리히 2세는 1778년 7월 3일 자센과 더불어 오스트리아에 전쟁을 선포했고 이틀 후인 7월 5일 보헤미아 지방을 공격했다. 당시 프리드리히 2세는 팔츠-츠바이브뤼켄(Pfalz-Zweibrücken)의 카를 아우구스트(Karl August) 대공이 그의 관심 지방으로 밝힌 바이에른 점유를 보호하기 위해 전쟁에 개입하게 되었다는 입장도 밝혔다.[42]

전쟁이 시작된 지 얼마 안 되어 프로이센-작센 연합군은 물론이고, 오스트리아군에게도 보급상의 문제가 발생했기 때문에, 양측은 가능한 한 모두 군사적 충돌을 피해갔다. 당시 보급 사정이 매우 나빴기 때문에 병사들은 주로 감자만을 먹어야 했다. 병사들은 감자를 얻기 위해 농토를 망가뜨렸고 농민들의 불만은 극에 달했다.[43] 특히 원정에 참여한 프

---

[42] 카를 아우구스트는 자신이 결국 바이에른을 상속받게 되리라는 판단을 했는데 이것은 바이에른의 상속권을 가졌던 카를 테오도르 역시 합법적인 후계자가 없었다는 데서 비롯된 것 같다. 실제로 카를 테오도르는 1742년 팔츠-줄츠바흐 가문의 엘리자베트 아우구스테(Elisabeth Auguste)와 결혼했지만, 후사를 두지 못했다. 다만 그는 만하임 극장 여배우 겸 무용수였던 자이베르트(Maria Josepha Seibert)와의 혼외관계에서 카를 아우구스트(Karl August)만을 얻었을 뿐이다. 카를 테오도르의 이러한 상황을 정확히 파악한 팔츠-츠바이브뤼켄의 대공은 오스트리아의 바이에른 강제 점유에 대해 이의를 제기했고 그것을 저지하기 위해 프리드리히 2세에게 군사적 지원도 요청했다. C. Clark, *Preußen*, p.259.; E. Frie, *Friedrich II.*, p.111.

[43] C. Clark, *Preußen*, p.259; E. Frie, *Friedrich II.*, p.112. 감자는 7년전쟁 기간 중 중부 유럽까지 전파되어 빵을 대체할 새로운 주식으로 등장한 식자재였다. 그러나 감자가 대체작물로 자리 잡기까지는 많은 시간이 필요했다. 당시 사람들은 감자의 조리 방법을 몰랐기 때문에 삶지 않고 그대로 먹었으므로 감자병에 걸릴 확률이 매우 높았다. 감자병은 감자를 날로 먹으면 나타나는 설사 증세로 반복되면 목숨까지 잃을 수 있었다. 이에 각국 정부는 감자의 올바른 조리 방법을 터득하려고 노력했고 그 결과 반드시 익혀 먹어야 한다는 것도 알게 되었다. 이후 각국 정부는 신민들에게 조리 방법을 홍보했지만, 신민들의 감자 기피 현상은 지속되었다. 이에 각국의 위정자들, 특히 프리드리히 2세는 이러한 상황

로이센군은 제대로 보급을 받지 못했기 때문에 약 25%가 굶주림과 전염병으로 목숨을 잃었다. 그리고 상당수의 군인이 탈영을 시도하는 등 군기 역시 매우 문란해졌다. 이러한 상황에도 불구하고 프로이센의 군사력은 오스트리아의 그것보다 막강했다.

요제프 2세

마리아 테레지아는 프로이센과 일전을 불사하려는 아들 요제프 2세의 의지를 차단하려 했지만, 성과를 거두지 못했다. 마리아 테레지아는 막시밀리안 3세가 사망했다는 소식을 접하자마자 요제프 2세에게 군대를 동원하거나 하면 오스트리아는 파멸적 상황에 놓일 수 있다고 경고했다. 또한 오스트리아가 단순히 영토 확장을 위해 무력 개입을 시도하면 적의를 품은 주변 국가들만 확인하게 될 것이라고도 했다. 즉 그녀는 요제프 2세가 프로이센과 같이 영토 확장에 집착하면 결국 파멸의 길로 접어들 것이라고 우려한 것이다. 만일 오스트리아가 프로이센과 다시 전쟁을 하면 오스트리아 신민의 상황은 다시 어려워질 것이고 그동안 힘들여 확립한 국가체제 역시 크게 훼손될 것이라는 게 그녀의 예견이었다.

을 타개하기 위해 전국을 순방하면서 신민들 앞에서 삶은 감자를 직접 시식하기도 했다. 전쟁 기간 중 감자를 얻을 수 없는 병사들, 특히 오스트리아군은 자두를 따 먹으며 연명해야 했다. 따라서 바이에른 계승 전쟁은 프로이센 측에서는 '감자전쟁(Kartoffelkrieg)', 오스트리아 측에서는 '서양자두 야단법석(Zwetschgenrummel)'이라 칭하기도 했다.

마리아 테레지아는 자신의 요구와 충고에 부정적인 요제프 2세에게 개인적 서신을 많이 보냈다. 때로는 하루에도 여러 번 편지를 보내어 마음을 돌리려 했다. 그러나 6월 말 자신의 충고가 더는 실효를 거둘 수 없음을 판단한 마리아 테레지아는 전쟁 이후의 상황을 고민하게 되었다. 실제로 전쟁을 개시한 지 3일 만에 프리드리히 2세는 보헤미아 지방을 정복하는 민첩성을 보였지만 요제프 2세는 그러한 상황에 효율적으로 대응하지 못했다. 요제프 2세가 전쟁이론을 배웠지만, 그것을 실제 상황에 적용해본 적은 없었던 것 같다. 그런데도 요제프 2세는 국민 총동원령을 내렸고 가용할 수 있는 모든 재원을 전쟁에 투입하려는 무리한 정책을 강행했다. 그러나 요제프 2세의 오스트리아는 더욱 어려운 상황에 놓이게 되었다.

위기 상황이 초래됨에 따라 마리아 테레지아는 자신이 바이에른 상속 전쟁을 가능한 한 빨리 종결시키는 데 주도적 역할을 해야 한다고 판단했고, 그것을 위해 카우니츠-리트베르크와 비밀리에 독대했다. 그 후 마리아 테레지아는 1778년 7월 12일 특사 투구트(Johann Amadeus Franz v.Thugut)를 프리드리히 2세에게 보내 평화협상을 본격화하려 했다. 마리아 테레지아는 자식을 걱정하는 어머니로서 프리드리히 2세와 평화협상을 논의하겠다는 뜻을 밝히며 가능한 한 빨리 전쟁이 종료되기를 기대한다고 했다.[44]

프리드리히 2세에게 보내는 편지에서 마리아 테레지아는 두 아들과 사랑하는 사위가 전투에 참여하고 있고, 그들은 자신이 평화협상을 시도하고 있음을 모르고 있으니, 이것을 요제프 2세에게 알리지 말아달라고 요청했다. 또한 그녀는 오스트리아가 바이에른의 상당 지역을 포기할 수 있다고도 했으며, 전쟁을 종료시키는 데 필요한 영토 교환을 위해

---

44 C. Clark, *Preußen*, p.259.

프로이센의 희망을 적극적으로 수용하겠다는 자세도 보였다.

당시 요제프 2세는 전세가 불리하게 전개되었음에도 계속하여 바이에른에 대한 오스트리아의 상속권을 프로이센으로부터 인정받으려고 했다. 그러나 그는 어머니가 카우니츠-리트베르크와 밀담을 한 후 독자적으로 평화조약 추진을 모색하고 있다는 사실을 알고는 자신이 매우 모욕적이고, 부끄러운 상황에 놓여 있음을 깨달았다.[45]

이후의 바이에른 계승 전쟁은 오스트리아와 프로이센 사이의 전면전으로 확대되지는 않았다. 무력 충돌을 되도록 피했으면 좋겠다는 마리아 테레지아의 제의에 프리드리히 2세가 동의했기 때문이다.

1779년 3월부터 오스트리아와 프로이센은 오스트리아령 슐레지엔의 테셴에서 평화협상을 시작했고 여기에 프랑스와 러시아가 향후 질서를 보장하는 국가로 참여했다. 베를린 주재 오스트리아 공사 코벤츨(Johann Philipp v. Cobenzl)이 오스트리아 대표, 빈 주재 프로이센 공사 리데젤(Johann Hermann Freiherr v. Riedesel) 남작이 프로이센 대표였다. 5월 13일, 즉 마리아 테레지아의 62번째 생일날 체결된 평화조약은 17개 조항, 1개 별도조항, 6개 협약으로 이루어져 있다. 조약에 의해 오스트리아는 파사우에서 잘츠부르크 대주교구의 북쪽 경계선에 이르는 2,000km²의 인피어텔(Innviertel)를 차지했다.[46] 인피어텔의 인구는 6만 명밖에 안 되어, 막대한 전쟁 비용을 치른 대가로는 너무나 빈약한 소득이었다.[47] 이

---

45 마리아 테레지아는 프리드리히 2세와의 평화협상이 어느 정도 성과를 거둠에 따라 요제프 2세에게 협상의 진행 과정을 알려주었다. 편지에서 마리아 테레지아는 "지난 두 달간의 협상에서 나는 나의 사랑하는 아들이 어려운 상황에서 벗어나는 데 도움을 주기 위해 온갖 노력을 기울였다. 따라서 이후에 발생될 수 있는 커다란 불행은 나타나지 않을 것이다."라고 했다.

46 E. Frie, *Friedrich II.*, p.113. 이 지역은 1809년부터 1814년까지 바이에른에 다시 귀속되었다.

47 C. Clark, *Preußen*, p.259. 전쟁에서 오스트리아는 1억 굴덴의 전비를 사용했지

에 반해 프리드리히 2세는 안스바흐와 바이로이트를 차지하는 승자가 되었다.

이 두 지역이 프로이센에 최종적으로 편입된 것은 1791년이었다. 1495년부터 1515년, 1557년부터 1603년, 그리고 마지막으로 1769년부터 1791년까지 세 차례 프로이센과 군합국 형식으로 호엔촐레른 가문의 지배를 받던 바이로이트와 안스바흐는 마지막 안스바흐 변경백 겸 바이로이트 변경백을 역임한 카를 알렉산더(Karl Alexander)에 의해 1791년 프로이센에 양도되었다. 그리고 평화조약을 통해 카를 테오도르는 바이에른 선제후국의 위정자로 등장했다.

3. 생의 마지막 순간

1) 말년의 생활

1780년 6월 13일 프리드리히 2세는 2주간의 힘든 동프로이센 검열 여행을 끝내고 새벽 3시 퀴스트린을 떠나 100km 정도 떨어진 상수시 궁전까지 말을 타고 왔다. 6시간 이상 걸린 긴 여정에도 불구하고 프리드리히 2세는 바로 책상에 앉아 3시간 넘게 그동안 밀렸던 서류들을 살펴보면서 서명했다.

당시에는 70세를 넘기면 오래 살았다는 말을 들었다. 그러나 그 정도 연령까지 살다 보면 적지 않은 병마에 시달려야 했고 프리드리히 2세 역시 예외는 아니었다. 프리드리히 2세는 산통(疝痛), 위경련, 편두통, 피부발진, 안면단독, 종아리 농증, 통풍, 경련, 천식, 질식 발작, 구토, 변비, 흉통, 고열, 수종, 치질 등에 시달렸고 때에 따라서는 여러 가지 증세가

만 인피어텔의 주민들로부터 거둘 수 있는 세금은 매년 50만 굴덴에 불과했다.

동시에 나타나기도 했다.

프리드리히 2세는 프리드리히
빌헬름 1세와 마찬가지로 고질적
인 통풍에 시달렸다. 증세가 나타
나면 대체로 고열이 동반되고 심
한 통증으로 인해 침대에서 일어
날 수도 없었다. 1775년 프리드리
히 2세는 볼테르에게 보낸 서신에
서 4주 동안 통풍에 시달리고 있음
을 언급했다. 특히 이번엔 발, 무
릎, 손, 팔꿈치까지 통풍이 번져서

말년의 프리드리히 2세

이전보다 훨씬 심한 고통에 시달리고 있음을 토로했고 언제 회복될 수
있는지에 대해서도 회의적이었다. 아울러 그는 이 병으로 인해 심신이
매우 쇠약해졌다고도 했다. 통풍에 이어 프리드리히 2세에게 자주 나타
난 것은 치질이었고 이것 역시 그에게 심한 통증을 가져다주었다.[48]

1785년에 접어들면서 프리드리히 2세는 병에 자주 걸렸고 노화 역시
보다 가속화되었다. 1785년 8월 24일 폭우가 쏟아지는 날씨에도 불구하
고 프리드리히 2세는 노구를 이끌고 슐레지엔에서 6시간에 걸쳐 진행된
군대 사열식에 참여했다. 이로 인해 고열에 시달렸고 장시간 침대에 누
워 있어야만 했다. 그러나 다음 날 침대에서 일어나 평상시처럼 생활했
다.[49] 이로부터 한 달 정도 지난 후 프리드리히 2세는 뇌졸중으로 쓰러졌

---

48 T. Blanning, *Friedrich der Grosse*, pp.545~548; E. Ziebura, *August Wilhelm Prinz v. Preußen*(Berlin, 2006), p.90.

49 T. Blanning, *Friedrich der Grosse*, p.548; F.v. Oppeln-Bronikowski/G.B. Volz,eds., *Das Tagebuch des Marchese Lucchesine*(1780~1782). *Gespräche mit Friedrich dem Goßen*(München, 1922), p.22.

고 그로 인해 가을에 정례적으로 개최되던 가을 기동 훈련식에도 참석하지 못했다. 1785년 겨울 프리드리히 2세는 포츠담 도시성에서 머물렀는데 이때 앓던 수종이 갑자기 악화함에 따라 심한 통증에 시달렸다.[50]

1786년 4월 17일 프리드리히 2세는 다시 상수시 궁전으로 복귀했다. 그 이후 평상시처럼 일찍 일어났고 국가업무에도 신경을 썼다. 그러나 이 시기에 그는 호흡곤란 때문에 밤에 침대에 눕지 못하고 팔걸이가 있는 안락의자에서 잠을 자야만 했다. 그런데도 7월 4일에는 애마인 콩테(Conté)[51]를 타고 약 45분 동안 주변 지역을 달렸다. 그러나 이후 그는 예전보다 훨씬 매우 지친 모습을 보였다.

프리드리히 2세가 마지막 여름을 어떻게 보냈는가는 당시 외무장관인 헤르츠베르크(Ewald Friedrich v. Hertzberg) 백작이 동료인 핀켄슈타인(Albrecht Konrad Reinhold Finck v. Finckenstein) 백작에게 보낸 서신들을 통해 자세히 알 수 있다.[52] 프리드리히 2세의 병세가 갑자기 악화하기 시작한 것은 그를 담당했던 의료진이 축소된 데서 확인할 수 있다. 특히 한 달 전 하노버에서 온 명의 침머만(Johann Georg Ritter Zimmermann)을 프리드리히 2세가 일방적으로 해고했는데 겉으로 드러난 이유는 침머만이 국왕의 주치의인 젤레(Christian Gottlieb Selle)와 불화를 일으켰다는 것이지만 실제로는 침머만의 참여에도 불구하고 건강이 회복되지 않으리라는 판단에서 비롯된 것 같다. 당시 침머만은 프리드리히 2세에 대한 30회 진료 대가로 2,000탈러에 달하는 거액을 받기로 했다.[53]

---

50 T. Blanning, *Friedrich der Grosse*, p.548.
51 1777년 영국에서 수입한 거세 수말로서, 프리드리히 2세가 달마티안과 더불어 말년에 사랑한 동물이었다. T. Blanning, *Friedrich der Grosse*, p.548.
52 T. Blanning, *Friedrich der Grosse*, p.549.
53 T.Banning, *Friedrich der Grosse*, p.549. H-W.Lammel, "Philosophon, Leibärzte, Charlatane.Von königlichen Hämorrhoiden und anderen Malaisen", in

7월에 접어들면서 프리드리히 2세의 건강은 위장장애로 인해 더욱 악화되었다. 당시 프리드리히 2세는 하루에 3번 식사를 했지만 제대로 소화하지 못했다.

그렇다면 이 시기에 프리드리히 2세는 무엇을 먹었을까. 여기서는 그의 점심 식사 메뉴를 살펴보도록 한다. 육두구꽃과 생강을 갈아 넣은 맑은 고기 수프, 포도주와 조리한 소고기, 치즈와 밀이 들어간 옥수수죽, 그리고 매운 양념으로 조리된 뱀장어 파이가 제공되었다.[54] 노령의 프리드리히 2세에게는 지나치게 소화하기 힘든 음식들과 너무 뜨거운 음식들이다. 실제로 프리드리히 2세는 음식을 제대로 소화시키지 못하고 메스꺼움과 구토 증상에 시달려야 했다. 그는 처방된 약들을 제대로 먹지 않거나 몰래 버리기도 했다.

또한 발이 부풀어 올라서 주변의 도움 없이는 걸을 수도 없었다. 7월 중순부터 오른쪽 발바닥도 갈라졌는데 상처 부위로 불결한 것들이 침투해서 염증이 덧나버렸다. 당시 치료 방법은 상처 부위를 소독하고 붕대로 감는 것이다. 하루에 서너 번씩 붕대를 갈았지만, 상처는 회복되지 않고 시간이 지날수록 오히려 상처 부위가 커졌다.[55]

이에 따라 프리드리히 2세는 심한 고통에 시달리게 되었고 7월 31일 그의 비서인 단탈(Dantal)이 평소처럼 행한 낭독 회의도 중간에 중단시켰다. 그러나 이후 발바닥 통증이 다소 완화되어 다시 식욕을 되찾고 제대로 잠도 잘 수 있었다. 이에 따라 그는 하루에 2번씩 자신의 측근들과 담

B.Sösemann/V.S.*Gregor, eds., Friedrich der Große in Europa*, Bd., I(Stuttgart, 2012), p.54. 프리드리히 2세가 성장한 이후부터 의사를 전혀 신뢰하지 않았다는 것은 이미 널리 알려진 사실이었다. 심지어 그는 의사가 진단한 수종까지도 부인할 정도였다. E. Frie, *Friedrich II.*, p.127

54 E. Frie, *Friedrich II.*, p.127.

55 E. Frie, *Friedrich II.*, p.126.

소를 나눴을 뿐만 아니라 국가업무에도 관여했다.[56] 그러나 8월 12일, 그는 마치 죽은 것처럼 매우 깊은 잠에 빠졌다. 잠에서 깨어나 아침 일찍 비서와 국가업무를 논의했고 그 과정에서 떨리는 손으로 필요한 서명도 했다. 8월 16일, 옆방에 있던 로디히(Friedrich Wilhelm v. Rohdich) 장군을 큰 소리로 불렀다. 그러나 양인 사이의 대화는 제대로 이루어지지 못했고 프리드리히 2세는 다시 깊은 수면에 빠졌다. 같은 날 오후 깨어난 프리드리히 2세는 쾌활해졌고 주변 사람들에게 자신의 개들을 위한 방석을 항상 준비하라는 마지막 명령도 내렸다.[57]

2) 생을 마감하면서

1786년 8월 17일 목요일 오전 2시 19분, 74세의 프리드리히 2세는 침대가 아닌 상수시 궁전의 집무실 소파에 누워 생을 마감했다. 담당 의사 젤레, 헤르츠베르크와 육군 중장 괴르츠(Görtz) 백작, 2명의 궁중 경찰, 그리고 서너 명의 하인만이 그의 임종을 지켜보았다. 죽기 직전 프리드리히 2세는 자신이 사랑하던 11마리의 개가 죽거든 곁에 묻어달라는 유언도 남겼다. 그리고 나서 마지막 숨을 쉰 후 궁중 하인인 슈트리치키(Stritzky)에게 목을 기대면서 긴 인생을 마무리했다.[58]

---

56 T. Blanning, *Friedrich der Grosse*, p.549.

57 T. Blanning, *Friedrich der Grosse*, p.550.

58 T. Blanning, *Friedrich der Grosse*, p.550; E. Frie, *Friedrich II.*, p.127; K.H.S. Rödenbeck, *Tageuch oder Geschichtskalender aus Friedrichs des Großen Regentenleben(1740~1786)*(Berlin, 1842), Bd., III., p.365. 프리드리히 2세가 언급한 개는 그가 생전에 사랑했던 11마리의 달마티안이었다. 달마티안은 중형견으로 흰 바탕에 검은 얼룩점이 흩어져 있고 털이 짧으며 발이 바르고 튼튼하다. 체형이 아름답고 날렵하여 애완견으로 기르는데 달마티아(아드리아해의 동쪽 해안지대) 지방이 원산지이다. 달마티안들은 소파에 앉거나, 식사 시간에 식탁 밑에 앉거나, 침대에서 프리드리히 2세와 같이 잠을 자곤 했으며 특별 담당인에 의

프리드리히 2세가 사망할 당시 엘리자베트-크리스티네는 그의 곁에 없었다. 여기서 엘리자베트-크리스티네가 남편의 사망 소식을 듣고는 그동안 프리드리히 2세가 그녀에게 취한 행동 때문에 기뻐할 수도 있었으리라는 예상도 가능하다. 그러나 라드치빌(Wilhelm v. Radziwill) 대공이 프리드리히 2세의 사망 소식을 전달했을 때 그녀는 마치 사랑하는 남편이 죽은 것처럼 매우 슬퍼했다. 사실 엘리자베트-크리스티네가 프리드리히 2세를 마지막으로 본 것은 그가 사망하기 1년 반 전인 1785년 1월 1일 하인리히(Heinrich) 왕자의 59회 생일날이었다.[59]

프리드리히 2세는 자신의 임종에 후계자인 프리드리히 빌헬름도 부르지 않았다. 이것은 그와 조카 사이의 불편한 관계를 짐작하게 한다.[60] 1744년 아우구스트 빌헬름의 아들로 태어난 프리드리히 빌헬름은 백부로부터 멸시당하고 엄격히 다루어졌다. 또한 그는 1764년 프리드리히 2

해 관리되었다. 프리드리히 2세가 얼마나 달마티안들을 사랑했는지는 그의 특별 주치의였던 침머만의 보고서에서 확인할 수 있다. 그에 따르면 프리드리히 2세가 1785년 슐레지엔에서 개최된 열병식에 참가했을 때 한 전령이 매일 상수시 궁전의 상황, 즉 병든 달마티안에 대한 소식을 전달했다는 것이다. 열병식을 끝내고 프리드리히 2세가 상수시 궁전에 돌아왔을 때 그는 사랑하던 개가 죽어서 매장되었다는 소식을 접하고 바로 관을 열라고 명령했는데 그것은 죽은 개의 모습을 직접 보아야 한다는 생각에서 비롯되었다는 것이 침머만의 견해였다. 침머만은 죽은 개의 모습을 본 후 다시 매장을 명령한 프리드리히 2세가 집무실로 들어간 후 온종일 어린아이처럼 울었다고도 기록했다. 실제로 프리드리히 2세는 달마티안이 죽으면 본인의 참석하에 상수시 궁전 테라스에 매장했는데 이곳은 자신이 마련한 미래 묘지에서 바라다 볼 수 있는 장소였다. 오늘날 상수시 궁전에 가면 그의 무덤 옆에 작은 11개의 돌덩어리가 놓여 있는데 여기에 그의 반려견들이 묻혀 있다. T. Blanning, *Friedrich der Grosse*, pp.543~544

59 T. Blanning, *Friedrich der Grosse*, pp.554~555; K. Feuerstein-Prasser, *Ich bleibe zurück wie eine Gefangene*, p.106.

60 T. Blanning, *Friedrich der Grosse*, p.551; E. Frie, *Friedrich II.*, p.127; B. Meier, *Friedrich Wilhelm II. König von Preußen. Ein Leben zwischen Rokoko und Revolution*(Regensburg, 2007), pp.56~57.

세의 명령에 따라 브라운슈바이크-볼펜뷔텔(Braunschweig-Wolfenbüttel)의 대공 카를 1세(Karl I)와 프리드리히 2세의 여동생 필리피네 샤를로테(Philippine Charlotte) 사이에서 태어난 엘리자베트 크리스티네 울리케 폰 브라운슈바이크-볼펜뷔텔(Elisabeth Christine Ulrike v. Braunschweig-Wolfen-büttel)과 결혼했다.

엘리자베트 크리스티네 울리케는 프리드리히 빌헬름의 사촌이었지만 이것은 결혼 성립에 아무런 장해 요인도 되지 않았다. 다만 당시에도 건강상 문제가 제기될 때에는 근친 간의 결혼이 불허되었다. 카를 1세는 프리드리히 2세의 군대에서 충실한 장군으로 활동 중이었고 이 결혼으로 자국과 프로이센과의 관계가 더욱 긴밀해지리라고 확신하고 있었다.

백부의 강요로 결혼하게 된 프리드리히 빌헬름은 엘리자베트 크리스티네 울리케에게 그리 큰 관심을 보이지 않았다. 당시는 '질풍노도'의 시기였기 때문에 중매결혼보다는 연애결혼이 선호되었고, 프리드리히 빌헬름 역시 부인보다 거리의 여인이나 정부를 좋아했다. 이것은 프리드리히 2세를 비롯한 정부 내 중요 인물들의 우려도 유발했다.

상수시 궁전 근처의 한 공원에 머물던 프리드리히 빌헬름은 프리드리히 2세의 사망 소식을 전해 듣고 오전 3시 상수시 궁전에 도착했다. 그는 선왕의 장례식을 위해 대신들과 논의했다. 그런데 프리드리히 2세는 1769년 1월 8일 작성한 유언장에서 자신이 철학자로 살았기 때문에 철학자처럼 매장되기를 바란다고 했다. 또한 그는 장례식이 호화롭지 않고 성대한 예식 없이 진행되어야 한다고 명시했을 뿐만 아니라 시신을 해부하거나 방부 처리를 해서도 안 된다고 강조했다. 그리고 상수시 궁전 발코니 지하에 천장이 둥근 지하 납골당을 조성한 후 그곳에 시신을 안치해달라고 했다.[61]

61　프리드리히 2세와 더불어 여러 전투에 참여한 종군목사 클레트쉬케(Johann

유언장을 읽은 프리드리히 빌헬름 2세(Friedrich Wilhelm II, 1786~1797)는 프리드리히 2세의 사망 당일 상수시 궁전 발코니 지하에 조성된 천장이 둥근 납골당을 찾았다. 프리드리히 2세가 생존 시 완공한 납골당이었다. 그러나 납골당은 매우 협소할 뿐만 아니라 습도도 높았다. 쓰레기도 적지 않게 있어 악취가 심하게 나는 데다 프리드리히 2세의 애견들까지 매장되어 있어서 프리드리히 빌헬름 2세는 한 국가를 통치한 위정자의 시신이 안치되기에는 적합한 장소가 아니라고 판단했다. 결국 프리드리히 2세의 시신은 그가 만든 상수시 궁전 발코니 지하 납골당 대신 프리드리히 빌헬름 1세가 안치된 포츠담 위수교회의 지하 납골당에 안치되었다.

원래 포츠담 위수교회 지하 납골당에는 프리드리히 빌헬름 1세의 시신만이 안치되어 있었는데, 이것은 프리드리히 빌헬름 1세가 베를린 대성당 지하 납골당에 안치하는 기존 전통을 무시하고 자신이 세운 포츠담 위수교회 지하 납골당을 원했기 때문이었다. 프리드리히 1세를 비롯한 16세기와 17세기의 브란덴부르크 선제후들의 시신은 베를린 대성당의 지하 납골당에 안치되었다.

포츠담 위수교회 지하 납골당을 안치 장소로 결정한 프리드리히 빌헬름 2세는 프리드리히 빌헬름 1세의 장례 절차를 기록한 문서를 찾아 선

Friedrich Kletschke)는 국왕이 작성한 유언장에 별 의미를 부여하지 않았다. 클레트쉬케는 프리드리히 2세가 사망한 이후부터 그의 시신이 위수교회 지하 납골당에 안치될 때까지 진행된 여러 장례 예식에 깊이 관여했다. 장례식이 끝난 후 그는 프리드리히 2세가 유언장을 작성한 지 얼마 안 된 시점에 자신의 향후 장례식에 대해 재차 언급했음을 밝혔다. 그에 따르면 프리드리히 2세는 유언장에서 언급한 것과는 달리 자신의 시신이 담긴 주석관을 프리드리히 빌헬름 1세의 주석관 옆에 안치해야 한다고 강조했다는 것이다. T. Blanning, *Friedrich der Grosse*, p.551; O. Bardong, *Friedrich der Große. Ausgewählte Quellen zur deutschen Geschichte der Neuzeit. Freiherr vom Stein-Gedächtnisausgabe*(Darmstadt, 1982), Bd.22., p.454; E. Frie, *Friedrich II.*, p.122.

왕의 장례 절차를 그것에 따라 진행해야 한다고 판단했다. 그는 장례 절차를 주관하던 로디히 장군에게 관련된 문서들을 가능한 한 빨리 찾을 것을 명령했다. 얼마 후 로디히 장군은 프리드리히 빌헬름 2세에게 해당 문서들에 대해 보고했다. 이후 프리드리히 빌헬름 2세는 선왕의 유지를 무시하고 국왕 품위에 적합한 장례식을 거행하기로 했다.[62]

사망한 날 저녁 방부 처리되지 않고 친위대 사령관의 제복이 입혀진 프리드리히 2세의 시신은 여덟 마리의 말이 모는 영구마차로 포츠담 도시성으로 옮겨지고 규모가 큰 홀에 마련된 관대에 안치되었다. 이때부터 베를린과 포츠담 시민들은 프리드리히 2세의 마지막 모습을 보기 위해 도시성으로 몰려들었지만, 극히 일부에게만 그 기회가 주어졌다.[63] 다음 날 프리드리히 2세의 시신이 담긴 주석관은 위수교회의 천장이 둥근 지하 납골당으로 옮겨진 후 그의 부친 프리드리히 빌헬름 1세 주석관 곁에 안치되었다.[64] 이와는 별도로 프리드리히 2세의 공식 장례식은 성

---

62 T. Blanning, *Friedrich der Grosse*, p.551 ; O. Bardong, *Friedrich der Große. Ausgewählte Quellen zur deutschen Geschichte der Neuzeit. Freiherr vom Stein-Gedächtnisausgabe*, Bd.22., p.454 ; E. Frie, *Friedrich II.*, p.122.

63 프리드리히 2세의 마지막 모습을 볼 수 있는 기회를 부여받은 사람들은 이전의 국왕과 마찬가지로 창백해진 국왕의 안색을 머릿속에 간직하려고 했는데 이것은 클레트쉬케의 회고록에서 다시금 거론되었다. E. Frie, *Friedrich II.*, p.123.

64 T. Blanning, *Friedrich der Grosse*, p.551. F. Laske, *Die Trauerfeierlichkeiten für Friedrich den Großen, mit Rekonstruktionen des Castrum Doloris im Stadtschloss und der Auszierung der Hof-und Garnisonskirche zu Potsdam am 9. September 1786*(Berlin, 1912), pp.7~12. 평생 프리드리히 2세와 대립하고 18세기 중반부터 독일 및 유럽에서 적지 않은 영향력을 행사한 마리아 테레지아는 프리드리히 2세보다 6년 앞선 1780년 11월 29일에 생을 마감했다. 1780년 11월 8일 아침 마리아 테레지아는 쇤브룬 궁전의 높은 지대인 글로리에테(Gloriette)에서 황실 가족들의 꿩 사냥 모습을 지켜봤다. 마리아 테레지아가 개축·증축한 쇤브룬 궁전은 독일어로 '아름다운 샘'이라는 뜻이다. 막시밀리안 2세(Maximilian II, 1564~1576)의 사냥터에 있었던 이 궁전은 빈의 남서 외곽에 위치했기 때문

대하게 진행되었다. 상수시 궁전 접견실의 중앙에 은능라와 금줄로 장식된 프리드리히 2세의 빈 관이 안치되었다. 그리고 빈 관 옆에는 프리드리히 2세가 생전에 사용했던 검, 슈바르처 아들러 훈장의 어깨띠, 황금 박차, 그리고 원수 지휘봉 등이 놓여 있었다. 이후 6만 명에 달하는 조문객들이 프리드리히 2세에게 마지막 경의를 표하기 위해 방문했다.[65]

에 1683년 오스만튀르크의 빈 침공으로 파괴되었다. 그러다가 마리아 테레지아는 부친인 카를 6세로부터 선물받은 쇤브룬 궁전을 개축하기로 하고 포르투갈 출신의 유대인 은행가로부터 자금을 빌려 본격적으로 개축에 나섰다. 이후 진행된 보수 및 증축은 에어라흐의 설계 대신 로트링엔 출신의 건축가 니콜라우스 폰 파카시(Nikolaus v. Pacassi)의 설계를 토대로 진행되었다. 꿩 사냥이 끝난 후 마리아 테레지아는 수렵회 일원들과 더불어 가벼운 산책을 하고 새로 세운 아르테미스여신상도 둘러보았다. 궁전으로 돌아온 그녀는 식사를 끝낸 후 가장 사랑하던 딸 마리아 크리스티네(Maria Christine) 내외와 같이 개방 마차를 타고 쇤브룬 궁전과 마지막 작별을 예견한 듯이 궁전을 한 바퀴 돌았는데 이때 갑자기 강한 비가 내렸다. 다시 방으로 돌아왔을 때 마리아 테레지아는 오한을 느꼈고 자리에 누웠다. 이때부터 그녀의 병은 점점 악화했고 그녀는 "우리에게 죽음이라는 상황이 다가오면 아무것도 우리를 그러한 것에서 구할 수 없다"라는 의미심장한 언급을 하기도 했다.

11월 29일 새벽 5시, 여왕은 평소와 같이 가장 즐겨 마시던 라테를 청했고 요제프 2세와 같이 두 잔이나 마셨다. 이후 자녀들을 개별적으로 불러 마지막 대화를 나누었다. 특히 요제프 2세와의 대화에서 마리아 테레지아는 신민의 복지 및 빈자에 대한 배려에 특히 신경 쓸 것을 부탁했다. 밤이 되면서 마리아 테레지아는 다시금 심한 경련과 발작에 시달렸고 주치의 슈퇴르크(Anton Freiherr v. Störck) 남작이 약의 복용을 강권했지만, 그녀는 거부했다. 이에 주치의는 그녀에게 짧은 잠이라도 잘 것을 청했지만 이것 역시 받아들이지 않았다. 마리아 테레지아가 인생을 마무리하기 직전 밖에서 내리던 비를 보면서 요제프 2세에게 "이렇게 나쁜 날씨에도 불구하고 긴 여행을 해야 하는구나"라고 했다. 오후 8시 55분 마리아 테레지아는 사랑하는 아들 요제프 2세의 팔에 안겨 서너 번의 가쁜 호흡을 한 후 숨을 거두었다. 이에 반해 프리드리히 2세는 궁중 하인에게 기대면서 생을 쓸쓸하게 마감했다. B. Stollberg-Rilinger, Maria Theresia, pp.829~832.

65 T. Blanning, *Friedrich der Grosse*, pp.551~552; J. Kunisch, *Friedrich der Große*.

생존 시 프리드리히 2세는 이러한 외적인 절차뿐만 아니라 종교적인 의례도 혐오했지만 프리드리히 빌헬름 2세는 서왕의 바람을 도외시했다. 그는 8월 말 프로이센에서 진행되는 모든 예배에서 구약성서의 「역대상」 17장 8절 '네가 어디로 가든지 내가 너와 함께 있어 네 모든 대적을 네 앞에서 멸하였은즉 세상에서 존귀한 자들의 이름 같은 이름을 네게 만들어주리라'를 토대로 예배를 진행해야 한다는 칙령을 발표했다.[66]

1786년 9월 9일 프리드리히 2세의 공식 장례식이 포츠담 위수교회 지하 납골당에서 거행되었다. 같은 날 베를린 대성당에서 거행된 추도 예배에는 프리드리히 빌헬름 2세, 프로이센 왕실의 모든 구성원, 그리고 엘리자베트 크리스티네가 참석했다. 공중설교자 자크(Friedrich Samuel Gottfried Sack)는 열정적인 추모사를 낭독하며 프리드리히 2세의 신앙심이 그리 깊지 않은 것을 숨기려 하지 않았다. 대신 그는 신이 프리드리히 2세의 보호자, 지원자, 지도자, 그리고 구원자 역할을 충실히 이행했다는 것을 강조했다.[67]

1943년 이후 프리드리히 2세와 그의 부친 프리드리히 빌헬름 1세의 시신이 담긴 주석관은 여러 곳으로 옮겨졌다. 제2차 세계대전이 진행되던 1943년 당시 나치 정권의 핵심 인물이었던 괴링(Hermann Göring)은 베를린에 대한 연합군의 잦은 공습으로 프리드리히 빌헬름 1세와 프리드리히 2세의 석관이 훼손될 수 있다고 판단하여 베를린의 안전 지역으

Der König und seine Zeit(München, 2004), p.537.

66 T. Blanning, *Friedrich der Grosse*, p.552 ; J. Kunisch, *Friedrich der Große*, p.537.
67 프리드리히 2세가 사망한 후부터 공식 장례식이 거행될 때까지 약 3주가 걸렸다. 이것은 선친인 프리드리히 빌헬름 1세의 그것과 거의 비슷하다고 하겠다. 반면 프리드리히 1세는 안치될 때까지 9주의 시간이 필요했다. T. Blanning, *Friedrich der Grosse*, p.552 ; J. Kunisch, *Friedrich der Große*, p.537 ; E. Frie, *Friedrich II.*, p.120.

로 옮길 것도 명령했다. 그러나 베를린을 점령한 소련군이 이 관들을 다른 곳으로 방출했지만 정확한 장소는 밝히지 않았다. 1945년 미군이 니더작센 지방의 포타세 채광장(Pottasche-Bergwerk)에 위치한 직경계측기 공장에서 주석관들을 발견하고 같은 장소에서 찾은 힌덴부르크 대통령의 관과 함께 헤센(Hessen) 지방의 마르부르크에 있는 엘리자베트 교회로 옮겼다.[68] 1952년 페르디난트(Louis Ferdinand) 왕자가 헤힝겐(Hechingen)에 위치한 호엔촐레른 궁전으로 옮긴 후 크리스투스 예배당에 안치했다. 그러다가 1991년 8월 17일 프리드리히 빌헬름 1세와 프리드리히 2세의 주석관은 상수시 궁전 정원에 있는 평화교회의 프리드리히 황제묘로 옮겨졌고 그 이후부터 일반인들에게도 공개되었다.[69]

프리드리히 2세는 말년에 접어들면서 신민들로부터 좋은 평가를 받지 못했다. 그의 죽음을 들은 프로이센 신민들은 슬퍼하지 않았고 오히려 다행이라고 생각했다. 당시 신문들 역시 이러한 부정적 분위기를 전했는데 '다행스럽게도 늙고 싫은 인물이 마침내 죽었구나'라는 구호가 베를린의 여러 곳에서 동시에 울려 퍼졌다는 것이다.[70]

---

68 힌덴부르크는 바이마르(Weimar) 공화국의 제2대 대통령(1925~1934)이었다.

69 T. Blanning, *Friedrich der Grosse*, p.552. 이장 과정에서 주도적 역할을 한 슈트란츠(Job Ferdinand v. Stranz)는 프리드리히 2세를 '독일 통합의 상징적 존재'라 평가했다.

70 그러나 프리드리히 2세가 사망한 후 그에 대한 숭배 풍조는 배가되었다. 1786년 이후부터 생각해낼 수 있는 모든 방법을 통해 프리드리히 2세에 대해 경의를 표했다. 신문, 도서, 달력뿐만 아니라 찻잔, 담배통, 리본, 아마천, 장식용 사슬에도 프리드리히 2세의 생전 모습을 각인하거나 장식했다. 프리드리히 2세를 기념하는 서적의 출판도 유행했다. 이 중에서 가장 유명하고 성공적인 것은 베를린 계몽주의 세계에서 중요한 출판업자로 활동하던 니콜라이(Friedrich Nico-lai)가 편집, 발행한 두 권짜리 개요서(Kompendium)였다. 니콜라이는 1780년대 후반의 대다수 프로이센 국민과 마찬가지로 프리드리히 2세가 오래전부터 왕위에 있었던 것처럼 생각했다. 니콜라이의 관점에서, 국왕의 삶과 업적에 대

프리드리히 2세의 사망 소식을 접한 오스트리아의 요제프 2세는 착잡한 심정에서 한숨을 길게 내쉬며 탄식하듯 "이제 한 시대가 끝났구나"라고 말했다. 요제프 2세는 마리아 테레지아와는 달리 프리드리히 2세를 흠모했고 그를 자신의 영원한 멘토로 간주할 정도였다. 따라서 그는 프리드리히 2세와의 독대에 관심이 많았고, 이를 알아차린 카우니츠-리트베르크는 그와 프리드리히 2세 사이의 만남을 주선했다. 마리아 테레지아는 아들이 나이세에서 프리드리히 2세와 만난다는 소식에 그것을 저지하려고 했지만, 요제프 2세는 포기하지 않았다. 어머니의 반대에도 불구하고 요제프 2세는 1769년 8월 25일 프리드리히 2세와 만났고 거기서 그는 프로이센 군주가 추진했던 제 정책을 구체적으로 파악하고자 했다. 여러 번 진행된 두 군주의 독대 과정에서 프리드리히 2세는 요제프 2세에게 많은 덕담을 했는데 요제프 2세가 향후 신성로마제국 황제인 카를 5세(Karl V, 1519~1556)보다 훨씬 큰 명성을 많이 얻게 되리라 언급한 것이 그 일례라 하겠다. 이렇게 칭찬을 받은 요제프 2세는 프리드리히 2세와의 관계에 더욱 신경을 쓰게 되었다. 실제로 이후 요제프 2세는 프리드리히 2세의 통치 방법을 무조건 답습하려는 자세를 보였고 그 과정에서 프리드리히 2세처럼 전쟁을 통해 오스트리아 영역도 확장하려고 했다.[71]

새로운 프로이센의 위정자로 등장한 프리드리히 빌헬름 2세는 프리드리히 2세와는 달리 내각을 중심으로 국가를 운영했다. 그런데 국왕이 주재하는 내각회의는 여름에는 아침 5시, 겨울에는 아침 6시에 열렸다.

한 그의 기억은 '젊음과 남자로서의 절정기에 겪은 행복한 시절'에 대한 추억과 서로 뒤얽혀 있었다. 그는 7년전쟁 기간에 동시대 신민들이 경험한 '형언할 수 없는 감격'과 전쟁 이후 폐허가 된 프로이센을 재건하는 데 국왕이 쏟아부은 비범한 노력에 대한 실제적 목격자였다. C. Clark, *Preußen*, pp.271~272.

71 E. Badinter, *Maria Theresia*, p.239; B. Stollberg-Rilinger, *Maria Theresia*, p.554.

여기서는 내각 구성원들, 즉 장관들이 각 부서의 사안들을 국왕에게 보고했고 국외 주재 외교관들이 보낸 보고서들도 거론되었다. 또한 긴급한 정치적 현안들에 관한 토론도 진행되었다. 이후 국왕은 논의된 사안들에 대한 자신의 최종 입장을 언급하고 그것들을 문서화했다.

프리드리히 빌헬름 2세는 선왕 프리드리히 2세에 의해 프로이센의 국제적 위상이 크게 증대된 것을 잘 알고 있었다. 그러나 그는 그 위상을 그대로 견지하기가 매우 어렵다는 것도 파악했다. 실제로 프로이센은 1780년에 체결된 오스트리아와 러시아 사이의 동맹 체제, 프로이센에 대한 영국의 소극적인 지원, 그리고 프랑스와 오스트리아 사이의 적대관계 청산 등으로 국제적 고립 상태에 놓여 있었다. 당시 외무장관에서 전쟁 장관으로 임명된 헤르츠베르크는 국제 질서 체제를 존중하고 거기에 프로이센이 적응해야 한다는 태도를 밝혔고 프리드리히 빌헬름 2세 역시 그것에 대해 동의하는 자세를 보였다.

독일 통합의 비전을 제시한 경쟁자 프리드리히 2세와 마리아 테레지아

프리드리히 2세는 재위 기간 중 '대왕'이란 명칭을 부여받았다. 이에 반해 마리아 테레지아는 오스트리아인들로부터 '오스트리아의 국모'라 추앙되었고 이것은 지금까지도 그 실효성을 유지하고 있다. 이러한 별칭을 통해 프리드리히 2세는 뛰어난 통치력을 발휘했지만, 마리아 테레지아는 신민에 대한 배려 내지는 친화 정책이 우선이었음을 확인할 수 있다.

프리드리히 2세와 마리아 테레지아는 18세기 중반부터 독일권에서 핵심적인 역할을 수행했다. 이들은 거의 같은 시기 프로이센과 오스트리아를 통치했고 그 과정에서 계몽 절대왕정 체제를 도입했다. 그리고 이들은 즉위 초 '전쟁유발자'와 '전쟁방어자'라는 대칭적 입장에서 오스트리아 왕위계승전쟁에 참여했다. 여기서 '전쟁유발자'인 프리드리히 2세는 슐레지엔 지방을 차지했고 이것은 유럽 및 독일권에서 프로이센의 실제적 위상을 높이는 요인으로 작용했다. 이에 반해 '전쟁방어자'인 마리아 테레지아는 패배의 수치를 감내해야 했고 그것을 극복하기 위해 국력 강화에 필요한 개혁을 실시했다. 실제로 마리아 테레지아는 국가의 위기 상황을 극복하는데 필요한 정책들을 과감하게 실시하여 적지 않은 성과도 거두었다. 그리고 이것은 독일 및 유럽에서 오스트리아의 위상을 이전 상태로 회복시키는 데도 크게 이바지했다.

'전쟁유발자'와 '전쟁방어자'로 대칭되던 양인은 통치의 후반기, 즉 오스트리아 왕위계승전쟁 이후 국내 정책에 집중하는 공통점도 보였다. 그런데 이들의 유년기 및 성장 과정에서 표출된 차이점, 즉 프리드리히 2세에 대한 프리드리히 빌헬름 1세의 지나친 억압 및 통제와 마리아 테레지아에 대한 카를 6세의 사랑 및 배려는 양 군주의 통치방식에 적지 않은 영향력을 끼쳤다. 실제로 프리드리히 2세는 독단적이고 편파적인 방법으로 국가를 통치했지만 마리아 테레지아는 포용적이고, 다소 개방적인 방법으로 국가를 운영했다.

프리드리히 2세는 태어날 때부터 프로이센의 후계자로 지목되었기 때문에 한 국가를 통치하는 데 필요한 능력들을 어려서부터 배웠고 이것은 향후 통치 과정에서 긍정적 요인으로 작용했다. 그는 즉위하기 이전부터 프로이센의 위상과 국력을 증대시키는 데 필요한 것들이 무엇인지를 정확히 인지했고 그것들을 요약하여 『반마키아벨리즘』이라는 저서도 출간했다. 그는 자신을 '국가의 제1공복'이라고 칭했는데 이것은 당시 그가 영향을 받던 계몽사상에서 비롯된 것 같다. 즉위한 직후부터 프리드리히 2세는 사법제도 개선에 주력하며 국왕의 즉흥적 판결을 배제했을 뿐만 아니라 3심 제도의 도입도 구체화했다. 이는 부친인 프리드리히 빌헬름 1세가 자의적으로 그의 친구 카테 소위를 처형한 것의 부당성을 인지했기 때문이다. 그는 사법제도의 개선을 통해 그러한 사례의 재발을 막으려고 했다. 실제로 프리드리히 빌헬름 1세는 왕권이 도전을 받는 상황이 초래되면 사법제도보다는 자신의 관점을 우선시했고 그러한 과정에서 적지 않은 인물들이 희생당했다.

프리드리히 2세는 부친과 마찬가지로 이민자뿐만 아니라 종교적 소수자들에 대한 관용 정책을 폈는데 이것은 이들을 통해 적지 않은 경제적 이익도 획득할 수 있다는 확신에서 비롯된 것 같다. 특히 유대인들에 대한 종교정책에서 프리드리히 2세는 경제적 측면을 강하게 부각했다.

프리드리히 2세는 언론의 비정치적 부분들에 대한 검열 폐지도 지시했다. 그러나 정치 분야에 대한 검열은 지속해야 한다는 태도를 고수했다. 그리고 농민들의 부담을 경감시키는 정책은 지주 계층에 의해 자행되던 농토 몰수 및 부역을 대폭 완화하는 칙령을 발표한 데서 확인할 수 있다. 같은 맥락에서 그는 농촌의 관개 사업 및 토지 개량 사업도 적극적으로 추진하려고 했는데 이러한 것들이 본격화되기 시작한 것은 오스트리아 왕위계승전쟁이 종료된 1763년부터였다. 이렇게 프리드리히 2세가 즉위 초부터 펼친 정책들은 그가 시행한 계몽 절대왕정 체제를 위한 것이라고 하겠다. 또한 그가 추진한 행정부서의 전문화 역시 당시 그가 추진하던 경제적 활성화와 연계시킬 수 있을 것이다.

이에 반해 마리아 테레지아는 카를 6세의 후계자로 간주되지 않았기 때문에 국가 통치에 필요한 정치, 경제, 외교에 대해 전혀 배우지 않았다. 그런데도 마리아 테레지아는 군주가 지녀야 할 능력을 충분히 갖추었다고 볼 수 있는데 그것은 그녀가 제2차 오스트리아 왕위계승전쟁이 종료된 이후 왕국의 어려운 상황을 극복하기 위해 외교, 내정, 교육, 그리고 법률 분야에서 과감한 개혁을 단행했고 거기서 적지 않은 성과를 거둔 데서 확인할 수 있다. 실제로 마리아 테레지아는 재위 기간 중 오스트리아 왕국에 계몽 절대왕정 체제의 근간을 확고히 구축했다. 중앙정부의 권한을 증대시키고 귀족들의 위상을 약화하는 정책, 즉 절대왕정 체제의 도입을 통해 국가의 위기 상황도 극복하려고 했다.

마리아 테레지아는 내정에서는 하우크비츠를, 외교에서는 카우니츠-리트베르크를, 군사 부문에서는 다운 백작을 활용하며 효율적인 개혁 정책을 실시했다.

두 군주의 사적 생활을 살펴보면 프리드리히 2세는 마리아 테레지아보다 훨씬 불운했다. 프리드리히 2세는 부친의 엄격한 교육과 통제로 성격상의 문제점을 가지게 되었지만 마리아 테레지아는 부모의 따뜻한 배려와 사랑으로 비교적 온화한 성격의 소유자로 성장했고 이것은 국가통치 과정에서 긍정적 요인으로 작용했다.

성장 과정에서 비롯된 제 문제점으로 인해 프리드리히 2세는 결혼 후 원만한 부부생활을 하지 못했고 후손 역시 없었다. 물론 프리드리히 2세가 부친의 요구에 따라 엘리자베트-크리스티네와 결혼한 것 역시 불행한 부부생활의 요인으로 작용했다. 여기서 프리드리히 2세가 원래부터 이성보다는 동성에 관심을 가졌다는 주장이 적지 않은 학자들로부터 제기되었지만, 이것은 그가 청년기에 앓았던 성병과 그것으로 인해 생식기 일부가 절단되면서 그 이전에 가졌던 이성에 관한 관심보다 동성에 대해 강한 집착을 보인 것을 도외시한 데서 비롯된 것 같다. 만일 프리드리히 2세가 청년 시절 부친과의 관계가 원만했다면 그는 성병에도 걸리지 않았을 것이다. 왕세자 시절에 앓았던 성병은 프리드리히 2세의 성격도 완전히 변형시켰고 신체적 열등감마저 가지게 했다. 물론 열등감은 자신의 판단에서 비롯되었지만, 이것은 향후 통치 과정에서 적지 않은 문제점도 유발했다. 실제로 프리드리히 2세는 자신의 정책과 군사적 전략이 항상 최선이라고 믿었기 때문에 고위 관료들이나 군 장성들의 조언을 거의 듣지 않았다. 이것은 아마도 그의 신체적 열등감과 연계시킬 수 있을 것이다.

프리드리히 2세와는 달리 마리아 테레지아는 프란츠 슈테판과 사랑에 빠져서 결혼한 후 16명의 자녀를 가질 정도로 화목한 부부생활을 했다. 물론 프란츠 슈테판의 다소 문란한 생활로 인해 마리아 테레지아가 심적 고통을 받았지만, 프리드리히 2세와 비교하면 사소한 사안에 불과했다. 그리고 마리아 테레지아는 프리드리히 2세와는 달리 오스트리아 왕국의 효율적 운영, 즉 중앙집권체제 구축을 위해 측근들에게 적지 않은 권한도 부여했고 그들을 신뢰했기 때문에 이것은 통치 과정에서 긍정적 요인으로 작용하기도 했다.

오스트리아 왕위계승전쟁이 종료된 이후 프리드리히 2세와 마리아 테레지아는 내정에 관심을 기울이는 공통점을 보였다. 프리드리히 2세는 전쟁 종료 이후 자신이 추진한 개혁들을 마무리하기 위해 개혁의 강도를 보다 강화했다. 내부 식민지화를 본격적으로 추진하여 동프로이센 지방의 황무지 개간을 통해 식량 증산을 꾀했고, 경제적 활성화 정책도 더욱 강화했다. 대외교역에 관심이 많았던 그는 중상주의 정책을 펼쳐 낙후된 국내 산업을 보호하려 했다.

마리아 테레지아도 오스트리아의 경제적 활성화에 관심을 보였지만 프리드리히 2세처럼 경제적 활성화 정책을 구체적으로 제시하고 이행하려고 하지는 않았다. 다만 그녀는 빈 황실의 예산을 축소하는 등의 긴축 정책을 펼쳐 국가 재정을 더욱 탄탄히 하려고 했다. 여기서 그녀는 남편인 프란츠 슈테판, 즉 프란츠 1세의 탁월한 재산 증식 능력의 도움을 받기도 했다. 실제로 프란츠 1세는 베네치아, 암스테르담, 런던, 그리고 파리의 대형은행과 더불어 투기사업을 했고 거기서 적지 않은 이익도 챙겼고 이것 일부는 정부 예산으로 활용되기도 했다.

계몽 절대왕정 체제를 지향한 프리드리히 2세는 신민의 효율적 통제를 위해 더 체계적인 의무교육제도도 도입하려고 했다. 그의 지시를 받은 헤커는 1763년 그동안 준비한 '프로이센 학교 규정'을 발표했는데 이것은 유럽 최초의 초등교육 시행령이자 18세기 독일의 대표적인 교육법령이다. '프로이센의 학교 규정'에는 취학 의무 나이가 명시되었을 뿐만 아니라 학교의 설치 및 운영 방법 등도 구체적으로 거론되었다.

마리아 테레지아 역시 왕국의 신민들 모두가 교육 혜택을 받는 개혁을 추진했다. 그녀는 신민들의 사회적, 경제적 상황을 개선하기 위해서는 교육 기회를 반드시 제공해야 한다는 관점을 가지고 있었는데 이것은 계몽된 신민이 최적의 신민이 된다는 확신에서 비롯된 것 같다. 그녀는 교육 개혁을 통해 중앙집권 체제를 강화할 수 있을 뿐만 아니라 문화적 단일화 역시 구축할 수 있다고 판단했다. 문화적 단일화란 의무교육을 통해 왕국 내에서, 특히 독일인들보다 슬라브인들이 많이 거주하는 지역에서 독일어가 자연스럽게 확산하는 것을 가리킨다. 또한 마리아 테레지아는 지금까지 교육을 전담하고 주도한 교회 대신 국가가 그 역할을 담당해야 한다고 했다. 그녀는 당시 계몽주의가 지향하던 교회의 예속으로부터 사람들을 해방하고 이들을 중세의 어둠으로부터 자유 및 평등이 구현되는 사회로 이동시켜야 한다는 데 동의했을 뿐만 아니라 향후 교육 기회를 여아들에게도 허용해야 한다는 관점을 가지고 있었다. 마리아 테레지아는 페르간 백작을 교육개혁의 책임자로 임명했고, 프로이센에서 시행되던 교육개혁을 오스트리아의 현재적 상황에 접목시킨다는 과제를 펠비거에게 맡겼다.

마리아 테레지아 역시 사법제도 개선에 큰 관심을 보였다. 그녀는 오스트리아 각 지방의 법률을 토대로 1766년『테레지아 법전』을 간행하여 왕국 내 법률의 일원화를 현실화했다.

프리드리히 2세와 마리아 테레지아는 제3차 오스트리아 왕위계승전쟁이 끝난 후 자국의 군대나 신민을 전쟁터로 보내는 일을 가능한 한 피하려고 했다. 프리드리히 2세는 전쟁이 아닌, 정확한 정치적 안목과 뛰어난 외교적 수완을 통해 프로이센의 영역을 지속해서 확대해나가 '동프로이센에서의 왕(König in Ostpreußen)'이 아니라 '프로이센의 왕(König von Preußen)'으로 등장하게 되었다. 마리아 테레지아 역시 제1차 폴란드 분할에 참여하여 적지 않은 영토적 보상을 얻어내는 실리도 챙겼다. 그러나 이러한 오스트리아는 슐레지엔 지방 상실에서 파생된 제 손실을 충분히 만회하지는 못했다.

양국은 바이에른을 두고 1778년 7월 바이에른 상속 전쟁을 시작했다. 전쟁을 불사한 요제프 2세와는 달리 마리아 테레지아는 평화협상을 모색했고, 그 결과 오스트리아는 인피어텔을, 프로이센은 안스바흐와 바이로이트를 차지했다.

프리드리히 2세의 프로이센이 3차례에 걸쳐 진행된 오스트리아 왕위계승전쟁에서 승리함에 따라 독일권에서는 오스트리아와 프로이센의 양강 체제가 구축되었다. 여기서 프리드리히 2세는 향후 독일권이 나아갈 길도 제시했는데 그것은 프로이센 주도로 독일권이 통합되어야 한다는 것이다. 아울러 그는 16세기 이후 견지된 유럽 대륙에서의 권력 구도, 즉 영국, 프랑스, 그리고 다민족 국가인 오스트리아의 국가 이익이 보장된 시스템을 붕괴시켰다. 실제로 당시 오스트리아는 독일권의 통합보다 합스부르크 가문의 이익을 우선시하고 있었다. 그리고 향후 지속된 이러한 정책은 프로이센과의 충돌을 일으키는 요인으로도 작용했다.

19세기 초 오스트리아에서는 메테르니히라는 걸출한 외교가 겸 전략가가 등장했는데 이 인물은 독일권의 통합보다 독일권에서 오스트리아의 우위권을 지향했고 그것을 실천시키는 데 필요한 정책도 강력히 추진했다. 여기서 그는 '열강 간의 균형이론'을 제시했고 거기서 오스트리아의 역할을 부각하려 했는데 이것이 당시 그가 추진한 '유럽 정책'의 핵심적 내용이었다. 그리고 이것을 토대로 메테르니히는 독일권에서 오스트리아의 우위가 인정된 오스트리아-프로이센의 양강 체제도 견지시키려 했다. 따라서 그는 당시 지식인 세계에서 강하게 제기되던 독일통합에 동의하지 않았고 그러한 관점을 자신의 독일 정책에도 적극적으로 반영시키려 했다.

메테르니히 체제가 정립된 1815년부터 독일 통합이 실현된 1871년까지 독일인들 역시 혁명과 그것의 영향을 직·간접적으로 체험했다. 우선 이들은 1830년 프랑스에서 발생한 7월혁명과 그것의 영향 내지는 후유증을 실제로 확인했다. 여기서 독일인들은 혁명이 필연적이거나, 합법적이지 않다는 것도 인지했다. 또한 이들은 혁명 기간 중 비기득권 계층, 특히 하층민을 두려운 자연의 힘으로 간주해야 한다는 것과 자연의 힘과 마찬가지로 하층민이 종국적으로 지향하는 것 역시 예측할 수 없다는 것도 알게 되었다.

그런데도 독일인들은 혁명을 효율적으로 활용한다면 그들이 지향하는 목표 달성에 도움이 된다는 사실도 인지했다. 동시에 이들은 혁명이 성공을 거두기 위해서는 확고한 사회적 지지 기반이 필요한데 독일의 상황은 그렇지 못하다는 것도 파악했다. 그러다가 이들은 프랑스 2월혁명(1848) 이후 독일권에서 발생한 3월 혁명에 직접적으로 참여하여 혁명의 실체와 그것이 함유한 문제점들을 보다 구체적으로 확인하게 되었다. 여기서 이들은 혁명이 목적 달성을 위한 효율적인 방안이 될 수 있지만, 때에 따라서는 많은 사람의 희생도 요구한다는 사실을 알게 되었다. 아울러 이들은 실제 상황을 고려하지 않고 혁명적 제 요구만을 고집하면 기존 질서 체제의 반발이 가중된다는 사실 역시 파악했다. 실제로 독일인들은 독일권에서 3월혁명이 발생한 이후 많은 사람이 희생된 것에 대해 크게 경악했고 혁명 초기에 제시된 제 요구가 단순 구호로 끝나게 된 것에 대해서도 좌절했다. 여기서 이들은 한 번의 혁명만으로 모든 것을 바꿀 수 없다는 것을 인지했지만 혁명을 통해 기존 질서 체제의 태도 변화가 가시화될 수 있다는 희망적인 메시지도 간과하지 않았다. 또한 이들은 혁명 이후 프랑스인들과는 달리 또 하나의 해결과제가 있음을 인지했는데 그것은 독일권을 통합시켜야 한다는 것이다. 따라서 이들은 혁명 이후 동시에 부과된 이중적 과제를 해결해야 한다는 사실에 직면하게 되었다.

1860년대 초반부터 프로이센의 실세로 등장한 비스마르크는 소독일주의 원칙에 따른 독일통합, 즉 오스트리아를 배제하고 프로이센 주도로 독일권을 통합시켜야 한다는 것을 지향했지만 오스트리아는 그것에 동의하지 않았다. 당시 오스트리아는 오스트리아적 대독일주의를 지향했는데 이것은 대독일주의의 변형이론이었다. 대독일주의는 독일연방을 토대로 독일통합을 해야 한다는 주장인데 이러한 주장에 따라 독일통합을 모색하면 독일연방에 포함된 오스트리아 일부만이 새로운 통합국가에 편입되고 나머지는 배제되기 때문에 오스트리아의 해체는 필연적이었다. 따라서 빈 정부는 오스트리아의 전 영토가 통합국가에 포함되어야 입장을 강력히 피력했다.

이러한 오스트리아의 주장에 대해 비스마르크는 동의하지 않았고 자신이 실세로 등장한 이후부터 피력한 '철혈정책'에 따라 1866년 오스트리아와 형제전쟁을 벌였고 여기서 오스트리아는 패배를 당했다. 이 전쟁에서 패한 후 빈 정부는 기존의 질서 체제로 다민족 국가를 통치할 수 없다는 판단도 하게 되었다.

지금까지 오스트리아의 전체 인구에서 단지 21%를 차지하던 독일 민족이 제국 내에서 주도권을 장악하고 있었는데 이것은 이 제국이 독일권에서 절대적 우위권을 행사했기 때문에 가능했다. 오스트리아 왕국이 오스트리아 제국으로 격상된 것은 1806년 12월 7일이었다. 그동안 오스트리아 위정자는 신성로마제국 황제직도 겸임하고 있었는데 나폴레옹은 1806년 7월 22일 당시 오스트리아의 위정자 겸 신성로마제국 황제였

던 프란츠 2세(Franz II, 1792~1806)에게 8월 10일까지 신성로마제국 황제
직에서 물러날 것을 요구했다. 이러한 압박에 따라 프란츠 2세는 1806
년 8월 6일 신성로마제국 황제직에서 물러났고 같은 해 12월 7일 오스
트리아 왕국은 제국으로 격상되었다. 그리고 프란츠 2세는 세습 황제,
즉 프란츠 1세(Franz I, 1806~1835)로 등극했다. 이로써 622,337km²의 면
적과 3,000만 명의 인구를 가진 오스트리아 제국이 탄생하게 되었다.

오스트리아가 독일권에서 강제로 축출되면서 제국 내 독일 민족은 더
는 절대적 우위를 주장할 수 없었기 때문에 제국 내 다른 민족과의 결속
을 추진했다. 이 과정에서 빈 정부는 제국 내에서 절대다수를 차지하고
있던 슬라브 민족보다 단지 13%만을 차지하던 헝가리 민족과의 결속을
지향했고 거기서 이중체제의 도입도 결정했다. 이에 반해 형제전쟁에서
승리한 프로이센은 독일 통합의 또 하나의 걸림돌이었던 프랑스마저 제
압한 후 그들 주도로 1871년 1월 18일 파리에서 독일 제국도 탄생시켰
다.

이것은 분명히 프로이센의 국가적 위상을 크게 증대시킨 프리드리히
2세가 바라던 미래의 프로이센이었을 것이다. 이에 반해 마리아 테레지
아나 메테르니히는 프로이센이 독일권의 권력 구도에서 핵심으로 등장
하는 것을 원하지 않았을 것이고 그것을 적극적으로 막으려고도 했을
것이다.

Althoff, F., *Überlegungen zum Gleichgewicht der Mächte in der Außenpolitik Friedrichs des Großen nach dem Siebenjährigen Krieg(1763~1786)* (Berlin, 1994)

Anderson, M.S., *The War of the Austrian Succession 1740~1748*(London, 1995)

Badinter, E., *Maria Theresia. Die Macht der Frau*(Wien, 2018)

Bardong, O., *Friedrich der Große. Augewählte Quellen zur deutschen Geschichte der Neuzeit. Freiherr vom Stein-Gedächtnisausgabe*(Darmstadt, 1982)

Baugh, D.A., *The Global Seven Years War. 1754~1763: Britain and France in a Great Power Contest*(London-New York, 2011)

Baumgart, P., "Zur Geschichte der kurmärkischen Stände im 17. und 18. Jahrhundert", in D. Gerdhard ed., *Ständische Vertretungen in Europa im 17. und 18. Jahrhundert*(Göttingen, 1969)

Bendikowski, T., *Friedrich der Große*(München, 2011)

Blanning, T., *Friedrich der Große*(München, 2019)

Berglar, P., *Maria Theresia. Mit Selbstzeugnissen und Bilddokumenten*(Reinbek, 2004)

Berney, A., *Friedrich der Große. Entwicklungsgeschichte eines Staatsmannes*(Tübingen, 1934)

Biskup, T., *Friedrichs Größe. Inszenierungen des Preußenkönigs in Fest und Zeremoniell 1740~1815*(Frankfurt-New York, 2012),

Bleckwenn, H., *Unter dem Preußen-Adler*(München, 1978)

Bönisch, G., "Der Soldatenkönig", in S.Burgdorff ed., *Preußen. Die unbekannte Großmacht*(München, 2009)

Born, K.E., *Wirtschaft und Gesellschaft im Denken Friedrichs des Großen*(Mainz, 1979)

Bringmann, W., *Friedrich der Große. Ein Porträt*(München, 2006)

Browning, R., *The War of Austrian Succession*(New York, 1993)

Buddruss, E., *Die französische Deutschlandpolitik 1756~1789*(Mainz, 1995)

Burgdorff, S., *Preußen*(München, 2009)

Burgdorf, W., *Friedrich der Große. Ein biografisches Porträt*(Freiburg, 2011)

Busch, O., *Militärsystem und Sozialleben im alten Preußen*(Berlin, 1962)

Csendes, P., *Geschichte Wiens*(Wien-München, 1990)

Chorherr, T., *Eine kurze Geschichte Österreichs*(Wien, 2013)

Clark, C., *Preußen. Aufstieg und Niedergang 1600~1947*(München, 2008)

Davies, N., *Vanished Kingdoms:The History of Half forgetten Europe*(London, 2011)

Dietrich, R., *Die politischen Testamente der Hohenzollern*(Köln, 1986)

Difer, C., *Deutsche Geschichte 1648~1789*(Frankfurt, 1991)

Dillmann, E., *Maria Theresia*(München, 2000)

Diwald, H., *Geschichte der Deutschen*(Frankfurt-Berlin-Wien, 1981)

Duchhardt, H., *Balance of Power und Pentarchie. Internationale Beziehungen 1700~1785*(Paderborn, 1997)

Duffy, C., *Friedrich der Große*(Augsburg, 1994)

―――――, *Friedrich der Grosse und seine Armee*(Stuttgart, 2009)

Engel, M., *Das Forum Fridericianum und die monumentalen Residenzplätze des 18. Jahrhunderts*(Berlin, 2001)

Erbe, M., *Deutsche Geschichte 1713~1790. Dualismus und aufgeklärter Absolutismus*(Stuttgart-Berlin-Mainz-Köln, 1990)

Ergang, R., *The Potsdam Führer:Frederick William I. Father of Prussian Militarism*(New York, 1941)

Externbrink, S., *Friedrich der Große, Maria Theresia und das Alte Reich. Deutschlandbild und Diplomatie Frankreichs im siebenjährigen Krieg*(Berlin, 2006)

—————, *Der Siebenjährige Krieg(1756~1763). Ein europäischer Weltkrieg im Zeitalter der Aufklärung*(Berlin, 2011)

Feuerstein-Prasser, K., *Ich bleibe zurück wie eine Gefangene, Elisabeth-Christine und Friedrich der Große*(Regensburg, 2011)

Folkmann, E., *Die gefürstete Linie des uralten und edlen Geschlechtes Kinsky. Ein geschichtlicher Versuch*(Prag, 1861)

Fraser, D., *Frederick der Great*(Lodon, 2000)

Frie, E., *Friedrich II*(Reinbek, 2012)

Füssel, M., *Der Siebenjährige Krieg. Ein Weltkrieg im 18.Jahrhundert*(München, 201)

Gaxotte, P., *Friedrich der Große*(Berlin, 1974)

Giersberg, H-J., *Schloss Sanssouci. Die Sommerresidenz Friedrichs des Großen*(Berlin, 2005)

Groehler, O., *Die Kriege Friedrichs II*(Berlin, 1980)

Haffner, S., *Preußen ohne Legende*(Hamburg, 1980)

Hahn, P-M., *Friedrich II. von Preußen*(Stuttgart-Berlin-Köln, 2018)

—————, *Friedrich der Große und die deutsche Nation. Geschichte als politisches Argument*(Stuttgart, 2007)

Hanke, R., *Brühl und das Renversement des Alliances. Die antipreußische Außenpolitik des Dresdener Hofes 1774~1756*(Berlin, 2006)

Harnisch, H., "Preußisches Kantonsystem und ländliche Gesellschaft", in B.Kroener/ R.Pröve, eds., *Krieg und Frieden. Militär und Gesellschaft in der Frühen Neuzeit*(Paderborn, 1996),

Hartkopf, W., *Die Berliner Akademie der Wissenschaften. Ihre Mitglieder und Preisträger 1700~1990*(Berlin, 1992)

Heinrich, G., *Friedrich II. von Preußen. Leistung und Leben eines großen Königs*(Berlin, 2009)

Hinrichs, C., *Der Kronprinzenprozeß. Friedrich und Katte*(Hamburg, 1936)

Ingrao, C.W., *The Habsburg Monarchy 1618~1815*(Cambridge, 1994)

Jauch, U.P., "Eros zwischen Herr und Knecht:Friedrich und Algarotti im Land der Lust", in B.Sösemann, ed., *Friedrich der Große in Europa:gefeiert und umstritten*(Stuttgart, 2012)

Johnson, H.C., *Frederick the Great and his Officials*(New Haven-London, 1975)

Kaak, H., "Ländliche Bevölkerung in Brandenburg zwischen Anpassung und Offensive. Wege der sozialen und wirtschaftlichen Behauptung von Dörfern im zentralen Oderbruch zwischen 1720 bis 1850", in *Zeitschrift für Agrageschichte und Agrasoziologie 52*(2004)

Kathe, H., *Die Hohenzollernlegende*(Berlin, 1973)

─────, *Der Soldatenkönig. Friedrich Wilhelm I.1688~1740. König in Preußen*(Köln, 1981)

Klaus, G., *Der König und die Kaiserlin. Friedrich II. und Maria Theresia*(Düsseldorf, 2005)

Kloosterhuis, J., "Katte, Ordre und Kriegsartikel. Aktenanalytische und militärhistorische Aspekte einer facheusen Geschichte", *in Forschungen zur brandenburgischen und Preußischen Geschichte N.F.15*(2005)

Körber, E.-B., *Die Zeit der Aufklärung. Eine Geschichte des 18. Jahrhunderts*(Stuttgart, 2012)

Koser, R., *Friedrich der Große als Kronprinz*(Stuttgart, 1886)

Kossert, A., *Masuren. Ostpreußens vergessener Süden*(Berlin, 2001)

Kunish, J., *Das Mirakel des Hauses Brandenburg: Studien zum Verhältnis von Kabinettspolitik und Kriegsführung im Zeitalter des Siebenjährigen Krieges*(München, 1978)

─────, *Friedrich der Große. Der König und seine Zeit*(München, 2005)

─────, "Das Lob der Monarchie. Aspekte der Staats-und Herrschaftsauffassung", in B.Sösemann, ed., *Friedrich der Große in Europa:gefeiert und umstritten*(Stuttgart, 2012)

Kurbjewelt, E., *Elisabeth Christine und Friedrich II, Eine königlich-preußische Ehe*(Hamburg, 1988)

Lammel, H-W., "Philosophon, Leibärzte, Charlatane.Von königlichen Hämorrhoiden und anderen Malaisen", in B.Sösemann/V.S.Gregor, eds., *Friedrich der Große in Europa, Bd., I*(Stuttgart, 2012)

Langen, K., *Preußische Soldaten im 18. Jahrhundert*(Oberhausen, 2003)

독일 통합의 비결을 제시한 프리드리히 2세

Laske, F., *Die Trauerfeierlichkeiten für Friedrich den Großen, mit Rekonstruktionen des Castrum Doloris im Stadtschloss und der Auszierung der Hof-und Garnisonskirche zu Potsdam am 9.September 1786*(Berlin, 1912)

Lavisse, E., *Die Jugend Friedrichs des Großen*(Berlin, 1925)

Lent, D., "Duhan de Jandun. Jacques Egide" in H-R.Jarck ed., *Braunschweigisches Biographisches Lexikon: 8.bis 18.Jahrhundert*(Braunschweig, 2006)

Lodge, R., *Studies in Eighteenth-Century Diplomacy 1740~1748*(Westport, 1970)

Luh, J., *Der Große. Friedrich II. von Preußen*(München, 2011)

Lukowski, J., *The Patitions of Poland 1772, 1793, 1795*(London, 1999)

MacDonogh, G., *Frederick the Great*(New York, 1999)

Maltby, W.S., "The Origins of a Global Strategy:England from 1558 to 1713", in W.Marray/M.Knox eds., *The Making of Strategy:Ruler, States, and War*(Cambridge, 1994)

Mandrou, R., *Staatsröson und Vernunft 1649~1775*(Berlin-Wien, 1982)

Martus, S., *Aufklärung. Das Deutsche 18.Jahrhundert. Eine Epochenbild* (Reinbek bei Hamburg, 2018)

Meier, B., *Friedrich Wilhelm II. König von Preußen. Ein Leben zwischen Rokoko und Revolution*(Regensburg, 2007)

Meier-Welcker, H., *Deutsches Herrwesen im Wandel der Zeit*(Frankfurt, 1956)

Mittenzwei, I., *Preußen nach dem Siebenjährigen Krieg. Auseinandersetzungen zwischen Bürgertum und Staat um die Wirtschaftspolitik* (Berlin, 1979)

—————, *Friedrich II. von Preußen. Eine Biographie*(Berlin, 1990)

Muhlack, U., "Geschichte und Geschichtsschreibung bei Voltaire und Friedrich dem Großen", in N.Hammerstein/G.Walther eds., *Ausgewählter Aufsätze zu Humanismus und Historismus, Absolutismus und Aufklärung*(Berlin, 2006)

Neugebauer, W., *Die Hohenzollern*(Stuttgart, 2007)

—————, *Die Geschichte Preußens. Von den Anfängen bis 1947*(München, 2009)

Ohff, H., *Preußens Könige*(München, 2001)

Oster, U.A., *Sein Leben war das traurigste der Welt. Friedrich II. und der Kampf *mit seinem Vater*(München, 2011)

Paunel, E., *Die Staatsbibliothek zu Berlin. Ihre Geschichte und Organisation während der ersten zwei Jahrhunderten seit ihrer Eröffnung*(Berlin, 1965)

Petersilka, C., *Die Zweisprachigkeit Friedrichs des Großen. Ein linguistisches Porträt*(Tübingen, 2005)

Pieper, D., *Die Welt der Habsburger, Glanz und Tragik eines europäischen Herrscherhauses*(München, 2010)

Press, V., *Kriege und Krisen. Deutschland 1600~1715*(München,1991)

Preuss, J.D.E., *Friedrich der Große, Eine Lebensgeschichte Bd.*, I(Berlin, 1832)

Reiche, K.F., *Friedrich der Große und seine Zeit*(Leipzig, 1840)

Reimann, E., *Abhandlungen zur Geschichte Friedrich des Großen*(München, 2013)

Reiners, L., *Friedrich*(München, 1952)

Reinhard, W., *Geschichte der Staatsgewalt*(München, 2000)

Richter, J., *Briefe Friedrichs des Großen an seinen vormaligen Kammerdiener Fredersdorf*(Mörs, 1979)

Rödenbeck, K.H.S., *Tageuch oder Geschichtskalender aus Friedrichs des Großen Regentenleben(1740~1786)*(Berlin, 1842)

Rodger, N.A.M., *Command of Ocean:A Naval History of Britain 1649~ 1815*(London, 2006)

Schieder, T., *Friedrich der Große. Ein Königtum der Widersprüch*(Berlin-Wien, 1983)

Schmidt, G., *Geschichte des alten Reiches.Staat und Nation in der frühen Neuzeit 1495~1806*(München, 1999)

————, *Wandel durch Vernunft. Deutsche Geschichte im 18. Jahrhundert*(München, 2009)

Schmidt, H., "Zerfall und Untergang des alten Reiches(1648~1806)", in M. Vogt, ed., *Deutsche Geschichte. von den Anfängen bis zur Gegenwart*(Frankfurt, 2006)

Schmitz, N., *Der italienische Freund. Francesco Algarotti und Friedrich der Große* (Hannover, 2012)

Schmoller, G., *Preußische Verfassungs-, Verwaltungs-und Finanzgeschichte*(Berlin, 1921)

Schmoller, G., "Die Entstehung des preußischen Heeres von 1640 bis 1740",O.Busch/W. Neugebauer, eds., *Moderne Preußische Geschichte*(Berlin,1980)

Schrader, W., *Geschichte der Friedrichs-Universität zu Halle. Erster Teil*(Berlin, 1894)

Schroeder, P.W., *The Transformation of European Politics 1763~1848*(Oxford, 1994)

Showalter, D.E., *The Wars of Frederick the Great*(London-New York, 1996)

Sieg, H.M., *Staatsdienst, Staatsgedanken und Dienstgesinnung in Brandenburg-Preußen im 18.Jahrhundert(1713~1806). Studien zum Verständnis des Absolutismus*(Berlin-New York, 2003)

Simms, B., *Kampf um Vorherrschaft. Eine deutsche Geschichte Europas 1453 bis heute*(Müchen, 2016)

Simms, B., *Three Victories and a Defeat. The Rise and Fall of the First British Empire 1714~1783*(London, 2007)

Sösemann, B., *Friedrich der Große in Europa-gefeiert und umstritten* (Stutgart, 2012)

Stollberg-Rilinger, B., *Der Staat als Maschine. Zur Metapolitik des absoluten Fustenstaates*(Berlin, 1986)

―――――――――, *Europa im Jahrhundert der Aufklärung*(Stuttgart, 2000)

―――――――――, *Maria Theresia, Die Kaiserin in ihrer Zeit*(München, 2018)

Szabo, F. A.J., *The Seven Years War in Europe 1756~1763*(London, 2008)

Thompson, A.C., *George II. King and Elector*(New Haven-London, 2011)

Turba, G., *Geschichte des Thronfolgerechtes in allen habsburgischen Ländern bis zur pragmatischen Sanktion Kaiser Karls VI. 1156 bis 1732*(Wien-Leipzig, 1903)

Venohr, W., *Der Soldatenkönig. Revolutionär auf dem Thorn*(Frankfurt-Berlin, 1990)

Vierhaus, R., *Deutsche Geschichte:Frühe Neuzeit*(Göttingen, 1985)

Vogt, M., *Deutsche Geschichte. Von den Anfängen bis zur Gegenwart*(Frankfurt, 2003)

Weber-Kellermann, I., *Wilhelmine von Bayreuth. Eine preußische Königstochter*(Frankfurt, 1990)

Wiegrefe, K., "Gottesreich an der Ostsee", in S.Burgdorff, ed., *Preußen. Die unbekannte Großmacht*(München, 2009)

Wienfort, M., *Geschichte Preußens*(München, 2008)

Winter, M., *Untertanengeist durch Militärpflicht? Das preußische Kantonsystem in brandenburgischen Städten im 18.Jahrhundert*(Bilefeld, 2005)

Ziebura, E., *August Wilhelm Prinz v. Preußen*(Berlin, 2006)

독일 통합의 비전을 제시한 프리드리히 2세